KB175721

임동석중국사상100

오월춘추
吳越春秋

趙曄 撰 / 林東錫 譯註

象犀珠玉怪珍之物，有悦於人之耳目，而不適於用。金石草木絲麻五穀六材，有適於用，而用之則弊，取之則竭。求其適於用而不弊，取之而不竭，賢者愚者之所得，各因其才；仁智之所見，各隨其分，而求無不獲者，惟書乎。

丁亥菊秋錄 東坡李氏山房藏書記 丘堂 呂元九

 "상아, 물소 뿔, 진주, 옥. 진괴한 이런 물건들은 사람의 이목은 즐겁게 하지만 쓰임에는 적절하지 않다. 그런가 하면 금석이나 초목, 실, 삼베, 오곡, 육재는 쓰임에는 적절하나 이를 사용하면 닳아지고 취하면 고갈된다. 그렇다면 사람의 이목을 즐겁게 하면서 이를 사용하기에도 적절하며, 써도 닳지 아니하고 취하여도 고갈되지 않고, 똑똑한 자나 불초한 자라도 그를 통해 얻는 바가 각기 그 자신의 재능에 따라주고, 어진 사람이나 지혜로운 사람이나 그를 통해 보는 바가 각기 그 자신의 분수에 따라주 무엇이든지 구하여 얻지 못할 것이 없는 것은 오직 책뿐이로다!"

《소동파전집》(34) 〈이씨산방장서기〉에서 구당(丘堂) 여원구(呂元九) 선생의 글씨

책머리에

《오월춘추》는 춘추시기 끝 무렵 장강長江 남방의 오吳나라와 월越나라 역사를 서술한 것이며 동시에 두 나라가 중원中原을 상대로 패자가 되고자 몸부림 치던 내용을 생동감 있게 기록한 것이다. 오나라는 멀리 주周나라 초기 고공단보古公亶甫의 첫째 아들 태백(泰伯, 太伯)을 시조로 하며 지금의 강소성江蘇省을 중심으로 오(지금의 蘇州)에 도읍을 두고 오왕료吳王僚, 합려 (闔閭, 闔廬), 부차夫差로 이어지는 걸출한 지도자와 그 아래 오자서伍子胥, 백비伯嚭라는 신하로 구성되어 있었고, 월나라는 아득한 옛날 우禹임금의 후손 소강少康의 서자 무여(無余, 無餘)를 시조로 하여 지금의 절강성浙江省 소흥(紹興, 옛 지명 會稽)이 도읍이며 구천勾踐을 중심으로 범려范蠡와 문종文種이 보필하였다. 이들은 마치 정확하게 대칭을 이루듯이 왕, 보필하는 신하, 그들의 성격, 능력, 문제해결 방식, 고난 극복의 의지 등이 판에 박은 듯 쌍을 이루고 있다.

이들 두 나라는 춘추시대 후기까지 거의 존재 자체도 드러내지 않다가 마침내 나타나 춘추 후반기에 이르러 보란 듯이 천하 무대를 장식한 특이한 주연 배우들이다. 장강 중류에는 초楚나라라는 대국이 이미 크게 번성하여 장왕莊王 때는 오패五霸의 걸출한 패자가 되는 등 역사 속에 간단間斷 없이 이어져 왔으나 장강 하류의 이 두 나라는 그간 잠룡潛龍처럼 숨어 있다가 이때에 '비룡재천飛龍在天', '일명경인一鳴驚人', '일비충천一飛衝天'의 기세로 천하를 호령하였으니 참으로 신기한 일이다. 특히 이웃한 나라이며 발전 시기나 속도도 엇물려 우리가 아는 '오월동주吳越同舟'니 '와신상담臥薪嘗膽' 이니 '서시습보西施顰步'니 하는 수많은 고사와 성어까지 낳았으니 역사 속에 그 존재의 대단함은 그 뒤 속에 두고두고 입에 오르내리게 하는 찬란함을 제공하고 있다. 아울러 장강 하류를 역사의 중심지로 만들어 삼국(三國, 東吳), 동진東晉, 남조(南朝: 宋, 齊, 梁, 陳)를 거쳐 남송(南宋, 杭州), 명(明, 南京), 민국(民國, 南京)의 도읍이 그 지역이 되도록 끌어올린 공헌도 이때에 시작되었다 할 것이다.

그런가 하면 남방 문화, 문학, 연극의 중심지가 되어 당唐의 《오자서변문伍子胥變文》, 송원대 화본소설話本小說 《오월춘추련상평화吳越春秋連像評話》, 명대 전기傳奇 양진어梁辰魚의 《완사기浣絲記》, 명청의 역사소설 풍몽룡馮夢龍과 채원방蔡元放의 《동주열국지東周列國志》, 근대의 《오월춘추설창고사吳越春秋說唱鼓詞》, 현대 창작 화극話劇 조우曹禺의 《담검편膽劍篇》과 소군蕭軍의 《오월춘추사화吳越春秋史話》 등은 모두 이 《오월춘추》의 고사를 저본으로 하고 있다.

아울러 이 책은 전투와 남방 궁궐의 구체적 사실과 물명, 동식물, 무기, 병법, 문학, 시 등이 구체적으로 서술되어 있어 당시 사회상을 알아보기에 더없는 자료도 제공해 주고 있다.

아울러 이 책을 끝까지 읽어보면 월왕 구천과 오왕 부차, 그리고 오나라 오자서와 백비, 월나라 범려와 문종의 인물 묘사는 그 어떤 창작 소설보다 뛰어나며 아울러 두 집단의 사건 전개 과정은 복선을 깔아 놓은 인위적 이야기보다 더욱 치밀함을 발견하게 된다. 물론 실제 그러한 역사였음도 분명하지만 그 복잡한 사건을 재구성하여 서술한 능력은 가히 혀를 내두를 정도이다.

그럼에도 나는 승리자 월왕 구천의 냉혹함과 오왕 부차의 판단 착오, 범려의 선견지명, 나아가 오자서의 지나친 강직함에 안타까움을 느낀다.

역사 속의 인물이지만 가공의 성격과 인간 유형들의 집합체 같은 느낌을 떨칠 수 없다. 이에 우리는 어떻게 살아야 하는가의 문제까지 찾아볼 수 있다. 과연 승리는 마지막 도달점인가? 성공은 성취감보다 앞서는 것인가? 피도 눈물도 없는 승자가 옳은 것인가? 덕과 은혜란 결국 허황된 교훈적 단어에 멈추고 마는 것인가? 원수 사이는 함께 살 수 없는 것인가? 단순히 역사서로 끝나지 않고 온갖 상념을 자아내게 하는 이 책의 본래 의미는 여기에 있지 않을까?

立夏에 莎浦 林東錫이 負郭齋에서 적음.

일러두기

1. 이 책은 〈四部叢刊〉(徐天祐 注)의 《吳越春秋》를 저본으로 하고 〈四庫全書〉 (文淵閣)본과 〈四部備要〉본을 참조, 교정하여 전체를 완역한 것이다.
2. 현대 백화어 역주본도 수집하여 참고하였으며 큰 도움을 받았다. 특히 《新譯吳越春秋》(黃仁生 三民書局 1996 臺北)와 《吳越春秋全譯》(張覺 貴州 人民出版社 2008 修訂版 貴陽) 등은 구체적인 주석이 세밀하여 번역에 많은 참고가 되었음을을 밝힌다.
3. 총 195장으로 분장하였으나 이는 절대적인 것이 아니며 필자가 임의로 나눈 것이다. 아울러 매 장마다 일련번호를 부여하고 괄호 안에 해당 편별 번호도 제시하여 찾아보기 쉽도록 하였다.
4. 각 장마다 제목을 달았으나 이는 그 장의 전체를 아우를 수 있는 것은 아니며 필자가 임의로 작성하여 읽기에 편하도록 한 것일 뿐이다.
5. 해석은 가능한 한 직역을 위주로 하였으나 일부 의역한 곳도 있다.
6. 원문을 싣고 해석을 실었으며 원문은 줄바꾸기 등을 통하여 시각적으로 순통하도록 구성하였고, 문장 부호는 중국 현대 표점법을 따랐다.
7. 주석은 인명, 지명, 사건명, 역사 내용 등을 위주로 하되 이미 거론한 표제어도 반복하여 실었으며 이는 읽는 이로 하여금 다시 찾는 번거 로움을 피하기 위한 것이다.
8. 매 장마다 여러 전적에 전재되거나 혹 이미 알려져 있는 고사, 문장, 내용 등은 여러 사서史書 및 제자서諸子書, 유서類書 등에서 일일이 찾아내어 해당 부분 말미 「참고 및 관련 자료」 난에 실어 대조와 연구에 도움이 되도록 하였다.
9. 부록으로 서발序跋 등 《오월춘추》 관련 자료를 가능한 한 모두 찾아 실어 연구에 도움을 삼을 수 있도록 하였다.

10. 이 책의 역주에 참고한 문헌은 대략 다음과 같다.

● 참고문헌

1. 《吳越春秋》四部叢刊本
2. 《吳越春秋》四部備要本 臺灣中華書局(印本) 1977 臺北
3. 《吳越春秋》四庫全書本
4. 《吳越春秋全譯》張覺(譯) 貴州人民出版社 1995 貴陽
5. 《吳越春秋全譯》張覺(譯) 貴州人民出版社 2008 貴陽
6. 《新譯吳越春秋》黃仁生(注譯) 三民書局 1996 臺北
7. 《吳越春秋》朴光敏(譯註) 景仁文化社 2004 서울
8. 《越絶書》東漢 袁康(撰) 四部備要本, 四庫全書本, 四部叢刊本
9. 《越王勾踐》梁仁遠(著) 陽明出版社 1960 臺北
10. 《國語》林東錫(譯注) 東西文化社 2009 서울
11. 《左傳》林東錫(譯註) 東西文化社 2013 서울
12. 《韓詩外傳》林東錫(譯註) 東西文化社 2009 서울
13. 《帝王世紀》晉 皇甫謐(撰), 陸吉(校點) 齊魯書社 2010 濟南
14. 《世本》撰者未詳, 周渭卿(點校) 齊魯書社 2010 濟南
15. 《逸周書》撰者未詳, 袁宏(點校) 齊魯書社 2010 濟南
16. 《竹書紀年》撰者未詳, 張潔, 戴和冰(點校) 齊魯書社 2010 濟南
17. 《尙書》十三經注疏本 藝文印書館 印本
18. 《禮記》十三經注疏本 藝文印書館 印本

19. 《藝文類聚》文光出版社 標點本 1979 臺北

20. 《北堂書鈔》學苑出版社 印本 2003 北京

21. 《初學記》鼎文書局 標點本 1976 臺北

22. 《太平御覽》中華書局 印本 1995 北京

23. 《事類賦注》(印本 6冊) 宋, 吳淑(撰) 江蘇廣陵古籍刻印社 1989 江蘇 揚州

24. 《三才圖會》上海古籍出版社 印本 2005 上海

25. 《水經注疏》後魏 酈道元(注) 楊守敬(疏) 江蘇古籍出版社 1989 邗江

26. 《詩經直解》陳子展(選述) 范祥雍(校閱) 復旦大學出版社 1991 上海

27. 《穀梁傳》十三經注疏本 藝文印書館印本

28. 《公羊傳》十三經注疏本 藝文印書館印本

29. 《戰國策》林東錫(譯註) 東西文化社 2009 서울

30. 기타 工具書는 기재를 생략함.

해제

1. 《오월춘추》의 찬자撰者 문제

《오월춘추》는 후한 때 조엽趙曄이 지은 역사서이다. 《월절서越絶書》와 쌍벽을 이루고 있으며 주로 《좌전左傳》, 《국어國語》, 《사기史記》 등을 근거로 하고 있다. 그러나 이러한 자료에 얽매이지 않고 기록에 없던 일문逸聞, 전설傳說 등까지 고르게 싣고 있다. 이 때문에 일부 창작된 부분도 있으며, 아울러 사건의 기승전결을 완정하게 하기 위하여 많은 부분 재구성도 시도되었던 것으로 여기고 있다. 이 때문에 이 《오월춘추》는 흔히 역사 연의소설演義小說의 남상濫觴으로 삼기도 한다. 즉 명대 천계天啓 초 녹천관 주인綠天館主人 풍몽룡馮夢龍의 《고금소설古今小說》 서문에 "史統散而小說興. 始乎周季, 盛於唐, 而寖淫於宋. 韓非, 列禦寇諸人, 小說之祖也. 《吳越春秋》 等書, 雖出炎漢, 然秦火之後, 著述猶希"운운한 것이 바로 그것이다. 그러나 일반적으로 《오월춘추》는 잡사雜史에 열입시키고 있다. 이 때문에 《수서 隋書》 경적지經籍志에는 "後漢趙曄又爲《吳越春秋》. 其屬辭比事, 皆不與《春秋》, 《史記》, 《漢書》相似, 蓋率爾而作, 非史策之正也. 靈, 獻之世, 天下大亂, 史官 失其常守. 博達之士, 湣其廢絶, 各記聞見, 以備遺亡. 是后群才景慕, 作者甚衆. 又自后漢已來, 學者多鈔撮舊史, 自爲一書, 或起自人皇, 或斷之近代, 亦各其志, 而體制不經. 又有委巷之說, 迂怪妄誕, 眞虛莫測. 然其大抵皆帝王之事, 通人 君子, 必博采廣覽, 以酌其要, 故備而存之, 謂之雜史"라 한 것이다.

한편 《수서》 경적지와 《구당서舊唐書》 경적지, 《신당서新唐書》 예문지藝文志, 《군재독서지郡齋讀書志》 등에 의하면 조엽이 지은 이 《오월춘추》는 12권으로 되어 있으나 지금 전하는 것은 10권으로 되어 있으며, 일부 다시 조정하여 6권으로 된 판본도 있다. 따라서 본래의 《오월춘추》는 아닐 것으로 보고 있다. 그 외 《수서》에는 다시 양방楊方의 《오월춘추삭번吳越春秋削煩》 5권과 황보준皇甫遵의 《오월춘추전吳越春秋傳》 10권이 있어 이러한 책은 조엽의 이 책과 어떤 관계가 있었을 것으로 보고 있다. 즉 《숭문총목崇文總目》(3)에는 《오월춘추》(10권)와 《오월춘추전》(10권)의 안어按語에 "唐, 皇甫遵注. 初, 趙曄爲《吳越春秋》十卷. 其後有楊方者, 以曄所撰爲煩, 又刊削之爲五卷, 遵乃合二家之書考定而注之"라 하였다. 그렇다면 지금 전하는 《오월춘추》 10권은 황보준의 고정본考定本일 것이다. 원저자는 조엽이지만 양방과 간삭본刊削本과 황보준의 고정본은 원저와 달랐을 것이므로 《수서》에 저록된 '황보준찬'은 조엽의 원본을 황보준이 고정한 판본을 가리킨다.

그러나 《숭문총목》의 이러한 기술에 대해 마단림馬端臨은 《문헌통고文獻通考》(經籍考)에서 완전히 동의하였으나 뒷사람들은 많은 이의를 제기하며 논란을 벌여왔다.

우선 서천호徐天祐는 "지금 전하는 것은 조엽의 원본이며 양방과 황보준의 책은 지금 전하지 않는다"라 하였고, 양신楊愼은 《단연여록丹鉛餘錄》(14)에서 "《漢書》趙曄撰《吳越春秋》.《晉書》楊方亦撰《吳越春秋》. 今世所行, 曄耶? 方耶?"라 하여 둘 모두에게 의문을 표시하였다.

송대宋代 호응린胡應麟은 지금 전하는 것은 조엽이 지은 것이며 양방이 지은 것이 아니라고 보아 그의 《소실산방필총少室山房筆叢》(5)의 《단연신록丹鉛新錄》에서 "按隋唐諸志. 楊方撰名《吳越春秋削煩》, 南渡尙存見. 《通考》蓋以曄所撰太繁, 故芟削之, 若劉孝標《九州春秋鈔》之類耳. 夫東京, 六代文體逈異, 卽二書幷行, 豈能惑具眼哉?"라 하였다. 그런가 하면 요제항姚際恒은 《고금위서고古今僞書考》에서 양신의 설을 그대로 존중하였고, 여가석余嘉錫은 《사고전서변증四庫全書辨證》에서 "지금 전하는 《오월춘추》는 황보준의 책"이라 하였으며, 황운미黃雲眉는 《고금위서고보증古今僞書考補證》에서 "양방의 책"이라 하였다.

이처럼 의견이 분분하여 확정을 지을 수는 없으나 아마 조엽이 짓고 황보준이 산정한 것이 아닌가 한다. 즉 처음 《오월춘추》를 지은 것은 조엽임에는 틀림이 없으며 양방과 황보준은 이를 바탕으로 산삭刪削하거나 고정考定한 것에 불과하다는 주장이다. 《진서晉書》(68) 양방전에 의하면 "著《五經鉤沉》, 更撰《吳越春秋》"라 하여 '고쳐 찬하였다(更撰)'라 밝히고 있어 혹 새롭게 《오월춘추》를 지은 것이 아닌가 하며, 이것이 《수서》와 《당서》에 서목으로 올라 있는 것으로 보이며, 《송사宋史》 예문지의 "趙曄《吳越春秋》十卷, 皇甫遵注《吳越春秋》十卷"은 주석 유무가 달라 따로 목록을 나열한 것이 아닌가 한다.

2. 趙曄

　　조엽이 《오월춘추》를 처음 저술한 것은 틀림없다고 여겨진다. 조엽은
《후한서後漢書》 유림전儒林傳에 의하면 자는 장군長君, 회계會稽 산음현(山陰縣,
지금의 浙江 紹興) 사람이다. 젊은 나이에 현縣의 소리로써 일찍이 군의 독우
督郵를 영접하는 일을 맡았으나 굽실거려야 하는 임무에 적응하지 못하여
그만 그 직책을 버리고 군자郡資 중현(中縣, 지금의 四川 資中)으로 가서 그곳의
학자 두무杜撫에게 《한시韓詩》를 배웠다. 그는 학문에 열중하느라 20여 년
동안 고향에 소식을 전하지 않아 집에서는 그가 죽었을 것으로 여겼다고
할 정도였다. 두무가 죽은 뒤 그가 고향으로 돌아오자 그곳 관아에서 그를
불러 벼슬을 권하였으나 역시 응하지 않아 선거選擧를 거쳐 유도징사有道
徵士라는 칭호를 얻었을 뿐이었다. 그때 《오월춘추》를 지었을 것으로 보이며
그 외 그의 《시세력신연詩細歷神淵》은 당시 채옹蔡邕에게 큰 칭송을 받아
왕충王充의 《논형論衡》 못지않다는 평가를 받기도 하였다. 《수서隋書》 경적지
經籍志에 의하면 그 외 그의 저술로는 《한시고韓詩考》 2권, 《시신천詩神泉》 1권
등이 있었던 것으로 되어 있으나 지금은 전하지 않는다. 그가 죽은 해는
기록이 없으나 그가 두무를 찾아간 나이를 20여 세로 보고 그로부터 20년 뒤
두무가 죽었으며, 《후한서》 유림전에 의하면 두무는 건초(建初: 76~83) 연간에
공거령公車令을 지내다가 수개월 뒤 생을 마친 것으로 되어 있어 이를 근거로
추산해보면 조엽은 40년(漢 光武帝 建武 16년)쯤에 태어났으며, 채옹(132~192)
으로부터 숭앙을 받은 것은 그가 죽은 뒤의 일이므로 125년쯤의 일로 볼
수 있다. 따라서 조엽은 동한東漢 명제明帝, 장제章帝, 화제和帝, 상제殤帝,
안제安帝 때에 생존했던 인물이었을 것이다. 한편 〈문연각사고전서文淵閣四庫
全書〉에는 '조욱趙煜'으로 되어 있으며 이는 청淸 성조聖祖 강희康熙 애신각라
愛新覺羅 현엽玄燁의 이름 '燁'을 피하여 '煜'으로 적은 것이다.

참고로 《후한서》 조엽전을 전재하면 다음과 같다.

趙曄字長君, 會稽山陰人也. 少嘗爲縣吏, 奉檄迎督郵, 曄恥於斯役, 遂棄車馬去. 到犍爲資中, 詣杜撫受《韓詩》, 究竟其術. 積二十年, 絶問不還, 家爲發喪制服. 撫卒乃歸. 州召補從事, 不就. 擧有道. 卒於家. 曄著《吳越春秋》,《詩細歷神淵》. 蔡邕至會稽, 讀《詩細》而歎息, 以爲長於《論衡》. 邕還京師, 傳之, 學者咸誦習焉.

3. 《吳越春秋》의 流傳과 版本

《후한서》(79)에 조엽이 《오월춘추》를 지었다 하였으니 이 책은 분명 후한 때 완성되었으며 《진서》(68)에 다시 양방의 "更撰《吳越春秋》"라는 기록으로 보아 진나라 때 개편본이 나왔으며, 《수서》와 《당서》 및 정초鄭樵의 《통지通志》(65)의 황보준의 이름이 등장하는 것으로 보아 수隋, 당唐, 북송北宋 때 조엽 원본 12권, 양방 산절본刪節本 5권, 황보준 참정주석본參定注釋本 10권 등 3종류의 전본傳本이 있었을 것으로 보인다. 조공무晁公武의 《군재독서지》(2上)에는 "《吳越春秋》十二卷"이라 하고 "右後漢趙曄撰. 吳起太伯, 盡夫差; 越起無余, 盡勾踐. 內吳外越, 本末咸備"라 하여 지금의 내용과 같다. 한편 《예문유취藝文類聚》와 《초학기初學記》, 《문선文選》주, 《사기史記》注, 《태평어람太平御覽》 등에 인용된 문장들은 현존 《오월춘추》에 없는 문장들이 적지 않아 당, 북송 때까지도 원본이 존재했던 것으로 보인다. 아울러 진진손陳振孫의 《직재서록해제直齋書錄解題》에는 이 책이 저록되어 있지 않고 《송사宋史》(203)에도 "趙曄《吳越春秋》十卷, 皇甫遵注《吳越春秋》十卷"이라 한 것으로 보아 조엽의 12권 원본과 양방이 초략한 5권짜리는 송말원초에 이미 사라지고, 오직 황보준의 10권만이 남았던 것으로 보인다. 그러나 청대 고광기顧廣圻가 보았다는 송초본宋鈔本과 건륭乾隆 갑인(甲寅, 1794)에 그가 교정하였다는 명각본明刻本, 그리고 장광후蔣光煦가 영인하고 교감을 거친 송본宋本 등은 지금은 이미 사라져서 알 수가 없다. 지금 전하는 《오월춘추》 중에 가장 이른 간본은 원元 대덕大德 10년 병오(丙午, 1306)에 소흥로紹興路 유학儒學에서 판각한 명수본明修本이며 이를 '대덕본'으로 부른다. 이는 원대 소흥로총관제조학교관紹興路總管提調學校官 유극창劉克昌의 도움으로 간행된 것이며 전前 송국자감서고관宋國子監書庫官 서천호徐天祐의 서문이 있고 음주音注가 있다. 이 책은 지금 북경도서관北京圖書館에 소장되어 있으며 유일본으로 알려져 있다.

명대에는 많은 각본이 쏟아졌으며 그 중 대덕본을 근거로 한 홍치弘治 14년(1501)의 광정서鄭廷瑞와 풍익馮弋이 간행한 판본이 있다. 이 책은 10권 상하로 되어 있으며 상해上海 함분루涵芬樓에서 1919년에 각인한 사부총간 四部叢刊본이 바로 이 판본이며 가장 쉽게 접할 수 있는 것이기도 하다. 이 외에 명대 번각본飜刻本 10권이 있으나 간기刊記가 없어 알 수는 없으나 막우지莫友芝는 이것이 대덕 원판본의 중인본重印本일 것이라 하였다. 그러나 이는 명각본明刻本으로 청대 서내창徐乃昌이 광서光緒 32년(1906)에 〈수암서씨 총서隨庵徐氏叢書〉에 수록한 것이 바로 이것이다.

　한편 명 만력萬曆 병술(丙戌, 1586) 풍념조馮念祖가 와룡산방臥龍山房에서 대덕본 10권을 번각한 판본도 있다. 이는 현재 널리 퍼져 있으나 오자가 많은 점이 흠이다. 명대 판본으로 그 외 권수를 조정하여 6권으로 합간한 판본이 있는데 이는 서천호의 주를 그대로 싣고 있으나 서천호의 서문과 말미의 이름 등을 모두 제거하였으며 글자도 이동異同이 심하다. 오관吳琯이 집교輯校한 〈고금일사古今逸史〉에 들어 있는 《오월춘추》와 하윤중何允中이 집간한 〈광한위총서廣漢魏叢書〉의 《오월춘추》는 모두 이를 실은 것이다.

　다음으로 청대에 이르러 많은 간본이 있으나 대체로 육권본六卷本이 많다. 왕사한汪士漢이 강희康熙 7년(1668)에 〈고금일사〉 잔본을 근거로 중인한 〈비서 입일종秘書廿一種〉본이 있으나 이는 1권부터 5권까지 첫 페이지를 임의로 고친 것 외에 다른 부분은 〈고금일사〉본과 같으며, 가경嘉慶 9년(1804) 다시 중간하기도 하였다. 한편 우민중于敏中 등이 건륭乾隆 38년(1773) 집록한 〈이조당사고전서회요摘藻堂四庫全書薈要〉본이 있으며 이는 초본鈔本으로 지금은

대북고궁박물원北故宮博物院에 소장되어 있다. 다음으로 건륭 〈흠정사고전서
欽定四庫全書〉본 역시 초본이며 〈사고전서총목四庫全書總目〉에 의하면 10권이라
하였으나 1986년 대만상무인서관臺灣商務印書館에서 영인 출판한 문연각사고
전서文淵閣四庫全書본은 도리어 6권으로 되어 있으며, 〈사고전서회요四庫全書
薈要〉본과 같다. 〈문연각〉본은 건륭 46년(1781)에 간행된 것으로 비록
어제御製라 하였으나 도리어 오탈자가 많다. 그리고 왕모王謨가 건륭 56년
(1791)에 집간한 〈증정한위총서增訂漢魏叢書〉본이 있으며 광서 2년(1876)의
〈홍행산방紅杏山房〉간본, 광서 6년(1880) 〈삼여당三餘堂〉간본, 광서 17년(1891)
〈예문서국藝文書局〉간본, 선통宣統 3년(1911)의 상해대통서국上海大通書局 석인본
石印本 등 다양하다. 육권본 이외에 청대 역시 10권본도 매우 널리 전하고
있다. 이를테면 서유칙徐維則이 광서 20년(1894)에 집간한 〈회계서씨초학당
군서집록會稽徐氏初學堂群書輯錄〉에 들어 있는 《오월춘추》가 있으며 이는
원고본原稿本으로 상해사범대학上海師範大學 도서관에 소장되어 있고, 서내창의
〈수암서씨총서본〉도 있다.

청말 이후 간본으로는 정국훈鄭國勛의 〈용계정사총서龍谿精舍叢書〉본 10권
(1917)이 있으며 이는 1982년 북경중국서점北京中國書店에서 영인 출간되었다.
그리고 장원제張元濟 등이 1919년에 편집하여 영인한 〈사부총간四部叢刊〉본,
상해상무인서관上海商務印書館에서 펴낸 〈총서집성叢書集成〉 초편본初編本이
있으며 이는 〈고금일사〉본을 영인한 6권본이다. 그 외 상해상무인서관에서
1936년 풍념조馮念祖본을 영인한 〈사부비요四部備要〉본 10권이 있으며, 상해
사무인서관에서 1937년 간행한 〈만유문고萬有文庫〉 제2집 〈국학기본총서
國學基本叢書본 6권이 있다. 역시 같은 해 상해상무인서관에서 펴낸 〈경인원

명선본총서십종景印元明善本叢書十種〉은 〈고금일사〉본을 영인한 것으로 육권본이다. 그리고 대만상무인서관에서 1986년 영인한 〈문연각사고전서文淵閣四庫全書〉 본 6권, 대만세계서국臺灣世界書局에서 1986년 영인한 〈이조당사고전서회요摛藻堂四庫全書薈要〉본 6권, 강소고적출판사江蘇古籍出版社에서 1986년 펴낸 묘록苗麓 점교본點校本 10권이 있으며 이는 대덕본을 저본으로 한 것이다. 한편 현대에 이르러서는 황인생黃仁生 주역注譯의 《신역오월춘추新譯吳越春秋》가 대만 삼민서국(三民書局, 1996)에서 나왔으며 장각張覺 역주의 《오월춘추전역吳越春秋全譯》(貴州人民出版社, 1995)이 2008년에 판형을 달리하고 수정을 가해 재판되었다. 한국에서는 박광민朴光敏 역주의 《오월춘추》가 경인문화사景仁文化社에서 2004년에 출간되기도 하였다.

4. 《吳越春秋》의 注釋

　　역대 《오월춘추》에 대한 주석은 많지 않다. 앞서 밝힌 황보준皇甫遵의 주석은 송대 이미 사라졌고, 서천호徐天祜가 대덕본大德本을 저본으로 하여 주석과 음주音注를 더한 것은 지금까지 전하고 있기는 하나 여러 면에서 충분하다고 할 수 없다. 그 뒤 무려 7백 년이 되도록 새로운 주석은 나오지 않고 있다. 한편 서천호는 남송 때 소흥紹興 산음山陰 사람으로 자는 수지受之, 혹 사만斯萬이며 남송 이종理宗 경정景定 3년(1262)에 진사에 올라 대주교수 大州敎授를 지냈다. 강론에 뛰어나 많은 사람들이 그의 강의에 탄복하였다 하며 그 뒤 공제恭帝 덕우德祐 2년(1275) 국고서감國庫書監의 직책으로 부름을 받았으나 나가지 않고 향리에 묻혀 문을 걸어 잠그고 독서에만 전념하였다. 그 때 이 《오월춘추》에 주석을 더한 것으로 알려졌다. 이에 사방 학자들이 그곳에 이르면 반드시 예방하였다 한다. 한편 《송사익宋史翼》(35)과 〈사부총간 四部叢刊〉본에는 그의 이름이 서천우徐天祐로 표기되어 있다.

5. 《吳越春秋》의 내용

《오월춘추》는 전반 5권은 오나라 역사를 싣고 있다. 1권은 주나라 시조 후직后稷 설화로부터 오태백吳太伯이 남으로 내려와 오나라를 세운 과정이며, 2권은 그로부터 19대 이후 수몽壽夢에 이르러 나라의 면모를 갖추기 시작한 내용, 3권은 왕료王僚와 공자公子 광光을 거치면서 권력투쟁과 오자서伍子胥의 등장 및 계찰季札의 덕행, 4권은 합려闔廬, 闔閭의 등단으로 인한 오나라의 발전 및 오자서와 백비伯嚭의 갈등, 5권은 부차夫差에 이르러 월왕 구천勾踐과의 투쟁 및 오나라의 멸망까지를 다루고 있다.

다음으로 후반 5권은 월나라 역사이다. 6권은 우禹임금의 후손 하夏나라 소강少康의 서자 무여(無余, 無餘)가 등장하여 나라 면모를 갖추기 시작한 내용, 7권은 구천이 오나라에 입신入臣하여 고생한 이야기, 8권은 구천이 귀국하여 오나라에 대한 보복을 위해 절치부심하는 내용, 9권은 오나라를 치기 위한 온갖 음모를 꾸미면서 범려范蠡, 문종文種과 계책을 세우는 내용, 10권은 오나라를 벌하여 승리를 거두고 나서 범려의 도피, 그리고 월나라의 쇠락 등을 기록하고 있다.

이에 오나라와 월나라의 역사를 개략적으로 정리하면 다음과 같다.

(1) 오吳

춘추 말기에 패자를 이루었던 희성姬姓의 제후국으로 고공단보古公亶父의 아들 태백(泰伯, 太伯)과 중옹(仲雍, 虞仲)이 아우 계력季歷을 통해 문왕(文王, 姬昌)

에게 왕통을 잇게 하고자 남쪽으로 도망하여 세운 나라이다. 무왕이 뒤에 그 후손 주장周章을 오군吳君으로 세워 장강長江 하류 일대를 다스리도록 하였다. 그로부터 오나라는 회미하게 이어오다가 춘추 중기에 이르러 비로소 초楚나라와 접촉이 시작되었으며 그 뒤 진晉나라가 초나라를 칠 때 이 오나라를 연합함으로써 군비를 개혁하기에 이르렀다. 오나라는 이때부터 급격히 성장하여 그 지역의 풍부한 구리와 주석을 활용, 신흥 무기를 개발하고 병제兵制를 개혁, 천하에 무력을 떨치게 되었다. 그러다가 B.C.585년 태백의 19세 손인 수몽壽夢에 이르러 비로소 왕을 칭하게 되었고 그 아들 저번諸樊이 오(吳, 지금의 江蘇 蘇州) 고소성姑蘇城을 도읍으로 하고 합려(闔廬, 闔閭)가 오자서伍子胥와 손무孫武 등을 기용하여 재위 9년째에 초나라와의 싸움에 크게 이겨 초나라 도읍 영郢까지 점령하였다. 이듬해 마침 월나라가 오나라 국경을 들어오고 진秦나라가 초나라를 구원하기에 나섰고, 게다가 합려의 아우 부개왕夫槪王이 반란을 일으키자 할 수 없이 퇴각한 큰 전쟁과 변혁을 치르게 되었다. 그러다가 합려 19년 오나라가 월나라 정벌에 나섰으나 크게 패하여 합려는 상처를 입고 죽었으며, 태자 부차夫差가 뒤를 이어 왕위에 올라 절치부심 월나라 보복에 나서게 된다. 오왕 부차는 즉위 2년 (B.C.494) 다시 월나라를 쳐 대승을 거두었으며 회계(會稽, 지금의 浙江 紹興)에서 월왕 구천句踐의 화해를 허락하였다. 부차는 이에 월나라에 대하여 앙심을 품고 그를 뒤로한 채 중원으로의 진출을 꾀하여 노魯나라와 제齊나라 정벌에 나서고자 성을 쌓고 장강과 회수淮水를 준설하는 등 공사를 벌였다. 뒤에 황지黃池에서 제후들을 모아 회맹하면서 진晉나라와 패자를 다투는 사이 월왕 구천의 기습을 받아 도읍이 위태로워지고 태자가 포로가 되자 급거 귀국하였으나 결국 23년 도성이 함락되고 부차는 자살하여 나라가 망하고 말았다.

춘추 말기 오나라와 월나라와의 쟁패는 역사상 그 유례를 찾을 수 없을 정도로 극적인 전개와 반전을 거듭하여 수많은 일화와 고사를 남겼으며, 춘추오패에도 역시 합려와 구천이 오르내리는 등 신흥 국가의 급격한 부상과 순식간의 멸망을 잘 보여주는 역사적 사례로도 널리 회자되고 있다.

수몽부터 춘추시대 말기까지(B.C.585~B.C.473)의 오나라 임금 세계는 대략 다음과 같다. ( ) 안은 재위 기간.

壽夢(25) → 諸樊(13) → 餘祭(17) → 餘昧(4) → 僚(12) → 闔閭(19) → 夫差(23)

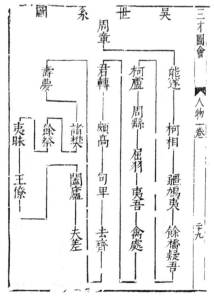

吳나라 世系《三才圖會》

(2) 월越

춘추 말기의 회계(會稽, 지금의 浙江 紹興)를 중심으로 크게 떨쳤던 신흥 패국霸國이다. 《사기》에 의하면 하夏 왕조 소강少康의 묘예苗裔이며 사성似姓이라 하였고, 《세본世本》에는 우성芋姓이라 하는 등 그 근원은 자세히 알려져 있지 않다. 춘추 중기에 비로소 초나라와 회맹을 한 사실이 보이며 오나라와 잦은 싸움으로 초나라가 오나라를 제압하기 위해 연맹으로 끌어 들인 책략의 대상이기도 하였다. 이에 따라 월나라는 오나라와 대대로 원수지간이 되어 춘추 말기를 극적으로 장식한 나라이기도 하였다. 주로 장강 남쪽 회계를 근거지로 발전하였으며 B.C.506년 오왕 합려閭廬가 오자서 伍子胥의 책략에 따라 초나라를 쳐서 도읍인 영郢까지 들어가자 월나라는 이 틈을 노려 오나라를 쳐 초나라를 돕기도 하였다. 월왕 구천句踐이 즉위 하자마자(B.C.496) 오왕 합려가 월나라를 공격하였으나 오나라는 패하고 합려는 상처를 입고 죽고 말았다. 이에 그 아들 부차夫差는 복수의 뜻을 품고 구천을 공격하였다. 3년 구천은 할 수 없이 5천의 군사를 이끌고 회계산 會稽山으로 들어가 치욕을 무릅쓰고 살아나 와신상담臥薪嘗膽 끝에 국력을 회복하고 내정을 개혁하였으며 생산을 늘려 15년 뒤 마침내 오나라가 중원 으로 진출한 틈을 타서 오나라 도읍 고소姑蘇를 포위하고 태자를 사로 잡았다. 부차는 급히 귀국하여 화해를 요청하였지만 이를 들어주지 않은 채, 24년 다시 오나라 도읍을 3년간 포위, 마침내 부차는 자살하고 오나라는 종말을 고하게 된다.

구천은 오나라를 멸한 다음 역시 북상하여 제후국을 넘보았으며 이에 송宋, 정鄭, 노魯, 위衛 등 제후국이 월나라에게 신복하였다. 이에 구천은 도읍을 낭야(琅琊, 지금의 山東 膠南 남쪽)로 옮기고 제齊, 진晉 등과 회맹을 가져 주周 원왕元王이 정식으로 패주霸主로 인정하게 된다. 그러나 전국시대 들어

서면서 월나라는 급격히 약화되어 월왕 예翳가 다시 오(지금의 강소 소주)로
되돌아왔으며 초 위왕威王 때 월왕 무강無彊이 초나라를 쳤다가 대패하고
결국 초나라에 병탄되고 말았다.

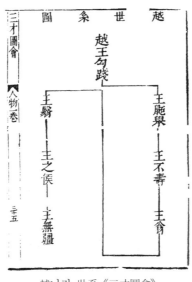

越나라 世系《三才圖會》

끝으로 《吳越春秋》의 연구에 주요 문헌을 열거하면 다음과 같다.

1. 〈四部叢刊〉本 《吳越春秋》
   上海涵芬樓 1919년 影印本. 明 洪治 14년(1501) 鄺璠, 馮弌의 刻本.
2. 〈馮念祖〉本 《吳越春秋》
   明 萬曆 丙戌1586 馮念祖의 臥龍山房 刻本.

3. 〈汪士漢〉本《吳越春秋》

　　清 康熙 7년(1668) 汪士漢이 수집한 《古今逸史》의 殘板 총 6권. 1~5권은 "新安汪士漢考校"로 되어 있고 6권은 "明吳琯校"로 되어 있음.

4. 〈四庫全書〉本《吳越春秋》

　　臺灣商務印書館 1986년 영인본. 〈文淵閣四庫全書〉. 乾隆 46년(1781)본

5. 〈徐乃昌〉本《吳越春秋》

　　光緒 32년(1906) 徐乃昌이 明나라 때 복각한 元 大德本. 〈隨庵徐氏叢書〉에 들어 있음.

6. 顧廣圻 手寫의 〈宋鈔本〉《吳越春秋》

　　葉昌熾 手錄에 의하면 顧廣圻가 乾隆 甲寅(1794)에 手寫한 것임.

7. 蔣光煦 引用의 〈송본〉《吳越春秋》

　　〈斠補偶錄〉에 들어 있으며 현재 淸 光緒 9년(1883) 蔣廷黻의 重刊本이 있음.

8. 〈四部備要〉本《吳越春秋》

　　中華書局에서 〈馮念祖本〉을 1936 영인 출판한 것.

9. 《水經注》引文

　　北魏 酈道元의 《水經注》에 인용된 《吳越春秋》引文.

10. 《北堂書鈔》引文

　　唐 虞世南 輯撰의 《北堂書鈔》에 인용된 《吳越春秋》引文.

11. 《藝文類聚》引文

　　唐 歐陽詢 등 輯撰의 《藝文類聚》에 인용된 《吳越春秋》引文.

12. 《初學記》引文

　　唐 徐堅 등 輯撰의 《初學記》에 인용된 《吳越春秋》引文.

13. 《文選》注 引文

　　唐 李善 등의《文選》注에 인용된《吳越春秋》引文.

14. 《吳地記》引文

　　唐 陸廣微의《吳地記》에 인용된《吳越春秋》引文.

15. 《太平御覽》引文

　　宋 李昉 등 輯撰의《太平御覽》에 인용된《吳越春秋》引文.

16. 《事類賦注》引文

　　宋 吳淑이 편찬 주석한《事類賦注》에 인용된《吳越春秋》引文.

17. 《吳郡志》인문

　　宋 范成大의《吳郡志》에 인용된《吳越春秋》인문.

18. 《說郛》引文

　　元 陶宗儀가 편집한《說郛》에 인용된《吳越春秋》인문.

19. 《吳越春秋逸文》

　　顧觀光 편집. 淸 光緖 癸未(1883) 莫祥芝가 출간한〈武陵山人遺書〉에
　　들어 있음.

20. 《左傳》

　　吳, 越 관련 記事.

21. 《國語》

　　〈吳語〉와〈越語〉및 韋昭의 注.

22. 《史記》

　　〈吳太伯世家〉,〈越王句踐世家〉,〈伍子胥列傳〉및〈正義〉,〈集解〉,〈索隱〉등.

23. 《越絶書》

　　東漢 袁康이 편찬한 越나라 역사.

吳越春秋卷

吳太伯傳第一

漢 趙瞱 撰

吳之前君太伯者，后稷之苗裔也。后稷其母台氏之女姜嫄，為帝嚳元妃。年少未孕，出遊於野，見大人跡而觀之，中心歡然，喜其形像，因履而踐之，身動意若為人所感。後姓娠，恐被淫泆之禍，遂祭祀以求謂無子，履上帝之跡，天猶令有之。姜嫄怪而棄於阨狹之巷，牛馬過者折易而避之。復棄於林中，適會伐木之人多，後復置於澤中冰上，眾鳥以羽覆之。后稷遂得不死。姜嫄以為神，收而養之，長因名棄。兒時好種樹禾黍桑麻五穀，相五土之宜，青赤黃黑陵水高下。

粱稷黍麥豆稻各得其理。堯遭洪水，人民泛濫，遂高而居。堯聘棄使教民山居，隨地造區，研營種之術。三年餘行人無飢乏之色，乃拜棄為農師，封之台，號為后稷。姓姬氏。后稷就國為諸侯。卒，子不窋立。遭夏氏世衰失官，奔戎狄之間。其孫公劉立。公劉慈仁行，不履生草，運車以避葭葦。公劉避夏桀於戎狄，變易風俗，民化其政。公劉卒，子慶節立。其後八世而得古公亶甫。

古公亶甫修后稷公劉之業，積德行義，為狄人所慕。薰鬻戎姤而伐之，欲其財幣。古公事之以犬馬牛羊，其伐不止，事之以皮幣金玉重寶，而古公亦伐之不止。古公問何所欲。曰：欲其土地。古公曰：君子不以養害害所養。人之在國，與在我何異。民欲以我故戰，殺人父子而君之，予不忍為。乃杖策去邠踰梁山而處岐周。

《吳越春秋》(四庫全書 文淵閣本)

《吳越春秋》(四部叢刊本)

欽定四庫全書

吳越春秋卷一

吳太伯傳第一

漢　趙煜　撰

吳之前君太伯者，〔論語作泰伯〕后稷之苗裔也。后稷其母台氏之女姜嫄，〔韓詩章句姜姓嫄字說文邰炎帝之後姜嫄作邰國在京兆武功縣所治蘗城漢地理志作蘗與邰同〕為帝嚳元妃。年少未孕，出遊於野，見大人跡而觀之，中心歡然喜其形像，因履而踐之，身動，意若為人所感。後姙娠，恐被淫泆之禍，遂祭祀以求無子履上帝之跡。〔履帝武敏是也〕天猶令有之，姜嫄怪而棄於阨狹之巷，牛馬過者折〔作辟　折疑當作辟〕易而避之。〔詩云誕置之隘巷牛羊腓字之〕復棄於林中，適會伐木之人多，〔詩云誕置之平林會伐平林〕復置於澤中冰上，眾鳥以羽覆之。〔詩云誕置之寒冰鳥覆翼之〕后稷遂得不死。姜嫄以為神，收而養之，長因名棄。為兒時好種樹，種禾黍桑麻五穀相〔去聲〕五土之宜，青赤黄黒陵〔陵水高也地水高〕

《吳越春秋》(四庫全書 文淵閣本 電子版)

後漢　趙曄　撰

吳之前君太伯者后稷之苗裔也后稷其母台氏之女姜嫄
辭詩章句姜嫄者邰侯之女也好詩曰姜嫄后稷之母也當堯為帝嚳元妃年少未孕出游於
野見大人跡而觀之中心歡然喜其形像因履而踐之身動意若為
人所感後姙娠恐被淫泆之禍遂祭祀以求謂無子履上帝之跡生子
民者所謂天猶有之姜嫄怪而棄于阨狹之巷馬過者折易
帝武是也遂令有之姜嫄怪而棄于阨狹之巷牛馬過者折易而避之復棄於林中適會伐木之人多復置於
平林會之詩云誕寘之隘巷牛羊腓字之詩云誕寘之平林
伐平林會之詩云誕寘之寒冰鳥覆翼之詩云誕寘之
文王林會置之詩云誕寘之澤中冰上眾鳥以羽翼覆薦
得不死死姜嫄以為神收而養之長因名棄為兒時好種樹禾黍
桑麻五穀相法五土之宜青赤黃黑陵水高下粢稷黍穄麻豆
稻各得其理堯遭洪水人民泛濫遂復高而居之堯聘棄使教民
山居隨地造區研營種之術三年餘行人無饑乏之色乃拜棄為
農師封之台號為后稷姓姬氏后稷就國為諸侯卒子不窋立其後帝
后稷絀始在虞夏之際皆有令德故詩人歌之甫田之什云后稷
故詩故城在慶州不窋城在慶州弘化縣南三里運周棄之後
孫公劉周之胄也慶節之後
公劉慈仁行不履生草運車以避葭葦公劉避夏桀於戎狄變易風俗民化其政公卒子慶節立其後八
世而得古公亶甫古公亶甫脩后稷公劉之業積德行義為狄人所慕
薰鬻戎姤而伐之欲殘土地古公事之以犬馬牛羊不止事之以
皮幣金玉重寶而亦不止古公曰夫民之所欲其土地吾所以養
害而亦不止古公曰夫民之所欲其土地吾所以養人者不以養
寶亦不止古公曰君子不以其所以養人者害人二三子何患乎無
國所以亡也而為身害吾不居也
古公乃杖策去邠踰梁山而處岐
閭曰亶甫去邠踰梁山在雍州好畤縣西北又徙處岐山在美陽
師古曰梁山在馮翊夏陽縣西北又汧水東南自隴西徙其

《吳越春秋》（四部備要本，古今逸史本）

吳越春秋吳太伯傳第一

後漢 趙曄 撰

吳之前君太伯者 論語作泰伯也
后稷之苗裔也后稷其
母台氏之女姜嫄 韓詩章句姜姓字說文邰國晉語曰黃帝以姬
姜水成故黃帝為姬姓帝以姜水成炎帝以
台邰部國在京兆武功縣所治盤城漢地理志邰作嫄與邰同為
帝嚳元妃年少未孕出游於野見大人跡而觀
之中心歡然喜其形像因履踐之身動意若
為人所感後姙娠恐被淫泆之禍遂祭祀以求
謂無子履上帝之跡 詩生民篇所謂履帝武是也 天猶令有之姜

四部叢刊

吳越春秋

娠怪而棄于阨狹之巷牛馬過者折 作辟當易而
避之 詩云誕置之隘巷牛羊腓字之
復棄于林中適會伐木之人多 詩云誕置之平
林會伐平置之 復置于澤中冰上眾鳥以羽覆之 詩
烏誕置之寒冰 后稷遂得不死姜嫄以為神收而養之 云
長因名棄為兒時好種樹 樹亦種也
相五土之宜青赤黃黑陵 地陸 水高下粢稷黍
去聲 禾黍桑麻五穀
禾薥麥豆稻各得其理堯遭洪水人民泛濫遂
遂疑當作逐 高而居堯棄使教民山居隨地造區研
也窮 營種之術三年餘行人無飢乏之色乃拜棄

《吳越春秋》(四部叢刊本 電子版)

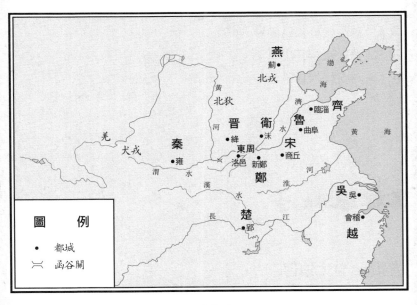

춘추시대 지도

차 례

❧ 책머리에
❧ 일러두기
❧ 해제

吳越春秋 上

卷第一 吳太伯傳

卷第二 吳王壽夢傳

卷第三 王僚使公子光傳

卷第四 闔閭內傳

卷第五 夫差內傳

吳越春秋 三

卷第六 越王無余外傳

卷第七 句踐入臣外傳

卷第八 句踐歸國外傳

卷第九 句踐陰謀外傳

卷第十 句踐伐吳外傳

◉ 부록

卷第一 吳太伯傳

　《吳越春秋》 전반부 1권부터 5권까지는 오吳나라 역사에 대한
기록이다. 그 중 첫 시작의 본편은 〈宋本〉에는 '吳王太伯傳'으로 되어
있으며 徐天祐는 "元本'太伯傳'作'吳王太伯傳'. 太伯三以天下讓, 宜王
以不王者也; 吳之後君又未嘗追王之. 尊之曰'王', 名不與實稱也. 今去
'王'字以從其實"이라 하여 太伯은 왕으로 추존되지 않았으므로 '吳太
伯傳'이 옳다고 보았다. 상고上古 시대부터 태백(太伯, 泰伯)의 사적事跡을
정리하여 오나라 시조始祖가 되었음을 기록한 것이다.

〈貢納場面〉銅貯貝器(서한) 1956 雲南 晉寧縣 滇王墓 출토

001(1-1)
오吳나라의 먼 조상 태백太伯

오吳나라의 전대 임금 시조始祖 태백太伯은 후직后稷의 묘예苗裔이다.

후직은 그 어머니가 태씨台氏의 딸 강원姜嫄이며 제곡帝嚳의 원비元妃였다.

그는 나이가 어려 아직 잉태하지 못하고 있었을 때 들에 놀러 나갔다가 대인大人의 발자국을 보게 되었다. 그는 그것을 보고 마음에 희열을 느꼈으며 그 형상에 희열을 느껴 그 발자국을 따라 밟았다.

그러자 몸이 떨리면서 마음이 마치 남자로부터 감흥을 받는 것과 같았다.

뒤에 임신을 하게 되었으나 음일淫洗한 짓을 하였다는 화禍를 입을까 두려워 드디어 상제에게 제사를 올려 도움을 청하였다. 그러자 "자식이 없었는데 하느님의 발자국을 밟았으니 이로써 하늘이 너로 하여금 아이를 갖도록 한 것이다"라는 것이었다.

강원이 괴이히 여겨 아이를 막히고 좁은 골목에 갖다 버렸더니 소와 말이 지나다가 오던 길을 꺾어 바꾸어 피해가는 것이었다.

다시 숲 속에 버렸더니 마침 벌목을 하러 오는 사람들이 많아, 다시 이를 연못의 얼음 위에 버렸더니 많은 새들이 모여들어 깃으로 덮어 주는 것이었다.

후직은 마침내 죽지 않을 수 있었다.

강원은 이를 신령하게 여겨 다시 거두어 길렀으며 장성하자 이 때문에 이름을 기棄라 하였다.

그는 어려서부터 화서禾黍, 상마桑麻, 오곡五穀을 심고 가꾸기를 좋아하였으니 오토五土의 토질에 따라 청靑, 적赤, 황黃, 흑黑 등 각기 다른 땅과, 언덕이나 물가, 높은 지형과 낮은 곳 등을 살펴 자秫, 직稷, 서黍, 거穬, 맥麥, 두豆, 도稻 등이 각기 그 특성에 맞았다.

요堯임금 때 큰 홍수를 만나 온 나라가 범람泛濫하여 사람들은 높은 곳을 따로 올라가 살게 되었다.

요임금은 기를 초빙하여 높은 산지에 살고 있는 백성들을 가르치도록 하자 그는 지형에 따라 구역區域을 조성하고 농사짓는 법을 연구하며 가르쳤다.

3년 남짓 되자 백성 중에는 굶주리는 기색을 한 자가 없게 되었다.

이에 요임금은 기를 농사農師로 삼아 태台 땅에 봉하고, 호를 후직后稷이라 하였으며 성을 희씨姬氏로 내려주었다.

吳之前君太伯者, 后稷之苗裔也.

后稷其母, 台氏之女姜嫄, 爲帝嚳元妃.

年少未孕, 出游於野, 見大人跡而觀之, 中心歡然, 喜其形像, 因履而踐之.

身動, 意若爲人所感.

後姙娠, 恐被淫佚之禍, 遂祭祀以求, 謂「無子, 履上帝之跡, 天猶令有之.」

姜嫄怪而棄於阨狹之巷, 牛馬過者, 折易而避之.

復棄於林中, 適會伐木之人多, 復置於澤中冰上, 衆鳥以羽覆之.

后稷遂得不死.

姜嫄以爲神, 收而養之, 長因名棄.

爲兒時好種樹禾黍, 桑麻, 五穀, 相五土之宜, 青赤黃黑,
陵水高下, 粢稷黍禾, 蕖麥豆稻, 各得其理.
　堯遭洪水, 人民泛濫, 遂高而居.
　堯聘棄, 使敎民山居, 隨地造區, 硏營種之術.
　三年餘, 行人無饑乏之色.
　乃拜棄爲農師, 封之台, 號爲后稷, 姓姬氏.

【前君】先君과 같음. 시조. 전대의 군주. 개국군주. 泰伯(太伯)이 吳나라의 시조
였음을 말함.
【太伯】'泰伯'으로도 표기하며 周나라 系譜 중에 太王(古公亶甫, 古公亶父)의
맏아들. 그 아우가 虞仲과 季歷이었으며 계력의 아들 文王(姬昌)을 거쳐 武王
(姬發)으로 이어지도록 하기 위하여 남쪽으로 피하여 吳나라 시조가 됨. 참고
란을 볼 것.
【后稷】원래 堯舜시대 農稷之官의 官職 이름이었음. 그러나 棄를 后稷으로 삼아
그를 대신하는 말로 쓰임. 周나라의 시조. 姬姓. 이름은 棄. 台(邰) 땅에 봉해짐.
《史記》周本紀 참조.
【苗裔】먼 후손. 아득한 선조.
【台氏之女】'台'는 '邰'로도 표기하며 지명. 有邰氏들이 모여 살던 곳. 지금의
陝西 武功縣 釐城. '氏'는 고대 지역을 중심으로 한 부락의 血緣과 地緣에 따른
칭호로 쓰임. 이에 흔히 '有'자를 붙여 사용함. 즉 有台氏, 有虞氏 등.《史記》에는
"舜封棄於邰"라 하여 后稷이 台(邰)에 봉해진 것은 堯임금 다음의 舜임금 때였음.
《說文》에 "邰, 炎帝之後, 姜姓, 封邰國"이라 함.
【姜嫄】《史記》에는 '姜原'으로 되어 있음. 后稷의 어머니. 姜氏 성은 炎帝 神農氏의
성씨임.《國語》晉語에 "黃帝以姬水成, 炎帝以姜水成, 故黃帝爲姬, 炎帝爲姜"
이라 함. 본 고사는 母系社會에서 父系社會로 이전되는 과정을 표현한 것으로
보고 있음.
【帝嚳】古代의 帝王 高辛氏. 黃帝, 顓頊, 帝嚳, 帝堯 帝舜 등 五帝 중의 하나.
【元妃】첫째 부인. 嫡妻. 帝嚳에게는 네 명의 부인이 있었으며 첫째는 台氏(有邰氏)
의 딸 姜嫄으로 周나라 始祖 棄를 낳았음. 둘째는 有娀氏의 딸 簡狄으로 商나라

始祖 설(契)을 낳았음. 셋째는 陳丰氏의 딸 慶都로서 堯임금을 낳았고, 넷째는 娵訾氏의 딸 常儀로서 摯를 낳았다고 함. 그러나 다른 기록에는 帝嚳의 부인은 簡狄, 慶都, 常儀라고 하였음.

【意若爲人所感】 마치 다른 사람에게 육체적 교감을 당하는 듯한 감정을 느낌. 《詩經》大雅 生民 鄭玄 箋에 "時則有大神之跡, 姜嫄履之, 足不能滿, 履其拇指之處, 心體歆歆然, 其左右所止住, 如有人道感己者也, 於是遂有身"이라 함.

【淫泆】 正道를 벗어난 행실. 음탕한 행동으로 다른 사람의 아이를 가졌다는 혐의를 뜻함. 雙聲連綿語.《左傳》隱公 3년 "驕奢淫泆, 所自邪也"의 孔穎達 疏에 "淫, 謂嗜慾過度; 泆, 謂放恣無藝"라 함.

【謂「無子, 履上帝之跡, 天猶令有之.」】 大人의 발자국은 하느님의 발자국이었음을 일러준 것으로 天孫思想을 나타낸 것.《詩經》生民篇에 "履帝武敏歆"이라 함. 한편 이 구절에 대하여 〈全譯本〉에는 "謂「無子.」履上帝之跡, 天猶令有之."로 표점을 하고 "'자식이 없기를 바랍니다'라 하였으나 상제의 발자국을 밟은 것으로 하늘은 도리어 그에게 자식이 있도록 하였다"로 풀이하고 있음.

【阨狹之巷】 좁아서 피해갈 수 없는 골목. '阨'은 '隘'와 같음.

【折易】 오던 길을 되돌아가거나 길을 꺾어 바꾸어 지나감. 그러나 徐天祜 注에는 '折'은 '辟'으로 '놀라 물러서다'의 뜻으로 보았음.《史記》에는 구체적으로 "棄之隘巷, 馬牛過者皆辟不踐"이라 하였고,《詩經》에는 "誕寘之隘巷, 牛羊腓字之"라 함.

【鳥以羽覆之】 버려진 아이가 얼어 죽지 않도록 새들이 깃과 날개로 덮어 줌.

【種樹】 씨앗을 뿌리고 가꿈. '樹'는 '植'과 같음.

【禾黍】 벼와 기장.

【五穀】 흔히 黍, 稷, 菽, 麥, 稻를 가리킴. 여기서는 곡물의 총칭.《周禮》夏官 職方氏 "其穀宜五種"의 注에 "黍, 稷, 菽, 麥 稻"라 함. 稻는 찰벼(糯米)를 뜻하며 宋 이후에는 稻를 일반 벼(粳米)로 여겼다 함.

【相】 살핌. 고찰함.

【五土】 地形을 다섯 가지로 나눈 것. 흔히 山林, 川澤, 丘陵, 水邊濕地, 低窪地 등을 가리킴.

【靑赤黃黑】 五行과 季節, 方位 등에 맞추어 토지의 특성을 설명한 것. 靑(東, 春, 木), 赤(南, 夏, 火), 黃(中, 土), 黑(北, 冬, 水)을 상징함.

【粢】 곡물의 일종. 기장이라고도 하며 이삭이 달리는 것으로 宗廟祠堂의 薦物로 널리 쓰임.

【薯】토란(芋).《廣雅》釋草에 "薯, 芋也"라 하였고, 王念孫의 疏證에 "芋之大根曰薯, 薯者, 巨也. 或謂之芋魁"라 함. 한편 전체 곡물을 지칭하고 있으므로 孫詒讓은 '粱'의 오류로 보았음.

【堯】전설상 上古시대 五帝의 하나. 唐(지금의 山西 臨汾)에 도읍을 삼아 陶唐氏라고도 부르며 이를 묶어 唐堯로도 부름. 祁姓이며 이름은 放勳. 帝嚳의 아들. 뒤에 제위를 舜에게 선양함.《十八史略》(1)에 "帝堯陶唐氏: 伊祁姓, 或曰名放勳, 帝嚳子也. 其仁如天, 其知如神, 就之如日, 望之如雲, 都平陽. 茅茨不剪, 土階三等. 有草生庭, 十五日以前, 日生一葉, 以後日落一葉, 月小盡, 則一葉厭而不落, 名曰蓂莢, 觀之以知旬朔"라 함.《史記》五帝本紀를 볼 것.

【研】실험과 연구를 거쳐 밝혀냄. 徐天祜는 "研, 窮也"라 함.

【遂高而居】'遂'는 '逐'이어야 함. 徐天祜는 "遂, 疑當作逐"이라 함. 높은 지형을 따라 올라가 거주함.

【營種之術】씨앗을 뿌리고 수확을 거두는 營農 기술.

【行人】오가는 사람. 여기서는 일반 백성을 가리킴.

【饑乏】굶주리고 궁핍함.

참고 및 관련 자료

1.《詩經》大雅 生民

厥初生民, 時維姜嫄. 生民如何, 克禋克祀, 以弗無子. 履帝武敏歆, 攸介攸止, 載震載夙, 載生載育, 時維后稷. 誕彌厥月, 先生如達, 不坼不副, 無菑無害. 以赫厥靈, 上帝不寧, 不康禋祀, 居然生子. 誕寘之隘巷, 牛羊腓字之. 誕寘之平林, 會伐平林. 誕寘之寒冰, 鳥覆翼之. 鳥乃去矣, 后稷呱矣, 實覃實訏, 厥聲載路. 誕實匍匐, 克岐克嶷, 以就口食. 蓺之荏菽, 荏菽旆旆, 禾役穟穟, 麻麥幪幪, 瓜瓞唪唪. 誕后稷之穡, 有相之道. 茀厥豐草, 種之黃茂. 實方實苞, 實種實襃, 實發實秀, 實堅實好, 實穎實栗. 卽有邰家室. 誕降嘉種, 維秬維秠, 維穈維芑. 恒之秬秠, 是獲是畝. 恒之穈芑, 是任是負. 以歸肇祀. 誕我祀如何, 或舂或揄, 或簸或蹂. 釋之叟叟, 烝之浮浮. 載謀載惟, 取蕭祭脂, 取羝以軷. 載燔載烈, 以興嗣歲. 卬盛于豆, 于豆于登. 其香始升, 上帝居歆. 胡臭亶時, 后稷肇祀, 庶無罪悔, 以迄于今.

2.《史記》周本紀

周后稷, 名棄. 其母有邰氏女, 曰姜原. 姜原爲帝嚳元妃. 姜原出野, 見巨人迹,心忻然說, 欲踐之, 踐之而身動如孕者. 居期而生子, 以爲不祥, 棄之隘巷, 馬牛過者皆辟不踐; 徙置之林中, 適會山林多人, 遷之; 而棄渠中冰上, 飛鳥以其翼覆薦之. 姜原以爲神, 遂收養長之. 初欲棄之, 因名曰棄. 棄爲兒時, 屹如巨人之志. 其游戲, 好種樹麻, 菽, 麻, 菽美. 及爲成人, 遂好耕農, 相地之宜, 宜穀者稼穡焉, 民皆法則之. 帝堯聞之, 舉棄爲農師, 天下得其利, 有功. 帝舜曰: 「棄, 黎民始飢, 爾后稷播時百穀.」 封棄於邰, 號曰后稷, 別姓姬氏. 后稷之興, 在陶唐, 虞, 夏之際, 皆有令德.

3.《史記》吳太伯世家

吳太伯, 太伯弟仲雍, 皆周太王之子, 而王季歷之兄也. 季歷賢而有聖子昌; 太王欲立季歷以及昌. 於是太伯, 仲雍二人乃奔荊蠻, 文身斷髮, 示不可用, 以避季歷. 季歷果立, 是爲王季; 而昌爲文王.

4.《史記》吳太伯世家 張守節 正義

太伯居梅里, 在常州無錫縣東南六十里, 至十九世孫壽夢居之, 號句吳. 壽夢卒, 諸樊南徙吳, 至二十一代孫光, 使子胥築闔閭城都之, 今蘇州也.

5.《論語》泰伯篇

子曰: 「泰伯, 其可謂至德也已矣. 三以天下讓, 民無得而稱焉.」

6.《論語集註》

泰伯, 周大王之長子. 至德, 謂德之至極, 無以復加者也. 三讓, 謂固遜也. 無得而稱, 其遜隱微, 無迹可見也. 蓋大王三子: 長泰伯, 次仲雍, 次季歷. 大王之時, 商道浸衰, 而周日彊大. 季歷又生子昌, 有聖德. 大王因有翦商之志, 而泰伯不從, 大王遂欲傳位季歷以及昌. 泰伯知之, 即與仲雍逃之荊蠻. 於是大王乃立季歷, 傳國至昌, 而三分天下有其二, 是爲文王. 文王崩, 子發立, 遂克商而有天下, 是爲武王. 夫以泰伯之德, 當商周之際, 固足以朝諸侯有天下矣, 乃棄不取而又泯其迹焉, 則其德之至極爲如何哉! 蓋其心即夷齊扣馬之心, 而事之難處有甚焉者, 宜夫子之歎息而讚美之也. 泰伯不從, 事見春秋傳.

7.《列女傳》母儀傳「棄母姜嫄」

棄母姜嫄者, 邰侯之女也. 當堯之時, 行見巨人跡, 好而履之, 歸而有娠, 浸以益大, 心怪惡之, 卜筮禋祀, 以求無子, 終生子. 以爲不祥, 而棄之隘巷, 牛羊避而不踐; 乃送之平林之中, 後伐平林者咸薦之覆之; 乃取置寒冰之上, 飛鳥傴翼之. 姜嫄以爲異, 乃收以歸, 因命曰棄. 姜嫄之性, 清靜專一, 好種稼穡. 及棄長, 而教之種樹桑麻. 棄之性, 明而仁, 能育其教, 卒致其名. 堯使棄居稷官, 更國邰地, 遂封棄於邰, 號曰后稷. 及堯崩, 舜即位, 乃命之曰: 「棄! 黎民阻飢,汝居稷, 播時百穀.」其後世世居稷, 至周文武而興爲天子. 君子謂:「姜嫄靜而有化.」詩云:『赫赫姜嫄, 其德不回, 上帝是依.』又曰:『思文后稷, 克配彼天, 立我烝民』此之謂也. 頌曰:『棄母姜嫄, 淸靜專一. 履迹而孕, 懼棄於野. 鳥獸覆翼, 乃復收恤. 卒爲帝佐, 母道旣畢.』

〈犀角形玉杯〉 1983 廣州 象崗山 西漢 南越王 趙眜墓 출토

002(1-2)
후직后稷에서 경절慶節까지

후직이 태국台國의 제후가 되었다.

그가 죽고 아들 부줄不窋이 뒤를 이었다.

그는 하夏나라 때의 쇠미해지던 시대를 만나 농직의 직책을 잃게 되자 융적戎狄들이 사는 땅으로 도망하였다.

그 손자 공류公劉에 이르렀을 때 공류는 자혜롭고 어질어 다닐 때에 살아 있는 풀은 밟지 않았으며, 수레를 몰면서는 갈대를 피해 다닐 정도였다.

공류는 하나라 걸왕桀王의 폭정을 피해 융적에 있는 동안 그곳의 풍속을 바꾸어 백성들이 그의 정치에 교화되었다.

공류가 죽고 그 아들 경절慶節이 대를 이었다.

后稷就國爲諸侯.

卒, 子不窋立.

遭夏氏世衰, 失官, 奔戎狄之間.

其孫公劉, 公劉慈仁, 行不履生草, 運車以避葭葦.

公劉避夏桀於戎狄, 變易風俗, 民化其政.

公劉卒, 子慶節立.

【就國】봉지로 받은 台(邰) 땅으로 가서 그곳 諸侯의 임무를 수행하였음을 말함.

【不窋】徐天祐는 《帝王世紀》를 인용하여 "后稷納姞氏, 生不窋"이라 하였고, 《括地志》에는 "不窋故城在慶州弘化縣(지금의 甘肅 慶陽縣)南三里"라 함.

【夏氏】夏나라를 가리킴. 禹임금이 세운 중국 최초의 世襲王朝. 禹는 姒氏였음. 《皇極一元圖》에 夏나라는 B.C.2209년부터 B.C.1766년 까지 약 433年餘 계속되었다 함.

【失官】자신 집안 대대로 이어오던 직책 農稷之官(后稷)의 직무를 잃게 됨.

【戎狄】고대 서북방 이민족을 가리킴. 원래 北狄과 西戎으로 구분하기도 하였음.

【公劉】古公亶甫의 中始祖로 추앙되는 인물. 《史記》에 "不窋卒, 子鞠立. 鞠卒, 子公劉立"이라 하여 不窋의 손자였음. 豳(邠)땅으로 이주하였음.

【葭葦】갈대. "初生爲葭, 長大爲蘆, 成則名爲葦"라 함.

【夏桀】夏나라 末王 桀. 姓은 姒氏, 이름은 履癸. 妹喜에 빠져 政事를 돌보지 않아 나라를 망쳤던 폭군. 뒤에 상탕에게 망하여 남쪽 남소(지금의 安徽 巢縣)로 도망하였다가 죽음. 《左傳》昭公 4년, 11년, 《國語》魯語(上), 《史記》夏本紀 등을 참조할 것.

【慶節】《史記》에 "公劉卒, 子慶節立, 國於豳"이라 함.

참고 및 관련 자료

1. 《史記》周本紀

后稷卒, 子不窋立. 不窋末年, 夏后氏政衰, 去稷不務, 不窋以失其官而奔戎狄之閒. 不窋卒, 子鞠立. 鞠卒, 子公劉立. 公劉雖在戎狄之閒, 復脩后稷之業, 務耕種, 行地宜, 自漆, 沮度渭, 取材用, 行者有資, 居者有畜積, 民賴其慶. 百姓懷之, 多徙而保歸焉. 周道之興自此始, 故詩人歌樂思其德. 公劉卒, 子慶節立, 國於豳.

003(1-3)
고공단보古公亶甫

그 후 팔세八世에 이르러 고공단보古公亶甫 때가 되었다.

고공단보는 공류公劉와 후직后稷의 업적을 잘 닦아 덕을 쌓고 의를 행하여 융적 사람들에게 흠모欽慕를 받았다.

이 때 훈육薰鬻의 융戎이 질투를 하여 침범해 들어오자 고공은 그들의 개, 말, 소, 양 등을 바쳐 섬겼으나 그들의 침범은 끊이지 않았다.

다시 좋은 가죽과 비단, 금옥金玉과 중보重寶 등으로 섬겼으나 역시 침범을 그치지 않는 것이었다.

고공이 그들에게 물었다.

"그대들이 바라는 것은 무엇이오?"

그들이 대답하였다.

"그대가 가지고 있는 토지土地를 원한다."

고공이 말하였다.

"군자는 토지가 백성을 길러준다는 이유 때문에 양육을 받고 있는 백성을 해치지는 않는다. 그것은 나라가 망하는 원인이며, 내 자신을 위해 백성을 해치는 것이니 내가 그렇게 하면서까지 이곳에 살 수는 없다."

고공은 이에 채찍을 들고 말을 몰아 빈邠 땅을 떠나 양산梁山을 넘어 기주岐周로 거처를 정해 떠나면서 빈 땅의 백성들에게 이렇게 말하였다.

"저들의 왕과 내가 다를 바가 무엇이 있으리오?"

그러자 빈 땅 사람들은 부자와 형제가 서로를 인솔하여 노인은 업고 어린아이는 잡아끌며, 솥과 시루를 짊어지고 고공에게 귀의하였다.

　이리하여 석 달 만에 그곳에는 성곽城郭을 이루었고 1년 만에 읍邑을 이루었으며 2년 만에 도읍都邑을 이루어 그 백성이 처음의 다섯 배나 늘어났다.

其後八世而得古公亶甫.

修公劉, 后稷之業, 積德行義, 爲狄人所慕.

薰鬻戎姤而伐之, 古公事之以犬馬牛羊, 其伐不止.

事以皮幣, 金玉, 重寶, 而亦伐之不止.

古公問:「何所欲?」

曰:「欲其土地.」

古公曰:「君子不以養害, 害所養. 國所以亡也, 而爲身害, 吾所不居也.」

古公乃杖策去邠, 逾梁山而處岐周, 曰:「彼君與我何異?」

邠人父子兄弟相帥, 負老攜幼, 揭釜甑而歸古公.

居三月, 成城郭, 一年成邑, 二年成都, 而民五倍其初.

【其後】慶節 다음의 八代를 지나 古公亶甫의 시대에 이르렀음을 뜻함. 참고란을 볼 것.

【古公亶甫】‘古公亶父’로도 표기하며 周나라 文王(姬昌)의 祖父. 막내아들 季歷에게서 태어난 孫子 昌에게 聖瑞가 있음을 알게 되자, 長子 太伯(泰伯)과 虞仲이 스스로 남쪽으로 도망하여 季歷에게 後嗣를 잇도록 하여 周나라 王業이 흥성하게 되었음.

【公劉, 后稷之業】순서로 보아 ‘后稷, 公劉之業’이어야 함. 농업을 정착시켜 안정되게 살 수 있도록 하였음을 말함.

【薰鬻】獫狁, 玁狁, 獯育, 薰育, 薰粥, 葷粥, 熏粥, 淳維, 鬼方 등 여러 표기가 있으며 狄人, 北狄. 匈奴 前身의 한 종족.《史記》五帝本紀 司馬貞 索隱에 "葷粥, 匈奴別名也. 唐虞以上曰山戎, 亦曰熏粥, 夏曰淳維, 殷曰鬼方, 周曰玁狁, 漢曰匈奴"라 함. 모두 'Hun'族을 표기하던 당시의 譯音이었음.

【戎姤】戎은 戎狄을 묶어서 말한 것이며 姤는 妒(妬)의 오기가 아닌가 함. 그러나 《管子》地員篇 "其人夷姤"의 尹知章 注에는 "夷, 平也; 姤, 好也. 言均善也"라 하여 '姤'를 '好'의 뜻으로 보았음. 따라서 "西戎과 北狄의 통치자들이 자신의 백성들이 古公을 좋아하는 것에 위협을 느껴 고공을 공격한 것"이라 풀이할 수 있음.

【皮幣】《孟子》梁惠王 '皮幣'의 注에 "皮, 狐貉之裘; 幣, 繒帛之貨也"라 함.

【君子不以養害所養】徐天祜의 注에는《孟子》를 인용하여 "君子不以其所以養人者害人"이라 하였으며 徐乃昌의《吳越春秋札記》에는 "君子不以養者害所養"이어야 한다고 보았음. 養者는 土地를, 所養은 百姓을 가리킴. 그러나 〈全譯本〉에는 "君子不以養害所養. 以養害所養, 國所以亡也"로 보아야 한다고 여겼음.

【而爲身害, 吾所不居也】《史記》에 "民欲以我故戰, 殺人父子而君之, 予不忍爲"라 하여 훨씬 구체적임.

【杖策】채찍을 뜻하며 말을 몰아 나섰음을 뜻함. '杖'은 '잡다(執)', '策'은 '鞭'의 뜻.

【邠】'豳'으로도 표기하며 '豳'은 돼지를 우리에 가두어 기르던 곳을 형상화한 글자이며 '邠'은 지명을 표기한 形聲字로써 唐 開元 3년 '豳'자가 '幽'자와 비슷하다 하여 '邠'으로 고쳤다 함. 不窋이 거주하던 곳으로부터 약 2백리 남쪽. 지금의 陝西 彬縣으로 다시 음이 같은 '彬'으로 변하였음.

【梁山】지금의 陝西 乾縣 서북쪽의 산 이름.

【岐周】岐는 岐山. 周는 周나라가 發興한 곳이라는 뜻의 周原. 지금의 陝西 岐山縣 동북쪽.《史記》周本紀〈正義〉에 "因太王所居周原, 因號曰周.《地理志》云:「右扶風縣岐山西北中水鄕, 周太王所邑.」《括地志》云:「故周城, 一名美陽城, 在雍州武功縣西北二十五里, 卽太王城也.」"라 함.

【與我何異】戎狄의 군주도 나와 다를 바가 없으니 잘 섬기며 살도록 당부한 것.

【帥】'솔'로 읽으며 '率'과 같음. 引率함.

【揭】《小爾雅》廣言에 "揭, 擔也"라 함. '어깨에 짊어지다'의 뜻.

【釜甑】釜는 가마솥. 甑은 시루. 각종 살림살이를 뜻함.

【城郭】內城과 外郭.《管子》度地篇에 "內爲之城, 外爲之郭"이라 함.

【邑, 都】"小城曰邑, 大城曰都"라 함.

1.《史記》周本紀

慶節卒, 子皇僕立. 皇僕卒, 子差弗立. 差弗卒, 子毀隃立. 毀隃卒, 子公非立.
公非卒, 子高圉立. 高圉卒, 子亞圉立. 亞圉卒, 子公叔祖類立. 公叔祖類卒, 子古
公亶父立. 古公亶父復脩后稷·公劉之業, 積德行義, 國人皆戴之. 薰育戎狄攻之,
欲得財物, 予之. 已復攻, 欲得地與民. 民皆怒, 欲戰. 古公曰:「有民立君, 將以
利之. 今戎狄所爲攻戰, 以吾地與民. 民之在我, 與其在彼, 何異? 民欲以我故戰,
殺人父子而君之, 予不忍爲.」乃與私屬遂去豳, 度漆·沮, 踰梁山, 止於岐下.
豳人舉國扶老攜弱, 盡復歸古公於岐下. 及他旁國聞古公仁, 亦多歸之. 於是古公
乃貶戎狄之俗, 而營築城郭室屋, 而邑別居之. 作五官有司. 民皆歌樂之, 頌其德.

2.《孟子》梁惠王(下)

○孟子對曰:「昔者, 大王居邠, 狄人侵之, 去, 之岐山之下居焉. 非擇而取之,
不得已也. 苟爲善, 後世子孫必有王者矣. 君子創業垂統, 爲可繼也; 若夫成功,
則天也. 君如彼何哉? 彊爲善而已矣.」

○滕文公問曰:「滕, 小國也. 竭力以事大國, 則不得免焉. 如之何則可?」

孟子對曰:「昔者, 大王居邠, 狄人侵之. 事之以皮幣, 不得免焉; 事之以犬馬,
不得免焉; 事之以珠玉, 不得免焉. 乃屬其耆老而告之曰:『狄人之所欲者, 吾土
地也. 吾聞之也: 君子不以其所以養人者害人. 二三子何患乎無君? 我將去之.』
去邠, 踰梁山, 邑于岐山之下居焉. 邠人曰:『仁人也, 不可失也.』從之者如歸市.
或曰:『世守也, 非身之所能爲也. 效死勿去.』君請擇於斯二者」

004(1-4)
고공단보의 세 아들

고공古公의 세 아들로 맏이는 태백太伯, 둘째는 중옹仲雍으로 중옹은 일명 오중吳仲이라고도 하였으며, 막내는 계력季歷이었다.

계력은 태임씨太任氏를 아내로 맞아 창昌을 낳았다.

창에게는 성인의 상서로움이 있어 고공은 창이 성인임을 알고 나라를 손자 창에게 전해지기를 바라고 있었다.

그리하여 이렇게 말하였다.

"왕업王業을 흥하게 할 것이 창에게 있구나!"

그 때문에 막내아들의 이름을 계력季歷이라고 고쳐 불렀던 것이다.

태백과 중옹은 그 기세를 보고 그 뜻을 알아차리고는 이렇게 말하였다.

"계력은 적사자嫡嗣子로다."

그리하여 그들은 고공께서 나라가 그를 거쳐 창에게로 이어지기를 원하고 있음을 알게 되었다.

고공이 병이 들자 두 사람은 형산衡山에 약을 캐러 간다는 구실에 의탁하여 드디어 형만荊蠻으로 가서 그곳 풍습대로 단발문신斷髮文身하고 이적夷狄의 복장을 하여 자신들은 쓰일 수 없음을 보였다.

古公三子, 長曰太伯, 次曰仲雍, 雍一名吳仲, 少曰季歷.
季歷娶妻太任氏, 生子昌.

昌有聖瑞, 古公知昌聖, 欲傳國以及昌.

曰:「興王業者, 其在昌乎!」

因更名曰季歷.

太伯, 仲雍望風知指, 曰:「歷者, 適也.」

知古公欲以國及昌.

古公病, 二人託名採藥於衡山, 遂之荊蠻, 斷髮文身, 爲夷狄之服, 示不可用.

【太伯】泰伯. 古公亶甫의 막내아들. 조카인 昌에게 聖瑞가 있어 父王이 막내
季歷을 거쳐 창에게로 後嗣를 이었으면 하는 뜻을 알고 멀리 荊蠻으로 도망
하여 오나라 시조가 되었음.

【仲雍】古公亶甫의 둘째 아들. 형 太伯이 荊蠻으로 달아나자 함께 나라를 피하여
오나라를 일으켰으며 태백이 죽자 그 뒤를 이어 吳나라는 仲雍氏의 선조가 됨.
《史記》周本紀에는 '吳仲'을 '虞仲'이라 하였으며, '吳'와 '虞'는 같은 古音임.

【季歷】古公亶甫의 막내아들로써 太姜에게서 태어남. 昌(姬昌, 文王)의 아버지
이며 發(姬發, 武王)의 조부. 武王이 天子가 된 후 '王季'라 追尊하였음. 徐天祜는
"太姜生少子季歷, 卽王季也"라 함.

【太任氏】大任氏, 太任氏로도 표기하며 昌의 어머니. 摯나라 任氏 성의 둘째 딸.
《詩經》大明篇 "摯仲氏任"의 〈毛箋〉에 "摯, 國; 任, 姓; 仲, 仲女也"라 하였고,
《列女傳》에는 "太任, 摯任氏之仲女"라 함. 栗谷의 어머니 申師任堂은 이를 스승
으로 삼겠다는 뜻으로 堂號를 삼은 것임.

【昌】周나라 創業의 기틀을 다진 文王. 姬發(武王), 姬旦(周公), 姬奭(召公) 등의
아버지. 殷末 紂王에 의해 西伯에 봉해져 西伯昌으로도 불림. 姓은 姬.
B.C.1143년 殷나라 紂王에 의해 姜里의 獄에 갇혔을 때《周易》을 演述하였다고
하며 儒家에서 聖賢으로 推仰함.

【聖瑞】성스러운 瑞徵. 徐天祜는《尙書緯》帝命驗을 인용하여 "季秋之月甲子,
赤爵銜丹書入於酆, 止於昌戶"라 함. 한편《史記》周本紀〈正義〉에《丹書》의
문장이라 하여 "敬勝怠者吉, 怠勝敬者滅; 義勝欲者從, 欲勝義者凶. 凡事不强

則不枉, 不敬則不正; 枉者廢滅, 敬者萬世. 以仁得之, 以仁守之, 其量百世; 以不仁得之, 以仁守之, 其量十世; 以不仁得之, 不仁守之, 不及其世"라 함.

【更名】이로 보아 季歷의 처음 이름은 이와 달랐던 것임을 알 수 있음. '歷'으로 바꾼 것은 '歷'은 '適(嫡)'과 같은 疊韻으로 뜻 역시 같음.《論衡》譴告篇에 "太王亶父以王季之可立, 故易名爲歷. 歷者, 適也"라 함. 즉 季(막내)지만 伯, 仲을 넘어 嫡長子로 여겼음을 뜻함.

【望風知指】風은 분위기, 혹 諷과 같음. 諷刺로 한 말을 듣고 그 가리키는 바를 알게 됨.

【適也】'適'은 '嫡'과 같음. 嫡嗣子, 즉 왕통을 이어갈 적자와 같은 직분을 가지고 있음을 말함.

【衡山】五嶽 중의 南嶽. 지금의 湖南 衡山縣에 있음.

【荊蠻】古代 長江 流域에 살던 南方民族을 일컫는 말. 吳越 등도 이에 속함. 江南 地域을 가리킴. '荊'은 '楚'의 다른 이름. 秦始皇의 부친 莊襄王 子楚의 이름을 피하여 秦나라 이후에는 楚나라를 荊으로 불렀음.《史記》周本紀〈正義〉에 "太伯奔吳, 所居城在蘇州北五十里, 常州無錫縣界梅里村, 其城及冢見存. 而云亡荊蠻者, 楚滅越, 其地屬楚; 秦滅楚, 其地屬秦, 秦諱楚改曰荊, 故通號吳越之地爲荊. 及北人書史, 加云蠻, 勢之然也"라 함.

【斷髮文身】머리를 깎고 온 몸에 무늬를 새기는 그곳의 풍습.《史記》吳太伯世家〈集解〉에 應劭 注를 인용하여 "常在水中, 故斷其髮, 文其身, 以象龍子, 故不見傷害"라 함.

【夷狄之服】夷는 東方의 東夷族, 狄은 北方 민족. 그러나 여기서는 夷蠻과 같은 뜻으로 中原에 대칭하여 文明이 未開한 곳을 비유하여 쓴 것.

참고 및 관련 자료

1.《史記》周本紀
古公有長子曰太伯, 次曰虞仲. 太姜生少子季歷, 季歷娶太任, 皆賢婦人, 生昌, 有聖瑞. 古公曰:「我世當有興者, 其在昌乎?」長子太伯·虞仲知古公欲立季歷以傳昌, 乃二人亡如荊蠻, 文身斷髮, 以讓季歷.

2.《列女傳》母儀傳「周室三母」
三母者: 大姜·大任·大姒. 大姜者, 王季之母, 有台氏之女. 大王娶以爲妃, 生大伯·仲雍·王季, 貞順率導, 靡有過失. 大王謀事遷徙, 必與大姜. 君子謂:「大姜廣於德教.」(德教本也, 而謀事次之. 詩云:『古公亶父, 來朝走馬, 率西水滸, 至於岐下, 爰及姜女, 聿來胥宇.』此之謂也. 蓋太姜淵智非常, 雖太王之賢聖, 亦與之謀, 其知太王仁恕必可以比國人而景附矣.) 大任者, 文王之母, 摯任氏中女也. 王季娶爲妃. 大任之性, 端一誠莊, 惟德之行. 及其有娠, 目不視惡色, 耳不聽淫聲, 口不出敖言, 能以胎教. 溲於豕牢, 而生文王. 文王生而明聖, 大任教之以一而識百, 卒爲周宗. 君子謂:「大任爲能胎教」古者婦人妊子, 寢不側, 坐不邊, 立不蹕, 不食邪味. 割不正不食, 席不正不坐, 目不視於邪色, 耳不聽於淫聲. 夜則令瞽誦詩, 道正事, 如此則生子形容端正, 才德必過人矣. 故妊子之時, 必愼所感, 感於善則善, 感於惡則惡. 人生而肖萬物者, 皆其母感於物, 故形音肖之, 文王母可謂知肖化矣. 大姒者, 武王之母, 禹後有莘姒氏之女. 仁而明道, 文王嘉之, 親迎於渭, 造舟爲梁. 及入, 大姒思媚大姜·大任, 旦夕勤勞, 以進婦道, 大姒號曰文母. 文王治外, 文母治內. 大姒生十男: 長伯邑考·次武王發·次周公旦·次管叔鮮·次蔡叔度·次曹叔振鐸·次霍叔武·次成叔處·次康叔封·次聃季載. 大姒教誨十子, 自少及長, 未嘗見邪僻之事. 及其長, 文王繼而教之, 卒成武王·周公之德. 君子謂:「大姒仁明而有德」詩曰:『大邦有子, 俔天之妹. 文定厥祥, 親迎于渭. 造舟爲梁, 不顯其光.』又曰:『大姒嗣徽音, 則百斯男.』此之謂也. 頌曰:『周室三母, 大姜妊姒. 文武之興, 蓋由斯起. 大姒最賢, 號曰文母. 三姑之德, 亦甚大矣.』古公有長子曰太伯, 次曰虞仲. 太姜生少子季歷, 季歷娶太任, 皆賢婦人, 生昌, 有聖瑞. 古公曰:「我世當有興者, 其在昌乎?」長子太伯·虞仲知古公欲立季歷以傳昌, 乃二人亡如荊蠻, 文身斷髮, 以讓季歷.

3.《藝文類聚》(15)

太姜者, 太王之妃, 有台氏之女也. 賢而有色, 生太伯仲雍季歷. 化導三子, 皆成賢德. 太王有事, 必諮謀焉. 詩曰:『爰及姜女, 聿來胥宇.』此之謂也. 太任者, 王季之妃, 摯任之女也. 端一誠莊, 唯德之行. 及其有身也, 目不視惡色, 耳不聽惡聲, 口不出放言. 溲于豕牢, 而生文王. 文王生而明聖, 太任教以一, 而知其百, 卒爲周宗. 君子謂:「太任爲能胎教」太姒者, 文王之妃, 莘姒之女也. 號曰文母. 亦思媚太姜, 太任旦夕勤勞, 以進婦道. 文王治外, 文母治內. 生十子, 太姒教誨十子, 自少及長, 常以正道押持之, 卒成武王周公之德.

4.《幼學瓊林》女子篇

「周家母儀, 太王有周姜, 王季有太妊, 文王有太姒; 三代亡國, 夏桀以妹喜, 商紂以妲己, 周幽以褒姒.」

005(1-5)
구오句吳라는 명칭

고공이 죽자 태백泰伯과 중옹仲雍은 급히 돌아왔다.

그들은 아버지의 상을 마치자 다시 형만荊蠻으로 돌아갔다.

그곳 백성들은 태백을 임금으로 섬겨 스스로 호를 구오句吳라 하였다.

오吳나라 사람이 혹 이렇게 물었다.

"무엇을 닮았다 하여 구오라 하십니까?"

태백은 말하였다.

"나는 맏이로서 나라의 임금 자리를 맡았지만 나라를 이어갈 아들이 없소. 이 나라에 응당 봉해져야 할 자는 오중吳仲이오. 그래서 스스로 호를 구오라 한 것이니 그것이 마땅하지 않겠는가?"

형만 사람들은 모두 그를 의롭다 여겨 그를 따르면서 그에게 귀의해온 자가 천 여 가구나 되었으며 모두가 함께 그를 세워 구오 나라를 만들었다.

몇 년이 지나 그곳 백성들은 은부殷富해졌다.

마침 은殷나라 말기에 이르러 쇠미해지자 중국中國의 제후나 왕들이 자주 군사를 일으켰다.

그 두려움이 형만에까지 미치자 그 때문에 태백도 성城을 쌓기 시작하여 둘레는 3리 2백 보였으며 외곽은 3백여 리였고 그 성은 서북 귀퉁이에 있어 이름을 고오故吳라 하였다.

그리하여 백성들은 모두 그 안에서 농사를 지으며 살았다.

古公卒, 太伯, 仲雍歸.

赴喪畢, 還荊蠻.

國民君而事之, 自號爲句吳.

吳人或問:「何像而爲句吳?」

太伯曰:「吾以伯長居國, 絶嗣者也. 其當有封者, 吳仲也. 故自號句吳, 非其方乎?」

荊蠻義之, 從而歸之者千有餘家, 共立以爲句吳.

數年之間, 民人殷富.

遭殷之末世衰, 中國侯王數用兵.

恐及於荊蠻, 故太伯起城, 周三里二百步, 外郭三百餘里, 在西北隅, 名曰故吳.

人民皆耕田其中.

【句吳】 '勾吳'로도 표기하며 '句'는 뜻이 없는 發語詞. '吳'는 太伯에게는 자식이 없어 아우 吳仲의 이름을 취한 것임. 《史記》周本紀 등에는 '吳仲'을 '虞仲'이라 하였으며 '吳'와 '虞'는 고대 同音이었음. 徐天祐는 《漢》地理志:「太伯奔荊蠻, 號曰勾吳.」 顔師古注:「夷俗語發聲, 猶越爲'于越'也.」라 함. 한편 楊愼의 《丹鉛餘錄》(13)에 "越曰於越, 吳曰勾吳, 邾曰邾婁, 本一字而爲二字, 古聲雙疊也. 或以 勾吳, 於越爲方言夷音, 謬矣"라 하여 다른 의견을 제시하였음.

【何像】 徐乃昌의 《吳越春秋札記》에 "何所依倣也"라 함. 한편 《楚辭》懷沙 "願志 之有像"의 注에 "像, 法也"라 하였고, 《淮南子》覽冥訓 "驕主而像其意"의 注에는 "像, 猶隨也"라 함.

【絶嗣】 後嗣가 끊어짐. 古公亶父가 長子 太伯(泰伯)을 후계로 삼지 않은 것은 昌이 현명하였던 이유와 太伯에게 자식이 없었던 것도 한 이유였을 것으로 보임.

【其當有封者吳仲也】 이에 대해 兪樾은 "仲雍所以稱吳仲者, 以其後君吳而稱之也. 此乃云太伯因仲雍名吳仲而號其國爲吳, 漢人之異說有如此"라 함.

【殷富】豐足하고 富裕함을 뜻하는 말.

【殷之末世】殷나라 말 帝乙과 帝辛(紂)의 시대를 가리킴. 殷은 湯이 夏나라 말왕 桀을 멸하고 처음 亳(지금의 山東 曹縣)을 도읍으로 정하여 商이라 불렸다가 여러 차례 천도를 거쳐 盤庚 때 殷(지금의 河南 安陽 小屯村)으로 옮겨 殷으로 불림. 帝辛(紂)에 이르러 周 武王(姬發)에게 망함.

【中國】中原의 다른 말. 황하 중류를 중심으로 한 문명한 중앙 지역의 제후들.

【數用兵】殷의 통제력이 약화되자 제후들이 자주 攻防을 벌임. '數'은 '삭'으로 읽음.

【西北隅】지금의 江蘇 蘇州(뒤의 吳나라 도읍)를 기준으로 하여 방위를 설명한 것임.

【故吳】蘇州(姑蘇臺) 이전의 吳나라 성터. 徐天祜의 注에 "太伯所都謂之吳, 城在 梅里平墟, 今無錫縣境"이라 함.

┌──────────────────┐
│ 참고 및 관련 자료 │
└──────────────────┘

1.《史記》吳太伯世家

吳太伯, 太伯弟仲雍, 皆周太王之子, 而王季歷之兄也. 季歷賢, 而有聖子昌, 太王 欲立季歷以及昌, 於是太佰, 仲雍二人乃奔荊蠻, 文身斷髮, 示不可用, 以避季歷. 季歷果立, 是爲王季, 而昌爲文王. 太伯之奔荊蠻, 自號句吳. 荊蠻義之, 從而 歸之千餘家, 立爲吳太伯.

006(1-6)
고공古公을 태왕太王으로

고공古公이 병이 들어 죽으면서 계력季歷으로 하여금 태백太伯에게 나라를 양보하도록 하여 세 번이나 양보하였으나 태백은 모두 사양하였다.

그 때문에 "태백이 세 번이나 천하를 양보하였다"라고 하는 것이다.

이에 계력이 정치에 임하여 선왕의 업業을 잘 닦고 인의仁義의 도를 지켜 냈다.

계력이 죽고 아들 창昌이 들어섰으며 호를 서백西伯이라 하였다.

서백은 공류公劉와 고공의 다스림을 준수하고 노인을 봉양하기에 힘쓰자 천하가 서백에게로 귀의하였으며 태평을 이루어 백이伯夷가 바닷가로부터 찾아오기도 하였다.

서백이 죽고 태자 발發이 들어서서 주공周公과 소공召公을 임용하여 은殷나라를 정벌하였다.

천하가 이윽고 안정되자 왕을 칭하기에 이르렀고, 고공을 태왕太王으로 추존하여 시호를 삼고, 태백을 오나라에 추봉追封하였다.

古公病, 將卒, 令季歷讓國於太伯, 而三讓不受.

故云:「太伯三以天下讓.」

於是季歷蒞政, 修先王之業, 守仁義之道.

季歷卒, 子昌立, 號曰西伯.

遵公劉, 古公之術, 業於養老, 天下歸之西伯, 致太平,
伯夷自海濱而往.

西伯卒, 太子發立, 任周, 召而伐殷.

天下已安, 及稱王, 追諡古公爲太王, 追封太伯於吳.

【三以天下讓】《論語》泰伯篇에 "子曰:「泰伯, 其可謂至德也已矣. 三以天下讓,
民無德而稱焉.」"이라 하였고,《史記》吳太伯世家 注에는 "〈正義〉曰: 江熙云:
'太伯少弟季歷生文王昌有聖德. 太伯知其必有天下, 故欲傳國於季歷, 以太王病託,
採藥於吳越不反, 太王薨而季歷立, 一讓也; 季歷薨而文王立, 二讓也; 文王薨
而武王立, 遂有天下三讓也.' 又〈釋云〉: '太王病託采藥, 生不事之以禮, 一讓也;
太王薨而不反, 使季歷主喪, 不葬之禮, 二讓也; 斷髮文身, 示不可用, 使季歷主
祭祀, 不祭之以禮, 三讓也.'"라 함.

【蒞政】정치에 임함. '蒞'는 '莅'로도 표기하며 '臨'의 뜻.

【西伯】서쪽 지역 제후의 우두머리라는 뜻. 文王(姬昌)은 殷나라 중앙으로부터
서쪽 지역에 위치하고 있었기 때문에 그를 그곳에 명의를 주어 안정을 꾀한 것.
한편《孔叢子》에는 "羊容問子思曰:「周自后稷封爲王者之後, 至太王, 王季, 文王,
此爲諸侯, 奚得爲西伯乎?」子思曰:「吾聞諸子夏曰: 殷帝乙之時, 王季以九命
作伯於西, 受圭瓚秬鬯之賜, 故文王因之得專征伐, 此諸侯爲伯, 猶召公分陝謂之
召伯也.」"라 함.

【養老】노인들을 잘 봉양함. 賢者를 우대함을 뜻함.《孟子》離婁(下)에 "孟子
曰:「伯夷辟紂, 居北海之濱, 聞文王作, 興曰:『盍歸乎來! 吾聞西伯善養老者』
太公辟紂, 居東海之濱, 聞文王作, 興曰:『盍歸乎來! 吾聞西伯善養老者』二老者,
天下之大老也, 而歸之, 是天下之父歸之也. 天下之父歸之, 其子焉往? 諸侯有行
文王之政者, 七年之內, 必爲政於天下矣.」"라 함.

【伯夷】商末 孤竹國의 長子. 그 아우 叔齊와 서로 임금 자리를 양보하다가 西伯
昌(文王)이 노인을 잘 봉양한다는 말을 듣고 서쪽 周나라를 찾아감.《史記》
伯夷列傳 참조.

【海濱】바닷가. 孤竹國이 지금의 河北, 遼寧의 渤海 해안에 있었으므로 이렇게
칭한 것.

【太子發】姬發. 武王. 文王(姬昌)의 아들이며 周公(姬旦), 召公(姬奭) 등의 형. 成王
(姬誦)의 아버지. 武王이 죽자 아버지의 뜻을 이어받아 殷의 말왕 紂를 멸하고
周나라를 건국하였으며 鎬(지금의 陝西 西安 서남, 灃水 東岸)에 도읍을 정함.
儒家에서 武王과 함께 성인으로 추앙을 받음.

【周·召】周公(姬旦)과 召公(姬奭). 周公은 文王(姬昌)의 아들이며 武王(姬發)의
아우. 叔旦으로도 불리며 武王이 죽자 어린 成王(姬誦)을 보필하며 섭정함. 周初
文物典章와 각종 行政 제도를 완비하여 儒家의 聖人으로 추앙을 받았으며
曲阜에 봉해져 魯나라 시조가 됨. 召公은 成王 때 "自陝以西, 召公主之; 自陝
以東, 周公主之"라 하여 召(지금의 陝西 岐山 서남)에 봉해져 召公이라 불렸으며
뒤에 燕나라에 봉해짐.《史記》周本紀, 魯周公世家, 燕召公世家 등을 참조할 것.

【太王】武王이 殷을 멸한 뒤 조상을 추존하면 古公亶甫를 太王이라 칭함.〈四部
叢刊〉에는 '大王'으로 되어 있음

참고 및 관련 자료

1.《史記》周本紀

古公卒, 季歷立, 是爲公季. 公季脩古公遺道, 篤於行義, 諸侯順之. 公季卒,
子昌立, 是爲西伯. 西伯曰文王, 遵后稷, 公劉之業, 則古公, 公季之法, 篤仁,
敬老, 慈少. 禮下賢者, 日中不暇食以待士, 士以此多歸之. 伯夷, 叔齊在孤竹,
聞西伯善養老, 盍往歸之. 太顚, 閎夭, 散宜生, 鬻子, 辛甲大夫之徒皆往歸之.

007(1-7)
태백으로부터 수몽壽夢까지

시조 태백太伯이 죽어 매리梅里의 평원 빈 터에 장례를 치렀다.

중옹이 뒤를 이었으니 이가 오중옹吳仲雍이다.

중옹이 죽고 아들 계간季簡이, 계간의 아들 숙달叔達, 숙달의 아들 주장周章, 주장의 아들 웅熊, 웅의 아들 수수遂, 수의 아들 가상柯相, 가상의 아들 강구이疆鳩夷, 강구이의 아들 여교의오餘喬疑吾, 여교의오의 아들 가려柯廬, 가려의 아들 주요周繇, 주요의 아들 굴우屈羽, 굴우의 아들 이오夷吾, 이오의 아들 금처禽處, 금처의 아들 전專, 전의 아들 파고頗高, 파고의 아들 구필句畢이 차례로 이어졌다.

이 당시 진晉 헌공獻公이 주周나라 북쪽에 있는 우虞나라를 멸하였는데 우공虞公이 진나라의 괵虢나라 정벌에 길을 열어주었기 때문이었다.

구필의 아들 거제去齊, 거제의 아들이 수몽壽夢이었으며 그가 들어서자 오나라는 더욱 강해지기 시작하여 왕을 칭하게 되었다.

무릇 태백으로부터 수몽에 이르러서 중국中國과 통하여 조회에 참여할 수 있었으며 중원 제후들과 이에 패권을 다투게 되었다.

太伯殂卒, 葬於梅里平墟.

仲雍立, 是爲吳仲雍.

仲雍卒, 子季簡, 簡子叔達, 達子周章, 章子熊, 熊子遂,
遂子柯相, 相子彊鳩夷, 夷子餘喬疑吾, 吾子柯盧, 盧子
周繇, 繇子屈羽, 羽子夷吾, 吾子禽處, 處子專, 專子頗高,
高子句畢立.

是時, 晉獻公北滅周北虞, 虞公以開晉之伐虢氏.

畢子去齊, 齊子壽夢立, 而吳益强, 稱王.

凡從太伯至壽夢之世, 與中國時通朝會, 而國斯霸焉.

【殂卒】〈四部叢刊〉에는 '祖卒'로 되어 있으나 〈四庫全書〉에 의해 수정함.
'殂卒'은 '죽다, 생을 마치다'의 뜻.

【梅里平墟】梅里의 평원의 언덕. 梅里는 지명. 지금의 江蘇 無錫縣 梅村鎭.
徐天祐 注에 "卽太伯故城之地. 劉昭云:「無錫縣東皇山有太伯冢, 去墓十里有
舊宅, 其井猶存.」《皇覽》云:「太伯墓在吾縣北梅里聚.」"라 하여 위치가 다름.
平墟는 평지에 있는 얕은 구릉을 뜻하는 말이며 지금의 無錫縣 동쪽 鴻山
이라 함. 지금 그곳에 享堂이 있으며 묘지에 '泰伯墓'로 되어 있음.

【吳仲雍】吳나라 군주로서의 仲雍임을 말함. 兪樾《諸子平議》(補錄)에 "仲雍
所以稱吳仲者, 以其後君吳以稱之也"라 함. 한편 中雍의 묘는 지금의 常熟市
虞山鎭 旱北門大街에 있음. 중옹이 죽은 뒤 海隅山에 장례를 치렀으며 중옹을
기려 산 이름을 海虞山으로 불렀다가 다시 虞山으로 부름. 지금 무덤에는 "商逸
民虞仲周公墓"라 되어 있음.

【熊, 遂】각기 다른 사람으로 되어 있으나《史記》에는 "周章卒, 子熊遂立, 熊遂卒,
子柯相立"이라 하여 한 사람임.

【餘喬疑吾】《史記》에는 '餘橋疑吾'로 되어 있음.

【柯盧】《史記》에는 '柯盧'로 되어 있음.

【專】《史記》에는 '轉'으로 되어 있음.

【句畢】《史記》에는 '句卑'로 되어 있음.

【獻公】春秋時代 晉나라 군주. 이름은 詭諸. B.C.676~B.C.651년까지 26년간 재위
하고 惠公(夷吾)이 그 뒤를 이음. 文公(重耳)의 아버지. 그는 虞나라 길을 빌려
虢나라를 滅한 후 돌아오는 길에 虞나라까지 쳐서 滅함. 뒤에 驪姬에게 빠져

그에게서 낳은 아들 奚齊를 太子 申生을 廢하고 대신 태자로 세워 내란을 조성함. 태자 신생은 자결하고 신생의 異腹 兄 重耳가 망명에 나섰다가 돌아와 春秋五霸 중의 하나인 文公이 됨. 周 武王은 殷을 멸하고 天子에 오르자 太伯과 仲翁의 후손 중 周章을 찾았으나 당시 주장은 이미 吳나라의 군주가 되어 있었으므로 주장의 아우 虞仲을 데려다 周나라 북쪽의 옛 夏나라 도읍지에 封하여 虞나라가 된 것임.

【虞公】虞나라 군주. 晉 獻公이 虢을 치고자 虞나라에게 길을 빌려줄 것을 청하면서 名馬와 寶玉을 선물함. 虞公은 宮之奇의 간언을 듣지 않고 晉나라에 길을 내주었다가 虢을 멸한 晉나라가 돌아오는 길에 虞나라까지 멸하였음. '脣亡齒寒'의 고사를 낳은 사건임.《左傳》僖公 9년 傳,《國語》晉語,《史記》晉世家 등을 볼 것.《史記》吳太伯世家에는 "自太伯作吳, 五世而武王克殷, 封其後爲二: 其一虞, 在中國; 其一吳, 在夷蠻. 十二世而晉滅中國之虞"라 함.

【虢氏】虢은 나라 이름으로 周 文王의 아우 虢叔이 봉해졌던 나라를 東虢이라 하며 그들은 험한 지형을 너무 믿고 방자하게 굴다가 鄭나라에 망함. 지금의 河南 氾水縣 서남쪽.《漢書》地理志 臣瓚의 注에 "鄭桓公寄帑與賄於虢會之間. 幽王旣敗, 二年而滅會, 四年而滅虢"이라 함. 그 뒤 西虢, 北虢이 있었으며 晉 文公에게 망한 虢은 北虢으로 지금의 河南 三門峽과 山西 平陸 사이에 있었음.《左傳》僖公 5년 傳을 볼 것.

【壽夢】吳나라 군주. 이름은 乘(姬乘). 吳나라는 이로써 紀年이 시작되며 재위 2년째부터 南方 蠻夷 중에 두각을 세우기 시작하였으며 비로소 諸侯의 반열에 오름. B.C.585~B.C.561년까지 25년간 재위하였으며 諸樊이 그 뒤를 이음.《史記》에는 이 구절이 "大凡從太伯至壽夢十九世"라 하였음.

【朝會】천자가 제후나 군주를 봄에 만나는 것을 '朝', 수시로 만나는 것을 '會'라 함.

참고 및 관련 자료

1.《史記》吳太伯世家
太伯卒, 無子, 弟仲雍立, 是爲吳仲雍. 仲雍卒, 子季簡立. 季簡卒, 子叔達立. 叔達卒, 子周章立. 是時周武王克殷, 求太伯, 仲雍之後, 得周章. 周章已君吳, 因而封之. 乃封周章弟虞仲於周之北故夏虛, 是爲虞仲, 列爲諸侯. 周章卒, 子熊遂立, 熊遂卒, 子柯相立. 柯相卒, 子彊鳩夷立. 鳩夷卒, 子餘橋疑吾立. 餘橋疑吾卒, 子柯盧立. 柯盧卒, 子周繇立. 周繇卒, 子屈羽立. 屈羽卒, 子夷吾立. 夷吾卒, 子禽處立. 禽處卒, 子轉立. 轉卒, 子頗高立. 頗高卒, 子句卑立. 是時晉獻公滅周北虞公, 以開晉伐虢也. 句卑卒, 子去齊立. 去齊卒, 子壽夢立. 壽夢立而吳始益大, 稱王. 自太伯作吳, 五世而武王克殷, 封其後爲二: 其一虞, 在中國; 其一吳, 在夷蠻. 十二世而晉滅中國之虞. 中國之虞滅二世, 而夷蠻之吳興. 大凡從太伯至壽夢十九世. 王壽夢二年, 楚之亡大夫申公巫臣怨楚將子反而奔晉, 自晉使吳, 教吳用兵乘車, 令其子爲吳行人, 吳於是始通於中國. 吳伐楚. 十六年, 楚共王伐吳, 至衡山.

卷第二 吳王壽夢傳

본편은 오왕 수몽에 대한 전기이며 동시에 수몽의 네 아들에 대한 사적도 함께 기록하고 있다. 《좌전》·《사기》 등과 비교하면 매우 선명하며 중원과 다른 남방 습속에 대해서도 차이를 두어 기술하고 있다.

〈鴨尊〉(서주) 遼寧省 출토

008(2-1)
천자를 찾아간 수몽

오왕吳王 수몽壽夢은 원년元年에, 주周나라 천자에게 조회를 갔으며 초楚나라에 가서도 제후들의 예악禮樂을 감상하였다.

뒤에 노魯 성공成公을 종리鍾離에서 만나 주공周公의 예악에 대하여 깊이 물었으며, 그 때 성공은 전왕前王 때의 예악을 자세히 설명해주고 그 기회에 그를 위해 삼대三代의 풍습을 노래로 연주해주었다.

수몽이 말하였다.

"나는 이만夷蠻 지역에 살다보니 다만 머리를 땋아 묶는 풍습만 있을 뿐 어찌 이러한 복식이 있었겠습니까?"

그리고 감탄하며 떠나면서 이렇게 말하였다.

"오호! 예禮라는 것이여!"

壽夢元年, 朝周, 適楚, 觀諸侯禮樂.

魯成公會於鍾離, 深問周公禮樂, 成公悉爲陳前王之禮樂, 因爲詠歌三代之風.

壽夢曰:「孤在夷蠻, 徒以椎髻爲俗, 豈有斯之服哉?」

因嘆而去曰:「於乎哉! 禮也!」

【壽夢】吳나라 君主로 처음으로 王을 칭함. 이름은 乘. B.C.585~B.C.561년까지 25년간 재위하고 諸樊에게 이어짐.《左傳》宣公 8년 孔穎達 疏에 "至壽夢而稱王. 壽夢以上世數可知而不紀其年. 壽夢元年, 魯成公之六年也. 夫差十五年獲麟之歲也. 二十三年, 魯哀公之二十二年, 而越滅吳"라 함. 원년은 B.C.585년. 吳나라는 壽夢으로부터 紀年이 시작됨.《史記》索隱에 "自壽夢已下, 始有其年"이라 함.

【朝周】周나라 天子에게 인사차 찾아감. 당시 周나라는 簡王(姬夷) 元年이었음.

【楚】고대 남쪽의 나라 이름. 羋姓. 시조는 鬻熊. 西周 시대 荊山 일대에 나라를 세워 丹陽(지금의 湖北 秭歸縣 동남)에 도읍을 정함. 뒤에 郢(지금의 湖北 江陵 紀南城)으로 옮겼으며 일찍부터 王을 칭함. 莊王 때 국세가 흥성하여 霸者에 오름. 戰國시대 七雄의 하나로 남방 대국의 면모를 보였으며 B.C.223년 秦始皇에게 멸망함.《史記》楚世家를 참조할 것. 壽夢 元年은 楚 共王(熊審) 6년에 해당함.

【成公】春秋時代 魯나라 君主. 이름은 姬黑肱. 魯 宣公(姬俀)의 아들로 B.C.590~B.C.573년까지 18년간 재위하고 襄公(姬午)이 그 뒤를 이음.

【鍾離】春秋時代 楚나라 地名. 吳나라와 경계지역에 있었음. 옛날 塗山氏의 나라. 그러나 鍾離에서 楚 共王을 만난 것은 壽夢 10년 때였음. 徐天祜의 注에는 "鍾離之會, 吳始與中國接. 事見《春秋》魯成公十五年. 以《史記》年表考之, 是爲壽夢十五年(十年의 오류), 此以爲元年, 何也? 鍾離, 古塗山氏之國, 漢置鍾離縣, 屬九江, 今屬濠州"라 함. 한편《左傳》成公 15년(B.C.576) 經에 "冬十有一月, 叔孫僑如會晉士燮, 齊高無咎, 宋華元, 衛孫林父, 鄭公子鰍, 邾人會吳于鍾離"의 杜預 注에 "鍾離, 楚邑, 淮南縣"이라 하였고, 傳에는 "十一月, 會吳于鍾離, 始通吳也"라 함.《史記》伍子胥列傳에 "楚平王以其邊邑鍾離與吳邊邑卑梁氏俱蠶, ……吳使公子光伐楚, 拔其鍾離, 居巢而歸"라 함. 秦漢 때 鍾離縣이었으며 明初 朱元璋의 출생지라 하여 鳳陽縣을 증설하고 鍾離를 臨淮縣으로 이름을 바꿈. 지금의 安徽 鳳陽縣 동북 臨淮關.

【周公】姬旦. 文王(姬昌)의 넷째아들이며 武王(姬發)의 아우. 周나라 초기 文物制度 禮樂典章을 완비하여 儒家의 聖人으로 추앙을 받음. 어린 조카 成王(姬誦)이 즉위하자 攝政하였음. 옛 少昊의 땅이었던 지금의 山東 曲阜 일대를 봉지로 받아 아들 伯禽을 대신 보냈으며 魯나라의 시조가 됨.《史記》魯周公世家 참조.

【禮樂】周公으로 인해 魯나라에 보존되어 이어오는 周나라 천자의 예악.《史記》魯周公世家에 "魯有天子禮樂者, 以褒周公之德也"라 함.

【前王】魯나라 시조 周公을 가리킴.

【三代】夏, 殷, 周 세 왕조의 개국시대. 흔히 禹, 湯, 文武의 王道政治를 한정하여 지칭하는 말로도 쓰임.

【風】지역에 따른 風俗이나 音樂, 民歌, 民謠.《文心雕龍》樂府에 "匹夫庶婦, 謳吟土風"이라 함.

【孤】임금이 자신을 낮추어 부르는 겸칭. 寡人과 같음.《老子》39장에 "故貴以賤爲本, 高以下爲基. 是以侯王自謂孤, 寡, 不穀, 此非以賤爲本邪? 非歟?"라 함.

【蠻夷】吳나라는 中原(中國)으로부터 먼 남쪽 長江 가의 편벽한 곳임을 말한 것.

【椎髻】고대 남방 남만 지역의 풍습. '椎'는 머리를 묶어 뭉치 모습으로 하는 것. '髻'는 상투를 틀어 묶는 것. '髻'자는 〈四庫全書〉본에는 '髻'로 되어 있음.

【斯之服】이러한 복식. 服飾과 首飾의 풍습을 총칭함.

【於乎哉】감탄사. '於'는 '오'로 읽음.

秦始皇陵 〈銅馬車〉 1980 陝西 秦始皇陵 출토

009(2-2)
초楚나라와의 전투

수몽 2년(B.C.584) 초楚나라에서 망명한 대부大夫 신공申公 무신巫臣이 오나라로 오자, 오나라는 무신을 행인行人으로 삼아 활 쏘는 법과 전차戰車를 모는 법을 가르쳐 초나라를 치는 길을 인도하게 하였다.

그러자 초楚 장왕(莊王, 共王)은 노하여 자반子反으로 하여금 군사를 거느리고 오나라를 치도록 하여 오나라 군대를 패배시켰고, 두 나라는 이로부터 원수가 되고 말았다.

이에 오나라는 비로소 중국中國과 통하여 제후들과 대적하게 되었다.

二年, 楚之亡大夫申公巫臣適吳, 以爲行人, 教吳射御, 導之伐楚.

楚莊王怒, 使子反將, 敗吳師, 二國從斯結讎.

於是吳始通中國, 而與諸侯爲敵.

【申公巫臣】姓은 屈, 이름은 巫, 자는 子靈. 巫臣은 이름. 申縣(지금의 河南 南陽)의 縣尹, 즉 지방장관이 됨. 초나라는 지방 장관을 公이라 칭하였음. 天下의 淫女 夏姬를 두고 子反과 경쟁하다가 B.C.589년 夏姬를 데리고 晉나라고 도망하여 邢大夫에 봉해짐. 다시 5년 뒤 초나라 子反이 巫臣의 가족을 멸족

시키자 초나라에 복수할 꿈을 실현하기 위해 吳나라로 와서 壽夢으로 하여금 楚나라를 치도록 부추김.《左傳》成公 2년 및 7년 傳文에 자세히 실려 있음.

【行人】外賓 접대 등 外事를 맡은 周代의 官名. 大行人과 小行人이 있었음. 그러나《史記》吳太伯世家와《左傳》成公 7년에 의하면 屈巫의 아들 狐庸이 吳나라 행인이 된 것으로 되어 있음.

【射御】활쏘기와 전차 모는 방법 등 군사 훈련을 뜻함.《左傳》成公 7년을 볼 것.

【楚莊王】楚 共王의 誤記. 莊王은 이름이 侶(旅). 春秋五霸의 하나로 共王의 아버지이며 B.C.613~B.C.591년까지 23년간 재위함. 당시 莊王은 이미 죽고 없었으며 이때는 共王 7년에 해당함.

【子反】楚나라 公子 側. 당시 司馬 벼슬에 있었음.《左傳》成公 2년의 傳을 볼 것. 子反이 夏姬를 아내로 맞이하려 하자 巫臣이 짐짓 반대를 해 놓고 자신이 夏姬를 데리고 晉나라로 도주함. 이에 한을 품고 巫臣의 일족을 죽여 없앰.

【中國】中原을 뜻함. 당시 黃河 중류의 諸侯國들을 지칭함.

【敵】對敵함. 맞섬. 실력이 커졌음을 뜻함.

참고 및 관련 자료

1.《左傳》成公 7년 傳

楚圍宋之役, 師還, 子重請取於申, 呂以爲賞田. 王許之, 申公巫臣曰:「不可. 此申, 呂所以邑也, 是以爲賦, 以御北方. 若取之, 是無申, 呂也, 晉, 鄭必至于漢」 王乃止. 子重是以怨巫臣. 子反欲取夏姬, 巫臣止之, 遂取以行, 子反亦怨之. 及共王卽位, 子重, 子反殺巫臣之族子閻, 子蕩及淸尹弗忌及襄老之子黑要, 而分其室. 子重取子閻之室, 使沈尹與王子罷分子蕩之室, 子反取黑要與淸尹之室. 巫臣自晉遺二子書, 曰:「爾以讒慝貪惏事君, 而多殺不辜, 余必使爾罷於奔命以死」巫臣請使於吳, 晉侯許之. 吳子壽夢說之. 乃通吳於晉, 以兩之一卒適吳, 舍偏兩之一焉. 與其射御, 敎吳乘車, 敎之戰陳, 敎之叛楚. 寘其子狐庸焉, 使爲行人於吳. 吳始伐楚, 伐巢, 伐徐, 子重奔命. 馬陵之會, 吳入州來, 子重自鄭奔命. 子重, 子反於是乎一歲七奔命. 蠻夷屬於楚者, 吳盡取之, 是以始大, 通吳於上國.

2.《左傳》襄公 27년 傳

子反與子靈爭夏姬, 而雍害其事, 子靈奔晉, 晉人與之邢, 以爲謀主, 扞禦北狄, 通吳於晉, 敎吳叛楚, 敎之乘車, 射御, 驅侵, 使其子狐庸爲吳行人焉. 吳於是伐巢, 取駕, 克棘, 入州來. 楚罷於奔命, 至今爲患, 則子靈之爲也.

010(2-3)
자반을 패배시킴

수몽 5년(B.C.581), 초楚나라를 쳐서 자반子反을 패배시켰다.

五年, 伐楚, 敗子反.

【五年】이 해는 周 簡王(姬夷) 5년이며 魯 成公 10년, 楚 共王 10년에 해당함.

011(2-4)
초나라의 침입

16년(B.C.570), 초楚 공왕恭王은 오나라가 무신巫臣을 위해주고 있음을 원망하여 정벌에 나서서 이에 군사를 일으켜 오나라를 쳐서 형산衡山까지 이르렀다가 돌아갔다.

十六年, 楚恭王怨吳爲巫臣伐之也, 乃擧兵伐吳, 至衡山而還.

【楚恭王】《左傳》,《史記》 등에는 모두 '共王'으로 표기되어 있음. '恭'은 '共'의 異表記. 楚 莊王의 아들이며 이름은 審. 이 해는 共王 21년이었음.
【衡山】지금의 浙江 吳興縣 남쪽 菰城. 그러나 高士奇의《春秋地名考略》(11)에 烏程縣 남쪽 橫山이라 하였음.《左傳》襄公 3년 杜預 注에 "衡山在吳興吳程縣南"이라 함.

> 참고 및 관련 자료

1.《左傳》襄公 3년
(經)三年春, 楚公子嬰齊帥師伐吳.

(傳)三年春, 楚子重伐吳, 爲簡之師. 克鳩茲, 至于衡山. 使鄧廖帥組甲三百, 被練三千, 以侵吳. 吳人要而擊之, 獲鄧廖. 其能免者, 組甲八十, 被練三百而已. 子重歸, 旣飲至三日, 吳人伐楚, 取駕. 駕, 良邑也; 鄧廖, 亦楚之良也. 君子謂「子重於是役也, 所獲不如所亡.」楚人以是咎子重. 子重病之, 遂遇心疾而卒.

012(2-5)
무신巫臣의 아들을 상국相國으로

17년(B.C.570), 수몽壽夢이 무신巫臣의 아들 호용狐庸을 상국相國으로 삼고 국정을 맡겼다.

十七年, 壽夢以巫臣狐庸爲相, 任以國政.

【狐庸】申公巫臣의 아들. 《左傳》襄公 26년 傳에 "子反與子靈爭夏姬, 而雍害 其事, 子靈奔晉, 晉人與之邢, 以爲謀主, 扞禦北狄, 通吳於晉, 敎吳叛楚, 敎之 乘車, 射御, 驅侵, 使其子狐庸爲吳行人焉. 吳於是伐巢, 取駕, 克棘, 入州來. 楚罷 於奔命, 至今爲患, 則子靈之爲也"라 하여 아버지 巫臣을 따라 吳나라에 가서 行人이 되었다가 壽夢의 신임을 얻어 相國에 오른 것.
【相】相國. 楚나라 관직으로는 令尹에 해당함.

013(2-6)
수몽의 네 아들

　　25년(B.C.570), 수몽壽夢이 병이 들어 장차 죽음에 이르렀는데 그에게는 네 아들, 장자는 저번諸樊, 둘째는 여채餘祭, 셋째는 여말餘眛, 넷째는 계찰季札이었다.

　　계찰이 현명하여 수몽은 그에게 자리를 물려주고자 하였다.

　　그러나 계찰은 이렇게 사양하였다.

　　"예禮에는 옛날부터 전해오는 제도가 있는데 어찌 전왕前王의 예를 폐하고 부자父子 사이의 사사로움을 행하고자 하십니까?"

　　수몽은 이에 저번에게 이렇게 명하였다.

　　"나는 계찰에게 자리를 물려주고자 한다. 너는 나의 말을 잊지 않도록 하라."

　　저번이 말하였다.

　　"옛날 주周나라 태왕太王께서 서백西伯에게 성덕聖德이 있음을 알고 장자를 폐하고 막내를 세워 왕업王業이 흥성하게 되었습니다. 지금 계찰에게 왕위를 물려주고자 하시니 저는 진실로 들에 나가 농사를 짓고자 합니다."

　　수몽이 말하였다.

　　"옛날 주나라는 덕을 행하여 사해四海를 덮어주었으나 지금 너는 변변치 않은 나라, 형만荊蠻의 땅에 자리를 잡고 있는데 어찌 능히 천하의 왕업을 이룰 수 있겠느냐? 지금 다만 너는 앞 사람의 말을 잊지 않고 있다가 반드시 형제 차례대로 하여 계찰에게 나라가 전해지도록 하라."

저번이 말하였다.

"어찌 감히 명命과 같이 하지 않겠습니까?"

수몽壽夢은 유언遺言을 남긴 후 죽었다.

수몽 죽고 저번이 적장자嫡長子로서 행사를 섭정하여 국정을 맡게 되었다.

二十五年, 壽夢病, 將卒, 有子四人, 長曰諸樊, 次曰餘祭, 次曰餘眜, 次曰季札.

季札賢, 壽夢欲位之.

季札讓曰:「禮有舊制, 奈何廢前王之禮, 而行父子之私乎?」

壽夢乃命諸樊曰:「我欲傳國及札, 爾無忘寡人之言.」

諸樊曰:「周之太王知西伯之聖, 廢長立少, 王之道興. 今欲授國於札, 臣誠耕於野.」

王曰:「昔周行之德加於四海, 今汝於區區之國, 荊蠻之鄕, 奚能成天下之業乎? 且今子不忘前人之言, 必授國以次及於季札.」

諸樊曰:「敢不如命?」

壽夢卒, 諸樊以適長攝行事, 當國政.

【諸樊】壽夢의 맏아들로 수몽을 이어 군주에 오름. 在位 B.C.560~B.C.548까지 13년간 재위함. '제번'으로도 읽음.《史記》吳太伯世家〈索隱〉에는 "《春秋經》書「吳子遏」,《左傳》稱諸樊. 蓋遏是其名, 諸樊是其號.《公羊傳》遏作謁"이라 하여 원래 이름은 遏(謁)이며 호가 諸樊이었을 가능성이 있음.

【餘祭】‘여채’로 읽음. 수몽의 둘째 아들. 저번을 이어 군주에 올라 B.C.547~
　　B.C.531년까지 17년간 재위함.《史記》吳太伯世家〈正義〉에 “祭, 側界反”이라
　　하여 ‘채’로 읽도록 하였음. 馬王堆 帛書《春秋事語》에는 ‘餘蔡’로 되어 있음.
【餘昧】壽夢의 셋째 아들. 餘祭를 이어 B.C.530~B.C.527년까지 4년간 재위함.
　　‘昧’은 원문에는 ‘昧’로 되어 있으나《史記》吳太伯世家〈正義〉에 “昧, 莫葛反”
　　이라 하여 ‘말’로 읽으며 ‘昧’이어야 함.《公羊傳》襄公 29년에도 ‘餘昧’로 잘못
　　되어 있으나,《春秋》召公 15년에는 ‘夷末’로 되어 있음.
【季札】壽夢의 막내아들. 吳나라 賢人으로 널리 칭송을 받으며 왕위를 사양하고
　　延陵(지금의 江蘇 常州)으로 가서 살아 흔히 ‘延陵季子’로 불렸으며 다시 州來
　　(지금의 安徽 鳳臺)에 봉지를 받아 延州來季子로도 불림. 뒤에 鄭나라 子產,
　　齊나라 晏子 등과 교류하기도 하였음.
【舊制】嫡長子로 왕위가 이어지도록 한 예로부터의 제도.
【太王】古公亶父. 古公亶甫. 文王의 할아버지이며 泰伯(太伯), 虞仲, 季歷의 아버지.
【西伯】文王(姬昌). 武王(姬發)과 周公(姬旦)의 아버지. 儒家의 聖人. 殷나라 말
　　紂王으로부터 서쪽 지도자로 임명되어 西伯이라 불림.
【昔周之行】周나라가 發興할 때 太伯이 아우인 季歷에게 자리를 양보한 故事.
【四海】天下를 뜻함.
【區區之國】아주 작고 변변치 않은 나라를 뜻함.
【前人】여기서는 諸樊 자신을 가리킴.
【以次及】伯仲叔季의 차례를 그대로 지킬 것을 말한 것. ‘及’은 형제의 순서를
　　뜻함.《公羊傳》莊公 32년 “一生一及”의 注에 “兄死弟繼曰及”이라 함.
【壽夢卒】《左傳》襄公 12년 經에 “秋九月, 吳子乘卒”이라 하였고, 傳에 “秋, 吳子
　　壽夢卒, 臨於周廟, 禮也”라 함.
【適長】嫡長子. 嫡嗣子. ‘適’은 ‘嫡’과 같음. 正妻에서 난 맏아들.
【攝】代理함. 卽位의 禮를 거치지 않은 채 국정을 맡음을 말함. 아버지의 유언에
　　따라 季札에게 넘겨주어야 하나 그렇게 할 수 없게 되었음을 뜻함.《左傳》隱公
　　元年에 “春王周正月, 不書卽位, 攝也”라 하였고, 杜預 注에 “假攝君政, 不脩卽
　　位之禮, 故史不書於策”이라 함.

014(2-7)
연릉계자延陵季子

저번諸樊 원년(B.C.560), 이윽고 상복을 벗게 되자 저번은 계찰에게 왕위를 양보하며 이렇게 말하였다.

"지난 날 부왕께서 돌아가시기 전 일찍이 새벽녘부터 저녁 어둑할 때까지 불안해 하시어 내 그 안색을 보았더니 계찰에게 뒤를 잇게 할 뜻이 있었기 때문이었다. 또 삼조三朝에서 거듭 슬픈 목소리로 나에게 이렇게 명하셨다. '나는 계찰이 현명함을 알고 있다.' 이처럼 장자를 폐하고 막내를 세우실 뜻이 있으셨지만 입으로 발언하기를 어려워하셨다. 비록 그렇기는 하나 나는 마음속으로 이미 그 말씀에 따르기로 허락하였다. 그러나 부왕께서는 그 사사로운 계획을 차마 실행에 옮기지는 못하신 채 나라를 나에게 부탁하셨다. 내 감히 그의 명령을 따르지 않을 수 있겠는가? 이제 이 나라는 너의 것이다. 나는 부왕의 뜻을 성취시키기를 원하고 있다."

그러자 계찰은 이렇게 사양하였다.

"무릇 적장자가 나라를 맡아야 하는 것이 부왕의 사사로운 뜻이 아니라 종묘宗廟, 사직社稷의 제도입니다. 어찌 바꿀 수 있겠습니까?"

저번이 말하였다.

"진실로 나라를 위한 것이라면 될 뿐, 어찌 선왕의 명령이 있어야 하는 것이겠는가? 태왕太王께서는 이를 바꾸어 계력季歷에게 이어가도록 하였고, 그리하여 태백太伯과 중옹仲雍 둘은 형만荊蠻의 땅으로 오시어 성城을 쌓고 나라를 세우셨던 것이며 주周나라의 왕도가 성취를 이루게 된 것이다.

옛 사람들이 이를 칭송하여 입에서 끊이지 않고 있으니 너도 그대로 따라야 할 관례인 것이다."

계찰이 거듭 이렇게 사양하였다.

"옛날 조曹 선공宣公이 죽었을 때 서자庶子 부추負芻가 태자를 죽이고 자립하여 왕위에 올라 적자는 죽고 없었지요. 제후들과 조나라 사람들은 이를 의롭지 못하다 여겼으나 그대로 나라에 세워두었지요. 자장子臧이 이를 듣고 탄식하면서 귀국하고 있었습니다. 부추는 두려워하였고 제후들은 장차 자장을 왕으로 세우려 하였지요. 그러자 자장은 조나라를 떠나면서 이로써 조나라 왕실의 도를 성취시켜 주었습니다. 저札는 비록 재주가 없으나 원컨대 자장의 의로움을 따르고자 합니다. 저는 진실로 피하고자 합니다."

오나라 사람들은 굳이 계찰을 세우고자 하였으나 계찰이 받지 않고 들에 나가 농사를 짓자 오나라 사람들도 더 이상 어쩔 수가 없었다.

저번은 고의로 교만하고 방자하게 굴며 귀신도 경멸하는 등 하늘을 우러러 빨리 자신이 죽게 되기를 빌었다.

장차 죽음에 이르자 아우 여채餘祭에게 이렇게 명하였다.

"반드시 나라를 계찰에게 이어지도록 하라."

이에 계찰을 연릉延陵에 봉하여 연릉계자延陵季子라 불렀다.

吳王諸樊元年, 已除喪, 讓季札, 曰: 「昔前王未薨之時, 嘗晨昧不安, 吾望其色也, 意在於季札. 又復三朝悲吟而命我曰: 『吾知公子札之賢.』欲廢長立少, 重發言於口. 雖然, 我心已許之. 然前王不忍行其私計, 以國付我. 我敢不從命乎? 今國者, 子之國也? 吾願達前王之義.」

季札謝曰: 「夫適長當國, 非前王之私, 乃宗廟社稷之制, 豈可變乎?」

諸樊曰:「苟可施於國, 何先王之命有? 太王改爲季歷, 二伯來入荊蠻, 遂城爲國, 周道就成. 前人誦之不絶於口, 而子之所習也.」

札復謝曰:「昔曹公卒, 庶存適亡, 諸侯與曹人不義而立於國. 子藏聞之, 行吟而歸. 曹君懼, 將立子藏. 子藏去之, 以成曹之道. 札雖不才, 願附子藏之義, 吾誠避之.」

吳人固立季札, 季札不受而耕於野, 吳人舍之.

諸樊驕恣, 輕慢鬼神, 仰天求死.

將死, 命弟餘祭曰:「必以國及季札.」

及封季札於延陵, 號曰:「延陵季子.」

【諸樊】13년이나 재위하였으나 원년 일만 기록하였음. 徐天祜의 注에는 "《史記》年表曉, 吳諸樊元年, 爲魯襄公十三年. 諸樊在位十三年卒, 是爲襄公二十五年. 此書止載元年事, 餘皆不書"라 함.

【除喪】喪服을 벗음. 장례 기간이 끝남.

【薨】제후의 죽음을 지칭하는 말.《禮記》曲禮(下)에 "天子死曰崩, 諸侯曰薨, 大夫曰卒, 士曰不祿, 庶人曰死"라 함.

【晨昧】'이른 새벽부터 저녁 황혼이 되도록'의 뜻.

【三朝】고대 천자나 제후 왕이 조회를 여는 장소. 外朝, 治朝, 燕朝로 구분하였음.《尙書》召誥 "越五日甲寅"의 疏를 참조할 것.

【重發言於口】'重'은 '難'과 같은 뜻임.《史記》貨殖列傳 "重爲邪"의 〈索隱〉에 "重者, 難也"라 함.

【宗廟社稷】종묘는 군주의 조상 위패를 모신 곳. 사직은 土地神과 穀神에게 제사를 올리는 사당. 모두 국가를 대신하는 말로 쓰임.

【二伯】太伯(泰伯)과 仲雍(虞仲)을 가리킴. 季歷을 거쳐 姬昌(文王)에게 나라가 이어지도록 하기 위하여 나라를 떠났던 古公亶甫의 두 아들. 001 참조.

【習】慣例. 익숙해짐.

【曹公】曹 宣公. 曹 文公(壽)의 아들이며 이름은 廬. B.C.594~B.C.578년까지 17년간 재위함. 당시 宣公은 魯, 齊, 晉, 宋, 衛, 鄭 등 나라와 연합하여 秦나라를 정벌하러 나섰다가 군중에서 생을 마침. 曹나라에서는 공자 負芻로 하여금 국내를 수비하고 欣時(子臧)으로 하여금 宣公의 상을 모셔오도록 하였음. 그러자 負芻가 국내에서 태자를 죽이고 자립함. 이가 成公으로 B.C.577~B.C.555년까지 23년간 재위함.

【庶存適亡】'適亡'은 '嫡亡'과 같으며 '亡'은 '無'와 같음. 嫡子였던 태자가 죽임을 당하고 없음을 뜻함.

【子臧】曹나라 公子 臧. 이름은 欣時. 負芻와 함께 둘 모두 宣公의 庶子였으며 子臧은 負芻의 庶兄으로 당시 아버지 宣公의 상을 맞으러 나가 있었음.

【行吟】국내 弑殺 사건에 대해 탄식하면서 천천히 들어옴.

【將立子臧】제후들이 子臧을 曹나라 군주로 세워주려 함. 〈三民本〉에는 負芻가 두려움을 느낀 나머지 자장에게 자리를 양보하려 하였다고 보았음. 그러나 左傳 成公 15년에 의하면 제후들이 戚에 모여 曹 成公(負芻)을 성토하고 그를 잡아 천자에게 데리고 갔으며 子臧을 천자에게 추천하여 장차 그를 조나라 군주로 세우려 하였음.

【成曹之道】子臧이 이미 君位에 오른 負芻를 인정하고 양보함으로써 曹나라가 안정을 얻게 된 것.

【附】동조함. 子臧의 행동을 옳다고 여김.《廣雅》釋詁에 "附, 依也"라 하였고, 《小爾雅》廣詁에는 "附, 因也"라 함.

【吳人】吳나라 백성들의 念願. 그러나 전체 문맥으로 보아 諸樊이 극구 季札을 세우고자 한 것임.

【舍之】'舍'는 '捨'와 같음. 포기함.

【仰天求死】'자신이 빨리 죽어 아우 季札에게 왕위가 전해지기를 바라다'의 뜻. 그러나《公羊傳》襄公 29년에는 "其讓國奈何? 謁也, 餘祭也, 夷昧也, 與季子同母者四. 季子弱而才, 兄弟皆愛之, 同欲立之以爲君. 謁曰:「今若是迮而與季子國, 季子猶不受也, 請無與子而與弟, 兄弟迭爲君, 而致國乎季子.」皆曰:「諾.」故諸爲君者皆輕死爲勇, 飮食必祝曰:「天苟有吳國, 尙速有悔於予身.」故謁也死, 餘祭也立. 餘祭也死, 夷昧也立, 夷昧也死, 則國宜之季子者也"라 하여 내용이 다름.

【延陵】季札의 봉읍. 지금의 江蘇 常州 武進縣.

1.《左傳》襄公 14年

吳子諸樊既除喪, 將立季札. 季札辭曰:「曹宣公之卒也, 諸侯與曹人不義曹君, 將立子臧. 子臧去之, 遂弗爲也, 以成曹君. 君子曰『能守節.』君, 義嗣也, 誰敢 奸君? 有國, 非吾節也. 札雖不才, 願附於子臧, 以無失節」固立之, 棄其室而耕, 乃舍之.

2.《左傳》成公 13年

(經): 曹伯盧卒于師.

(經): 冬, 葬曹宣公.

(傳): 曹人使公子負芻守, 使公子欣時逆曹伯之喪. 秋, 負芻殺其大子而立也, 諸侯 乃請討之. 晉人以其役之勞, 請俟他年. 冬, 葬曹宣公. 既葬, 子臧將亡, 國人皆 將從之. 成公乃懼, 告罪, 且請焉. 乃反, 而致其邑.

3.《左傳》成公 15年

(經): 癸丑, 公會晉侯, 衛侯, 鄭伯, 曹伯, 宋世子成, 齊國佐, 邾人同盟于戚. 晉侯 執曹伯歸于京師.

(傳): 十五年春, 會于戚, 討曹成公也. 執而歸諸京師. 書曰『晉侯執曹伯』, 不及 其民也. 凡君不道於其民, 諸侯討而執之, 則曰『某人執某侯』, 不然則否. 諸侯將 見子臧於王而立之. 子臧辭曰:「前志有之曰:『聖達節, 次守節, 下失節.』爲君 非吾節也. 雖不能聖, 敢失守乎?」遂逃, 奔宋.

3.《左傳》成公 16年

(經): 曹伯歸自京師.

(傳): 曹人復請于晉. 晉侯謂子臧,「反, 吾歸而君.」子臧反, 曹伯歸. 子臧盡致 其邑與卿而不出.

4.《新序》節士篇

曹公子喜時, 字子臧, 曹宣公子也. 宣公與諸侯伐秦, 卒於師, 曹人使子臧迎喪, 使公子負芻, 與太子留守, 負芻殺太子而自立, 子臧見負芻之當主也, 宣公既葬, 子臧將亡, 國人皆從之. 負芻立, 是爲曹成公, 成公懼, 告罪, 且請子臧, 子臧乃反. 成公遂爲君. 其後, 晉侯會諸侯, 執曹成公, 歸之京師, 將見子臧於周天子而立之. 子臧曰:「前記有之:『聖達節, 次守節, 下不失節.』爲君非吾節也, 雖不能聖, 敢失守乎?」遂亡奔宋. 曹人數請, 晉侯謂:「子臧反國, 吾歸爾君」於是子臧 反國, 晉乃言天子歸成公於曹. 子臧遂以國致成公, 成公爲君, 子臧不出, 曹國 乃安. 子臧讓千乘之國, 可謂賢矣. 故《春秋》賢而褒其後.

015(2-8)
초나라의 재차 침입

여채餘祭 12년(B.C.536), 초楚 영왕靈王이 제후를 모아 오吳나라를 쳐서 주방朱方을 포위하고 경봉慶封을 처벌하였다.

경봉은 자주 오나라를 위해 다른 나라를 엿보고 있었기 때문에 진晉나라와 초나라가 이를 친 것이다.

오왕 여채는 노하여 이렇게 말하였다.

"경봉이 궁핍한 형세에 몰려 우리 오나라로 도망쳐 왔기에 주방을 봉한 것이다. 이는 단지 선비에게 한을 느끼지 않도록 하기 위함이었다."

그리고는 즉시 군사를 일으켜 초나라를 쳐서 두 읍邑을 취하고 돌아왔다.

餘祭十二年, 楚靈王會諸侯伐吳, 圍朱方, 誅慶封.

慶封數爲吳伺祭, 故晉, 楚伐之也.

吳王餘祭怒曰:「慶封窮來奔吳, 封之朱方, 以效不恨士也.」

卽擧兵伐楚, 取二邑而去.

【餘祭】餘祭와 餘眜의 재위 기간은 《左傳》과 《史記》가 각기 다름. 《史記》
吳太伯世家에는 餘祭는 B.C.547~B.C.531년까지 17년간 재위한 것으로 되어
있으나 《左傳》에는 餘祭는 B.C.547~B.C.544년까지 4년간, 그리고 餘眜(夷末)는
B.C.543~B.C.527년까지 17년간 재위한 것으로 되어 있음. 한편 楚 靈王이 제후
들을 모아 吳나라를 친 사건은 《史記》에는 여제 10년으로 되어 있음.

【靈王】春秋時代 楚나라 군주. 恭王의 아들. 姓은 芈, 氏는 熊. 이름은 圍이었
으나 즉위한 뒤 이름을 虔으로 바꿈. B.C.540~B.C.529년까지 12년간 재위함.
共王이 죽고 조카 郟敖가 뒤를 이었는데 겹오가 병들어 눕자 鄭나라로 가던
圍는 되돌아와 問病한다는 핑계로 방에 들어가 겹오를 목졸라 죽이고 자립
하였음. 뒤에 사냥에서 돌아오는 길에 아우 棄疾이 난을 듣고 스스로 목매어
자결하였음.

【朱方】吳나라 地名. 齊나라 慶封이 도망쳐 오자 餘祭가 봉한 곳. 진나라 때
丹徒縣. 지금의 江蘇 鎭江市 丹徒鎭.

【慶封】자는 子家. '慶季'로도 부르며 齊 莊公이 崔杼에게 시해 당하고 齊 景公이
즉위하자 左相에 임명하였던 인물. 莊公이 崔杼의 妻와 通情하자 최저와 共謀
하여 莊公을 죽인 다음 崔杼는 丞相이 되고 慶封은 左相이 되어 권력을 나누어
가졌으나 후에 최저가 자결해 죽자 권력을 독점하였으나 다른 나라로 피해
있던 莊公의 신하 盧蒲嫳와 王何가 경봉의 아들인 慶舍를 섬기는 척하면서
신임을 얻은 후 경사를 찔러 죽이자 吳나라로 망명하였으나 楚 靈王이 제후
들을 이끌고 朱方을 쳐서 경봉을 죽이고 말았음. 《左傳》 襄公 26년, 27년을
볼 것. 《史記》 吳太伯世家에 "王餘祭三年, 齊相慶封有罪, 自齊來奔吳. 吳予慶
封朱方之縣, 以爲封邑, 以女妻之, 富於在齊"라 함.

【伺祭】伺察. 엿봄. '祭'는 '察'과 같음. 《春秋繁露》 祭義 "祭者, 察也. 以善待鬼神
之謂也. 善乃逮不可聞見者, 故謂之察"라 함.

【晉】周 成王의 아우 唐叔 虞가 봉해졌던 姬姓의 나라. 지금의 山西 일대였으며
문공 때 패자의 지위를 누렸음. 그러나 《左傳》, 《史記》 등에는 晉나라가 이
朱方 정벌에 참여한 기록이 없음.

【效】드러내어 보임. 밝힘. 《荀子》 正論篇 "由此效之也"의 注에 "效, 明也"라 함.

【二邑】《史記》 吳太伯世家에는 "取三邑而去"로 되어 있음.

1.《左傳》昭公 4年

(經)秋七月, 楚子, 蔡侯, 陳侯, 許男, 頓子, 胡子, 沈子, 淮夷伐吳, 執齊慶封, 殺之. 遂滅賴.

(傳)秋七月, 楚子以諸侯伐吳, 宋大子, 鄭伯先歸, 宋華費遂, 鄭大夫從. 使屈申圍朱方, 八月甲申, 克之, 執齊慶封而盡滅其族. 將戮慶封, 椒舉曰:「臣聞『無瑕者可以戮人』. 慶封唯逆命, 是以在此, 其肯從於戮乎? 播於諸侯, 焉用之?」王弗聽, 負之斧鉞, 以徇於諸侯, 使言曰:「無或如齊慶封弑其君, 弱其孤, 以盟其大夫!」慶封曰:「無或如楚共王之庶子圍弑其君, 兄之子麇, 而代之, 以盟諸侯!」王使速殺之. 遂以諸侯滅賴. 賴子面縛銜璧, 士袒, 輿櫬從之, 造於中軍. 王問諸椒舉, 對曰:「成王克許, 許僖公如是. 王親釋其縛, 受其璧, 焚其櫬.」王從之. 遷賴於鄢. 楚子欲遷許於賴, 使鬭韋龜與公子棄疾城之而還. 申無宇曰:「楚禍之首將在此矣. 召諸侯而來, 伐國而克, 城, 竟莫校, 王心不違, 民其居乎? 民之不處, 其誰堪之? 不堪王命, 乃禍亂也.」

2.《史記》吳太伯世家

七年, 楚公子圍弑其王夾敖而代立, 是爲靈王. 十年, 楚靈王會諸侯而以伐吳之朱方, 以誅齊慶封. 吳亦攻楚, 取三邑而去.

016(2-9)
간계乾谿 전투

　여채 13년(B.C.535), 초楚나라는 오吳나라가 경봉慶封을 위해주고 있음을 원망하여 그 때문에 친 것이며, 마음에 한을 풀지 못해 오나라를 쳐들어 갔다.

　그리하여 간계乾谿에 이르렀으나 오나라가 이들을 맞아 치자 초나라 군사는 패하여 달아나고 말았다.

十三年, 楚怨吳爲慶封故伐之, 心恨不解, 伐吳.
至乾谿, 吳擊之, 楚師敗走.

【十三年】《史記》에는 十二年으로 되어 있음.
【乾谿】'乾溪'로도 표기하며 지금의 安徽 亳縣. 春秋時代 楚나라와 吳나라의 국경지대였음. '乾'은 '간'으로 읽음. 楚 靈王이 죽은 곳이기도 함.

参고 및 관련 자료

1.《左傳》昭公 6年
(經)楚蓮罷帥師伐吳.

(傳)徐儀楚聘于楚, 楚子執之, 逃歸. 懼其叛也, 使薳洩伐徐. 吳人救之. 令尹子蕩帥師伐吳, 師于豫章, 而次于乾谿. 吳人敗其師於房鍾, 獲宮廏尹棄疾. 子蕩歸罪於薳洩而殺之.

2. 《史記》吳太伯世家

十一年, 楚伐吳, 至雩婁. 十二年, 楚復來伐, 次於乾谿, 楚師敗走.

017(2-10)
왕위를 양보한 계찰季札

여채 17년(B.C.531), 여채가 죽고 여말餘昧이 왕위에 올랐다.

여말도 4년(B.C.527) 만에 죽고 말았다.

그리하여 계찰季札에게 왕위를 물려주고자 하였으나 계찰은 사양하고 달아나면서 이렇게 말하였다.

"나는 왕위를 받지 않을 것임을 분명히 하였다. 옛날 선왕께서도 명命이 있었지만 이미 자장子臧의 의로움을 따를 수 있도록 허락하셨었다. 나는 내 자신을 깨끗이 하고 맑은 행실로, 높은 하늘을 우러러보며 고상함을 실천할 것이며 오직 어짊이 내가 처할 곳이다. 나에게 있어서 부귀富貴란 마치 가을바람이 지나가는 것과 같을 뿐이다."

그러고는 마침내 도망하여 연릉延陵으로 돌아가 버렸다.

오나라 사람들은 여말의 아들 주우州于를 세웠으니 이를 오왕吳王 요僚라 하였다.

十七年, 餘祭卒, 餘昧立.

四年, 卒.

欲授位季札, 季札讓, 逃去, 曰:「吾不受位, 明矣. 昔前君有命, 已附子臧之義, 潔身清行, 仰高履尙, 惟仁是處,富貴之於我, 如秋風之過耳.」

遂逃歸延陵.

吳人立餘昧子州于, 號爲吳王僚也.

【餘祭卒】이 연도는 《史記》와 《左傳》이 각각 다름. 한편 《左傳》 襄公 29년에 의하면 餘祭는 閹人(寺人)에 의해 죽임을 당함.

【四年】餘昧(夷末)이 죽고 이듬해 아들 僚가 왕위에 오름. 이 과정의 내용은 《左傳》, 《公羊傳》, 《史記》 등의 기록에 일부 차이와 출입이 있음.

【前君】諸樊을 가리킴.

【子臧之義】014를 볼 것.

【延陵】季札의 봉지. 지금의 江蘇 常州 武進縣.

【州于】吳王 僚가 왕이 되기 전의 이름. 吳나라는 시호를 쓰지 않아 吳子 勝은 壽夢, 諸樊은 遏(謁), 光은 闔閭(闔廬) 등으로 부름. 州于(僚)는 《史記》 吳世家에 夷末의 아들이라 하였으나 《公羊傳》(29)에는 "以爲壽夢庶子"라 하여 壽夢의 庶長子라 하였음. 僚는 B.C.526~B.C.515년까지 12년간 재위하고 孔子 光(闔閭)에게 시해를 당하여 생을 마침. 그 뒤를 闔閭가 이음.

참고 및 관련 자료

1. 《左傳》 襄公 29年

吳人伐越, 獲俘焉, 以爲閹, 使守舟. 吳子餘祭觀舟, 閹以刀弒之.

2. 《史記》 吳太伯世家

十七年, 王餘祭卒, 弟餘昧立. 王餘昧二年, 楚公子棄疾弒其君靈王代立焉. 四年, 王餘昧卒, 欲授弟季札. 季札讓, 逃去. 於是吳人曰:「先王有命, 兄卒弟代立, 必致季子. 季子今逃位, 則王餘昧後立. 今卒, 其子當代.」 乃立王餘昧之子僚爲王.

3. 《公羊傳》 襄公 29年

季子使而亡焉. 僚者, 長庶也, 卽之. 季子使而反, 至, 而君之爾. 闔閭曰:「先君之所以不與子國而與弟者, 凡爲季子故也. 將從先君之命與, 則國宜之季子者也; 如不從先君之命與, 則我宜立者也. 僚惡得爲君乎?」 於是使專諸刺僚, 而致國乎季子. 季子不受, 曰:「爾弑吾君, 吾受爾國, 是吾與爾爲簒也. 爾殺吾兄, 吾又殺爾, 是父子兄弟相殺, 終身無已也.」去之延陵, 終身不入吳國.

4.《新序》節士篇

延陵季子者, 吳王之子也, 嫡同母昆弟四人: 長曰遏, 次曰餘祭, 次曰夷眛, 次曰札. 札卽季子, 最小而賢, 兄弟皆愛之. 旣除喪, 將立季子, 季子辭曰:「曹宣公之卒也, 諸侯與曹人不義曹君, 將立子臧, 子臧去之, 遂不爲也. 以成曹君, 君子曰能守節矣. 君義嗣也, 誰敢干君? 有國非吾節也. 札雖不才, 願附子臧, 以無失節.」固立之, 棄其室而耕, 乃舍之. 遏曰:「今若是作而與季子, 季子必不受, 請無與子而與弟, 弟兄迭爲君, 而致諸侯乎季子」皆曰:「諾」故諸其爲君者皆輕死爲勇, 飮食必祝曰:「天若有吾國, 必疾有禍予身」故遏也死, 餘祭立; 餘祭死, 夷眛立; 夷眛死, 而國宜之季子也, 季子使而未還. 僚者, 長子之庶兄也, 自立爲吳王. 季子使而還, 至則君事之. 遏之子曰王子光, 號曰闔閭. 不悅曰:「先君所爲, 不與子而與弟者, 凡爲季子也. 將從先君之命, 則國宜之季子也. 如不從先君之命而與子, 我宜當立者也, 僚惡得爲君?」於是使專諸刺僚, 而致國乎季子. 季子曰:「爾殺我君, 吾受爾國, 是吾與爾爲亂也. 爾殺吾兄, 吾又殺爾, 是父子兄弟相殺, 終身無已也.」去而之延陵, 終身不入吳國, 故號曰延陵季子. 君子以其不受國爲義, 以其不殺爲仁, 是以春秋賢季子而尊貴之也.

5.《左傳》襄公 十四年 傳

吳子諸樊旣除喪, 將立季札. 季札辭曰:「曹宣公之卒也, 諸侯與曹人不義曹君, 將立子臧. 子臧去之, 遂弗爲也. 以成曹君. 君子曰:『能守節.』君, 義嗣也, 誰敢奸君? 有國, 非吾節也. 札雖不才, 願附於子臧, 以無失節」固立之, 棄其室而耕, 乃舍之. 吳子諸樊旣除喪, 將立季札. 季札辭曰:「曹宣公之卒也. 諸侯與曹人不義曹君, 將立子臧. 子臧去之, 遂弗爲也. 以成曹君. 君子曰能守節. 君義嗣也, 誰敢奸君? 有國非吾節也, 札雖不才, 願附於子臧以無失節.」固立之, 棄其室而耕, 乃舍之.

6.《公羊傳》襄公 二十九年 傳

吳子使札來聘, 吳無君, 無大夫, 此何以有君? 有大夫. 賢李子也, 何賢乎季子? 讓國也, 其讓國奈何? 謁也, 餘祭也, 夷眛也, 與季子, 同母者四. 季子弱而才, 兄弟皆愛之, 同欲立之以爲君, 謁曰:「今若是迮而與季子國. 季子猶不受也, 請無與子而與弟, 弟兄迭爲君, 而致國乎季子.」皆曰:「諾」故諸爲君者皆輕死爲勇, 飮食必祝. 曰:「天苟有吳國. 尙速有悔於子身」故謁也死, 餘祭也立. 餘祭也死, 夷眛也立, 夷眛也死, 則國宜之季子者也, 季子使而亡焉, 僚者長庶也, 卽之. 季子使而反, 至, 而君之爾. 闔廬曰：「先君之所以不與子國, 而與弟者, 凡爲季子故也, 將從先君之命與, 則國宜之季子者也, 如不從先君之命與, 則我宜立者也, 僚惡得爲君乎？」於是使專諸刺僚. 而致國乎季子, 季子不受, 曰：「爾弒吾君, 吾受爾國, 是吾與爾爲簒也, 爾殺吾兄, 吾又殺爾, 是父子兄弟相殺, 終身無已也.」去之延陵. 終身不入吳國. 故君子以其不受爲義, 以其不殺爲仁. 賢季子, 則吳何以有君有大夫. 以季子爲臣, 則宜有君者也. 札者何？吳季子之名也, 春秋賢者不名, 此何以名, 許夷狄者, 不壹而足也. 季子者所賢也, 曷爲不足乎季子？許人臣者必使臣, 許人子者必使子也.

卷第三 王僚使公子光傳

  본편은 吳王 요(僚, 王僚)에 대한 사적을 연도별로, 생동감 있게
정리한 것이다.

〈三輪銅盤〉(春秋) 1957 江蘇 武進 출토

018(3-1)
공자公子 광光

왕료王僚 2년(B.C.525), 왕료는 공자公子 광光으로 하여금 초楚나라를 쳐서 지난 날 그들이 와서 경봉慶封을 죽인 것에 대하여 보복하도록 하였다.

그러나 오나라 군사는 패하여 여채餘祭가 타던 배를 잃게 되자 공자 광은 두려움을 느껴 하루를 묵은 다음 다시 초군을 공격하여 잃었던 배를 찾아 돌아왔다.

광은 왕료를 죽이고자 모의를 하고 싶었으나 아직 더불어 뜻을 같이 하여 의논할 만한 자가 없어 몰래 똑똑한 자를 찾다가 이에 관상을 잘 보는 자를 오나라 시리市吏에 임명하였다.

二年, 王僚使公子光伐楚, 以報前來誅慶封也.

吳師敗而亡舟, 光懼, 因捨, 復得王舟而還.

光欲謀殺王僚, 未有所與合議, 陰求賢, 乃命善相者爲吳市吏.

【王僚】 吳王 僚. 餘眛(夷末)의 아들 州于. 왕이 된 후 僚(王僚)라 부름. B.C.526~
B.C.515년까지 12년간 재위함.

【公子光】諸樊의 아들.《世本》에는 "夷昧生光"이라 하여 夷昧(餘昧, 夷末)의 아들로 되어 있음.《左傳》昭公 27년 "我, 王嗣也, 吾欲求之. 事若克, 季子雖至, 不吾廢也"의 杜預 注에 "光, 吳王諸樊子也. 故曰「我王嗣.」"라 하였으나 孔穎達 疏에는 "《世本》云:「夷昧及僚, 夷昧生光.」服虔云:「夷昧生光而廢之. 僚者, 而昧之庶兄. 而昧卒, 僚代立, 故光曰: 我王嗣也.」是用《公羊》爲說也. 杜言: 「光, 吳王諸樊子.」用《史記》爲說也. 班固云:「司馬遷采《世本》爲《史記》.」而今之 《世本》與遷言不同.《世本》多誤. 不足依憑, 故杜以《史記》爲正也. 光言「我王嗣」 者, 言己是世適之長孫也"라 함. 뒤에 光은 專諸를 시켜 吳王 僚를 시해하고 왕이 됨. 이를 闔閭(闔廬)라 부름. B.C.514~B.C.496까지 19년간 재위하고 夫差로 이어짐.

【慶封】楚나라가 慶封을 죽인 사건은 015를 참조할 것.

【王舟】餘祭가 아끼던 吳나라 군함. 徐天祜의 注에 "舟名餘皇, 爲楚所獲. 亦曰 艅艎"이라 함. 이는 吳楚의 長岸(지금의 安徽 當塗縣) 전투에서 있었던 일임.

【捨】하룻밤을 묵음. 오나라 군사가 패하여 모두 달아났으나 광은 하룻밤을 버틴 다음 다시 공격하여 배를 되찾음. '捨'는 '舍'와 같음.《左傳》莊公 3년 傳에 "凡師, 一宿爲舍, 再宿爲信, 過信爲次"라 함. 徐天祜는 "捨字不通, 疑當作揜, 蓋揜 其不備, 取之而歸"라 함. 그러나 兪樾은 "捨, 乃舍字之假借, 軍行一宿爲舍, 誤師 時已奔北, 因公子光欲復得王舟, 故又止一宿而以計取舟也"라 함.

【善相者】관상을 잘 보는 사람. 吳王 僚를 찔러죽일 만한 자객을 찾기 위한 것 이었음.

【市吏】시장을 관리하는 임무의 관원. 많은 사람들이 오가는 곳임을 암시함.

참고 및 관련 자료

1.《左傳》昭公 17年

(經)楚人及吳戰于長岸.

(傳)吳伐楚, 陽匄爲令尹, 卜戰, 不吉. 司馬子魚曰:「我得上流, 何故不吉? 且 楚故, 司馬令龜, 我請改卜.」令曰:「鮒也以其屬死之, 楚師繼之, 尙大克之!」吉. 戰于長岸, 子魚先死, 楚師繼之, 大敗吳師, 獲其乘舟餘皇. 使隨人與後至者 守之, 環而塹之, 及泉, 盈其隧炭, 陳以待命. 吳公子光請於其衆, 曰:「喪先王之 乘舟, 豈唯光之罪? 衆亦有焉. 請藉取之以救死.」衆許之. 使長鬣者三人潛伏於舟側, 曰:「我呼『餘皇』, 則對.」師夜從之, 三呼, 皆迷對. 楚人從而殺之, 楚師亂. 吳人大敗之, 取餘皇以歸.

2.《史記》吳太伯世家

王僚二年, 公子光伐楚, 敗而亡王舟. 光懼, 襲楚, 復得王舟而還.

3.《太平御覽》(769)

《吳越春秋》曰: 吳王僚二年, 使公子光伐楚, 以報前來誅慶封也. 吳師敗而亡舟, 光懼, 因復得王舟之而還.

019(3-2)
오자서伍子胥의 선조 오거伍擧

왕료王僚 5년(B.C.522), 초楚나라의 망명한 신하 오자서伍子胥가 오吳나라로 도망쳐 왔다.

오자서는 초나라 사람으로 이름은 운員이다.

오운의 아버지의 오사伍奢이며 형은 오상伍尙이다.

그의 조상은 이름이 오거伍擧로서 초楚 장왕莊王을 직간直諫으로 모셨다.

초 장왕은 즉위한 지 3년이 지나도록 국정을 살피지 아니하고 술에 빠져 있었고 성색聲色에 빠져 왼손으로는 진희秦姬를 껴안고 오른손으로는 월녀越女를 안은 채 자신은 종고鐘鼓 사이에 앉아 이렇게 영을 내렸다.

"감히 간諫하는 자가 있으면 죽이리라!"

이에 오거가 나서서 이렇게 간언하였다.

"어떤 큰 새 한 마리가 초나라 뜰에 와서 앉았는데 3년이 지나도록 날지도 않고 울지도 않고 있으니 이 새는 어떤 새일까요?"

이에 장왕은 이렇게 말하였다.

"이 새는 날지 않지만 날았다 하면 하늘을 찌를 것이요, 울지 않지만 울었다 하면 사람을 놀라게 할 것이다."

오거가 말하였다.

"날지도 않고 울지도 않고 있다가는 장차 사냥꾼이 의도하는 바가 될 것입니다. 시위의 화살이 갑자기 발사되고 나면 어찌 하늘을 찌르고 사람을 놀라게 할 수 있겠습니까?"

이에 장왕은 당장 진희와 월녀를 멀리하고 종고鐘鼓의 음악도 끝냈으며 손숙오孫叔敖를 등용하여 국정을 맡겨 드디어 천하의 패자가 되어 제후들을 위엄으로 복종시켰다.

장왕이 죽고 영왕靈王이 들어섰다.

그는 장화대章華臺라는 누각을 지어놓고 오거와 함께 올라 이렇게 말하였다.

"누대가 아름답도다!"

오거가 말하였다.

"제가 듣기로 나라의 임금은 천자에게 복종하여 총애를 입는 것으로써 미덕을 삼으며, 백성을 편안히 하는 것으로써 즐거움을 삼으며, 능히 간언을 듣는 것으로써 귀밝음을 삼으며, 멀리 있는 자까지 찾아오도록 하는 것으로써 눈밝음을 삼는다 하였습니다. 토목 공사를 벌여 높은 누대를 지어놓고 거기에 각종 동물 모습을 새겨 넣어 그림을 아름답게 꾸미거나, 금석金石의 맑은 소리나, 사죽絲竹의 처루凄淚함으로써 미덕을 삼는다는 말은 들어보지 못하였습니다. 지난날 장왕께서 포거대抱居臺를 지으면서 높이는 나라의 재앙을 바라볼 정도가 되지 않도록 하였고, 크기는 잔치를 수용할 정도를 넘어서지 않을 정도로 하였으며 나무는 나라 수비에 방해가 되지 않을 정도로 하였으며, 비용은 관부官府의 재물을 번거롭게 하지 않도록 하였고, 백성들은 농사철을 그르치지 않도록 하였으며, 관직은 일상의 조례를 바꾸지 않도록 하였습니다. 그런데 지금 군께서는 이 누대를 짓느라 7년이 걸렸으며 나라 사람들은 원망에 쌓여 있고, 재용은 바닥이 났으며 한 해 농사는 실패하고 말았으며, 백성들은 번뇌에 쌓여 있고, 제후들은 분통과 원망에 쌓여 있고, 경사卿士들은 비방을 그치지 않고 있습니다. 전대 임금이 칭송을 받던 일과 남의 임금된 자로서 찬미를 받아야 할 일이 어찌 이런 것이었겠습니까? 저는 진실로 어리석어 무어라 말해야 할지 모르겠습니다."

영왕은 즉시 공사를 중지하고 화려한 장식들을 없애고 그 누대에서 놀이도 하지 않았다.

이로 말미암아 오씨伍氏 집안은 삼대三代에 걸친 초나라의 충신 자리를 지켰다.

五年, 楚之亡臣伍子胥來奔吳.

伍子胥者, 楚人也, 名員.

員父奢, 兄尚.

其前名曰伍舉, 以直諫事楚莊王.

王卽位三年, 不聽國政, 沈湎於酒, 淫於聲色, 左手擁秦姬, 右手抱越女, 身坐鐘鼓之間而令曰:「有敢諫者, 死!」

於是伍舉進諫曰:「有一大鳥, 集楚國之庭, 三年不飛亦不鳴, 此何鳥也?」

於是莊王曰:「此鳥不飛, 飛則沖天. 不鳴, 鳴則驚人.」

伍舉曰:「不飛不鳴, 將爲射者所圖. 絃矢卒發, 豈得沖天而驚人乎?」

於是莊王棄其秦姬, 越女, 罷鐘鼓之樂, 用孫叔敖, 任以國政, 遂霸天下, 威伏諸侯.

莊王卒, 靈王立.

建章華之臺, 與登焉.

王曰:「臺美!」

伍舉曰:「臣聞國君服寵以爲美, 安民以爲樂, 克聽以爲聰, 致遠以爲明. 不聞以土木之崇高, 蟲鏤之刻畫, 金石之清音, 絲竹之凄淚以之爲美. 前莊王爲抱居之臺, 高不過望國氛, 大不過容宴豆. 木不妨守備, 用不煩官府, 民不敗時務, 官不易朝常. 今君爲此臺七年, 國人怨焉, 財用盡焉, 年穀敗焉, 百姓煩焉, 諸侯忿怨, 卿士訕謗, 豈前王之所盛, 人君之美者耶? 臣誠愚, 不知所謂也.」

靈王卽除工去飾, 不遊於臺.
由是, 伍氏三世爲楚忠臣.

【伍子胥】伍員. 伍擧(椒擧)의 손자이며 伍奢의 아들. 伍尙의 아우. 楚 平王과
아버지 伍奢가 太子 建의 혼인 문제에 비열함을 저지른 費無極(費無忌)의
참언으로 인해 멸족을 당하자 陳나라를 거쳐 吳나라로 망명하여 합려를

伍子胥《三才圖會》

도와 원수를 갚음. 뒤에 吳楚戰鬪, 吳越鬪爭 등의
주역으로서 많은 일화와 사건을 남겼으며 끝내
오왕 부차에게 죽임을 당함.《國語》吳語에는 '申胥'
라 하였으며 申은 氏, 자는 子胥로 여겨짐.《史記》
伍子胥列傳 참조. 한편 '員'은 '員音云'이라 하여
'운'으로 읽어야 하나 일반적인 관례에 의해 그대로
'오원'(伍員)으로도 읽음. 한편 본책에서는 '伍胥', '子胥', '伍員', '伍君' 등 여러
가지로 불리고 있음.
【伍奢】伍子胥의 아버지. 楚 平王 때 太子 建의 太傅가 되었으나 費無忌의
讒訴로 큰아들 伍尙과 함께 平王에게 죽임을 당함. 한편 오자서 집안은 伍參
→伍擧(椒擧)→伍奢→伍子胥로 이어지는, 대대로 楚나라 세족집안이었음.
【五尙】伍奢의 맏아들. 伍子胥의 형. 楚 平王이 아버지 伍奢를 인질로 잡기위해
두 형제를 부르자 子胥는 달아나도록 하고 홀로 아버지께 달려가 父子가 함께
죽임을 당함.
【伍擧】五子胥의 祖父. 伍參→伍擧→伍奢→伍子胥.《左傳》襄公 26년을 참조
할 것.
【楚莊王】春秋時代 楚나라의 英明한 군주. 姓은 羋, 씨는 熊, 이름은 侶(旅). 春秋
五霸의 마지막 패자. 楚 穆王(商臣)의 아들이며 B.C.513~B.C.491년까지 23년간
재위함. 그 뒤를 共王(熊審)이 이음. 그의 즉위 3년은 B.C.611년이었음.
【鐘鼓】編鐘과 排鼓. 編鐘은 16개의 종을 鐘架에 걸어 놓고 연주함을 뜻함.
排鼓는 북을 나란히 걸어놓고 연주함. 성대한 음악을 대신하는 말.
【沖天】衝天과 같음. 하늘을 찌를 듯이 높이 날아오름.
【絃矢卒發】絃은 弦과 같으며 활의 시위. 卒은 猝과 같음. '倉卒, 갑자기'의 뜻.
【孫叔敖】春秋時代 楚나라 賢人. 蔿賈의 아들. 이름은 蔿敖, 字는 孫叔.《左傳》

宣公 12년에 孫叔敖가 초나라 令尹(宰相, 相國)이 되었던 기록이 있음. 兩頭蛇, 陰德陽報 등의 고사를 남김.《列女傳》참조.

【靈王】 본문에는 "莊王卒, 靈王立"으로 되어 있으나 실제 楚나라는 莊王 이후에 共王(審. B.C.590~B.C.560년까지 31년)→康王(昭. B.C.559~B.C.545년까지 15년)→ 郟敖(B.C.544~B.C.541년까지 4년) 등 50년이 지난 뒤에 靈王이 들어섰음. 한편 영왕은 이름은 圍였으나 왕에 오른 뒤 熊虔으로 바꿈. B.C.540~B.C.529년까지 12년간 재위하고 平王(棄疾, 熊居)으로 이어짐. 靈王은 아버지 共王이 죽고 조카 郟敖가 뒤를 이었으나 郟敖가 병들어 눕자 鄭나라로 가던 圍는 되돌아 와서 問病한다는 핑계로 들어가 목을 졸라 죽이고 스스로 왕위에 올랐음. 靈王은 뒤에 사냥을 나갔을 때 아우 棄疾이 난을 일으키자 돌아오던 길에 스스로 목매어 자결하고 棄疾(平王)이 그 뒤를 이음.

【章華臺】 楚 靈王이 세운 누대. 지금의 湖北 監利縣 西北에 있었다 함.《水經注》 (28)에 "水東入離湖, 湖在(華容)縣東七十五里, ……湖側有章華臺, 臺高十七丈, 基廣十五丈"이라 함.

【國君服寵】 國君은 '나라의 임금된 자', '服寵'은 '제후로서 천자에게 헌신하여 총애를 받는 것'을 뜻함. 춘추시대는 패자들이 "尊王攘夷"의 명분을 내세웠음.

【克聽】 능히 신하의 諫言을 들음.

【致遠】 멀리 있는 현자가 스스로 찾아오도록 함.

【聰明】 원래는 귀로 듣고 잘 알아차리는 똑똑함을 '聰'이라 하고, 눈으로 보아 민첩하게 깨닫는 것을 '明'이라 하였으나 이를 묶어 사리에 밝고 靈敏함을 뜻하는 말로 쓰임.《尚書》堯典에 「昔在帝堯, 聰明文思, 光宅天下」라 하였고, 孔穎達의 疏에 「言聰明者, 據人近驗, 則聽遠爲聰, 見微爲明. ……以耳目之 聞見, 喩聖人之智慧, 兼知天下之事」라 함.

【蟲鏤】 여러 동물, 곤충의 모양을 새겨 넣음. 明 吳琯 校注本에는 '蟲鏤'로 되어 있으며 다른 판본에는 '蟲鏤'로 되어 있음.《國語》楚語(上)에는 '彤鏤'로 되어 있음.

【金石】 鐘과 磬을 대신하는 말. 역시 음악을 뜻함.

【絲竹】 絲는 絃樂器와 竹管樂記. 역시 음악을 지칭함.

【凄淚】 애절하여 눈물을 자아내는 음악.

【抱居臺】 楚 莊王이 건축한 누대.《國語》楚語(上)에는 '匏居臺'로 되어 있음.

【國氛】 나라에 재앙을 예시하는 구름이나 어떤 기운.《國語》楚語(上) "臺不過 望氛祥"의 注에 "凶氣爲氛, 吉氣爲祥"이라 함.

【宴豆】연회 때 음식을 담는 그릇을 수용할 정도의 공간. 여기서는 잔치를 뜻함.

【時務】節氣에 따라 농사를 짓는 것.

【年穀敗焉】해마다 흉년이 들음.

【百姓煩焉】'百姓'은 '百官'을 뜻함. 詩經 小雅 天保 "群黎百姓"의 傳에 "百姓,
百官族姓也"라 하였으며《國語》楚語(上)에는 '百官'으로 되어 있음.

【訕謗】헐뜯고 비방함.《論語》陽貨篇 "惡居下流而訕上者" 集註에 "訕, 所諫反.
謗毀也"라 함.

【人君之美者耶】《太平御覽》(177)에는 "人君之所美者乎"로 되어 있음.

참고 및 관련 자료

1.《左傳》昭公 20년 傳

費無極言於楚子曰:「建與伍奢將以方城之外叛, 自以爲猶宋, 鄭也, 齊, 晉又
交輔之, 將以害楚, 其事集矣.」王信之, 問五奢. 伍奢對曰:「君一過多矣, 何信
於讒?」王執伍奢, 使城父司馬奮揚殺大子. 未至, 而使遣之. 三月, 大子建奔宋.
王召奮揚, 奮揚使城父人執己以至. 王曰:「言出於余口, 入於爾耳, 誰告建也?」
對曰:「臣告之. 君王命臣曰:『事建如事余.』臣不佞, 不能苟貳. 奉初以還, 不忍
後命, 故遣之. 旣而悔之, 亦無及已.」王曰:「而敢來, 何也?」對曰:「使而失命,
召而不來, 是再奸也. 逃無所入.」王曰:「歸, 從政如他日」無極曰:「奢之子材,
若在吳, 必憂楚國, 盍以免其父召之? 彼仁, 必來. 不然, 將爲患.」王使召之,
曰:「來, 吾免而父」棠君尙謂其弟員曰:「爾適吳, 我將歸死. 吾知不逮, 我能死,
爾能報. 聞免父之命, 不可以莫之奔也; 親戚爲戮, 不可以莫之報也. 奔死免父,
孝也; 度功而行, 仁也; 擇任而往, 知也; 知死不辟, 勇也. 父不可棄, 名不可廢,
爾其勉之! 相從爲愈」伍尙歸. 奢聞員不來, 曰:「楚君, 大夫其旰食乎!」楚人
皆殺之. 員如吳, 言伐楚之利於州于. 公子光曰:「是宗爲戮, 而欲反其讎, 不可
從也.」員曰:「彼將有他志, 余姑爲之求士, 而鄙以待之.」乃見鱄設諸焉, 而耕
於鄙.

2.《國語》楚語(上)

靈王爲章華之臺, 與伍擧升焉, 曰:「臺美夫!」對曰:「臣聞國君服寵以爲美,
安民以爲樂, 聽德以爲聰, 致遠以爲明. 不聞其以土木之崇高, 彤鏤爲美, 而以
金石匏竹之昌大, 囂庶爲樂; 不聞其以觀大, 視侈, 淫色以爲明, 而以察淸濁爲聰.

先君莊王爲匏居之臺, 高不過望國氛, 大不過容宴豆, 木不妨守備, 用不煩官府, 民不廢時務, 官不易朝常. 問誰宴焉, 則宋公, 鄭伯; 問誰相禮, 則華元, 駟騑; 問誰贊事, 則陳侯, 蔡侯, 許男, 頓子, 其大夫侍之. 先君以是除亂克敵, 而無惡於諸侯. 今君爲此臺也, 國民罷焉, 財用盡焉, 年穀敗焉, 百官煩焉, 舉國留之, 數年乃成. 願得諸侯與始升焉, 諸侯皆距無有至者. 而後使太宰啓彊請於魯侯, 懼之以蜀之役, 而僅得以來. 使富都那豎贊焉, 而使長鬛之士相焉, 臣不知其美也. 夫美也者, 上下, 內外, 小大, 遠近皆無害焉, 故曰美. 若於目觀則美, 縮於財用則匱, 是聚民利以自封而瘠民也, 胡美之爲? 夫君國者, 將民之與處; 民實瘠矣, 君安得肥? 且夫私欲弘侈, 則德義鮮少; 德義不行, 則邇者騷離而遠者距違. 天子之貴也, 唯其以公侯爲官正, 而以伯子男爲師旅. 其有美名也, 唯其旅令德於遠近, 而小大安之也. 若斂民利以成其私欲, 使民蒿焉忘其安樂, 而有遠心, 其爲惡也甚矣, 安用目觀? 故先王之爲臺榭也, 榭不過講軍實, 臺不過望氛祥. 故榭度於大卒之居, 臺度於臨觀之高. 其所不奪穡地, 其爲不匱財用, 其事不煩官業, 其日不廢時務. 瘠磽之地, 於是乎爲之; 城守之木, 於是乎用之; 官僚之暇, 於是乎臨之; 四時之隙, 於是乎成之. 故〈周詩〉曰:『經始靈臺, 經之營之. 庶民攻之, 不日成之. 經始勿亟, 庶民子來. 王在靈囿, 麀鹿攸伏.』夫爲臺榭, 將以教民利也, 不知其以匱之也. 若君謂此臺美而爲之正, 楚其殆矣!」

3.《太平御覽》(177)

《吳越春秋》曰: 楚靈王立建章華之臺, 與群臣登焉, 王曰:「臺美乎!」伍舉曰: 「臣聞國君服寵以爲美, 安民以爲樂, 克聽以爲聰, 致遠以爲明. 不聞土水之崇高, 蟲鏤之刻盡, 金石之清音, 絲竹之凄唳以爲美. 昔先莊王匏居之臺, 高不過望國氛, 大不過容宴豆, 士不妨守備, 用不煩官府, 民不敢時務, 官不易朝市. 金君爲此臺七年, 國人怨焉, 財用盡焉, 年穀敗焉, 百姓煩焉, 諸侯忿怨, 卿士訕譏, 豈前王之所盛人君之所美者乎? 臣之誠愚不知所謂也.」靈王納之, 卽除工去飾, 不游於臺.

태자太子 건建의 아내가 될 진秦나라 공주

초楚 평왕平王에게는 이름이 건建인 태자가 있어 평왕은 오사伍奢를 태자태부太子太傅로 삼고, 비무기費無忌를 소부少傅로 삼았다.

평왕은 비무기로 하여금 태자를 위해 진秦나라에서 태자의 아내될 여인을 구해오도록 하였다.

그런데 진나라 여인이 아름다운 용모임을 보고는 비무기는 돌아와 평왕에게 이렇게 보고 하였다.

"진나라 여인은 아름답기가 천하무쌍입니다. 왕께서는 스스로 취하시지요."

평왕은 드디어 진나라 여인을 맞아들여 자신의 부인婦人으로 삼고 이를 총애하여 아들 진珍을 낳았다.

그리고 태자에게는 다시 제齊나라 여자를 아내로 마련해 주었다.

비무기는 이로 인해 태자를 떠나 평왕을 섬기게 되었다.

그런데 평왕이 하루아침에 죽고 태자가 들어서게 되면 틀림없이 자신을 해치게 될 것임을 깊이 염려하여 이에 거듭 태자 건을 참훼하였다.

태자 건의 어머니 채씨蔡氏는 총애를 잃고 있어 이에 태자 건으로 하여금 성보城父를 지켜 변방 병사에 충원시키고 말았다.

　　楚平王有太子名建, 平王以伍奢爲太子太傅, 費無忌
爲少傅.

平王使無忌爲太子娶於秦.

秦女美容, 無忌報王曰:「秦女天下無雙, 王可自取.」

王遂納秦女爲夫人, 而幸愛之, 生子珍.

而更爲太子娶齊女.

無忌因去太子而事平王.

深念平王一旦卒而太子立, 當害己也, 乃復讒太子建.

建母蔡氏無寵, 乃使太子守成父, 備邊兵.

【平王】楚나라 군주. 姓은 羋, 氏는 熊. 이름은 棄疾. 뒤에 이름을 熊居로 바꿈.
靈王의 아우로써 영왕이 사냥을 나갔을 때 棄疾이 난을 일으키자 영왕은
돌아오던 길에 스스로 목매어 자결하여 棄疾이 왕위에 오른 것임. B.C.528~
B.C.516년까지 13년간 재위함. 費無忌의 讒言에 빠져 太子 建을 내쫓고 伍奢와
伍尙을 죽임. 이에 분을 품은 伍子胥가 吳나라로 달아나 오왕을 부추켜 楚
나라를 공격함. 오자서는 이미 죽은 平王의 무덤을 파헤치고 시신을 꺼내어
3백 번 채찍질을 하는 등 보복을 함.

【太子建】楚 平王의 太子. 白公 勝의 아버지. 蔡夫人 소생. 平王이 太子 建을
위해 맞이하려던 秦나라 공주의 미색에 빠져 대신 차지하고 그 사이에 이복
동생 珍이 태어나자 費無忌의 모함을 받아 鄭나라로 피신함. 뒤에 伍子胥의
의견을 듣지 않고 晉나라와 함께 鄭나라를 치려다가 鄭 定公에게 발각되어
子産에게 죽임을 당하였음.

【伍奢】伍子奢로도 부르며 伍子胥의 아버지. 平王이 즉위하자 太子太傅가 되어
太子 建을 보살핌.

【太子太傅】태자를 교육하고 보살피는 임무의 長으로 그 아래 太子少傅가 있음.

【費無忌】楚 平王이 총애하던 寵臣이며 令尹 子常에게 신임을 얻고 있던 인물.
太子와 伍奢, 伍尙 등을 참훼하여 죽음으로 몰아넣은 장본인이며 뒤에 楚
나라가 伍子胥의 공격을 받게 되었을 때 令尹 子常에게 죽임을 당함.《左傳》
에는 費無極으로 되어 있으며《韓非子》內儲說下에도 "費無極, 荊令尹之近
者也"라 함.

【取】'娶'와 같음.

【秦女】秦나라 공주. 이름은 孟嬴. 孟은 맏이, 嬴은 秦나라 성씨. 楚나라 太子
建의 배우자로 정해졌었으나 중간에 平王에게 들어가 夫人이 되어 珍을 낳음.

【夫人】正妻 다음의 직급. 고대 궁중 여인의 직위 명칭.

【珍】平王과 孟嬴 사이에 난 아들. 혹 이름을 '任'이라고도 함. 뒤에 楚 昭王이
되어 B.C.515~B.C.489년까지 27년간 재위함.

【齊女】媵妾으로 秦나라 공주를 따라 온 齊나라 출신의 여인. 媵妾 중에서
공주와 닮은 이 여자를 太子 建의 아내로 삼았다 함.

【蔡氏】《左傳》昭公 19년에 의하면 평왕이 公子 시절 蔡나라를 멸하고 그곳을
진수하는 임무로 주둔하고 있을 때 郹陽(지금의 河南 新蔡縣) 封人의 딸로
몰래 눈이 맞아 그 사이에 太子 建을 낳음.

【城父】'父'는 '보'로 읽음. 春秋시대 城父의 지명은 두 곳이었음. 그 중 한 곳은
원래 陳나라 읍이었으나 뒤에 楚나라가 차지한 북방 요새. 지금의 河南 平頂
山市 서북쪽. 다른 한 곳은 지금의 河南 寶豐縣 동쪽.

참고 및 관련 자료

1.《左傳》昭公 19年

○楚子之在蔡也, 郹陽封人之女奔之, 生大子建. 及卽位, 使伍奢爲之師, 費無
極爲少師, 無寵焉, 欲讒諸王, 曰:「建可室矣.」王爲之聘於秦, 無極與逆, 勸王
取之. 正月, 楚夫人嬴氏至自秦.

○楚子爲舟師以伐濮. 費無極言於楚子曰:「晉之伯也, 邇於諸夏, 而楚辟陋,
故弗能與爭. 若大城城父, 而實大子焉, 以通北方, 王收南方, 是得天下也.」王說,
從之. 故大子建居于城父. 令尹子瑕聘于秦, 拜夫人也.

2.《史記》楚世家

平王二年, 使費無忌如秦爲太子建取婦. 婦好, 來, 未至, 無忌先歸, 說平王曰:
「秦女好, 可自娶, 爲太子更求.」平王聽之, 卒自娶秦女, 生熊珍. 更爲太子娶.
是時伍奢爲太子太傅, 無忌爲少傅. 無忌無寵於太子, 常讒惡太子建. 建時年
十五矣, 其母蔡女也, 無寵於王, 王稍益疏外建也.

021(3-4)
비무기費無忌의 참언

얼마 뒤 비무기는 밤낮으로 태자의 단점을 들춰 이렇게 말하였다.

"태자는 진秦나라 공주의 일로 원망하는 마음이 없을 수 없을 터이니 왕께서도 스스로 대비하십시오. 태자는 성보城父에 있으면서 병사들을 이끌고 밖으로 제후들과 사귀면서 장차 들어와 난을 일으킬 것입니다."

평왕은 이에 오사伍奢를 불러 이 일을 물었다.

오사는 비무기의 참소임을 알고 이렇게 간언하였다.

"왕께서는 어찌 홀로 참소하는 못된 자의 말로써 골육骨肉을 멀리하십니까?"

비무기는 임금이 한가한 틈을 타서 다시 이렇게 말하였다.

"왕께서 지금 태자를 제압하지 않았다가는 그의 일이 이루어질 테니 왕께서는 잡히는 몸이 될 것입니다."

평왕은 크게 노하여 오사를 잡아 가두고 성보의 사마司馬 분양奮揚으로 하여금 태자를 죽이도록 하였다.

분양은 사람을 시켜 먼저 달려가 태자에게 이렇게 알리도록 하였다.

"급히 달아나십시오! 그렇지 않으면 장차 죽게 될 것입니다."

3월, 태자는 송宋나라로 달아났다.

頃之, 無忌日夜言太子之短, 曰:「太子以秦女之故, 不能無怨望之心, 願王自備. 太子居城父, 將兵, 外交諸侯, 將入爲亂.」

平王乃召伍奢而按問之.

奢知無忌之讒, 因諫之曰:「王獨奈何以讒賊小臣而疏骨肉乎?」

無忌承宴, 復言曰:「王今不制, 其事成矣, 王且見擒.」

平王大怒, 因囚伍奢, 而使城父司馬奮揚王殺太子.

奮揚使人前告太子:「急去! 不然將誅.」

三月, 太子奔宋.

【頃之】 얼마 뒤. 실제 이 일은 楚 平王 7년(B.C.522)에 있었음.
【承宴】 '承'은 '乘'과 같음. '宴'은 宴息, 休息, 아무 일 없이 편안히 지내는 시간.
【按問】 따져 물음.
【見擒】 '見'은 '당하다'의 被動을 나타냄.
【司馬】 군사 책임을 맡은 직책. 중앙에는 大司馬, 지방 軍營에는 司馬를 두었음. 《周禮》夏官 司馬에 "都司馬每都上士二人, 中士四人, 下士八人, 府二人, 史八人, 胥八人, 徒八十人. ……都司馬掌都之士庶子及其衆庶車馬兵甲之戒令, 以國法掌其政學, 以聽國司馬"라 하였고, 鄭玄 注에 "都, 王子弟所封及三公采地也. 司馬主其軍賦"라 함.
【奮揚】 城父의 司馬 벼슬을 하던 인물.《通志》氏族略에 "奮氏, 高辛氏才子八元伯奮之後. 楚有奮揚"이라 함.
【宋】 당시 제후국 이름. 원래 周 武王이 殷을 멸한 뒤 그 후손 微子 啓를 봉하였던 나라로 지금의 河南 商丘 일대였음. 이 일은 宋 元功 10년에 있었음.

1.《左傳》昭公 20年

費無極言於楚子曰:「建與伍奢將以方城之外叛, 自以爲猶宋, 鄭也, 齊, 晉又交輔之, 將以害楚, 其事集矣.」王信之, 問五奢. 伍奢對曰:「君一過多矣, 何信於讒?」王執伍奢, 使城父司馬奮揚殺大子. 未至, 而使遣之. 三月, 大子建奔宋.

2.《史記》楚世家

六年, 使太子建居城父, 守邊. 無忌又日夜讒太子建於王曰:「自無忌入秦女, 太子怨, 亦不能無望於王, 王少自備焉. 且太子居城父, 擅兵, 外交諸侯, 且欲入矣.」平王召其傅伍奢責之. 伍奢知無忌讒, 乃曰:「王柰何以小臣疏骨肉?」無忌曰:「今不制, 後悔也.」於是王遂囚伍奢. 而召其二子而告以免父死, 乃令司馬奮揚召太子建, 欲誅之. 太子聞之, 亡奔宋.

022(3-5)
오사伍奢의 두 아들

비무기費無忌는 다시 평왕平王에게 이렇게 말하였다.

"오사伍奢에게는 두 아들이 있는데 모두가 똑똑합니다. 죽이지 않으면 장차 초나라의 우환이 될 것입니다. 가히 그 아버지를 인질로 하여 부르면 될 것입니다."

평왕은 사람을 오사에게 보내어 이렇게 말을 전하도록 하였다.

"능히 두 아들을 오게 하면 살아날 수 있으려니와 그렇게 하지 않으면 죽으리라."

오사가 말하였다.

"저에게는 두 아들이 있어 맏이는 상尙이며 막내는 서胥입니다. 상은 사람됨이 자애롭고 따뜻하며 어질고 믿음이 있어 만약 제가 부른다는 말을 들으면 서둘러 오겠지만 서는 사람됨이 어려서 학문을 좋아하였고 자라서는 무술을 익혀 문으로써 나라를 다스리고, 무로써 천하를 안정시키겠다고 하여 벼리를 지키고 법을 준수하며, 더러움을 뒤집어쓰고 치욕도 받아냅니다. 비록 원한이 있어도 다투지 아니하여 능히 큰일을 해낼 인물입니다. 이는 미리 알고 있을 것이니 어찌 불러서 오게 할 수 있겠습니까?"

평왕은 오사가 두 아들을 칭찬하는 말을 그렇다고 여기고 즉시 사자를 파견하여 네 필 말을 몰아 상자에 인수印綬를 봉하여 가서 거짓으로 자상과 자서를 불러오도록 하였다.

그리고 이렇게 통고해 주도록 하였다.

"두 분께 축하를 올립니다. 아버지 오사께서는 충성과 믿음이 있으시며 자애롭고 어질어 환난을 벗어나 면죄를 받으신 것입니다. 평왕께서는 속으로는 충신을 묶어 옥에 가둔 것을 부끄럽게 여기고 있으며, 밖으로는 제후들의 웃음거리가 될 것을 부끄럽게 여기고 있습니다. 그리하여 반대로 오사를 나라의 재상으로 대우하시며 두 분 아들은 제후로 봉하셨습니다. 오상에게는 홍도후鴻都侯로, 자서에게는 갑후蓋侯의 벼슬을 내리셨으니 두 곳은 서로의 거리가 3백 리 정도의 멀지 않은 곳입니다. 오사께서는 오랫 동안 옥에 갇힌 몸으로서 두 아드님을 걱정하셨습니다. 그 때문에 저에게 인수를 받들어 올리도록 보내신 것입니다."

그러자 오상이 말하였다.

"부친께서는 3년이나 갇히신 몸이 되어 저는 마음이 애달파 밥을 먹어도 맛을 몰랐고, 쓴 맛에 주리고 목이 탔습니다. 밤낮으로 그리움에 아버지 께서 살아나지 못할까 걱정이었고, 오직 아버지께서 사면을 받기만 한다면 그만인데 어찌 감히 인수를 탐내겠습니까?"

사자가 말하였다.

"그대들의 아버님은 3년간을 갇혀 있었으나 왕께서 지금 다행히 사면을 내려주시면서 다른 상은 주지 못하고 두 아들에게 후侯의 벼슬을 내려 주신 것이오. 한 마디에 마땅히 달려가야 하거늘 어찌 구구한 진술이 있으리오?"

無忌復言平王曰:「伍奢有二子, 皆賢, 不誅, 且爲楚憂, 可以其父爲質而召之.」

王使使謂奢曰:「能致二子則生, 不然則死.」

伍奢曰:「臣有二子, 長曰尚, 少曰胥. 尚爲人慈溫仁信, 若聞臣召, 輒來. 胥爲人少好於文, 長習於武, 文治邦國, 武定天下, 執綱守戾, 蒙垢受恥, 雖冤不爭, 能成大事.

此前知之士, 安可致耶?」

平王謂伍奢之譽二子, 卽遣使者駕駟馬, 封函印綬, 往詐召子尙, 子胥.

令曰:「賀二子, 父奢以忠信慈仁, 去難就免. 平王內慚囚繫忠臣, 外愧諸侯之恥, 反遇奢爲國相, 封二子爲侯. 尙賜鴻都侯, 胥賜蓋侯, 相去不遠三百里. 奢久囚繫, 憂思二子, 故遣臣來奉進印綬.」

尙曰:「父繫三年, 中心切怛, 食不感味, 嘗苦饑渴, 晝夜感思, 憂父不活, 惟父獲免, 何敢貪印綬哉?」

使者曰:「父囚三年, 王今幸赦, 無以賞賜, 封二子爲侯. 一言當至, 何所陳哉?」

【執綱守戾】網은 綱紀. 戾는 법도. 그러나 〈全譯本〉에는 '戾'를 '凶暴, 怒火'로 보아 '분노의 감정을 잘 참아내다'의 뜻으로 여겼음.

【前知】'先知'와 같음. 미리 알아차림. 속임수임을 인지함.

【謂】그렇다고 인정함.

【封函印綬】'印綬'는 官印을 꿴 줄. 여기서는 제후로 봉함을 표시하기 위한 도장의 끈. 상자에 넣고 이를 봉함.

【詐召】속임수로 부름. 〈四部叢刊本〉에는 '許'로 잘못되어 있음. 淸 顧廣圻는 〈宋鈔本〉을 근거로 '詐'로 고침.

【令】통고함. 일러줌. 말을 전해줌. 《爾雅》 釋詁에 "令, 告也"라 함.

【反遇奢爲國相】'遇'는 대우함. 그러나 〈漢魏叢書本〉에는 '進'으로 되어 있음.

【鴻都】鴻都는 지명이겠으나 구체적인 위치는 알 수 없음. 작자가 임의로 이름을 정한 것으로 보임.

【蓋】원래 齊나라의 지명으로 지금의 山東 沂源縣 동남쪽. 楚나라 地名이 아님. 역시 작자가 임의로 杜撰한 것. '蓋'은 '갑'으로 읽음.

【父繫三年】《左傳》昭公 20년에 의하면 이 일은 楚 平王 7년 한 해에 있었으며 3년간 옥에 갇혔다 한 것은 이치에 맞지 않음. 작자가 과장하여 지어낸 것임.

【切怛】슬픔이 지극함. 〈萬曆本〉에는 雙聲連綿語 '切怛'로 되어 있음.

【所陳】陳述할 바. 구구하게 하소연함.

참고 및 관련 자료

1.《左傳》昭公 20年 傳

王召奮揚, 奮揚使城父人執己以至. 王曰:「言出於余口, 入於爾耳, 誰告建也?」
對曰:「臣告之. 君王命臣曰:『事建如事余.』臣不佞, 不能苟貳. 奉初以還, 不忍
後命, 故遣之. 既而悔之, 亦無及已」王曰:「而敢來, 何也?」對曰:「使而失命,
召而不來, 是再奸也. 逃無所入」王曰:「歸, 從政如他日」無極曰:「奢之子材,
若在吳, 必憂楚國, 盍以免其父召之? 彼仁, 必來. 不然, 將爲患」王使召之,
曰:「來, 吾免而父」

2.《史記》伍子胥列傳

無忌言於平王曰:「伍奢有二子, 皆賢, 不誅且爲楚憂. 可以其父質而召之, 不然
且爲楚患」王使使謂伍奢曰:「能致汝二子則生, 不能則死」伍奢曰:「尚爲人仁,
呼必來. 員爲人剛戾忍詢, 能成大事, 彼見來之并禽, 其勢必不來」王不聽, 使人
召二子曰:「來, 吾生汝父; 不來, 今殺奢也」伍尚欲往, 員曰:「楚之召我兄弟,
非欲以生我父也, 恐有脫者後生患, 故以父爲質, 詐召二子. 二子到, 則父子俱死.
何益父之死? 往而令讎不得報耳. 不如奔他國, 借力以雪父之恥, 俱滅, 無爲也」
伍尚曰:「我知往終不能全父命. 然恨父召我以求生而不往, 後不能雪恥, 終爲
天下笑耳」謂員:「可去矣! 汝能報殺父之讎, 我將歸死」尚既就執, 使者捕伍胥.
伍胥貫弓執矢嚮使者, 使者不敢進, 伍胥遂亡. 聞太子建之在宋, 往從之. 奢聞
子胥之亡也, 曰:「楚國君臣且苦兵矣」伍尚至楚, 楚并殺奢與尚也.

023(3-6)
아버지의 부름

오상伍尚이 안으로 들어가 자서子胥에게 일러주었다.

"아버지께서 다행히 죽음을 면하시게 되었고 우리 두 아들은 제후가 된단다. 사자가 문 밖에 와서 봉한 인수를 들고 있으니 너는 나가서 보면 된다."

그러자 자서가 말하였다.

"형께서는 잠시 마음을 안정시키고 앉으시오. 형을 위해 점괘를 말하리다. 오늘이 갑자甲子날이며 때는 지금 사시巳時이니 간지干支로 보아 일신日神 아래에서 손상을 당하고 있소. 기氣를 서로 주고받을 수 없으니 임금이 그 신하를 속이고 있는 것이며, 아버지가 그 아들을 속이고 있는 것이오. 지금 가게 되면 바야흐로 죽을 것인데 무슨 제후 따위의 벼슬이 있을 수 있겠소?"

자상이 말하였다.

"내 어찌 제후 벼슬에 탐을 내는 것이겠느냐? 아버지를 뵙고 싶은 그리움에서 그럴 뿐이란다! 한번 뵙기라도 하고 이별한다면 비록 죽는다 해도 나는 사는 것과 같을 것이다."

자서가 말하였다.

"형은 잠시 가지 마오. 아버지는 마땅히 내가 살려 낼 것이오. 초楚나라는 우리의 용맹함을 두려워하고 있으니 형세로 보아 감히 아버지를 죽이지는 못할 것이오. 형이 만약 잘못하여 갔다가는 틀림없이 죽임을 당할 뿐 빠져 나오지 못할 것이오."

자상이 말하였다.

"부자지간의 사랑이란 은혜를 따르는 것에서 생겨나는 것, 요행히 만나 뵐 수만 있다면 이로써 스스로 그 효성을 달성하는 것이리라."

이에 자서는 이렇게 탄식하였다.

"아버지와 함께 모두 죽고 나면 무엇을 세상에 밝힐 수 있겠습니까? 원한의 원수를 제거하지 못하면 치욕은 세월과 함께 더욱 커질 뿐이오. 형께서는 저 사신을 따라 가시오. 나는 복수를 위해 결별하는 길을 택하겠소."

자상이 울면서 말하였다.

"내가 이대로 살아가고 있다면 세상의 웃음거리가 될 것이다. 비록 땅을 밟고 늙어 죽는다 해도 그것이 어찌 살아 있는 것이겠는가! 게다가 능히 복수를 해내지도 못한다면 끝내 폐물이 되고 말 것이다. 너는 문무 文武를 갖추었으며 책략에 용감하니 아버지와 형의 원수를 가히 갚아낼 수 있을 것이다. 내가 만약 살아서 돌아온다면 이는 하늘이 도와주는 것이겠지만, 만약 죽임을 당하여 땅 속에 묻힌다 해도 나는 기꺼이 받아들일 것이다."

자서가 말하였다.

"형은 일단 따라가시오. 나 또한 여기를 떠나면서 뒤도 돌아보지 않겠소. 다만 어려움이 닥치지 않기를 바라지만 비록 후회한다 해도 어찌 다시 미칠 수 있겠소!"

자상은 선뜻 울면서 이별을 고하고는 사자와 함께 떠났다.

尚乃入報子胥曰:「父幸免死, 二子爲侯, 使者在門, 兼封印綬, 汝可見使.」

子胥曰:「尚且安坐, 爲兄卦之. 今日甲子, 時加於巳, 支傷日下, 氣不相受, 君斯其臣, 父欺其子, 今往方死, 何侯之有?」

尚曰:「豈貪於侯? 思見父耳! 一面而別, 雖死而生.」

子胥曰:「尚且無往, 父當我活, 楚畏我勇, 勢不敢殺, 兄若誤往, 必死不脫.」

尚曰:「父子之愛, 恩從中出, 徼倖相見, 以自濟達.」

於是子胥歎曰:「與父俱誅, 何明於世? 冤仇不除, 恥辱日大. 尚從是往, 我從是決.」

尚泣曰:「吾之生也, 爲世所笑, 終老地上, 而亦何之! 不能報讎, 畢爲廢物. 汝懷文武, 勇於策謀, 父兄之仇, 汝可復也. 吾如得返, 是天祐之. 其遂沈理, 亦吾所喜.」

胥曰:「尚且行矣, 吾去不顧. 勿使臨難, 雖悔何追!」

旋泣辭行, 與使俱往.

【卦之】 고대 六壬法의 점법에 의해 점을 친 것이라 함.
【時加於巳】 巳時는 오전 9~11시 사이. 五行 중에 水에 해당함.
【支傷日下】 支는 巳時이며 신하를 뜻함. 日은 日干으로 甲子日이며 平王을 상징함. 五行 중에 甲은 木, 子는 水에 해당함. 相生으로는 木生火이며, 相剋으로는 水勝火임. 따라서 木에 水가 들어 있어 火는 손상을 입어 天地陰陽의 氣가 서로 통할 수 없음을 상징함. 甲子日은 吳王 僚 5년 3월 이후의 甲子日. 환산하면 4월 7일이었음.
【徼倖】 僥倖과 같음.
【濟達】 원하는 바를 성취시킴.
【我從是決】 결별의 길을 따름. 결은 徐天祐의 注에 "決, 當作訣, 別也"라 함.
【沈埋】 죽어서 땅에 묻힘.
【旋】 '곧바로, 즉시'의 뜻.

1.《左傳》昭公 20年 傳

費無極言於楚子曰:「建與伍奢將以方城之外叛, 自以爲猶宋, 鄭也, 齊, 晉又交輔之, 將以害楚, 其事集矣.」王信之, 問五奢. 伍奢對曰:「君一過多矣, 何信於讒?」王執伍奢, 使城父司馬奮揚殺大子. 未至, 而使遣之. 三月, 大子建奔宋. 王召奮揚, 奮揚使城父人執己以至. 王曰:「言出於余口, 入於爾耳, 誰告建也?」對曰:「臣告之. 君王命臣曰『事建如事余.』臣不佞, 不能苟貳. 奉初以還, 不忍後命, 故遣之. 旣而悔之, 亦無及已.」王曰:「而敢來, 何也?」對曰:「使而失命, 召而不來, 是再奸也. 逃無所入.」王曰:「歸, 從政如他日.」無極曰:「奢之子材, 若在吳, 必憂楚國, 盍以免其父召之? 彼仁, 必來. 不然, 將爲患.」王使召之, 曰:「來, 吾免而父.」棠君尙謂其弟員曰:「爾適吳, 我將歸死. 吾知不逮, 我能死, 爾能報. 聞免父之命, 不可以莫之奔也; 親戚爲戮, 不可以莫之報也. 奔死免父, 孝也; 度功而行, 仁也; 擇任而往, 知也; 知死不辟, 勇也. 父不可棄, 名不可廢, 爾其勉之! 相從爲愈.」伍尙歸. 奢聞員不來, 曰:「楚君, 大夫其旰食乎!」楚人皆殺之. 員如吳, 言伐楚之利於州于. 公子光曰:「是宗爲戮, 而欲反其讎, 不可從也.」員曰:「彼將有他志, 余姑爲之求士, 而鄙以待之.」乃見鱄設諸焉, 而耕於鄙.

2.《史記》伍子胥列傳

앞장의 참고란을 볼 것.

024(3-7)
망명길에 오른 오자서伍子胥

초왕楚王은 자상子尙을 잡아 옥에 가두고는 다시 사자를 보내 오자서를 뒤쫓아 잡아오도록 하였다.

자서는 에에 활을 겨누고 화살을 쥔 채 초나라를 떠났다.

초나라 사자가 추격하다가 오자서의 처를 만났는데 그의 처가 말하였다.

"자서는 이미 도망하여 3백 리는 갔을 것입니다."

사자는 급히 뒤쫓아 사람이 없는 벌판에까지 이르러 자서를 따라 잡았다. 자서가 이에 활을 당겨 화살을 걸어 그 사자를 해치고자 하자 사자는 급히 몸을 엎드려 달아나고 말았다.

자서는 이렇게 말하였다.

"돌아가서 너의 왕에게 보고하라. 나라가 망하지 않기를 바란다면 나의 아버지와 형을 풀어주라고. 만약 그렇게 하지 않았다가는 초나라는 폐허가 될 것이다."

사자가 돌아가 평왕에게 보고하자 평왕은 이를 듣고 즉시 대군을 일으켜 자서를 추격하도록 하였으나 강가에 이르도록 자서의 소재를 알 수 없어 그를 잡지 못한 채 돌아가고 말았다.

자서는 도망쳐 큰 강가에 이르러 하늘을 우러러 통곡을 하며 숲과 늪의 가운데에서 이렇게 말하였다.

"초왕이 무도하여 나의 아버지와 형을 죽였다. 나는 제후의 힘을 빌려 그 원수를 갚고자 한다!"

자서는 태자太子 건建이 송宋나라에 있다는 말을 듣고 송나라로 가고자
하였다.

오사伍奢는 비로소 자서가 도망쳤다는 말을 듣고는 이렇게 말하였다.

"초나라 임금과 신하들은 전쟁의 고통을 겪으리라!"

오상은 초나라에 이르러 아버지를 찾아갔으며 함께 저잣거리에서
육시戮屍를 당하고 말았다.

楚得子尚, 執而囚之, 復遣追捕子胥.

胥乃貫弓執矢去楚.

楚追之, 見其妻, 曰:「胥亡矣, 去三百里.」

使者追及無人之野, 胥乃張弓布矢欲害使者, 使者俯
伏而走.

胥曰:「報汝平王, 欲國不滅, 釋吾父兄. 若不爾者, 楚爲
墟矣.」

使返報平王, 王聞之, 卽發大軍追子胥, 至江, 失其所在,
不獲而返.

子胥行至大江, 仰天行哭林澤之中, 言:「楚王無道, 殺吾
父兄, 願吾因於諸侯以報讎矣!」

聞太子建在宋, 胥欲往之.

伍奢楚聞子胥之亡, 曰:「楚之君臣苦兵矣!」

尚至楚就父, 俱戮於市.

【貫弓】활을 매김. 즉시 대처할 수 있는 상태를 유지하며 경계함. '貫'은 '彎'과
同韻互訓.《史記》伍子胥傳 "貫弓執矢嚮使者"의 〈索隱〉에 "貫, 調滿張弓也"라 함.

陳涉世家 "土亦不敢貫弓而報恐"의 〈索隱〉에는 "貫, 謂上絃也"라 함. 《說文通訓定聲》에는 "貫, 叚借爲彎"이라 함.

【平王】 뒷사람의 追記에 의한 것임. 왕이 生存時에는 諡號를 부를 수 없음. 徐天祜는 "平字當去, 王在, 安得先稱其諡? 不則當作君王. 下文平王則後人追書也"라 함. 그러나 盧文弨는 "古人行文, 不屑屑檢點, 注非是"라 함.

【就】 죽을 것을 알았음에도 아버지를 찾아 감. 《廣雅》 釋詁에 "就, 歸也"라 함.

【俱戮於市】 伍奢와 伍尙은 함께 저잣거리에서 戮屍를 당함.

참고 및 관련 자료

1. 《史記》 伍子胥列傳

尙旣就執, 使者捕伍胥. 伍胥貫弓執矢嚮使者, 使者不敢進, 伍胥遂亡. 聞太子建之在宋, 往從之. 奢聞子胥之亡也, 曰:「楚國君臣且苦兵矣.」伍尙至楚, 楚幷殺奢與尙也.

2. 《太平御覽》(393)

子胥以夜半時臥覺, 忽而仰天悲嘆, 言曰:「父兄俱死, 當誰歸乎?」泣下交流, 恐爲楚所得, 乃貫弓執矢, 步出東郭.

025(3-8)
오자서伍子胥와 신포서申包胥

오운伍員은 송宋나라로 달아나는 길에 신포서申包胥를 만나자 이렇게 말하였다.

"초왕은 나의 아버지와 형을 죽였소. 나는 어찌하면 좋겠소?"

신포서가 말하였다.

"아! 내가 그대에게 초나라에 복수하라고 한다면 이는 불충不忠이 되고, 그대에게 원수를 갚지 말라고 하면 이는 친구로서 우정이 없는 것이 되오. 그대는 떠나시오, 나는 어떤 말도 할 수가 없구려."

자서가 말하였다.

"내 듣기로 부모의 원수와는 같은 하늘을 이고 살 수 없으며 같은 땅을 밟을 수 없다 하였소. 그리고 형제의 원수와는 한 지역을 같이 하거나 땅을 맞대고 살지 않으며, 친구를 해친 원수와는 같은 향鄕에 이웃하거나 같은 이里에 함께 하지 않는다 하였소. 지금 나는 장차 초나라의 죄에 보복하여 아버지와 형의 치욕을 씻고야 말 것이오."

신포서가 말하였다.

"그대는 능히 초나라를 망하게 할 수 있을 것이며, 나는 능히 초나라를 지켜 낼 수 있을 것이오. 그대가 능히 초나라를 위험에 빠뜨린다면 나는 능히 안정을 지켜낼 수 있을 것이오."

오자서는 마침내 송나라로 달아났다.

伍員奔宋, 道遇申包胥, 謂曰:「楚王殺吾父兄, 爲之奈何?」

申包胥曰:「於乎! 吾欲敎子報楚, 則爲不忠. 敎子不報, 則爲無親友也. 子其行矣, 吾不容言.」

子胥曰:「吾聞父母之讎, 不與戴天履地; 兄弟之讎, 不與同域接壤, 朋友之讎, 不與鄰鄕共里. 今吾將復楚辜, 以雪父兄之恥.」

申包胥曰:「子能亡之, 吾能存之. 子能危之, 吾能安之.」
胥遂奔宋.

【申包胥】楚나라 大夫. 姓은 公孫. 楚나라 왕족 鬪若敖의 후손으로 이름은 包胥, 申胥, 혹 勃蘇로도 표기함. 楚 成王 때 鬪班이 申 땅에 封을 받아 이로써 후손이 申氏로 불림. 伍子胥와는 친교가 있었으며 楚나라 大夫에 오름.《戰國策》에는 "棼冒勃蘇"라 하였으며 棼冒는 蚡冒, 즉 楚 武王의 형이었음. 따라서 그는 蚡冒의 후손임을 알 수 있음. '勃蘇'는 '包胥'와 같은 발음으로 표기가 다른 것임. 楚 昭王 10년(B.C.506) 伍子胥의 침공에 의해 초나라가 망할 지경에 이르자 申包胥는 秦나라에 달려가 七日七夜를 통곡한 끝에 구원을 얻어낸 고사를 남김. 065를 참조할 것.

【於乎】'嗚呼'와 같음. 감탄사. '於'는 '오'로 읽음.

【鄕·里】고대의 행정 단위. 1만 2천 5백 호가 一鄕이었으며 春秋 이전에는 25호, 혹 50호, 혹 80호, 또는 100호를 一里라 하였음.

【辜】'罪'와 같음.

참고 및 관련 자료

1.《史記》伍子胥列傳
始伍員與申包胥爲交, 員之亡也, 謂包胥曰:「我必覆楚」包胥曰:「我必存之.」

2.《左傳》定公 4년

(經): 冬十有一月庚午, 蔡侯以吳子及楚人戰于柏舉, 楚師敗績. 楚囊瓦出奔鄭. 庚辰, 吳入郢.

(傳): 沈人不會于召陵, 晉人使蔡伐之. 夏, 蔡滅沈. 秋, 楚爲沈故, 圍蔡. 伍員爲吳行人以謀楚. 楚之殺郤宛也, 伯氏之族出. 伯州犂之孫嚭爲吳大宰以謀楚. 楚自昭王卽位, 無歲不有吳師, 蔡侯因之, 以其子乾與其大夫之子爲質於吳. 冬, 蔡侯, 吳子, 唐侯伐楚. 舍舟于淮汭, 自豫章與楚夾漢, 左司馬戌謂子常曰:「子沿漢而與之上下, 我悉方城外以毀其舟, 還塞大隧, 直轘, 冥阨. 子濟漢而伐之, 我自後擊之, 必大敗之」旣謀而行. 武城黑謂子常曰:「吳用木也, 我用革也, 不可久也, 不如速戰」史皇謂子常,「楚人惡子而好司馬, 若司馬毀吳舟于淮, 塞成口而入, 是獨克吳也. 子必速戰! 不然, 不免」乃濟漢而陳, 自小別至于大別. 三戰, 子常知不可, 欲奔. 史皇曰:「安, 求其事; 難而逃之, 將何所入? 子必死之, 初罪必盡說」十一月庚午, 二師陳于柏舉. 闔廬之弟夫槩王晨請於闔廬曰:「楚瓦不仁, 其臣莫有死志. 先伐之, 其卒必奔; 而後大師繼之, 必克」弗許. 夫槩王曰:「所謂『臣義而行, 不待命』者, 其此之謂也. 今日我死, 楚可入也」以其屬五千先擊子常之卒. 子常之卒奔, 楚師亂, 吳師大敗之. 子常奔鄭, 史皇以其乘廣死. 吳從楚師, 及清發, 將擊之. 夫槩王曰:「困獸猶鬪, 況人乎? 若知不免而致死, 必敗我. 若使先濟者知免, 後者慕之, 蔑有鬪心矣. 半濟而後可擊也」從之, 又敗之. 楚人爲食, 吳人及之, 奔. 食而從之, 敗諸雍澨. 五戰, 及郢. 己卯, 楚子取其妹季芈畀我以出, 涉雎. 鍼尹固與王同舟, 王使執燧象以奔吳師. 庚辰, 吳入郢, 以班處宮. 子山處令尹之宮, 夫槩王欲攻之, 懼而去之, 夫槩王入之. 左司馬戌及息而還, 敗吳師于雍澨, 傷. 初, 司馬臣闔廬, 故恥爲禽焉, 謂其臣曰:「誰能免吾首?」吳句卑曰:「臣賤, 可乎?」司馬曰:「我實失子, 可哉!」三戰皆傷, 曰:「吾不可用也已」句卑布裳, 刭而裹之, 藏其身, 而以其首免. 楚子涉雎(睢), 濟江, 入于雲中. 王寢, 盜攻之, 以戈擊王, 王孫由于以背受之, 中肩. 王奔鄖. 鍾建負季芈以從. 由于徐蘇而從. 鄖公辛之弟懷將弑王, 曰:「平王殺吾父, 我殺其子, 不亦可乎?」辛曰:「君討臣, 誰敢讎之? 君命, 天也. 若死天命, 將誰讎? 《詩》曰『柔亦不茹, 剛亦不吐. 不侮矜寡, 不畏彊禦』, 唯仁者能之. 違彊陵弱, 非勇也; 乘人之約, 非仁也; 滅宗廢祀, 非孝也; 動無令名, 非知也. 必犯是, 余將殺女」鬪辛與其弟巢以王奔隨. 吳人從之, 謂隨人曰:「周之子孫在漢川者, 楚實盡之. 天誘其衷, 致罰於楚, 而君又竄之, 周室何罪? 君若顧報周室, 施及寡人, 以獎天衷, 君之惠也. 漢陽之田, 君實有之.」楚子在公宮之北, 吳人在其南.
子期似王, 逃王, 而己爲王, 曰:「以我與之, 王必免.」隨人卜與之, 不吉, 乃辭
吳曰:「以隨之辟小, 而密邇於楚, 楚實存之. 世有盟誓, 至于今未改. 若難而棄之,
何以事君? 執事之患不唯一人, 若鳩楚竟, 敢不聽命?」吳人乃退. 鑪金初官於
子期氏, 實與隨人要言. 王使見, 辭, 曰:「不敢以約爲利」王割子期之心以與隨
人盟. 初, 伍員與申包胥友. 其亡也, 謂申包胥曰:「我必復楚國」
申包胥曰:「勉之! 子能復之, 我必能興之」

026(3-9)
태자 건建의 죽음

당시 송宋 원공元公은 나라에 믿음을 얻지 못하여 나라 사람들이 미워하고 있었다.

이에 대부 화씨華氏가 원공을 죽일 모의를 꾸몄고, 나라 사람들이 화씨와 함께 큰 난을 일으켰다.

자서는 이에 태자 건建과 함께 모두 정鄭나라로 달아났으며 정나라에서는 심히 예우를 해 주었다.

태자 건이 다시 진晉나라로 가자 진 경공頃公이 이렇게 말하였다.

"태자께서 지난 번 정나라에 있을 때 정나라에서는 태자를 신임했었소. 태자께서 정나라로 돌아가 그곳에서 우리와 내응內應하여 정나라를 멸하고 나면 곧바로 태자를 정나라에 봉하겠소."

태자 건이 정나라로 돌아갔으나 일이 성공하기 전에 마침 그 시종하던 자와 사사로운 일이 생겨 그를 죽이려 하였는데 종자가 그 모책을 알고는 이에 정나라에 고해바치고 말았다.

정 정공定公은 자산子産과 함께 태자 건을 죽여 버리고 말았다.

宋元公無信於國, 國人惡之.

大夫華氏謀殺元公, 國人與華氏, 因作大亂.

子胥乃與太子建俱奔鄭, 鄭人甚禮之.

太子建又適晉, 晉頃公曰:「太子旣在鄭, 鄭信太子矣. 太子能爲內應而滅鄭, 卽以鄭封太子.」

太子還鄭, 事未成, 會欲私其從者, 從者知其謀, 乃告之於鄭.

鄭定公與子産誅殺太子建.

【宋】春秋時代 나라 이름. 周 武王이 殷을 멸한 뒤 紂의 庶兄 微子啓를 지금의 河南 商丘에 봉하여 殷나라 제사를 이어받도록 하였음. 따라서 殷나라와 같은 子姓이었음.

【元公】春秋時代 宋나라 군주. 이름은 子佐. 在位 B.C.531~B.C.517년까지 15년간 재위함.

【華氏】華定과 華亥. 宋나라의 권문세가.《左傳》昭公 20년을 참조할 것.

【國人】華氏와 함께 난을 일으킨 상녕(向寧)의 向氏一族을 가리킴.

【大亂】華定, 華亥, 向寧 등이 亂을 일으켜 太子를 비롯한 宋나라 公子 多數가 죽었고 華氏와 向氏네 사람들도 많이 죽은 난. 이들의 난을 '華氏之亂'이라 함. 뒤에 華氏와 向氏 일족은 모두 晉나라로 달아남.

【鄭】나라 이름. 周 宣王의 庶弟 友(桓公)가 받았던 나라. 姬氏. 원래 陝西 華縣 일대가 봉지였으나 뒤에 지금의 河南 鄭州로 옮겼으며 春秋시대 子産이 宰相이 되어 大國 사이에서 환난을 이겨냄.

【晉】周 成王의 아우 唐叔 虞가 봉을 받았던 나라. 지금의 山西 太原 일대. 戰國時代 趙, 魏, 韓으로 瓜分 '三晉'이 되었음.

【頃公】晉나라 군주. 姬去疾. B.C.525~B.C.512년까지 14년간 재위함.

【會欲私其從者】伍子胥列傳에 "會自私欲殺其從者"라 하여 '私'자 아래에 '殺' 자가 있어야 함.

【鄭定公】당시 鄭나라 군주. 이름은 姬寧. B.C.529~514년까지 16년간 재위함. 이 사건은《史記》鄭世家에 실려 있으며 鄭 定公 10년(B.C.520)에 일어났음. 그러나《左傳》에는 伍子胥가 吳王 僚 5년에 楚나라를 떠나 곧바로 吳나라로 간 것으로 되어 있음.

【子產】鄭나라 賢人이며 재상. 公孫僑, 자는 子産. 鄭나라 成公의 從弟. 定公, 獻公, 聲公을 섬기면서 법치를 제정하여 치적을 이룸. 孔子가 크게 칭송했던 인물로《左傳》昭公二十年에 子産이 죽자 "仲尼聞之, 出涕曰:「古之遺愛也.」" 라 함.

참고 및 관련 자료

1.《史記》伍子胥列傳

伍胥旣至宋, 宋有華氏之亂, 乃與太子建俱奔於鄭. 鄭人甚善之. 太子建又適晉, 晉頃公曰:「太子旣善鄭, 鄭信太子. 太子能爲我內應, 而我攻其外, 滅鄭必矣. 滅鄭而封太子」太子乃還鄭. 事未會, 會自私欲殺其從者, 從者知其謀, 乃告之於鄭. 鄭定公與子産誅殺太子建.

2.《左傳》昭公 20年

宋元公無信多私, 而惡華, 向. 華定, 華亥與向寧謀曰:「亡愈於死, 先諸?」華亥僞有疾, 以誘羣公子. 公子問之, 則執之. 夏六月丙申, 殺公子寅, 公子御戎, 公子朱, 公子固, 公孫援, 公孫丁, 拘向勝, 向行於其廩. 公如華氏請焉, 弗許, 遂劫之. 癸卯, 取大子欒與母弟辰, 公子地以爲質. 公亦取華亥之子無慼, 向寧之子羅, 華定之子啓, 與華氏盟, 以爲質.

027(3-10)
태자 건의 아들 백공白公 승勝

태자太子 건建에게는 아들이 있어 이름을 승勝이라 하였는데 오운伍員은 승과 함께 오吳나라로 달아났다.

오자서가 소관昭關에 이르자 문지기가 이들을 잡으려 하였다.

그러자 오운은 이렇게 거짓말을 꾸며대었다.

"초왕이 나를 찾는 까닭은 내가 아름다운 구슬을 가지고 있기 때문이다. 지금 나는 이미 그것을 가지고 있지 않다. 장차 그대가 이를 빼앗아 삼켰다고 고할 것이다."

문지기는 오자서를 풀어 주었다.

그가 승과 함께 떠나자 추격해 오는 이들이 뒤에 오고 있어 하마터면 벗어나지 못할 뻔하였다.

建有子名勝, 伍員與勝奔吳.

到昭關, 關吏欲執之.

伍員因詐曰:「上所以索我者, 以我有美珠也. 今我已亡矣, 將告子取吞之.」

關吏因舍之.

與勝行去, 追者在後, 幾不得脫.

【勝】白公勝. 平王의 손자이며 太子 建의 아들. 楚 平王은 太子 建을 위해 費無忌로 하여금 秦나라 공주를 太子 妃로 맞아오게 함. 진녀를 맞이하러 갔던 費無忌는 그 여인이 미인임을 알고 平王을 부추겨 왕의 夫人으로 맞아들이게 하여 珍(뒤의 楚 昭王)을 나음. 그리고 태자에게는 대신 滕妾으로 온 齊나라 여자를 주어 이들 사이에 勝이 태어남. 후에 楚 昭王의 아들 惠玉은 勝을 불러들여 楚나라 鄢 땅을 봉해주었고 다시 楚나라에 초빙을 받아 巢大夫에 임명되었으며 白 땅에 봉해져 白公으로 불렸음. 뒤에 白公 勝은 아버지의 원수를 갚기 위해 鄭나라를 치고자 하였으나 子西가 鄭나라와 和平을 맺어 이를 좌절시키자 子西를 죽이고 石乞과 함께 난을 일으켰음. 惠王은 산 속으로 피하고 葉公(沈諸梁)이 이를 진압하여 白公 勝은 자결하고 石乞도 죽음을 당하였음. 《左傳》哀公 16년 등을 참조할 것.

【吳】春秋時代 나라. 고대 태백이 세웠던 나라이며 지금의 江蘇 蘇州, 無錫 일대에 홍성하였음. 춘추 말 越(지금의 浙江 紹興)나라와 다투는 많은 일화를 남김. 《史記》吳太伯世家 참조.

【昭關】春秋時代 楚나라와 吳나라 사이에 있던 關門. 지금의 安徽 含山縣 북쪽.

【以我有美珠也】〈四庫叢刊〉본에는 "美珠也"로만 되어 있으나 《初學記》(7)에 의해 보입함.

【亡】'無'와 같음. 없음.

【將告子取吞之】〈四庫叢刊〉본에는 "將去取之"로 되어 있어 의미가 통하지 않음. 《初學記》(7)에 의해 보입함. 《藝文類聚》(6)에는 "我將告子欲取之"로 되어 있으며 《韓非子》에는 "子取吞之"라 하였고, 《太平御覽》에는 "將言爾取之"라 하여 뜻이 명확함.

> 참고 및 관련 자료

1.《韓非子》說林上
子胥出走, 邊候得之. 子胥曰:「上索我者, 以我有美珠也; 今我已亡之矣. 我且曰『子取吞之.』」候因釋之.

2.《史記》伍子胥列傳
建有子名勝. 伍胥懼, 乃與勝俱奔吳. 到昭關, 昭關欲執之. 伍胥遂與勝獨身步走, 幾不得脫. 追者在後.

3.《藝文類聚》(6)

《吳越春秋》曰: 伍子胥與太子建子勝俱奔吳. 夜行晝伏, 出到昭關. 關吏欲執之, 胥因詐曰:「上之所以索我者, 以我有美珠也. 今我已亡之矣. 我將告子欲取之.」關吏因舍焉.

4.《藝文類聚》(84)

又曰: 子胥出走, 邊候得之. 子胥曰:「上求我也, 以我有美珠也. 今我已亡之矣. 且曰:『子取之.』」邊候憂而釋之.

5.《太平御覽》(803)

伍員奔吳, 至昭關, 關吏欲執之, 伍員曰:「上所以索我者, 以我有美珠也. 今執我, 將言爾取之.」關吏因捨焉.

6. 기타 참고 자료

《初學記》(7)

〈陶馬俑〉(北朝) 明器 1948 河北 景縣 封氏墓 출토

028(3-11)
강가의 어부

다시 강가에 이르자 강에는 어부가 배에 올라 아래에서 배를 저어 물을 거슬러 올라오고 있었다.

오자서는 그를 불러 이렇게 말하였다.

"어부시여, 나를 건네주시오!"

이렇게 두 번을 부르자 어부는 건네 주려 하였으나 마침 곁에 사람이 엿보고 있어 어부는 이에 이렇게 노래를 불렀다.

"해와 달이 밝으나 점차 서쪽으로 내달아 가도다.
　그대와 더불어 갈대숲에서 만나기로 하세!"

자서가 곧 갈대숲으로 가서 멈추어 기다렸다.

어부는 다시 이렇게 노래를 불렀다.

"해가 이미 석양이 되었도다, 내 마음 슬프도다.
　달도 이미 기울어가니 어찌 서둘러 건너지 않는고?
　일은 점점 급해지는데 어찌하면 좋을 거나?"

자서가 배에 오르자 어부는 그의 뜻을 알아차리고 이에 서둘러 천심千潯 나루를 건네 주었다.

至江, 江中有漁父乘船, 從下方泝水而上.
子胥呼之, 謂曰:「漁父渡我!」
如是者再, 漁父欲渡之, 適會旁有人窺之, 因而歌曰:

『日月昭昭乎侵已馳,
　與子期乎蘆之漪!』

子胥卽止蘆之漪.
漁父又歌曰:

『日已夕兮預心憂悲,
　月已馳兮何不渡也?
　事浸急兮當奈何?』

〈江上丈人〉《高士傳圖像》

子胥入船, 漁父知其意也, 乃渡之千潯之津.

【江】溧水를 건널 때의 상황임. 中江, 혹은 永陽江이라고도 하며 지금의 江蘇
　溧陽縣. 그러나 지금의 浙江 建德縣 동북쪽에 '子胥渡'가 있고, 江蘇 儀徵縣에는
　'胥浦河'가 있어 각기 伍子胥와의 전설이 전해지고 있음.
【泝】溯, 遡와 같음. 물을 거슬러 올라옴.
【侵而馳】'浸', '寢'과 같으며 '漸'의 뜻. 〈四庫全書〉에는 '寢'으로 되어 있음. '馳'는
　'施'와 같으며 '斜'의 뜻. 《越絶書》荊平王內傳에는 이 구절이 "日昭昭, 侵已施"로
　되어 있음.
【期乎蘆之漪】'期'는 기약함. 약속함. '蘆'는 蘆葦, 갈대. '漪'는 물이 닿는 곳. 배를
　댈 수 있는 곳. 《越絶書》에는 "與子期甫蘆之碕"로 되어 있음. '碕'는 '磯'와 같음.

【千潯】‘潯’은 ‘尋’과 같음. 徐天祜는 "潯, 當作尋"이라 함. "四尺曰仞, 倍仞曰尋"
이라 함. 아주 깊은 물임을 뜻함.
【津】나루.《越絕書》에는 "於斧之津"이라 하여 나루터 이름으로 나와 있음.

1.《越絕書》荊平王內傳

至江上, 見漁者, 曰:「來. 渡我」漁者知其非常人也, 欲往渡之, 恐人知之, 歌而
王過之曰:『日昭昭, 侵以施, 與子期甫蘆之碕.』子胥卽從漁者之蘆碕. 日入,
漁者復歌往曰:『心中目施, 子可渡河, 何爲不出?』船到卽載, 入船而伏.

2.《史記》伍子胥列傳

至江, 江上有一漁父乘船, 知伍胥之急, 乃渡伍胥. 伍胥旣渡, 解其劍曰:「此劍
直百金, 以與父.」父曰:「楚國之法, 得伍胥者賜粟五萬石, 爵執珪, 豈徒百金
劍邪!」不受.

3.《高士傳》(中)

江上丈人者, 楚人也. 楚平王以費無忌之讒殺伍奢. 奢子員亡將奔吳, 至江上,
欲渡無舟, 而楚人購員甚急, 自恐不脫. 見丈人, 得渡, 因解所佩劍以與丈人曰:
「此千金之劍也. 願獻之」丈人不受曰:「楚國之法, 得伍胥者, 爵執珪金千鎰,
吾尙不取, 何用劍爲?」不受而別, 莫知其誰. 員至吳爲相, 求丈人, 不能得. 每食
輒祭之, 曰:「名可得聞, 而不可得見, 其唯江上丈人乎!」『丈人遺俗, 鼓枻江隈.
楚胥求濟, 夜亂蘆漪. 笑辭星劍, 意進鮑魚. 匆匆戒別, 何用名爲.』

029(3-12)
어부의 자결

자서子胥가 이윽고 물을 건너자 어부는 그를 살펴보고 그가 주린 기색이 있음을 알았다.

이에 그는 이렇게 말하였다.

"그대는 이 나무 나래에서 나를 기다리시오. 당신을 위해 먹을 것을 가져오리다."

어부가 간 뒤 자서는 의심이 들어 깊은 갈대 속에 몸을 숨겼다.

잠시 뒤 어부가 와서 보리밥과 절인 생선 국, 동이의 물을 가지고 왔다. 자서를 나무 아래에서 찾았으나 보이지 않아 이렇게 노래로써 불렀다.

"갈대 속에 숨은 이여, 갈대 속에 숨은 이여!
그대는 궁한 선비가 아닌가?"

이렇게 두 번을 부르자 자서는 이에 갈대 속에서 나와 응답하였다.

어부가 말하였다.

"나는 그대가 주린 기색이 있어 그대를 위하여 먹을 것을 가져왔는데 그대는 어찌 나를 의심하는가?"

자서가 대답하였다.

"사람의 성명性命이란 하늘에 속해 있으나 지금은 어르신께 매어 있소. 그런데 어찌 감히 혐의를 두지 않을 수 있겠습니까?"

두 사람은 식사를 마치고 헤어지면서 자서는 차고 있던 백금百金의 검劍을 풀어 어부에게 주었다.

"이것은 나의 전군前君께서 가지고 있던 검이오. 이 속에는 북두칠성北斗七星이 새겨져 있소. 백금의 값어치가 있을 것이니 이로써 은혜에 보답코자 하오."

어부가 말하였다.

"내가 듣기로 초왕의 명령에 오자서를 잡는 자에게 곡식 5만 섬과 집규執圭의 작위를 준다고 하더이다. 어찌 백금의 검을 갖겠다는 의도로 그렇게 한 것이겠소?"

어부는 끝내 사양하여 받지 않으면서 자서에게 이렇게 말하였다.

"그대는 서둘러 가시오. 머물지 마시오, 장차 초나라에게 잡힐 수도 있소."

자서가 말하였다.

"청컨대 어르신네의 이름이라도 알고 싶소."

어부는 이렇게 말하였다.

"오늘날 흉흉凶凶한 세상에 죄를 지은 두 사람이 서로 만난 것이오. 나는 소위 초나라에게 쫓기는 도적을 건네 준 자가 된 것이오. 두 죄인이 서로 의기가 투합하였으며 이러한 것은 서로 말없는 모습에서 이루어진 것이오. 그런데 이름을 밝혀 무엇에 쓰겠소? 그대는 갈대 속에 숨었던 사람이요, 나는 고기잡는 어부일 뿐이니 부귀해지거든 나를 잊지나 마시오."

자서가 말하였다.

"좋습니다."

오자서는 이윽고 자리를 뜨면서 어부에게 이렇게 당부하였다.

"그대께서도 물동이를 잘 덮어 노출되지 않도록 하시오."

어부는 그렇게 하겠노라 대답하였다.

그런데 자서가 몇 걸음 가다가 뒤를 돌아 어부를 보았더니 그는 이미 배를 엎어버리고 물 가운데로 스스로 몸을 던져 잠겨가고 있었다.

子胥既渡, 漁父乃視之, 有其饑色.
乃謂曰:「子俟我此樹下, 爲子取餉.」
漁父去後, 子胥疑之, 乃潛身於深葦之中.
有頃, 父來, 持麥飯, 鮑魚羹, 盎漿.
求之樹下, 不見, 因歌而呼之曰:

『蘆中人, 蘆中人!
　豈非窮士乎?』

如是至再, 子胥乃出蘆中而應.
漁父曰:「吾見子有饑色, 爲子取餉, 子何嫌哉?」
子胥曰:「性命屬天, 今屬丈人, 豈敢有嫌哉?」
二人飲食畢, 欲去, 胥乃解百金之劍以與漁者:「此吾
前君之劍, 中有七星北斗, 價直百金, 以此相答.」
漁父曰:「吾聞楚王之命; 得伍胥者, 賜粟五萬石, 爵
執圭. 豈圖取百金之劍乎?」
遂辭不死, 謂子胥曰:「子急去, 勿留, 且爲楚所得.」
子胥曰:「請丈人姓字.」
漁父曰:「今日凶凶, 兩賊相逢, 吾所謂渡楚賊也. 兩賊
相得, 得形於默, 何用姓字爲? 子爲蘆中人, 吾爲漁丈人,
富貴莫相忘也.」
子胥曰:「諾.」
既去, 誡漁父曰:「掩子之盎漿, 無令其露.」

漁父諾.
子胥行數步, 顧視漁者, 已覆船自沈於江水之中矣.

【鮑魚羹】 소금에 절인 생선. 鮑醃.《史記》貨殖列傳 "鮑千鈞"의 〈索隱〉에 "魚漬云鮑"라 함. 이로써 끓인 국.

【盎漿】 '盎'은 그릇의 종류. 술이나 간장, 물 따위를 담는 용도로 사용함.《急就篇》注에 "缶, 盆, 盎, 一類耳. 缶卽盎也, 大腹而斂口, 盆卽斂底而寬上"이라 함.《越絕書》에는 '壺漿'으로 되어 있음. '漿'은 음료를 총칭하는 말.

【百金之劍】 百金의 값어치가 나가는 검.

【前君】《越絕書》에는 '先人'으로 되어 있음. 자신 집안 선대부터 내려오던 가보임을 말함.

【七星北斗】〈四部叢刊〉본에는 '七星'으로만 되어 있음.《太平御覽》과《北堂書鈔》(122)에 의해 보입함.

【價直】 값, 값어치. '直'는 '値'와 같음.

【楚王之命】〈四部叢刊〉본에는 "楚之法令"으로 되어 있으나《北堂書鈔》에 의해 수정함.

【石】 곡물의 들이를 재는 단위. '섬'과 같음.

【執圭】 執珪로도 표기하며 令尹에 해당하는 楚나라 최고 官職. 春秋시대 제후국에서는 功臣에게 圭(珪)를 하사하여 조회에 이를 잡고 참가하도록 하여 높은 벼슬을 상징하는 말로 쓰임.《周禮》春官 大宗伯에 "以玉作六瑞, 以等邦國. 王執鎭圭, 公執桓圭, 侯執信圭, 伯執躬圭, 子執穀璧, 男執蒲璧"이라 함.

【凶凶】 '洶洶'과 같음. 세상이 혼란하여 動蕩함. 두려움을 느끼게 하는 세상 분위기를 뜻함.

【兩賊】 賊은 반역 등의 죄를 지은 자를 뜻함. 구체적으로는 오자서와 어부 자신을 가리킴. 오자서는 초나라 반역자이며 어부는 반역자를 건너게 해준 반역자임을 자처한 것.

【相得】 서로 의기가 투합함. 서로가 서로를 알아봄.

【得形於默】 서로 말이 없어도 의기투합함이 형성됨. 黙契로써 서로가 통함.

【已覆船自沈於江水】 뒤에 伍子胥가 鄭나라를 칠 때 어부의 아들이 오자서의 軍幕 앞에 와서 노(橈)를 두드리며 〈蘆中歌〉를 불러 오자서가 옛일을 떠올리며 鄭나라 공격을 중지했다 함. 064를 참조할 것.

1.《史記》伍子胥列傳

至江, 江上有一漁父乘船, 知伍胥之急, 乃渡伍胥. 伍胥旣渡, 解其劍曰:「此劍直百金, 以與父.」父曰:「楚國之法, 得伍胥者賜粟五萬石, 爵執珪, 豈徒百金劍邪!」不受.

2.《越絶書》荊平王內傳

半江而仰謂漁者曰:「子之姓爲誰? 還得報子之厚德.」漁者曰:「縱荊邦之賊者我也, 報荊邦之仇者子也. 兩而不仁, 何相問姓名爲?」子胥卽解其劍以與漁者, 曰:「吾先人之劍, 直百金, 請以與子也.」漁者曰:「吾聞荊平王有令曰:『得伍者胥者, 購之千金.』今吾不欲得荊平王之千金, 何以百金之劍爲?」漁者渡於于斧之津, 乃發其簞飯, 淸其壺漿而食. 曰:「亟食而去, 毋令追者及者也.」子胥曰:「諾.」子胥食已而去, 顧謂漁者曰:「掩爾壺漿, 無令之露.」漁者曰:「諾.」子胥行. 卽覆船, 挾匕首自刎而死江水之中, 明無洩也.

3.《太平御覽》(343)

伍子胥過江, 解劍與漁父曰:「此劍中有七星北斗文, 其直千金.」

4.《藝文類聚》(60)

伍子胥過江, 解其劍與漁父曰:「此劍中有七星北斗, 其直百金.」

5. 기타 참고 자료

(1)《北堂書鈔》(122)

030(3-13)
빨래터의 처녀

자서는 묵연默然히 발걸음을 옮겨 마침내 오吳나라에 이르러 도중에 병에 걸려 율양溧陽에서 걸식을 하게 되었다.

마침 어떤 뇌수瀨水 가에서 솜을 두드리며 빨래하는 여자를 만나게 되었는데 그 여인의 광주리에 밥이 담겨 있었다.

자서는 그를 만나 이렇게 말하였다.

"부인께 밥 한 끼 얻어먹을 수 있겠습니까?"

여자가 말하였다.

"저는 홀로 어머니를 모시고 살고 있습니다. 나이 서른이 되도록 아직 시집을 가지 않았으니 밥을 드릴 수는 없습니다."

자서가 말하였다.

"부인께서는 길가는 궁한 사람에게 조금의 밥을 주어 보살핌이 어찌 혐의거리가 되겠습니까?"

여자는 자서가 보통 사람이 아님을 알고는 이렇게 말하였다.

"제가 어찌 인지상정을 거스르겠습니까?"

그러고는 드디어 허락하였다.

그리하여 광주리를 열고 동이에서 밥을 내어 길게 무릎을 꿇고는 이를 주었다.

자서는 두 그릇을 먹고 그쳤다.

여자가 말하였다.

"그대는 먼 길을 가시는데 어찌 배불리 잡수시지 않습니까?"

자서는 밥을 다 먹고 떠나면서 다시 여인에게 말하였다.

"부인께서는 항아리의 국물을 잘 덮어 남의 눈에 띄지 않도록 하시오."

여자가 탄식하며 말하였다.

"아! 제가 홀로 어머니를 모시고 서른이 되도록 살면서 스스로 정절과 현명함을 지켜 시집을 갈 생각도 아니 하였는데 어찌하다가 사내에게 밥을 주면서 예의에 어긋난 짓을 하였는가? 저는 참을 수 없습니다. 그대는 떠나시오!"

자서가 다섯 걸음쯤 가다가 여자를 뒤돌아보았더니 여자는 이미 스스로 뇌수에 스스로 몸을 던지고 있었다.

아! 정절과 현명함으로써 절조를 지켰으니 장부와 같은 여인이로다!

子胥黙然, 遂行至吳, 疾於中道, 乞食溧陽.

適會女子擊綿於瀨水之上, 筥中有飯.

子胥遇之, 謂曰:「夫人, 可得一餐乎?」

女子曰:「妾獨與母居, 三十未嫁, 飯不可得.」

子胥曰:「夫人賑窮途少飯, 亦何嫌哉?」

女子知非恆人, 言曰:「妾豈可逆人情乎?」

遂許之.

發其簞筥, 飯其盎漿, 長跪而與之.

子胥再餐而止.

女子曰:「君有遠逝之行, 何不飽而餐之?」

子胥已餐而去, 又謂女子曰:「掩夫人之壺漿, 無令其露.」

女子歎曰:「嗟乎! 妾獨與母居三十年, 自守貞明, 不顧從適, 何宜饋飯而與丈夫, 越虧禮儀, 妾不忍也. 子行矣!」

子胥行五步, 反顧女子, 已自投於瀨水矣.
於乎! 貞明執操, 其丈父女哉!

【溧陽】지금의 江蘇 溧陽縣. 秦나라 때 처음 縣을 설치하였음. 따라서 춘추시대
　당시에는 이 지명이 없었으며 저자가 追述한 것임.
【擊錦】빨래. 浣紗와 같음. 搗絲. 방망이로 두드려 세탁을 함.
【瀨水】溧水. 지금의 江蘇 溧陽縣 중부를 흐르며 '南河'라 부르고 있음.
【言曰妾豈可逆人情乎】이 9글자는 〈四部叢刊〉본에는 없으며《太平御覽》(440)을
　근거로 보입한 것임.
【筥】대나무로 만든 둥근 광주리. 아래의 '簞筥'를 줄여서 말한 것.
【賑窮途】窮塞한 사람을 救恤함.
【從適】시집가는 것.
【五步】〈四部叢刊〉본에는 없으며《太平御覽》(59)에 의해 보입함.

참고 및 관련 자료

1.《太平御覽》(440)
趙曄《吳越春秋》曰: 子胥至吳, 乞食至於溧陽. 溧陽有女子瀚絲瀨水之上. 筥中
有少飯, 子胥遇見, 長跪而請之, 曰:「夫人豈可乞一食乎?」女子曰:「妾獨與
母居, 年三十不嫁, 飯不可得也.」子胥曰:「夫人販窮者少飯, 有何嫌乎?」女知
非恒人, 言曰:「妾豈可逆人情乎?」即發其簞飯, 清其壺漿, 長跪而與子胥, 子胥
去顧見, 女子自沉.

2.《太平御覽》(59)
伍子胥奔吳, 至漂陽. 女子擊縹瀨水之上, 子胥過, 跪而乞食. 女子簞飯壺漿而
食之. 子胥食而去, 謂女子曰:「掩夫子壺漿, 無令其露.」女子曰:「行乎!」子胥
行五步, 還顧女子, 已自投瀨中.

031(3-14)
공자公子 광光과 오자서

자서는 오나라에 가서 이에 머리를 풀어헤치고 미친 흉내를 내며 맨발로 얼굴에 때를 묻힌 채 저자거리를 다니며 밥을 얻어먹었다.

시장 사람들이 이를 보고 누구도 알아보는 이가 없었다.

이튿날 오나라 시리市吏로서 관상을 잘 보는 자가 이를 보고는 이렇게 말하였다.

"나는 이제껏 많은 사람들의 관상을 보아왔지만 이와 같은 사람은 본 적이 없다. 다른 나라에서 망명해온 신하가 아닐까?"

그는 이에 오왕吳王 요僚에게 아뢰어 그의 모습을 갖추어 진술하면서 이렇게 말하였다.

"왕께서 의당 그러한 자를 불러 보셔야 할 것입니다."

왕료가 말하였다.

"함께 데리고 들어오시오."

공자公子 광光이 이를 듣고 몰래 기뻐하면서 이렇게 말하였다.

"내 듣기로 초나라에서 충신 오사伍奢를 죽였는데 그 아들 자서는 용맹하면서 지모가 뛰어나다고 하였다. 저자는 틀림없이 아버지의 원수를 갚고자 우리 오나라에 온 것이리라."

그러고는 몰래 그를 봉양하고자 하였다.

시리가 이에 자서와 함께 들어와 오왕을 뵙자 오왕 요는 그 형상이 우뚝함을 보고 괴이히 여겼다. 즉 키는 한 길이 넘었고 허리는 열 아름이나 되었으며 눈썹 미간은 한 자나 되는 것이었다.

오왕 요는 그와 사흘을 두고 이야기를 나누어보았는데 말에 중복됨이 없었다.

왕은 이렇게 말하였다.

"똑똑한 사람이로다."

자서는 오왕이 자신에게 호감을 가지고 있음을 알고는 매번 들어가 말을 나누었고 드디어 용맹하고 뛰어난 기상을 가지고 점차 자신의 원한을 털어놓았으며 절절切切한 표정을 드러내었다.

오왕 요는 이를 알고 그를 위해 군사를 일으켜 복수를 해주고자 하였다.

공자 광은 오왕 요를 죽일 모책을 짜고 있었는데 자서가 먼저 왕과 친밀한 관계가 되어 자신의 모책에 해가 될 것을 염려하여 이렇게 참언하였다.

"오서가 초나라를 치자고 간언하는 것은 오나라를 위한 것이 아닙니다. 단지 자신의 사사로운 복수를 위한 것일 뿐입니다. 왕께서는 그의 의견을 쓰지 마십시오."

오자서는 공자 광이 오왕 요를 해칠 마음이 있음을 알고는 이렇게 말하였다.

"저 광은 마음속에 품은 뜻이 있으니 바깥일로써 설득할 것이 아니구나."

오자서는 오왕 요에게 들어가 이렇게 말하였다.

"제가 듣기로 제후는 필부匹夫를 위해 군사를 일으켜 이웃나라와 전쟁을 벌이지 않는다 하더이다."

오왕 요가 물었다.

"무슨 말이오?"

자서가 말하였다.

"제후는 오로지 정치에만 전념하시고 뜻대로 해서는 안 됩니다. 급한 일을 먼저 처리하신 후 군사를 일으켜야 합니다. 지금 대왕께서는 나라를 맡아 위엄을 드러내시면서 필부를 위해 군사를 일으킨다면 그러한 의義는 잘못된 것입니다. 저는 진실로 감히 대왕의 명령을 따를 수 없습니다."

오왕은 이에 초나라 공격을 중지하였다.

子胥之吳, 乃被髮佯狂, 跣足塗面, 行乞於市.

市人觀, 罔有識者.

翌日, 吳市吏善相者見之, 曰:「吾之相人多矣, 未嘗見斯人也. 非異國之亡臣乎?」

乃白吳王僚, 具陳其狀:「王宜召之.」

王僚曰:「與之具入.」

公子光聞之, 私喜曰:「吾聞楚殺忠臣伍奢, 其子子胥, 勇而且智, 彼必復父之讎, 來入於吳.」

陰欲養之.

市吏於是與子胥俱入見王, 王僚怪其狀偉: 身長一丈, 腰十圍, 眉間一尺.

王僚與語三日, 辭無復者.

王曰:「賢人也.」

子胥知王好之, 每入語語, 遂有勇壯之氣, 稍道其讎, 而有切切之色.

王僚知之, 欲爲興師復讎.

公子謀殺王僚, 恐子胥前親於王而害其謀, 因讒:「伍胥之諫伐楚者, 非爲吳也, 但欲自復私讎耳, 王無用之.」

子胥知公子光欲害王僚, 乃曰:「彼光有內志, 未可說以外事」

入見王僚, 曰:「臣聞諸侯不爲匹夫興師用兵於比國.」

王僚曰:「何以言之?」

子胥曰:「諸侯專爲政, 非以意, 救急後興師, 今大王踐國制威, 爲匹夫興兵, 其義非也. 臣固不敢如王之命.」

吳王乃止.

【被髮佯狂】被髮은 披髮로도 표기하며 머리를 풀어헤침. 佯狂은 거짓으로 미친 체함.

【跣足途面】맨발에 얼굴에는 더러운 채로 진흙을 잔뜩 묻혀 남이 알아보지 못하게 함.

【罔】無와 같음. 雙聲互訓.

【王僚】吳王 僚. 餘昧(夷末)의 아들 州于. 왕이 된 후 僚(王僚)라 부름. B.C.526~B.C.515년까지 12년간 재위함.

【王宜召之】〈四部備要〉본에는 "王宣召之"로 되어 있음.

【公子光】諸樊의 아들. 《世本》에는 "夷昧生光"이라 하여 夷昧(餘昧, 夷末)의 아들로 되어 있음. 《左傳》昭公 27년 "我, 王嗣也, 吾欲求之. 事若克, 季子雖至, 不吾廢也"의 杜預 注에 "光, 吳王諸樊子也. 故曰「我王嗣.」"라 하였으나 孔穎達 疏에는 "《世本》云:「夷昧及僚, 夷昧生光」服虔云:「夷昧生光而廢之. 僚者, 而昧之庶兄. 而昧卒, 僚代立, 故光曰: 我王嗣也.」是用《公羊》爲說也. 杜言:「光, 吳王諸樊子.」用《史記》爲說也. 班固云:「司馬遷采《世本》爲《史記》」而今之《世本》與遷言不同.《世本》多誤. 不足依憑, 故杜以《史記》爲正也. 光言「我王嗣」者, 言己是世適之長孫也"라 함. 뒤에 光은 專諸를 시켜 吳王 僚를 시해하고 왕이 됨. 이를 闔閭(闔廬)라 부름. B.C.514~B.C.496까지 19년간 재위하고 夫差로 이어짐.

【語語】〈萬曆本〉에는 "與語"로 되어 있음.

【子胥之諫伐楚者】'諫'자는 '謀'자여야 함. 徐天祐는 "諫, 當作謀"라 함.《史記》伍子胥列傳에 "伍子胥說吳王僚曰:「楚可破也. 願復遣公子光.」"이라 함.

【說以外事】밖의 일, 즉 초나라를 치는 일로써 설득함. '外事'는 전쟁, 외교 등을 뜻함.

【匹夫】일반 평민. 여기서는 伍子胥 자신을 가리킴.

【比國】隣國. 이웃 나라.

【非以意】자신의 사사로운 사의에 따르는 것은 옳지 않음.

【踐國】군주의 자리에 올라 통치를 함.

【制威】위엄을 드러냄. '制'는 군주의 명령을 뜻하는 말.

【不敢如】'如'는 '從'과 같음.《左傳》宣公 12년 注에 "如, 從也"라 함.

참고 및 관련 자료

1. 《史記》伍子胥列傳

伍胥未至吳而疾, 止中道, 乞食. 至於吳, 吳王僚方用事, 公子光爲將. 伍胥乃因公子光以求見吳王.

032(3-15)
용사 전저專諸

자서는 물러나 들에서 농사를 지으며 공자 광에게 천거하여 환심을 살 만한 용사를 찾고 있었다.

이에 용사 전저專諸를 얻게 되었다.

전저라는 자는 당읍堂邑 사람이었다.

오서가 초나라를 도망하여 오나라에 왔을 때 길에서 우연히 전저를 만났다.

전저는 마침 어떤 사람과 싸우려고 장차 그 상대에게 가는데 그 노기가 만 사람을 대적할 기세로써 심히 당할 자가 없을 정도였으나 그 아내가 한 번 소리쳐 부르자 즉시 돌아오는 것이었다.

자서는 괴이히 여겨 그 사정을 물었다.

"그대는 노기가 그토록 심하던 터에 어찌 한 여자의 소리를 듣고는 가던 길을 꺾으니 그토록 아내를 좋아하십니까?"

전저가 말하였다.

"그대는 나의 겉모습만 보고 어찌 그렇게 어리석은 자로 취급하십니까? 어찌 말이 그토록 비루하십니까? 무릇 한 사람에게 굴복하지만 만인의 위에서는 그 기개를 펼 수 있습니다."

자서가 그의 모습을 자세히 살펴보았더니 이마가 튀어나왔고 눈은 깊이 패었으며 호랑이 가슴에 곰의 등으로써 어려움에 종사하기에 지독함을 가진 상이었다. 자서는 그가 용사임을 알아보고는 몰래 결교를 맺어 그를 쓰고자 하였다.

마침 공자 광이 모책을 세우자 자서는 그를 공자 광에게 추천하였다.

子胥退耕於野, 求勇士薦之公子光, 欲以自媚.

乃得勇士專諸.

專諸者, 堂邑人也.

伍胥之亡楚如吳時, 遇之於途.

專諸方與人鬥, 將就敵, 其怒有萬人之氣, 甚不可當, 其妻一呼卽還.

子胥怪而問其狀:「何夫子之怒甚也, 聞一女子之聲而折道, 寧有說乎?」

專諸曰:「子視吾之儀, 寧類愚者也? 何言之鄙也? 夫屈一人之下, 必伸萬人之上.」

子胥因相其貌: 碓顙而深目, 虎膺而熊背, 戾於從難, 知其勇士, 陰而結之, 欲以爲用.

遭公子光之有謀也, 而進之公子光.

【自媚】 스스로 나서서 歡心을 삼.
【專諸】 吳나라 勇士. 伍子胥가 몰래 사귀었다가 공자 光에게 천거한 인물. 전저는 뒤에 吳王 僚를 죽이고 자신도 자결하였음. '諸'는 反切로 '章魚切' '저'로 읽음. 《左傳》에는 '專設諸'로 되어 있음.
【堂邑】 棠邑으로도 표기하며 吳나라 지명. 지금의 江蘇 六合縣.
【折道】 旋道와 같음. 즉시 되돌아옴.
【寧有說乎】 '說'은 '悅'과 같음. '처에게 푹 빠졌는가?'의 뜻. 그러나 〈全譯本〉에는 '할 말이 있는가?'의 뜻으로 보았음.

【儀】겉모습. 의표.

【䫜顙深目】툭 불거져 나온 이마와 움푹 패어 들어간 눈. '䫜'는 혹 '確'으로 잘못 표기된 판본도 있음. 明 吳琯 校注本에는 '確'로 되어 있음. 대는 돌로 만든 방앗공이. 桓譚《新論》에 "宓犧之制杵舂, 萬民以濟, 及後人加巧, 因延力借身 重以踐碓, 而利十倍"라 함.

【虎膺熊背】가슴은 호랑이 같고 등은 곰과 같음.

【戾於從難】어려움에 종사하기에 지독함. 戾는 사나움. 兇猛함. 질김. 굳셈. 지독함.

참고 및 관련 자료

1.《史記》吳太伯世家

伍子胥之初奔吳, 說吳王僚以伐楚之利. 公子光曰:「胥之父兄爲僇於楚, 欲自 報其仇耳. 未見其利.」於是伍員知光有他志, 乃求勇士專諸, 見之光. 光喜, 乃客 伍子胥. 子胥退而耕於野, 以待專諸之事.

2.《史記》刺客列傳(專諸)

光之父曰吳王諸樊. 諸樊弟三人: 次曰餘祭, 次曰夷眛, 次曰季子札. 諸樊知 季子札賢而不立太子, 以次傳三弟, 欲卒致國于季子札. 諸樊既死, 傳餘祭. 餘祭死, 傳夷眛. 夷眛死, 當傳季子札; 季子札逃不肯立, 吳人乃立夷眛之子僚 爲王. 公子光曰:「使以兄弟次邪, 季子當立; 必以子乎, 則光眞適嗣, 當立.」 故嘗陰養謀臣以求立. 光既得專諸, 善客待之. 九年而楚平王死. 春, 吳王僚欲 因楚喪, 使其二弟公子蓋餘·屬庸將兵圍楚之灊; 使延陵季子於晉, 以觀諸侯 之變. 楚發兵絕吳將蓋餘·屬庸路, 吳兵不得還. 於是公子光謂專諸曰:「此時 不可失, 不求何獲! 且光眞王嗣, 當立, 季子雖來, 不吾廢也.」專諸曰:「王僚可 殺也. 母老子弱, 而兩弟將兵伐楚, 楚絕其後. 方今吳外困於楚, 而內空無骨鯁 之臣, 是無如我何.」公子光頓首曰:「光之身, 子之身也.」四月丙子, 光伏甲士 於窟室中, 而具酒請王僚. 王僚使兵陳自宮至光之家, 門戶階陛左右, 皆王僚之 親戚也. 夾立侍, 皆持長鈹. 酒既酣, 公子光詳爲足疾, 入窟室中, 使專諸置匕首 魚炙之腹中而進之. 既至王前, 專諸擘魚, 因以匕首刺王僚, 王僚立死. 左右亦 殺專諸, 王人擾亂. 公子光出其伏甲以攻王僚之徒, 盡滅之, 遂自立爲王, 是爲 闔閭. 闔閭乃封專諸之子以爲上卿.

3.《說苑》至公篇

吳王壽夢有四子, 長曰謁, 次曰餘祭, 次曰夷昧, 次曰季札, 號曰「延陵季子」
最賢, 三兄皆知之. 於是王壽夢薨, 謁以位讓季子, 季子終不肯當, 謁乃爲約曰:
「季子賢, 使國及季子, 則吳可以興」乃兄弟相繼, 飲食必祝曰:「使吾早死, 令國
及季子」謁死, 餘祭立; 餘祭死, 夷昧立; 夷昧死, 次及季子. 季子時使行不在.
庶兄僚曰:「我亦兄也」乃自立爲吳王. 季子使還, 復事如故. 謁子光曰:「以吾
父之意, 則國當歸季子, 以繼嗣之法, 則我適也, 當代之君, 僚何爲也? 於是乃
使專諸刺僚殺之, 以位讓季子, 季子曰:「爾殺吾君, 吾受爾國, 則吾與爾爲共
篡也. 爾殺吾兄, 吾又殺汝, 則是昆弟父子相殺無已時也」卒去之延陵, 終身不
入吳. 君子以其不殺爲仁, 以其不取國爲義. 夫不以國私身, 捐千乘而不恨, 棄尊
位而無忿, 可以庶幾矣.

033(3-16)
전저專諸의 생선구이

공자 광은 이윽고 전저를 얻자 그를 예우하여 대접해주었다.

공자 광이 말하였다.

"하늘이 선생으로 하여금 저의 잃어버린 뿌리를 보필하게 해 주시는군요."

전저가 물었다.

"전왕이신 여말餘昧께서 돌아가신 다음 요僚가 오른 것은 스스로 그 명분이 있습니다. 공자께서는 어찌하여 그를 해치고자 하십니까?"

광이 대답하였다

"전군이신 수몽壽夢께는 네 아들이 있었습니다. 맏이는 저번諸樊이시며 바로 저의 아버지이십니다. 그 다음은 여제餘祭이시며 그 다음이 여말이시고 막내는 계찰季札이십니다. 계찰은 매우 현명한 분으로서 수몽께서는 돌아가시면서 나라가 적장자로 전해져서 계찰에게로 이어지도록 부탁하셨습니다. 회상해 보면 계찰이 사신이 되어 나라에 있지 아니하고 제후들에게 갔다가 아직 돌아오지 않았을 때 여말이 죽어 나라가 비어 있었으니 그렇다면 왕위에 올라야 할 자는 적장자여야 했지요. 적장자의 후사라면 바로 나 광이어야 합니다. 지금 요가 어찌 대를 잇기에 마땅하다는 것입니까? 나는 힘이 약했고 국정을 장악하고 있던 이들의 도움도 없었으니 힘 있는 무리들을 쓰지 않고서 어찌 나의 뜻을 이룰 수 있겠습니까? 내가 비록 여말의 뒤를 이어 군주에 오른 다음 계찰이 동쪽으로 돌아온다 해도 나를 폐위시키지는 않을 것이오."

전저가 말하였다.

"어찌하여 가까운 신하로 하여금 조용히 왕의 곁에서 전왕의 명령을 진술하되 그 뜻을 깨우쳐 임금 자리가 어디로 돌아가야 할 것인가를 알도록 하지 않습니까? 어찌 사사롭게 검사劍士를 키워 선왕의 덕을 손상시킬 필요가 있겠습니까?"

광이 말하였다.

"요는 본래 탐욕이 있고 자신의 힘을 믿으며 앞으로 나설 때의 이로움은 알지만 물러서 양보하는 것은 보지 못합니다. 나는 그 때문에 같은 걱정을 하는 용사들을 찾아 더불어 힘을 모으고자 하였는데 오직 선생만이 이러한 의로움을 이해해주실 것입니다."

전저가 말하였다.

"그대는 말을 다 털어놓으신 것입니까? 공자께서는 결국 어떤 의도를 가지신 것입니까?"

광이 말하였다.

"아닙니다. 이는 사직과 관련된 말씀으로서 저로서는 능히 행동에 옮길 수가 없습니다. 오직 선생께 운명을 맡길 뿐입니다."

전저가 말하였다.

"원컨대 공자께서 명을 내리십시오."

공자 광이 말하였다.

"아직은 때가 아닙니다."

전저가 말하였다.

"무릇 군주를 죽이고자 할 때는 반드시 먼저 그가 좋아하는 것을 찾아야 합니다. 오왕께서는 무엇을 좋아하십니까?"

광이 대답하였다.

"맛난 음식을 좋아합니다."

전저가 말하였다.

"무슨 맛을 달게 여깁니까?"

광이 대답하였다.

"구운 생선을 좋아합니다."

전저는 이에 그 자리를 떠나 태호太湖에서 생선 굽는 방법을 배워 석 달 만에 그 맛을 내는 비법을 배워 돌아와 편안히 앉아 공자의 명령을 기다리고 있었다.

光旣得專諸而禮待之.

公子光曰:「天以夫子輔孤之失根也.」

專諸曰:「前王餘眛卒, 僚立, 自其分也. 公子何因而欲害之乎?」

光曰:「前君壽夢有子四人, 長曰諸樊, 則光之父也. 次曰餘祭, 次曰餘眛, 次曰季札. 札之賢也. 將卒, 傳付適長, 以及季札. 念季札爲使, 亡在諸侯未還, 餘眛卒, 國空, 有立者適長也. 適長之後, 卽光之身也. 今僚何以當代立乎? 吾力弱無助於掌事之間, 非用有力徒, 能安吾志? 吾雖代立, 季子東還, 不吾廢也.」

專諸曰:「何不使近臣從容言於王側, 陳前王之命, 以諷其意, 令知國所歸? 何須私備劍士, 以捐先王之德?」

光曰:「僚素貪而恃力, 知進之利, 不睹退讓. 吾故求同憂之士, 欲與之幷力, 惟夫子詮斯義也.」

專諸曰:「君言甚露乎? 於公子何意也?」

光曰:「不也. 此社稷之言也, 小人不能奉行, 惟委命矣.」

專諸曰:「願公子命之.」

公子光曰:「時未可也.」

專諸曰:「凡欲殺人君, 必前求其所好. 吳王何好?」

光曰:「好味.」

專諸曰:「何味所甘?」

光曰:「好嗜魚之炙也.」

專諸乃去, 從太湖學炙魚, 三月得其味, 安坐待公子命之.

【輔孤】 孤는 公子 光(闔閭) 자신을 지칭함. 아버지 諸樊이 이미 죽고 없으므로 이렇게 칭한 것.

【根】 嫡長子. 後嗣. 嫡嗣(適嗣). 왕위 계승권을 가지고 있음을 말함.《左傳》昭公 27年에 "吳公子光曰:「我, 王嗣也.」"라 하였고,《史記》刺客列傳에도 "公子光曰: 「使以兄弟次邪? 季子當立. 必以子乎? 則光眞適嗣, 當立.」"이라 함.

【餘眛】 壽夢의 셋째 아들. B.C.530~B.C.527년까지 4년간 재위하고 죽자 그 아들이 뒤를 이었으며 이가 吳王 僚였음.

【壽夢】 吳나라 君主. 吳나라는 壽夢 때부터 紀年이 시작됨.

【諸樊】 壽夢의 맏아들. 光의 아버지. 在位 B.C.560~B.C.548년까지 13년간 재위함.

【餘祭】 壽夢의 둘째 아들. B.C.547~B.C.531년까지 17년간 재위함.

【季札】 壽夢의 막내아들. 네 형제 중 가장 현명하여 수몽은 막내아들에게 왕위를 전하고자 하였으나 固辭하였음. 延陵으로 달아나 그 곳에서 살아 延陵季子로 부름.

【念】 회고함. 회상함. 옛일을 돌이켜 봄.

【亡在諸侯未還】 '亡'은 밖에 나가고 없는 상황을 뜻함.《論語》陽貨篇의 "孔子 時其亡也"의 '亡'과 같은 뜻임.

【掌事】 '事'는 '刵'와 통함. 즉 '찔러 죽이는 일을 맡은' 조력자. 徐乃昌의《吳越 春秋札記》에 "掌事有譌, 今姑且解爲掌刺. 事, 通刵"라 함. 그러나 '國事를 管掌 하는 官僚'로 보는 편이 타당할 듯함.

【東還】 季札이 사신으로 가 있는 中國(中原)의 제후국들은 吳나라에 비해 서쪽에 있었으므로 이렇게 표현한 것.

【從容】 조용히. 疊韻連綿語.

【詮】 徐天祐의 注에 "擇言"이라 하였으나 '이해하다, 闡明하다'의 뜻으로 보는 것이 타당할 듯함.

【太湖】 震澤, 笠澤, 五湖 등으로 불리며 지금의 江蘇 吳縣 서남에서 浙江에 걸쳐 있는 큰 호수.

【炙魚】생선 굽는 일. 지금의 江蘇 吳縣 胥口鄉에 炙魚橋가 있으며 이곳이 專諸가 생선 굽는 법을 익힌 곳이라 함.

1.《左傳》昭公 27年

(經)夏四月, 吳弑其君僚.

(傳)吳子欲因楚喪而伐之, 使公子掩餘, 公子燭庸帥師圍潛, 使延州來季子聘于上國, 遂聘于晉, 以觀諸侯. 楚莠尹然, 王尹麋帥師救潛, 左司馬沈尹戌帥都君子與王馬之屬以濟師, 與吳師遇于窮, 令尹子常以舟師及沙汭而還. 左尹郤宛, 工尹壽帥師至于潛, 吳師不能退. 吳公子光曰:「此時也, 弗可失也」告鱄設諸曰:「上國有言曰:『不索, 何獲?』我, 王嗣也, 吾欲求之. 事若克, 季子雖至, 不吾廢也.」鱄設諸曰:「王可弑也. 母老, 子弱, 是無若我何?」光曰:「我, 爾身也.」夏四月, 光伏甲於堀室而享王. 王使甲坐於道及其門. 門, 階, 戶, 席, 皆王親也, 夾之以鈹. 羞者獻體改服於門外. 執羞者坐行而入, 執鈹者夾承之, 及體, 以相授也. 光偽足疾, 入于堀室. 鱄設諸寘劍於魚中以進, 抽劍刺王, 鈹交於胸, 遂弑王. 闔廬以其子爲卿. 季子至, 曰:「苟先君無廢祀, 民人無廢主, 社稷有奉, 國家無傾, 乃吾君也, 吾誰敢怨? 哀死事生, 以待天命. 非我生亂, 立者從之, 先人之道也.」復命哭墓, 復位而待. 吳公子掩餘奔徐, 公子燭庸奔鍾吾. 楚師聞吳亂而還.

2.《史記》刺客列傳(專諸)

光之父曰吳王諸樊. 諸樊弟三人: 次曰餘祭, 次曰夷眛, 次曰季子札. 諸樊知季子札賢而不立太子, 以次傳三弟, 欲卒致國于季子札. 諸樊既死, 傳餘祭. 餘祭死, 傳夷眛. 夷眛死, 當傳季子札; 季子札逃不肯立, 吳人乃立夷眛之子僚爲王. 公子光曰:「使以兄弟次邪, 季子當立; 必以子乎, 則光眞適嗣, 當立.」故嘗陰養謀臣以求立. 光既得專諸, 善客待之. 九年而楚平王死. 春, 吳王僚欲因楚喪, 使其二弟公子蓋餘·屬庸將兵圍楚之灊; 使延陵季子於晉, 以觀諸侯之變. 楚發兵絶吳將蓋餘·屬庸路, 吳兵不得還. 於是公子光謂專諸曰:「此時不可失, 不求何獲! 且光眞王嗣, 當立, 季子雖來, 不吾廢也.」專諸曰:「王僚可殺也. 母老子弱, 而兩弟將兵伐楚, 楚絶其後. 方今吳外困於楚, 而內空無骨鯁之臣, 是無如我何.」公子光頓首曰:「光之身, 子之身也.」

034(3-17)
태자 건의 어머니

8년(B.C.519), 오왕 요가 공자 광을 파견하여 초나라를 치도록 하여 초나라 군사를 대패시키고 그 기회에 옛 태자 건建의 어머니를 정鄭나라로부터 맞아들였다.

정나라 군주는 태자 건의 어머니를 보내면서 주옥과 비녀 귀고리를 선물로 주어 그것으로써 태자 건을 죽인 과오를 풀고자 하였다.

八年, 僚遣公子伐楚, 大敗楚師, 因迎故太子建母於鄭.
鄭君送建母珠玉簪珥, 欲以解殺建之過.

【八年】吳王 僚 8년. 이 사건은《左傳》昭公 23年과《史記》吳太伯世家에도
　실려 있음.
【鄭君】鄭 定公(姬寧). 簡公(嘉)의 아들이며 B.C.529~B.C.514년까지 16년간 재위
　하고 獻公(蠆)에게 이어짐.
【建母】楚 平王의 태자 建의 어머니. 蔡姬. 태자 建을 따라 鄭나라로 도망하였
　다가 建이 晉나라 편을 든다고 하여 鄭 定公이 子産과 합의하여 태자를 죽인
　사건. 026을 참고할 것. 한편 당시 건의 어머니가 정나라에 있었던 이유에 대해
　俞樾은 "按昭二十三年《左傳》:「楚大子建之母在郹, 召吳人而啓之. 冬十月甲申,
　吳大子諸樊入郹, 取楚夫人與其寶器以歸.」杜注曰:「郹, 郹陽也. 平王娶秦女,

廢太子建, 故母歸其家」又曰:「諸樊, 吳王僚之太子.」〈正義〉曰:「吳子諸樊, 吳王僚之伯父也. 僚子又名諸樊, 乃與伯祖同名. 吳人雖是東夷, 理亦不應然也. 此久遠之書, 又字經篆隷, 或誤耳.」然則《左傳》諸樊二字顯有錯誤, 今以此書證之, 似鄖字亦誤也. 杜解鄖爲鄖陽, 〈正義〉以爲蔡地. 夫太子建母雖蔡女, 然旣歸母家, 自應居蔡國都, 不應居鄖陽也. 《史記》世家云:「吳使公子光伐楚, 敗楚師, 迎楚故太子建母於居巢以歸.」則又以爲在居巢而不在鄖. 夫楚太子建母何緣得在居巢亦未詳也. 此書以爲在鄭, 疑得其實. 蓋太子建之出奔, 實奉其母以行, 先奔宋, 後奔鄭, 及建見殺而其母仍在鄭. 至是, 建之子勝與伍員俱奔吳, 故吳迎其母於鄭以歸, 使依其孫也. 鄭字隷書或似鄖, 故《左傳》誤爲鄖, 殆與諸樊同爲字誤也"라 하여 篆書와 隷書의 '鄭'자를 '鄖'자로 잘못 판독하여 《左傳》에 오류를 범한 것이며 '諸樊'에 대해서도 엉뚱하게 吳王 僚의 아들이라 한 것이며 이 《吳越春秋》의 기록에 의해 오류를 증명할 수 있다 하였음.

참고 및 관련 자료

1. 《左傳》 昭公 23年 傳

楚大子建之母在鄖, 召吳人而啓之. 冬十月甲申, 吳大子諸樊入鄖, 取楚夫人與其寶器以歸. 楚司馬薳越追之, 不及. 將死, 衆曰:「請遂伐吳以徼之.」薳越曰:「再敗君師, 死且有罪. 亡君夫人, 不可以莫之死也.」乃縊於薳澨.

2. 《史記》 吳太伯世家

八年, 吳使公子光伐楚, 敗楚師, 迎楚故太子建母於居巢以歸. 因北伐, 敗陳, 蔡之師.

035(3-18)
누에치는 처녀들

9년(B.C.518), 오나라는 공자 광을 파견하여 초나라를 쳐서 거소居巢와 종리鐘離를 뽑아버렸다.

초나라와 오나라가 서로를 공격하게 된 까닭은 처음에 초나라 변방 고을의 비량씨脾梁氏 집안의 여인들과 오나라 변방 고을의 처녀들이 누에를 치면서 경계에 있던 뽕나무를 두고 다투었기 때문이었다.

두 집안이 서로 공격하다가 오나라 측 여인들이 이기지 못하였으며, 드디어 번갈아 서로를 공격하다가 초나라가 오나라 변방 읍을 멸망시켰던 것이다.

오나라는 노하여 그 때문에 초나라를 쳐서 두 개의 읍을 취하고는 돌아간 것이다.

九年, 吳使光伐楚, 拔居巢, 鍾離.

吳所以相攻者, 初, 楚之邊邑脾梁之女, 與吳邊邑處女蠶, 爭界上之桑.

二家相攻, 吳國不勝, 遂更相伐, 滅吳之邊邑.

吳怒, 故伐楚, 取二邑而去.

〈牛耕〉畫像石(부분) 1952 江蘇 睢寧縣 東漢墓 출토

【居巢】春秋時代 楚나라 地名. 지금의 安徽 巢縣.
【鍾離】역시 楚나라 읍 이름. 지금의 安徽 鳳陽縣 東北.
【脾梁】〈四部叢刊〉에는 '胛梁'으로 잘못 표기되어 있음. 脾梁氏.《史記》楚世家
에는 '卑梁'으로 되어 있으며 지금의 安徽 長天縣 서북에 집단을 이루어 살던
씨족들. 그러나 이 기록은《左傳》昭公 24年과는 차이가 있음.

참고 및 관련 자료

1.《史記》楚世家
十年, 楚太子建母在居巢, 開吳. 吳使公子光伐楚, 遂敗陳, 蔡, 取太子建母而去.
楚恐, 城郢. 初, 吳之邊邑卑梁與楚邊邑鍾離小童爭桑, 兩家交怒相攻, 滅卑梁人.
卑梁大夫怒, 發邑兵攻鍾離. 楚王聞之怒, 發國兵滅卑梁. 吳王聞之大怒, 亦發兵,
使公子光因建母家攻楚, 遂滅鍾離, 居巢. 楚乃恐而城郢.

2.《史記》伍子胥列傳
久之, 楚平王以其邊邑鍾離與吳邊邑卑梁氏俱蠶, 兩女子爭桑相攻, 乃大怒, 至於
兩國擧兵相伐. 吳使公子光伐楚, 拔其鍾離, 居巢而歸.

3.《史記》吳太伯世家
九年, 公子光伐楚, 拔居巢, 鍾離. 初, 楚邊邑卑梁氏之處女與吳邊邑之女爭桑,
二女家怒相滅, 兩國邊邑長聞之, 怒而相攻, 滅吳之邊邑. 吳王怒, 故遂伐楚,
取兩都而去.

4.《左傳》昭公 24 年

(經) 冬, 吳滅巢.

(傳) 楚子爲舟師以略吳疆. 沈尹戌曰:「此行也, 楚必亡邑. 不撫民而勞之, 吳不動而速之, 吳踵楚, 而疆場無備, 邑, 能無亡乎?」越大夫胥犴勞王於豫章之汭, 越公子倉歸王乘舟. 倉及壽夢帥師從王, 王及圉陽而還. 吳人踵楚, 而邊人不備, 遂滅巢及鍾離而還. 沈尹戌曰:「亡郢之始於此在矣. 王一動而亡二姓之帥, 幾如是而不及郢?《詩》曰『誰生厲階? 至今爲梗』, 其王之謂乎!」

5.《呂氏春秋》察微篇

楚之邊邑曰卑梁, 其處女與吳之邊邑處女桑於境上, 戲而傷卑梁之處女. 卑梁人操其傷子以讓吳人, 吳人應之不恭, 怒殺而去之. 吳人往報之, 盡屠其家. 卑梁公怒, 曰:「吳人焉敢攻吾邑?」舉兵反攻之, 老弱盡殺之矣. 吳王夷昧聞之怒, 使人舉兵侵楚之邊邑, 克夷而後去之. 吳, 楚以此大隆. 吳公子光又率師與楚人戰於雞父, 大敗楚人, 獲其帥潘子臣, 小惟子, 陳夏齧, 又反伐郢, 得荊平王之夫人以歸, 實爲雞父之戰. 凡持國, 太上知始, 其次知終, 其次知中. 三者不能, 國必危, 身必窮.《孝經》曰:「高而不危, 所以長守貴也; 滿而不溢, 所以長守富也. 富貴不離其身, 然後能保其社稷, 而和其民人.」楚不能之也.

036(3-19)
초楚 평왕平王의 죽음

12년(B.C.515) 겨울, 초楚 평왕平王이 죽었다.

그러자 오자서가 백공白公 승勝에게 말하였다.

"평왕이 죽어 내가 뜻하던 원수를 갚을 길이 없어졌소. 그러나 초나라는 그대로 존속하고 있으니 내 무엇을 걱정하리오?"

백공은 묵연히 대답을 하지 않았고, 오자서는 방 안에 앉아서 울었다.

十二年冬, 楚平王卒.

伍子胥謂白公勝曰:「平王卒, 吾志不悉矣. 然楚國存, 吾何憂矣?」

白公黙然不對, 伍子胥坐泣於室.

【楚平王】 楚나라 군주. 姓은 芈, 氏는 熊. 이름은 棄疾. 뒤에 이름을 熊居로 바꿈. 靈王의 아우로써 영왕이 사냥을 나갔을 때 棄疾이 난을 일으키자 영왕은 돌아오던 길에 스스로 목매어 자결하여 棄疾이 왕위에 오른 것임. B.C.528~ B.C.516년까지 13년간 재위함. 費無忌의 讒言에 빠져 太子 建을 내쫓고 伍奢와 伍尙을 죽임. 이에 분을 품은 伍子胥가 吳나라로 달아나 오왕을 부추켜 楚나라를 공격함. 오자서는 이미 죽은 平王의 무덤을 파헤치고 시신을 꺼내어

3백 번 채찍질을 하는 등 보복을 함. 그의 죽은 해에 대해 徐天祐는 《左傳》
昭公二十六年: 「九月, 楚平王卒.」〈索隱〉曰: 「按〈年表〉及《左傳》, 合在僚十一年.」
此書作十二年, 又以秋爲冬, 皆誤"라 하였으며 《中國歷史紀年表》에도 平王이
죽은 해는 재위 13년째인 B.C.516년, 吳王 僚 11년으로 되어 있음.

【白公勝】白公勝. 平王의 손자이며 太子 建의 아들. 楚 平王은 太子 建을 위해
費無忌로 하여금 秦나라 공주를 太子 妃로 맞아오게 함. 진녀를 맞이하러 갔던
費無忌는 그 여인이 미인임을 알고 平王을 부추겨 왕의 夫人으로 맞아들이게
하여 珍(뒤의 楚 昭王)을 낳음. 그리고 태자에게는 대신 媵妾으로 온 齊나라
여자를 주어 이들 사이에 勝이 태어남. 후에 楚 昭王의 아들 惠玉은 勝을 불러
들여 楚나라 鄢 땅을 봉해주었으며 다시 楚나라에 초빙을 받아 巢大夫에 임명
되었으며 白 땅에 봉해져 白公으로 불렸음. 뒤에 白公 勝은 아버지의 원수를
갚기 위해 鄭나라를 치고자 하였으나 子西가 鄭나라와 和平을 맺어 이를 좌절
시키자 子西를 죽이고 石乞과 함께 난을 일으켰음. 惠王은 산 속으로 피하고
葉公(沈諸梁)이 이를 진압하여 白公 勝은 자결하고 石乞도 죽임을 당하였음.
《左傳》哀公 16년 등을 참조할 것. 徐天祐 注에 "卽太子建之子, 其後惠王召勝
歸楚, 使居邊邑. 服虔曰: 「白, 楚邑名, 大夫皆稱公.」 杜預曰: 「汝陰褒信縣西南
有白亭.」"이라 함.

【楚國存】〈四部叢刊〉에는 '楚國有'로 되어 있으며, 〈四庫全書〉에는 '楚國存'으로
되어 있음. 초나라가 망하지 않는 한 자신은 복수할 대상이 있음을 강조한 것.

037(3-20)
찬탈의 기회

오왕 요 13년(B.C.514) 봄, 오나라는 초나라 평왕의 장례를 틈타 정벌에 나섰다.

그리하여 공자 개여蓋餘와 촉용燭傭으로 하여금 군사를 이끌고 초나라를 포위하도록 하고 계찰季札에게는 진晉나라에서 제후들의 변화를 관찰하도록 하였다.

한편 초나라도 군사를 일으켜 오나라의 뒤를 끊어 오나라 병사들은 돌아올 수가 없게 되었다.

이에 공자 광은 마음이 움직였다.

자서는 공자 광이 기회를 엿보고 있음을 알고는 광을 이렇게 설득하였다.

"지금 오왕은 초나라를 치느라 두 아우는 병사들을 이끌고 나가 있어 길흉을 알 수 없는 상황입니다. 전저專諸로써 준비해 온 일을 이때에 급히 서둘러야 합니다. 때는 다시 오지 않습니다. 잃을 수 없습니다."

이에 공자 광이 전저를 만나 말하였다.

"지금 왕의 두 아우는 초나라를 치기 위해 나가 있고 계자季子는 아직 돌아오지 않고 있습니다. 지금 이러한 때 실천하지 않으면 무엇을 얻겠습니까? 때는 놓칠 수 없습니다. 게다가 저는 진실로 왕의 후사입니다."

전저가 말하였다.

"요를 죽일 수 있습니다. 그의 어머니는 늙었고 자식은 어리며 두 아우는 초나라를 치러 나갔다가 초나라가 그 후미를 끊어버렸습니다. 바야흐로 지금이야말로 오나라는 밖으로는 초나라에게 곤액을 치르고 있고 안으로는 굳센 신하도 없습니다. 이는 우리에게 더 이상 어쩔 수 없는 것과 같습니다."

十三年, 春, 吳欲因楚葬而伐之.

使公子蓋餘, 燭傭以兵圍楚, 使季札於晉以觀諸侯之變.

楚發兵絕吳後, 吳兵不得還.

於是公子光心動.

子胥知光之見機也, 乃說光曰:「今吳王伐楚, 二弟將兵, 未知吉凶. 專諸之事, 於斯急矣. 時不再來, 不可失也.」

於是公子見專諸曰:「今二弟伐楚, 季子未還. 當此之時, 不求何獲? 時不可失, 且光眞王嗣也.」

專諸曰:「僚可殺也. 母老, 子弱, 弟伐楚, 楚絕其後, 方今吳外困於楚, 內無骨鯁之臣, 是無如我何也.」

【十三年】B.C.514년. 그러나 실제 吳王 僚의 紀年은 12년으로 끝이 남. 이에 대해 徐天祜의 注에 "〈索隱〉曰:「據〈表〉及《左氏》, 僚止合有十二年, 今《史記》吳世家 乃書云十三年.」 此書似承世家之誤"라 함.

【楚葬】楚 平王의 장례를 틈타 楚나라를 공격하고자 함. '葬'은 '喪'과 같으며 喪中, 居喪임을 뜻함.《左傳》昭公 27年에 "吳子欲因楚喪而伐之"라 하였고, 《史記》吳太伯世家에도 "吳欲因楚喪而伐之"라 하였음.

【蓋餘】吳王 僚의 아우.《左傳》에는 '掩餘'로 되어 있음. '蓋'는 혹 '갑'으로도 읽음. 《史記》吳太伯世家〈索隱〉에 "春秋作掩餘, 而史記幷作蓋餘, 音同而字異者, 或謂太史公被腐刑不欲言掩也. 賈逵及杜預幷〈刺客傳〉皆云:「二公子, 王僚母弟.」 而昭公二十三年《左傳》曰:「光帥右, 掩餘帥左.」 杜注云:「掩餘, 吳王壽夢子.」 又《系族譜》亦云:「二公子, 幷壽夢子.」 若依《公羊》, 僚爲壽夢子, 則與《系族譜》

合也"라 하여 혹 壽夢의 아들들이라 하였음.

【燭備】 역시 吳王 僚의 아우.《左傳》에는 '燭庸'로 되어 있음.

【圍楚】《左傳》昭公 27년에 "圍潛"이라 하여 구체적으로 楚나라 潛邑(지금의 安徽 霍山)을 포위한 것.

【專諸之事】 專諸에게 준비시킨 刺客의 일.

【骨鯁之臣】 힘이 있는 强骨 신하. '鯁'은 '骾'과 같음.

참고 및 관련 자료

1.《左傳》昭公 27年 傳

吳子欲因楚喪而伐之, 使公子掩餘, 公子燭庸帥師圍潛, 使延州來季子聘于上國, 遂聘于晉, 以觀諸侯. 楚莠尹然, 王尹麇帥師救潛, 左司馬沈尹戌帥都君子與王馬之屬以濟師, 與吳師遇于窮, 令尹子常以舟師及沙汭而還. 左尹郤宛, 工尹壽帥師至于潛, 吳師不能退. 吳公子光曰:「此時也, 弗可失也」告鱄設諸曰:「上國有言曰:『不索, 何獲?』我, 王嗣也, 吾欲求之. 事若克, 季子雖至, 不吾廢也.」鱄設諸曰:「王可弑也. 母老, 子弱, 是無若我何?」光曰:「我, 爾身也.」

2.《史記》吳太伯世家

十二年冬, 楚平王卒. 十三年春, 吳欲因楚喪而伐之, 使公子蓋餘, 燭庸以兵圍楚之六, 灊. 使季札於晉, 以觀諸侯之變. 楚發兵絶吳兵後, 吳兵不得還. 於是吳公子光曰:「此時不可失也」告專諸曰:「不索何獲! 我眞王嗣, 當立, 吾欲求之. 季子雖至, 不吾廢也.」專諸曰:「王僚可殺也. 母老子弱, 而兩公子將兵攻楚, 楚絶其路. 方今吳外困於楚, 而內空無骨鯁之臣, 是無柰我何.」光曰:「我身, 子之身也.」四月丙子, 光伏甲士於窟室, 而謁王僚飮. 王僚使兵陳於道, 自王宮至光之家, 門階戶席, 皆王僚之親也, 人夾持鈹. 公子光詳爲足疾, 入于窟室, 使專諸置匕首於炙魚之中以進食. 手匕首刺王僚, 鈹交於匈, 遂弑王僚. 公子光竟代立爲王, 是爲吳王闔廬. 闔廬乃以專諸子爲卿.

038(3-21)
생선 속의 비수

4월, 공자 광은 무장한 병사들을 줄실窟室에 매복시켜놓고 술을 갖추어 오왕 요僚를 초청하였다.

요가 그 어머니에게 아뢰었다.

"공자 광이 나를 위해 술을 차려놓고 모임에 초청하였습니다. 아무런 변고는 없겠지요?"

어머니가 말하였다.

"광이 그 심기가 앙앙怏怏하여 항상 불만과 분한 기색을 띠고 있으니 삼가지 않을 수 없다."

오왕 요는 이에 당철棠鐵의 갑옷을 세 겹으로 입고 병사들로 하여금 자신이 가는 길에 포진하도록 하고는 궁궐 문으로부터 공자 광의 집 문으로 가면서 계단과 좌석의 좌우에는 모두 오왕 요의 친척이 자리를 잡도록 하고, 곁에 서는 시종들로 하여금 모두에게 긴 창을 엇갈리게 맞세워 호위하도록 하였다.

술 기운이 오르자 공자 광이 짐짓 발이 아프다며 줄실로 들어가 발을 싸매면서 전저로 하여금 어장검魚腸劍을 구운 생선에 숨겨 넣고 이를 올리도록 하였다.

이윽고 전저는 오왕 요의 앞에 이르자 전저는 이에 구운 생선을 벌려 그 속에 든 비수를 꺼내들었다. 그러자 곧바로 창을 엇갈리게 들고 있던 병사들의 창 끝도 전저의 가슴을 향해 다가왔으며 가슴이 끊어지고 가슴뼈가 열리는 순간 비수를 그대로 쥔 채 오왕 요를 찔러 갑옷을 뚫고 등으로 관통하고 말았다.

오왕 요가 그 자리에서 죽자 좌우는 함께 달려들어 전저를 죽이고 말았다.

많은 병사들이 요동을 치자 공자 광의 숨겨놓은 병사들이 오왕 요의 무리들을 공격하여 모두 진멸시켰다.

드디어 공자 광은 자립하게 되었으니 이가 오왕 합려闔閭이다.

이에 전저의 아들을 객경客卿으로 배수拜授하였다.

四月, 公子光伏甲士於窑室中, 具酒而請王僚.

僚白其母曰: 「公子光爲我具酒来請期, 無變悉乎?」

母曰: 「光心氣怏怏, 常有愧恨之色, 不可不愼.」

王僚乃被棠銕甲三重, 使兵衛陳於道, 自宮門至於光家之門, 階席左右皆王僚之親戚, 使坐立侍者皆操長戟交軹.

酒酣, 公子光佯爲足疾, 入窑室裹足, 使專諸置魚腸劍炙魚中進之.

旣至王僚前, 專諸乃擘炙魚, 因推匕首, 立戟交軹倚專諸胸, 胸斷臆開, 匕首如故, 以刺王僚, 貫甲達背.

王僚立死, 左右共殺專諸.

衆士搖動, 公子光伏其甲士, 以攻僚衆, 盡滅之.

遂自立, 是爲吳王闔閭也.

乃封專諸之子, 拜爲客卿.

【窋室】지하실.《左傳》昭公 27년에는 '堀室'로,《史記》吳太伯世家에는 '窟室'로 되어 있음. '窋'은 '窟'과 같음.

【請期】모임에 초청함. 기는 회와 같음.《廣雅》釋詁에 "期, 會也"라 함.

【無變悉乎】馮念祖의 〈萬曆本〉에는 '變悉'가 '變意'로 되어 있으며, 盧文弨는 '悉, 猶審也'라 하였음. 그러나 〈全譯本〉에는 "悉, 當作患, 形近而誤. 馮念祖本作意, 恐爲臆改"라 하여 마땅히 '患'자여야 한다고 하였음.

【棠鋏之甲】棠은 棠谿. 지금의 河南 遂平縣 서북. 棠谿는 楚나라 지명으로 良質의 철이 생산되던 곳. 그 철로 만든 갑옷. '鋏'은 '鐵'과 같음.《戰國策》韓策(1)에 "韓卒之劍戟, 皆出於冥山, 棠谿, 墨陽"이라 하였으며, '棠鋏'은 '棠夷'로도 표기함. 본서 189를 참조할 것.

【坐立】夾立의 오기.《史記》刺客列傳에 "夾立侍者皆持長鈹"라 함.

【戟長交軹】긴 창을 교차하여 엇갈리게 세우고 삼엄하게 경비함. '軹'는 '枝'와 같음. 兪樾은 "此軹字當讀爲枝, 古字通用. 枝從支聲, 軹從只聲, 兩聲相近, 胑或作肢, 卽其證也. 戟者, 有枝之兵, 交軹, 卽交枝, 言戟枝相交也. 下文'立戟交軹'意同"이라 함.

【酒酣】술자리가 무르익음.

【裹足】발을 싸매어 묶음.

【魚腸劍】칼 이름. 생선 창자의 무늬를 하고 있는 작은 비수.《史記》吳太伯世家와 刺客列傳에는 모두 '匕首'로 되어 있으며,《淮南子》脩務訓 注에 "魚腸, 紋理屈辟若魚腸者, 良劍也"라 하였으며 越나라 歐冶子가 만든 명검.

【擘】구운 생선을 가르거나 발라 먹기 편하도록 함.

【倚】몸 가까이 달라붙음. 禮記 曲禮(下) "主佩倚"의 注에 "倚, 謂附於身"이라 함.

【胸斷臆開】'臆斷胸開'여야 함. '臆'은《說文》에 '肊'으로 나와 있으며 "肊, 胸骨也"라 함.

【王僚立死】〈四部叢刊〉본에는 '王僚旣死'로 되어 있으나《太平御覽》(356)에 의해 수정함.

【客卿】원래 秦나라 관직 이름. 다른 나라에 가서 벼슬하는 경우에 부르는 칭호. 專諸는 楚나라 棠邑 사람이었으므로 그 아들을 봉하면서 客卿으로 拜授한 것.

1.《左傳》昭公 27年 傳

夏四月, 光伏甲於堀室而享王. 王使甲坐於道及其門. 門, 階, 戶, 席, 皆王親也, 夾之以鈹. 羞者獻體改服於門外. 執羞者坐行而入, 執鈹者夾承之, 及體, 以相授也. 光僞足疾, 入于堀室. 鱄設諸寘劍於魚中以進, 抽劍刺王, 鈹交於胸, 遂弑王. 闔廬以其子爲卿.

2.《太平御覽》(356)

公子光伏甲士於私室, 具酒而請王僚. 王僚乃被棠夷之甲三重, 使兵衛, 至光家之門, 夾陛帶甲. 左右皆王僚之親戚也. 專諸置魚腸劍, 炙魚腹中而進之, 刺王僚, 貫達背, 王僚立死.

039(3-22)
다시 양보한 계찰季札

계찰季札이 돌아와 오나라에 이르자 합려闔閭는 왕위를 계찰에게 양보하였다.

그러자 계찰이 말하였다.

"진실로 선왕의 제사를 끊지 않고 사직을 받드는 이가 임금이다. 내가 누구를 원망하겠는가? 죽음을 슬퍼하고 살아 있는 자를 모시면서 천명을 기다릴 뿐이다. 혼란을 일으키는 것은 내가 바라는 것이 아니며 임금 자리에 오른 자를 따르는 것이 선인들의 도리였다."

계찰은 요의 묘에 가서 복명하고 곡을 하고 나서 다시 자신의 자리에 돌아와 기다렸다.

공자 개여蓋餘와 촉용燭傭 둘은 초나라에게 포위당한 자신의 장병들은 이끌다가 공자 광이 오왕 요를 살해하고 자립했다는 말을 듣고는 이에 병사들을 이끌고 초나라에 항복하였으며 초나라에서는 그에게 서舒 땅을 봉해주었다.

季札使還, 至吳, 闔閭以位讓.

季札曰:「苟前君無廢, 社稷以奉, 君也. 吾誰怨乎? 哀死待生, 以俟天命. 非我所亂, 立者從之, 是前人之道.」

命哭僚墓, 復位而待.

公子蓋餘, 燭傭二人將兵遇圍於楚者, 聞公子光殺王
僚自立, 乃以兵降楚, 楚封之於舒.

【闔閭】'闔廬'로도 표기하며 公子 光이 자립하여 王號를 闔閭라 하였음.

【無廢】'廢'자 다음의 목적어가 누락되었음. 《史記》吳太伯世家에는 '無廢祀'로
되어 있음.

【哀死待生】'哀死侍生'(哀死事生)이어야 함. 죽은 僚를 애도하고 살아 있는
闔閭를 모심. 《左傳》과 《史記》에는 모두 '事'로 되어 있음.

【命】復命. 使臣으로 다녀왔음을 군주에게 보고하는 것. 《史記》吳太伯世家에
"復命哭僚墓, 復位而待"라 하였음.

【前人之道】'前人'은 '先人'과 같음. 《左傳》杜預 注에 "吳自諸樊以下兄弟相傳
而不立適, 是亂由先人起也. 季子自知力不能討光, 故云爾"라 함.

【降楚】《左傳》昭公 27년과 《史記》에는 '奔楚'로 되어 있음. 昭公 30년(B.C.512)
기록에 합려 3년에 초나라로 도망한 것으로 되어 있음.

【舒】원래 춘추시대 舒國이 있던 곳. 楚나라가 멸하였으며 지금의 安徽 舒城縣
동남 일대.

참고 및 관련 자료

1. 《左傳》昭公 27年 傳

季子至, 曰: 「苟先君無廢祀, 民人無廢主, 社稷有奉, 國家無傾, 乃吾君也, 吾誰
敢怨? 哀死事生, 以待天命. 非我生亂, 立者從之, 先人之道也」 復命哭墓, 復位
而待. 吳公子掩餘奔徐, 公子燭庸奔鍾吾. 楚師聞吳亂而還.

卷第四 闔閭內傳

　　오왕吳王 합려(闔閭, 闔廬)에 대한 전기로 오자서伍子胥의 보필을 주로 다루고 있다. 서천호徐天祜는 "元本闔閭, 夫差傳皆曰內傳, 下卷無余, 勾踐傳皆曰外傳, 內吳已外越, 何也? 況曄又越人乎! 若以吳爲內, 則太伯, 壽夢, 王僚三傳不曰內, 而闔閭, 夫差二傳獨曰內, 又何也"라 하여 吳나라를 '內'로, 越나라를 '外'로 보아 '內傳'이라 이름을 부여한 것이 아닌가 하면서도 작자 조엽趙曄이 越나라 사람임에도 이렇게 한 것에 대해 의문을 제기하고 있다.

〈嵌貝鹿形銅鎭〉(서한) 1957 河南 陝縣 출토

040(4-1)
오왕 합려閤閭

합려閤閭 원년(B.C.514), 비로소 현능한 이를 임명하고 능력 있는 이를 등용하였으며 은혜를 베풀고 실행하여 인의로써 제후들에게 소문이 퍼지기 시작하였다.

인의를 아직 시행하기도 전, 은혜를 아직 베풀기도 전에 나라 사람들이 나서주지 아니하고, 제후들이 믿어주지 않을까 걱정이 되어 이에 오자서伍子胥를 행인行人으로 천거하여 제후의 사신들을 손님의 예로써 섬기면서 그와 더불어 국정을 모책하였다.

합려가 자서에게 말하였다.

"과인은 나라를 강하게 하고 패왕을 이루고자 합니다. 어떤 길로 가야 그렇게 될 수 있겠습니까?"

오자서는 무릎으로 기면서 눈물을 흘리고 고개를 조아리며 말하였다.

"저는 초나라에서 망명해온 포로에 불과합니다. 아비와 형은 버림을 당하여 그 해골도 장례를 치러주지 못하여 혼백조차 혈식血食을 받어먹지 못하고 있습니다. 죄와 치욕을 뒤집어쓰고 이렇게 대왕께 찾아와 목숨을 바치고 있으면서 죽임을 당하지 아니한 것만으로도 다행으로 여기고 있는 차에 어찌 감히 정사에 참여할 수 있겠습니까?"

합려가 말하였다.

"선생이 아니었다면 과인은 갇힌 몸이 되어 부림을 당하는 처지를 벗어날 수 없었을 것입니다. 지금 다행히 한 말씀 가르침을 받들어 이에 여기에 이른 것입니다. 어찌 중도에 진퇴進退의 결정을 생각하십니까?"

자서가 말하였다.

"제가 듣기로 '모의에 참여하는 신하가 어찌 위험한 처지에 처하는 것만으로 족히 여길 수 있겠는가? 그러나 군주의 근심거리를 없애주고 일을 안정시켜주는 것만으로는 군주가 친한 바로 여기지는 않는다'라고 하더이다."

합려가 말하였다.

"그렇지 않습니다. 과인은 선생이 아니면 마음을 터놓고 일을 의논할 수 없는데 어찌 사양하려 하십니까? 우리나라는 외지고 먼 곳에 있어 돌아보건대 동남쪽에 있으며 험하고 막혔으며 질퍽거리고 습한 곳입니다. 게다가 강과 바다가 발전에 해를 주고 있으며 임금으로서는 지켜낼 수가 없고 백성으로서는 의지할 곳이 없으며, 창고도 제대로 갖추지 못하였고 농토도 제대로 개간되지 못하고 있으니 어찌하면 좋겠습니까?"

자서는 한참을 생각하고 나서 이렇게 대답하였다.

"제가 듣기로 치국의 도란 임금을 안전하게 하고 백성을 순리대로 다스리는 것이라 하였으니 그것이 바로 최상의 것입니다."

합려가 말하였다.

"임금을 안전하게 하고 백성을 다스리는 치술治術은 어떤 것입니까?"

자서가 대답하였다.

"무릇 임금을 안전하게 하고 백성을 다스려, 패도를 흥성시키고 왕도를 이루며, 가까운 곳은 따르도록 하고 먼 곳은 제압하고자 한다면 반드시 먼저 성곽城郭부터 세우고 수비 시설을 갖추며 창고를 채우고, 병고兵庫를 다스려야 하는 것이니 이렇게 하는 것이 그 치술입니다."

합려가 말하였다.

"훌륭하오. 무릇 성곽을 수축하고 창고를 세우되 땅의 형세에 맞추고 마땅함에 따른다면 이것이 바로 천기天氣의 수數가 이웃나라에 위협을 가하는 것이 있는 것이겠군요?"

자서가 대답하였다.

"있는 것이지요."

합려가 말하였다.
"과인은 그러한 계획을 선생께 맡기겠습니다."

闔閭元年, 始任賢使能, 施恩行惠, 以仁義聞於諸侯.
仁未施, 恩未行, 恐國人不就, 諸侯不言, 仍擧伍子胥
爲行人, 以客禮事之, 而與謀國政.

闔閭謂子胥曰:「寡人欲强國霸王, 何由而可?」

伍子胥膝進, 垂淚頓首曰:「臣, 楚國之亡虜也, 父兄棄捐,
骸骨不葬, 魂不血食, 蒙罪受辱, 來歸命於大王, 幸不可戮,
何敢與政事焉?」

闔閭曰:「非夫子, 寡人不免於縶絏之使. 今幸奉一言
之敎, 乃至於斯, 何爲中道生進退耶?」

子胥曰:「臣聞:『謀議之臣, 何足處於危亡之地? 然憂
除事定, 必不爲君主所親.』」

闔閭曰:「不然. 寡人非子無所盡議, 何得讓乎? 吾國
僻遠, 顧在東南之地, 險阻潤濕, 又有江海之害, 君無守禦,
民無所依, 倉庫不設, 田疇不墾, 爲之奈何?」

子胥良久對曰:「臣聞治國之道, 安君理民, 是其上者.」

闔閭曰:「安君治民, 其術奈何?」

子胥曰:「凡欲安君治民, 興霸成王, 從近制遠者, 必先
立城郭, 設守備, 實倉廩, 治兵庫, 斯則其術也.」

闔閭曰:「善. 夫築城郭, 立倉庫, 因地制宜, 豈有天氣之
數以威鄰國者乎?」

子胥曰:「有.」

闔閭曰:「寡人委計於子.」

【闔閭】 吳나라 군주. 이름은 光. 諸樊의 아들. 吳王 僚를 시해하고 자립하여
 B.C.515~B.C.497년까지 19년간 재위함. 패자가 되었으나 越나라에게 패하여
 생을 마쳤으며 夫差가 그 뒤를 이음.

【行人】 외교관. 《周禮》에 의하면 大行人과 小行人이 있었으며 外交, 外賓接待,
 通譯, 案內, 儀典, 聘問, 出使, 朝覲 등을 맡았음.

【客禮】 외국에서 온 使臣을 접대하고 外交를 管掌하는 일.

【膝進】 무릎으로 기면서 앞으로 나감. 상대에게 공경을 다하거나 두려움을
 느낄 때 취하는 행동.

【血食】 祭祀의 다른 표현. 고대 희생을 잡고 그 피를 취하여 제사에 사용하였음.

【歸命】 亡命하여 命運을 맡김. 오자서가 吳나라에 귀순하였음을 말함.

【繫禦】 잡혀 묶인 채 獄에 갇힘. '禦'는 '圄'와 같음.

【中道生進退】 進退는 仕進과 隱退. 中道에서 進退를 결정하고자 함.

【何足處於危亡之地】 단지 나라가 위험에 처했을 때 이를 해결하는 것만으로는
 족히 母儀之臣이라 할 수가 없음.

【術】 統治術. 治術.

【君無守禦】 《吳郡圖經續記》의 인용에는 '內無守禦'로 되어 있음.

【從近制遠】 가까운 곳은 따르게 하고 먼 곳은 제압함.

【天氣之數】 天象과 氣候의 術數. 天象과 氣候의 변화에 근거하여 陰陽五行의
 吉凶을 점치고 상황을 제압하는 數理. 天地 自然의 元氣.

041(4-2)
축성의 규모

자서는 이에 토지를 관찰하는 지관으로 하여금 수질을 맛보고 하늘과 땅을 법으로 삼도록 하여 주위가 47리에 이르는 큰 성을 축조하였다.

육문陸門은 여덟 개로서 이는 하늘의 팔풍八風을 상징한 것이며, 수문水門 역시 여덟 개로 이는 땅의 팔총八聰을 법으로 삼은 것이었다.

그리고 주위 10리의 작은 성을 축조하였는데 육문이 셋이었으며, 동쪽 문을 열지 않은 것은 이로써 월越나라의 명기明氣를 끊고자 함이었다.

창문閶門을 세운 것은 천문天門이 창합풍閶闔風과 통하도록 상징한 것이었다.

사문蛇門을 세운 것은 땅 속을 집으로 삼는 것을 상징한 것이었다.

창합은 서쪽으로 초나라를 깨뜨리기 위한 것이요, 초나라는 서북쪽에 있어 그 때문에 창문을 세워 천기天氣를 통하게 함을 상징 하였으며 이로써 다시 그 이름을 파초문破楚門이라 하였다.

동쪽으로는 큰 월나라를 병합하고자 하였으니 월나라는 동남쪽에 있었으므로 그 때문에 사문을 세워 적국敵國을 제압하고자 한 것이었다.

오나라는 진辰의 방위로서 그 위치는 용龍에 해당하므로 그 때문에 소성의 남문 위에 반우反羽를 세우고 두 마리의 예요鯢鱙를 새겨 장식 하였으며 이는 용의 뿔을 상징한 것이었다.

월나라는 사巳의 방위로서 그 위치는 뱀에 해당하므로 그 때문에 남대문南大門 위에 목사木蛇를 세우고 북쪽을 향하여 머리를 안으로 집어

넣는 형상을 그려 넣었으니 이는 월나라가 오나라의 속국이 됨을 표시한 것이었다.

子胥乃使相土嘗水, 象天法地, 造築大城, 周廻四十七里.

陸門八, 以象天八風; 水門八, 以法地八聰.

築小城, 周十里, 陸門三.

不開東面者, 欲以絕越明也.

立閶門者, 以象天門通閶闔風也.

立蛇門者, 以象地戶也.

闔閭欲西破楚, 楚在西北, 故立閶門以通天氣, 因復名之破楚門.

欲東幷大越, 越在東南, 故立蛇門以制敵國.

吳在辰, 其位龍也, 故小城南門上反羽爲兩鯢鱙, 以象龍角.

越在巳地, 其位蛇也, 故南大門上有木蛇, 北向首內, 示越屬於吳也.

【相土嘗水】相土는 地官. 지형과 지질을 관찰하는 자. 嘗水의 '嘗'은 '嚐'과 같음. 水質을 판별하는 일.《小爾雅》廣言에 "嘗, 試也"라 함.

【大城】지금의 江蘇 蘇州에 축조한 성으로 闔閭는 오직 작전을 위해 도성을 쌓은 것임.

【陸門】婁門, 匠門, 閶門, 胥門, 盤門, 蛇門, 齊門, 平門의 여덟 개의 문.《吳郡志》(3) 에 "東面婁, 匠二門; 西面閶, 胥二門; 南面盤, 蛇二門; 北面齊, 平二門. 唐時八門 悉啓. 劉夢得詩云:「二八城門開道路」許渾詩云:「共醉八門回畫家」今惟啓五門. 八門,《吳地記》所紀而不載葑門,《續經》載葑門而謂平門一名巫門與赤門, 二門

皆不載八門之數. 蓋考之於今者如此"라 함.

【八風】《說文》에는 明庶風(東風), 閶闔風(西風), 景風(南風), 廣莫風(北風), 清明風(東南風), 融風(東北風), 涼風(南西風), 不周風(西北風) 등을 들고 있으며,《淮南子》天文訓에도 "何謂八風? 距日冬至四十五日, 條風至. 條風至四十五日, 明庶風至. 明庶風至四十五日, 清明風至. 清明風至四十五日, 景風至. 景風至四十五日, 涼風至. 涼風至四十五日, 閶闔風至. 閶闔風至四十五日, 不周風至. 不周風至四十五日, 廣莫風至"라 함. 그러나 〈地形訓〉에는 도리어 "何謂八風? 東北曰炎風, 東方曰條風, 東南曰景風, 南方曰巨風, 西南曰涼風, 西方曰飂風, 西北曰麗風, 北方曰寒風"라 炎風, 條風, 景風, 巨風, 涼風, 飂風, 麗風, 寒風을 들고 있음.

【八聰】〈四部叢刊〉에 '八聰'으로 되어 있으나 '聰'은 '牕'과 같음. '牕'은 窗(窓)의 異體字.《太平御覽》(193)에 인용된 구절에는 '八牕'으로 되어 있으며,《藝文類聚》(63)에도 '窗'으로 되어 있음.《周禮》考工記 匠人 "四旁兩夾窗"의 注에 "窗, 助戶爲明. 每室四戶八窗"이라 하였고,《釋名》釋宮室에는 "窗, 聰也, 於內窺外爲聰明也"라 함.

【水門】陸門에 상대하여 교통할 수 있는 문.《淮南子》地形訓에 "八紘之外, 乃有八極. 自東北方曰方土之山, 曰蒼門; 東方曰東極之山, 曰開明之門; 東南方曰波母之山, 曰陽門; 南方曰南極之山, 曰暑門; 西南方曰編駒之山, 曰白門; 西方曰西極之山, 曰閶闔之門; 西北方曰不周之山, 曰幽都之門; 北方曰北極之山, 曰寒門. 凡八極之雲, 是雨天下; 八門之風, 是節寒暑; 八紘八殥八澤之雲, 以雨九州而和中土"라 함.

【小城】大城 안에 다시 최후의 수비를 위해 축조한 작은 城으로 봄.《越絶書》外傳記吳地傳에 "昔者, 吳之先君太伯, 周之世, 武王封太伯於吳, 到夫差, 計二十六世, 且千歲. 闔廬之時, 大霸, 築吳越城. 城中有小城二. 徒治胥山, 後二世而至夫差, 立二十三年, 越王句踐滅之"라 함. 그러나 혹은 大城은 지금의 蘇州에, 小城은 太湖 북쪽 無錫縣 胡埭鄕과 武進縣 雪堰鄕 사이에 쌓은 성이라고도 함. 지금도 그곳에 유지가 있으며 이를 闔閭城遺址라 하여 省級文物保護單位로 되어 있음.

【陸門三】〈四部叢刊〉에는 "陵門三"으로 되어 있으나 〈四庫全書〉에는 "陸門三"으로 되어 있음.

【閶闔風】西風.《史記》律書에 "閶闔風居西方. 閶者, 倡也; 闔者, 藏也. 言陽氣道萬物, 闔黃泉也"라 함.

【蛇門】徐天祐는 "蛇(巳)爲地戶"라 하여 地支(十二支)의 巳를 상징한 것이라 함.

그러나 《太平御覽》에는 '地門'으로 되어 있음.

【地戶】 땅 밑으로 드나들게 만든 문. 뱀은 땅 속을 집으로 삼으므로 이렇게 표현한 것임.

【天氣】 天象과 氣數. 하늘의 元氣.

【吳在辰, 其位龍也】 《論衡》 言毒篇에 "辰爲龍, 巳爲蛇, 辰, 巳之位在東南"이라 함. 한편 고대 陰陽五行說과 干支(十干十二支) 및 八風, 동물의 띠(十二生肖), 방위, 시간 등을 배합하여 여러 의미를 상징하였으며 이를 표로 보이면 다음과 같음.

12支	子	丑	寅	卯	辰	巳	午	未	申	酉	戌	亥
동물	鼠	牛	虎	兎	龍	蛇	馬	羊	猴	鷄	狗	猪
방위	北	北偏東	東偏北	東	東偏南	南偏東	南	南偏西	西偏南	西	西偏北	北偏西
시간	23~1	1~3	3~5	5~7	7~9	9~11	11~13	13~15	15~17	17~19	19~21	21~23

【反羽】 反宇. 뒤로 젖혀진 형상의 용마루 기와. 孫詒讓은 "反羽, 卽反宇. 《釋名》釋宮室云:「宇, 羽也. 如鳥羽翼自覆蔽也.」 《論衡》骨相篇云:「孔子反羽.」〈講瑞篇〉作「反宇」, 此謂吳小城南門門臺甍宇反起爲美觀也"라 함.

【鯢鱙】 '鱙'는 '묘'로 읽음. 물고기의 한 종류. 도룡뇽의 일종. 그러나 孫詒讓은 《太平御覽》(176)을 근거로 '鯢'는 '虬'(虯), '鱙'는 '繞'여야 하며 '규룡이 서려 얽힌 모습을 장식한 것'을 가리킨다고 보았음.

참고 및 관련 자료

1. 《越絶書》(2)

吳大城周四十七里二百十步二尺. 陸門八, 其二有樓. 水門八. 南面十里四十二步五尺, 西面七里百十二步三尺, 北面八里二百二十六步三尺, 東面十一里七十九步一尺. 闔廬所造也. 吳郭周六十八里十步. 吳小城周十二里. 其下廣二丈七尺, 高四丈七尺, 門三, 皆有樓, 其二增水門二, 其一有樓, 一增柴路. 東宮周一里百七十步. 路西宮在長秋, 周一里二十六步. 秦始皇帝十一年, 守宮者照燕, 失火燒之. 伍子胥城周九里二百七十步. 小城東西從武里, 面從小城, 北. 邑中徑從閶門到婁門, 九里七十二步, 陸道廣二十三步, 平門到蛇門十里七十五步, 陸道廣三十三步, 水道廣二十八步.

2. 《太平御覽》(193)

伍子胥爲吳, 相土嘗水, 象天文法地, 造築大城, 周廻四十七里. 陸門八, 以象天八風; 水門八, 以法地八聰. 築小城, 十里, 陸門三. 東面者, 欲以絶越明矣.

立闔門者, 以象天門通閶闔風. 立地門者, 以象地戶也. 閶闔欲西破弭强楚, 楚在西北, 故立閶門以通天氣也, 因復名之破楚門.

3.《藝文類聚》(63)

子胥爲吳造大城, 陵門八, 象天八風; 水門八, 法地八窗.

4.《藝文類聚》(83)

子胥爲吳造大城. 陵門八, 象天八風; 水門八, 法地八窗.

5.《藝文類聚》(63)

范蠡爲句踐立飛翼樓, 以象天門.

042(4-3)
간장干將과 막야莫耶

성곽이 완성되고 창고도 갖추어지자 합려는 다시 오자서로 하여금 개여蓋餘와 촉용燭傭을 정복하도록 하고, 백성들에게 전투와 말달리기, 활쏘기, 수레몰기 등의 기교를 익히도록 하였다.

그러나 아직 병기로 쓸 무기들이 없어 간장干將에게 청하여 명검 두 자루를 만들도록 하였다.

간장이라는 자는 오나라 사람으로 월越나라 구야자歐冶子와 함께 같은 스승으로부터 함께 배워 모두가 검을 만드는데 뛰어났었다.

월나라는 전에 명검 세 자루를 바쳐온 일이 있었는데 합려闔閭는 이를 얻자 보물로 여겨왔으며, 이 까닭으로 검장劍匠으로 하여금 두 자루를 만들게 하여 하나는 간장, 하나는 막야莫耶라고 이름을 붙였다.

막야는 간장의 아내였다.

간장은 칼을 만들면서 오산五山의 철정鐵精과 육합六合의 금영金英을 캤다.

천시와 지리를 살피고 엿보아 음양이 함께 비추고 모든 신이 임하여 보고 있으며 천기가 하강하였지만 쇠와 철의 정수는 녹아 흐르지 않는 것이었다.

이에 간장은 그 이유를 알 수 없었다.

막야가 말하였다.

"그대는 검을 잘 만든다는 것으로써 왕에게 알려져서 그대로 하여금 검을 만들도록 한 것인데 석 달이 되도록 완성하지 못하고 있으니 무슨 의도가 있는 것입니까?"

간장이 말하였다.

"나도 그 이유를 알 수가 없구려."

막야가 말하였다.

"무릇 신물이 변화를 할 때는 모름지기 사람을 기다리고 나서야 이루어지는 것입니다. 지금 그대가 검을 만들면서 해당되는 사람을 얻은 이후에야 이루어지는 것이 아닐는지요?"

간장이 말하였다.

"지난날 옛날 스승께서 야금을 하실 때에도 쇠붙이의 좋은 것이건만 녹지 않아 그들 부부께서 함께 용광로에 몸을 던져 넣고 난 연후에야 기대하던 물건을 완성할 수 있었소. 오늘에 이르도록 뒷사람들이 산에 가서 쇠를 녹일 때면 삼으로 만든 최질線経에 간복葛服을 입은 연후에 감히 산에서 쇠를 녹이고 있소. 지금 내가 검을 만들면서 변화를 이루지 못하는 것은 이러한 이유 때문일까요?"

막야는 말하였다.

"스승께서도 직접 몸을 넣어 물건을 완성하셨는데 전들 무엇을 어렵게 여기겠습니까?"

이에 간장의 처는 머리카락과 손톱을 잘라 몸을 단정히 한 다음 자신의 몸을 용광로로 던졌다.

그리고 동남동녀童女童男 3백 명으로 하여금 풀무를 두드리며 숯을 집어 넣도록 하였더니 금철이 이에 녹기 시작하였으며 드디어 검을 만들어 낼 수 있었다.

이리하여 양陽은 간장이라 하고, 음陰은 막야라 하였으며 양은 거북 무늬를, 음은 만리漫理의 무늬를 넣었다.

간장은 양검간장은 숨겨두고 음검막야만을 바쳤는데 합려는 이를 아주 중시하였다.

이윽고 보검을 얻게 되었을 때 마침 노魯나라에서 계손季孫을 오나라에 사신으로 보내어 빙문하게 되어 합려는 장검대부掌劍大夫로 하여금 막야 검을 계손에게 헌납하도록 하였다. 계손이 이를 빼어보았더니 칼 문양에 기장쌀만한 흠이 있는 것이었다. 계손은 이렇게 탄식하였다.

"훌륭하도다! 검이여. 비록 상국上國의 장인일지라도 어찌 이보다 더 잘 만들어낼 수 있겠는가! 무릇 검이 이루어졌으니 오나라는 이로써 패자가 될 것이다. 그러나 흠이 있으니 결국 망하게 될 것이다. 내 비록 검을 좋아하기는 하나 받을 수 있겠는가?"

그리하여 받지 않고 떠났다.

城郭以成, 倉庫以具, 闔閭復使子胥屈蓋餘, 燭庸, 習術戰騎射御之巧.

未有所用, 請干將鑄作名劍二枚.

干將者, 吳人也, 與歐冶子同師, 俱能爲劍.

越前來獻三枚, 闔閭得而寶之, 以故使劍匠作爲二枚: 一曰干將, 二曰莫耶.

莫耶, 干將之妻也.

干將作劍, 采吳山之鐵精, 六合之金英.

候天伺地, 陰陽同光, 百神臨觀, 天氣下降, 而金鐵之精不鎖淪流.

於是干將不知其由.

莫耶曰:「子以善爲劍聞於王, 使子作劍, 三月不成, 其有意乎?」

干將曰:「吾不知其理也.」

莫耶曰:「夫神物之化, 須人而成. 今夫子作劍, 得無得其人而後成乎?」

干將曰:「昔吾師作冶, 金鐵之穎不銷, 夫妻俱入冶爐中, 然後成物. 至今後世, 卽山作冶, 麻絰葌服, 然後敢鑄金於山. 今吾作劍不變化者, 其若斯也?」

莫耶曰:「師親爍身以成物, 吾何難哉?」

於是干將妻乃斷髮剪爪, 投於爐中.

使童女童男三百人鼓橐裝炭, 金鐵乃濡, 遂以成劍.

陽曰干將, 陰曰莫耶; 陽作龜文, 陰作漫理.

干將匿其陽, 出其陰而獻之, 闔閭甚重.

旣得寶劍, 適會魯使季孫聘於吳, 闔閭使掌劍大夫以莫耶獻之, 季孫拔, 劍之鍔中缺者大如黍米, 歎曰:「美哉! 劍也. 雖上國之師, 何能加之! 夫劍之成也, 吳霸. 有缺, 則亡矣. 我雖好之, 其可受乎?」

不受而去.

【城郭以成】 '以'는 '已'와 같음. '旣'의 뜻.

【屈】 굴복시킴. 정복함. 蓋餘와 燭庸이 楚나라에 항복하여 舒에 봉을 받자 이들을 정복하고자 한 것임. 그러나 兪樾은 "按上傳, 蓋餘, 燭庸已降楚矣, 此傳錯也"라 하였으며 〈三民本〉에도 "按三卷末記孔子蓋餘, 燭庸已降楚, 楚封之於舒, 則此處顯爲誤記"라 함. 그러나 이는 "子胥, 屈蓋餘, 燭庸"에서 '屈'자를 術語로 보지 않았기 때문임.

【蓋餘】 吳王 僚의 아우.《左傳》에는 '掩餘'로 되어 있음. '蓋'는 혹 '갑'으로도 읽음.《史記》吳太伯世家 〈索隱〉에 "春秋作掩餘, 而史記幷作蓋餘, 音同而字異者, 或謂太史公被腐刑不欲言掩也. 賈逵及杜預幷〈刺客傳〉皆云:「二公子, 王僚母弟.」而昭公二十三年《左傳》曰:「光帥右, 掩餘帥左.」杜注云:「掩餘, 吳王壽夢子.」又《系族譜》亦云:「二公子, 幷壽夢子.」若依《公羊》, 僚爲壽夢子, 則與《系族譜》合也"라 하여 혹 壽夢의 아들들이라 하였음.

【燭傭】 역시 吳王 僚의 아우.《左傳》에는 '燭庸'로 되어 있음.

【戰騎射御】 전투와 말타기. 활쏘기. 戰車 조종술. 俞樾은, '按上傳, 蓋餘燭庸已降楚矣. 此傳錯也.'라고 하였는데 錯誤는 아니다. 楚나라에 항복해서 舒 땅에 封받은 蓋餘와 燭庸을 屈服시키기 위한 준비로 보는 것이 옳다.

【干將】 吳나라의 유명한 劍匠. 越나라 歐冶子와 함께 같은 스승에게 배웠으며 그 아내 막야와 함께 명검을 완성하여 陽劍은 '干將', 陰劍은 '莫耶'라 함.

【歐冶子】 區冶, 區冶子로도 표기하며 춘추시대 越나라 劍匠.《淮南子》覽冥訓 "區冶生而淳鉤之劍成" 注에 "區, 越人, 善冶劍工冶"라 함. 한편 越나라에는 '光步釰', '屈盧之矛' 등 이름난 창검이 있는 것으로 보아 당시 吳越은 양질의 鐵이 생산되었으며 製鐵冶金 기술이 발달했던 것으로 보임.

【三枚】 越나라가 오나라에게 선물한 세 자루의 名劍. 구체적으로 魚腸劍, 磐郢劍, 湛盧劍으로 알려짐. 054를 참조할 것.

【以故使劍匠作爲二枚】 越나라에서 바친 세 자루를 보고 자신의 나라에서도 이와 같은 검을 두 자루 만들어 볼 것을 劍匠에게 지시한 것. 검장은 구체적으로 干將을 가리킴.《初學記》에는 "故使干將造劍二枚"라 함.

【莫耶】 干將의 아내 이름이며 동시에 陰劍의 이름. '莫邪', '鏌鋣' 등 여러 표기가 있으며 칼 이름을 구분하여 '鏌鋣'로도 표기함.

【五山】 원래는 五嶽을 지칭함. 즉 泰山(東), 華山(西), 衡山(南), 恒山(北), 嵩山(中). 그러나 여기서는 오나라에 한정된 내용이므로 영험한 名山을 지칭한 것.

【鐵精】 가장 良質의 鐵鑛石.

【六合】 天地와 四方. 온 宇宙를 가리킴.

【金英】 天地四方의 精氣가 설린 銅.

【陰陽同光】 해와 달이 함께 떠서 음양의 氣가 동시에 빛을 발함.

【淪流】 熔化되어 쇳물이 흘러내림.《爾雅》釋水에 "小波爲淪"이라 함.

【得無得其】 '得無'는 可否를 묻는 疑問詞. '得其'는《太平御覽》에는 '得當'으로 되어 있음.

【金鐵之穎】 〈四部叢刊〉에는 '金鐵之類'로 되어 있으나《太平御覽》에 의해 '類'자를 '穎'자로 수정함. '穎'은 빼어난 것.

【麻経藭服】 '麻経'은 삼베로 만든 絰經, 즉 喪服을 가리킴. 藭은 향초를 단 허리띠. 고대 居喪이나 祭祀에 입는 복식. 죽은 歐冶子를 추모하는 의미를 내포함.

【爍身】 몸을 태움. '爍'은 녹아 끓는 쇳물 따위를 말함. '鑠'과 같음. '衆口鑠金'(衆口爍金)의 爍(鑠)과 같음. 본 구절은 〈四部叢刊〉에는 "師知爍身以成物"로

되어 있으나《太平御覽》과《文選》注에는 "先師親爍身以成物"로 되어 있어 수정함.

【斷髮剪爪】머리카락을 자르고 손톱(발톱)을 깎음. 필요 없는 부분을 미리 제거하여 몸의 精體만로써 하기 위한 것임.《太平御覽》에는 '斷髮揃指'로 되어 있음.

【投於爐中】莫耶가 남편 간장의 성공을 위해 자신의 몸을 용광로에 던져 넣음. '爐'는 '鑪'와 같음. 고로, 용광로.

【鼓橐裝炭】풍로를 두드리며 숯을 裝置해 넣음. '鼓'는 '皷'와 같으며 두드리다'의 동사. '橐'은 풀무. 風爐, 風箱.《老子》5장에 "天地之間, 其猶橐籥乎!"라 함. 여기서는 쇳물을 녹이는 용광로를 가리킴.

【陽作龜文】거북 무늬를 陽刻으로 새겨 넣음. '文'은 紋과 같음. 陽은 수칼(雄劍)이며 동시에 양각무늬를 넣은 것.

【陰作漫理】물결 무늬를 陰刻으로 새겨 넣음. '理'는 결. 陰은 암칼(雌劍)이며 동시에 음각무늬를 넣은 것.

【季孫】魯나라 三桓의 하나로 대부이며 실권자. 魯 桓公의 막내아들 季友의 후손으로 가문은 季文子(行父), 季武子(宿), 季平子(意如), 季桓子(斯), 季康子(肥)로 이어짐. 季孫은 復姓이며 이름은 구체적으로 알 수 없음. 본 구절은《北堂書鈔》에는 "季孫拔劍視之"로 되어 있음.

【聘】제후들 끼리의 외교 사절이 聘問, 招聘으로 오가는 것.《禮記》曲禮(下)에 "諸侯使大夫問於諸侯曰聘"이라 함.

【掌劍大夫】검을 갈무리하고 관장하는 대부.

【鍔】검에 새겨진 凹凸 紋樣. 앞에서 말한 漫理의 문양에 홈이 있음을 뜻함. 그러나 혹 칼날(劍刃)로 보기도 함.

【上國】남방 吳, 越, 楚 등이 中原(中國)의 나라를 일컫는 말. 위쪽에 있는 나라. 혹은 상대적으로 문명이 앞선 中原의 나라라는 뜻.《左傳》昭公 27년 "使延州來季子聘於上國"의 疏에 服虔의 말을 인용하여 "上國, 中國也. 蓋以吳辟在東南, 地勢卑下, 中國在其上流, 故謂中國爲上國也"라 함.

【何能加之】'加'는 '낫다'의 뜻. 呂氏春秋 離俗篇 "有可以加乎"의 注에 "加, 上也"라 함.

1.《太平御覽》(343)

干將者, 吳人, 與歐冶子同師, 俱爲劍. 前獻劍壹枚, 闔閭得而寶之, 以故使干將作造劍二枚: 一曰干將, 二曰莫耶. 莫耶者, 干將之妻名也. 干將作劍, 採吳山之精, 合六合之英. 候天伺地, 陰陽同光, 百神臨觀, 天氣下降, 而金鐵未流. 莫耶曰:「子以善爲劍聞於王, 王使子作劍, 三月不成者, 其有意乎?」干將曰:「吾不知其理.」莫耶曰:「夫神物之化, 須人而成. 今夫子作劍, 得無當得其人而後成.」干將曰:「昔吾師之作冶也, 金鐵之穎不消, 夫妻倶入冶鑪之中.」莫耶曰:「先師親爍身以成物, 妾何難也?」於是干將夫妻乃斷髮揃指, 投於鑪中. 使僮女(一作子)三百, 皷橐裝炭, 金鐵乃濡, 遂以成劍. 陽曰干將, 而作龜文; 陰曰莫耶, 而作漫理. 干將匿其陽, 出其陰而獻之, 闔閭甚惜之.

2.《文選》〈七命〉注

干將者, 吳人, 造劍二枚: 一曰干將, 二曰莫耶. 莫耶者, 干將之妻名也. 干將曰:「吾師之作冶也, 金鐵之類不銷, 夫妻倶入冶爐之中.」莫耶曰:「先師親爍身以成物, 妾何難也?」於是干將夫妻乃斷髮揃指, 投於爐中. 使童女三百, 皷橐裝炭, 金鐵乃濡, 遂以成劍. 陽曰干將, 而作龜文; 陰曰莫耶, 而漫理. 干將匿其陽, 出其陰而獻之闔閭, 闔閭甚重之.

3.《越絶書》(13)

楚王召風胡子而問之曰:「寡人聞吳有干將, 越有歐冶子, 此二人甲世而生, 天下未嘗有. 精誠上通天, 下爲烈士. 寡人願齎邦之重寶, 皆以奉子, 因吳王請此二人作鐵劍, 可乎?」風胡子曰:「善.」於是乃令風胡子之吳, 見歐冶子, 干將, 使人作鐵劍. 歐冶子, 干將鑿茨山, 洩其溪, 取鐵英, 作爲鐵劍三枚: 一曰龍淵, 二曰泰阿, 三曰工布. 畢成, 風胡子奏之楚王. 楚王見此三劍之精神, 大悅風胡子. 問之曰:「此三劍何物所象? 其名爲何?」風胡子對曰:「一曰龍淵, 二曰泰阿, 三曰工布.」楚王曰:「何謂龍淵, 泰阿, 工布?」風胡子對曰:「欲知龍淵, 觀其狀, 如登高山, 臨深淵; 欲知泰阿, 觀其鈲, 巍巍翼翼, 如流水之波; 欲知工布, 鈲從文起, 至脊而止, 如珠不可衽, 文若流水不絶.」

4. 기타 참고 자료

《北堂書鈔》(122)

043(4-4)
금구金鉤라는 무기

합려가 이윽고 보검 막야를 얻은 후 다시 나라 안에 명하여 금구金鉤를 만들도록 하면서 이렇게 영을 내렸다.

"능히 훌륭한 구를 만드는 자에게 상으로 1백 금金을 내리리라."

오나라에는 구를 만드는 자가 아주 많았는데 어떤 사람이 왕의 후한 상금을 탐내어 두 아들을 죽여 아들의 그 피를 금에 발라 드디어 두 자루의 구를 만들었다.

그리고 이를 합려에게 바치면서 궁문에 이르러 상을 요구하였다.

왕이 말하였다.

"구를 만든 자는 수없이 많은데 그대만 유독 상을 요구하니 여러 사람이 만든 이 구와 어떻게 다른 것인가?"

구를 만든 자가 말하였다.

"저는 구를 만들면서 왕의 상에 탐욕이 생겨 두 아들을 죽여 그 피를 발라 두 자루의 구를 만들었습니다."

왕은 이에 여러 구를 들어 보여주면서 이렇게 물었다.

"어느 것이 그대의 구인가?"

왕의 구는 아주 많았고 형체가 서로 비슷하여 어느 것인지 알 수 없었다.

이에 그 구를 만든 자는 구를 향해 두 아들의 이름을 부르며 이렇게 말하였다.

"오홍吳鴻, 호계扈稽야! 내가 여기에 있다, 왕께서는 너희들의 신령함을 모르시는구나!"

그 말이 입에서 끝나자 두 자루의 구가 함께 날아와 아버지의 가슴에 붙는 것이었다.

오왕은 크게 놀라 말하였다.

"아! 과인은 진실로 그대에게 죄를 졌구나!"

이에 상으로 1백 금을 내리고 드디어 이를 차고는 몸에서 떼어놓지 않았다.

闔閭其寶莫耶, 復命於國中作金鉤, 令曰:「能爲善鉤者, 賞之百金.」

吳作鉤者甚衆, 而有人貪王之重賞也, 殺其二子, 以血釁金, 遂成二鉤.

獻於闔閭, 詣宮門而求賞.

王曰:「爲鉤者衆, 而子獨求賞, 何以異於衆夫人之鉤乎?」

作鉤者曰:「吾之作鉤也, 貪王之賞而殺二子, 釁成二鉤.」

王乃擧衆鉤以示之:「何者是也?」

王鉤甚多, 形體相類, 不知其所在.

於是鉤師向鉤而呼二子之名:「吳鴻, 扈稽! 我在於此, 王不知汝之神也!」

聲絶於口, 兩鉤俱飛著父之胸.

吳王大驚, 曰:「嗟乎! 寡人誠負於子!」

乃賞百金, 遂服而不離身.

【金鉤】鉤는 갈고리 형태의 兵器. '鉤'는 '鈎'와 같음.

【血釁】피를 바름. '釁'은 '衅', '舋'과 같음. 器物을 鑄造할 때 犧牲의 피를 발라 神靈함을 구하였음.《孟子》梁惠王(上)에 "曰:「臣聞之胡齕曰, 王坐於堂上, 有牽牛而過堂下者, 王見之, 曰:『牛何之?』對曰:『將以釁鐘』王曰:『舍之! 吾不忍其觳觫, 若無罪而就死地』對曰:『然則廢釁鐘與?』曰:『何可廢也? 以羊易之!』不識有諸?」"라 함.

【夫人】〈四部叢刊〉에는 '夫子'로 되어 있으나《北堂書鈔》에는 '夫人'으로 되어 있음.《左傳》襄公 8년 "夫人愁痛"의 注에 "夫人, 猶人人也"라 함.

【貪王之賞而殺二子】〈四部叢刊〉에는 '王之賞' 세 글자가 없음.《太平御覽》(354)에는 "吾之作鉤也, 貪王之賞, 殺吾二子以成二鉤'로 되어 있어 보입함.

【吳鴻, 扈稽】鉤를 만든 자의 두 아들 이름.《太平御覽》에는 '吳鴻'과 '泥稽'로 되어 있음.

참고 및 관련 자료

1.《太平御覽》(354)

闔閭作金鉤, 令曰:「能爲善鉤者, 賞之百金」而有人貪賞之重, 殺其兩子, 以血釁金, 遂成二鉤. 獻之闔閭而詣宮門而求賞. 王曰:「爲鉤者多, 而子獨求賞, 何以異於衆人之鉤乎?」作者曰:「吾之作鉤者, 貪王之賞殺二子以成兩鉤」以示之, 曰:「何者是也?」時王鉤甚衆, 形體相類, 不知其所在. 於是鉤師向鉤而哭呼其兩子名曰:「吳鴻, 泥稽! 我在此, 王不知汝之神也!」聲未絕於口, 兩鉤俱飛着於父之胸. 吳王大驚, 乃賞百金.

2. 기타 참고 자료

《北堂書鈔》(124)

044(4-5)
오나라로 망명 온 백희白喜

6월, 군사를 일으키고자 할 때 마침 초楚나라에서 백희白喜가 망명해 왔다.

오왕이 자서에게 물었다.

"백희는 어떤 사람입니까?"

자서가 말하였다.

"백희는 초나라 백주리白州犂의 손자입니다. 평왕平王이 백주리를 죽이자 백희는 그 때문에 달아난 것이며 제가 오나라에 있다는 소문을 듣고 찾아온 것입니다."

합려가 물었다.

"백주리는 무슨 죄를 지었습니까?"

자서가 말하였다.

"백주리는 초나라의 좌윤左尹이었습니다. 호는 극완郤宛이며 평왕은 섬겼습니다. 평왕이 몹시 사랑하여 항상 그와 더불어 해가 지도록 말을 나누며 아침마다 함께 식사를 할 정도였습니다. 그런데 비무기費無忌가 이를 보고 질투하여 평왕에게 이렇게 말하였지요. '왕께서 극완을 아끼심은 나라 사람들이 모두 알고 있는데 어찌 술자리를 마련하여 한 번 극완의 집에 가서 여러 신하들에게 극완을 후히 여기고 있음을 보여주지 않습니까?' 평왕이 '좋다'라고 하여 극완의 집에 술자리가 마련되었습니다. 비무기는 극완에게 짐짓 '왕께서는 심히 굳세고 용맹한 병사들을 좋아하십니다. 그대는 반드시

왕이 오기에 앞서 당堂 아래 문 앞까지 군사들을 진열해 놓으십시오'라고
일러주었지요. 극완은 그의 말을 믿는 터라 그대로 하였지요. 평왕이 가서
그 집에 이르러 크게 놀라며 '극완은 어떤 의도인가?'라고 묻자 비무기는
'아마 장차 찬탈하고 시해할 우려가 있습니다. 왕께서는 급히 떠나십시오.
일이 어찌 될지 알 수 없습니다'라고 하였지요. 평왕은 크게 노하여 드디어
극완을 죽이고 말았습니다. 제후들이 이를 듣고 탄식하지 않은 자가 없었
지요. 백희는 제가 오나라에 있다는 소문을 듣고 그 때문에 만나기를
청하여 온 것입니다."

합려가 백희를 만나 물었다.

"과인의 나라는 멀고 외진 곳에 있어 동쪽은 바닷가에 닿아 있소.
곁에서 듣자하니 그대의 선조께서는 초나라의 포악한 노기와 비무기의
참소를 입으셨다 하더군요. 우리 오나라를 멀다 하지 아니하고 이곳까지
찾아오셨으니 장차 과인에게 무엇으로써 가르쳐주시겠습니까?"

백희가 말하였다.

"초나라에서 도망온 저는 선대가 죄가 없음에도 포악한 죽임을 당하셨기
때문입니다. 제가 듣기로 대왕께서 오자서가 궁액을 거두어주셨다는 말을
듣고 천리를 멀다 하지 아니하고 그 때문에 와서 목숨을 맡긴 것입니다.
오직 대왕께서는 저에게 죽음을 바칠 기회를 내려주실 것만을 바랄 뿐
입니다."

합려는 그를 불쌍히 여겨 대부大夫로 삼아주고 그와 더불어 국사를
모책하게 하였다.

六月, 欲用兵, 會楚之白喜來奔.

吳王聞子胥曰：「白喜何如人也?」

子胥曰：「白喜者, 楚白州犂之孫. 平王誅州犂,
喜因出奔, 聞臣在吳而來也.」

闔閭曰：「州犂何罪?」

子胥曰:「白州犁, 楚之左尹, 號曰郤宛, 事平王. 平王幸之, 常與盡日而語, 襲朝而食. 費無忌望而妬之, 因謂平王曰:『王愛幸宛, 一國所知, 何不爲酒, 一至宛家, 以示群臣於宛之厚?』平王曰:『善.』乃具酒於郤宛之舍. 無忌教宛曰:『平王甚毅猛而好兵, 子必前陳兵堂下門庭.』宛信其言, 因而爲之. 及平王往而大驚曰:『宛何等也?』無忌曰:『殆且有簒殺之憂, 王急去之, 事未可知.』平王大怒, 遂誅郤宛. 諸侯聞之, 莫不歎息. 喜聞臣在吳, 故來請見之.」

闔閭見白喜而問曰:「寡人國僻遠, 東濱海, 側聞子前人爲楚荊之暴怒, 費無忌之讒口. 不遠吾國, 而來於斯, 將何以教寡人?」

喜曰:「楚國之失虜, 前人無罪, 橫被暴誅. 臣聞大王收伍子胥之窮厄, 不遠千里, 故來歸命, 惟大王賜其死.」

闔閭傷之, 以爲大夫, 與謀國事.

【白喜】'伯嚭', '帛否', '太宰伯嚭', '太宰嚭' 등으로도 표기하며 자는 子餘. 春秋時代 楚나라 白州犁의 孫子. 楚나라에서 吳나라로 망명하여 大夫를 거쳐 夫差의 신임을 얻어 太宰에 올랐으며 吳나라가 越나라를 항복시킨 뒤 越王 句踐의 뇌물을 받고 화해를 조성하여 吳나라 멸망의 화근을 키웠으며 伍子胥를 참훼하여 죽임. 吳나라가 망한 뒤 월왕 구천에 의해 살해됨. 越나라 范蠡와 文種, 그리고 吳나라 伍子胥와 더불어 吳越爭鬪의 주연으로 이름을 날린 대표적인 네 사람 중의 하나임. 다른 기록에는 '白'이 모두 '伯'으로 되어 있음. 徐天祐는 《左傳》, 《史記》, 白俱作伯"이라 함.
【白州犁】伯州犁. 伯犫犁. 春秋時代 楚나라 大夫.《左傳》成公 15年에 의하면

그의 아버지 伯宗이 晉나라에서 郤氏에게 죽임을 당하자 楚나라로 亡命하여 楚나라에서 太宰를 거쳐 左尹에 오름. 그러나 다시 초나라 費無忌의 참훼를 입어 피살됨. 그러나《左傳》에 의하면 伯州犁는 B.C.541년 楚나라 公子 圍(뒤의 楚 靈王)에게 피살되었으며 平王이 죽인 자는 郤宛이었음. 따라서 본 책에 伯州犁와 郤宛을 동일 인물로 본 것은 오류임.

【左尹】楚나라 官職 이름. 최고 관직 令尹 아래에 左尹과 右尹이 있었음.

【郤宛】郤宛으로도 표기하며 자는 子惡. B.C.515년 楚 平王에게 피살됨. 아울러 실제 당시 令尹이었던 子常이 費無忌의 참소를 듣고 저질렀던 일임.《左傳》昭公 27년을 볼 것. 한편《史記》吳太伯世家 注에도 徐廣의 말을 인용하여 "州犁之子曰郤宛, 郤宛之子曰伯嚭"라 하여 郤을 別姓으로 쓰고 있었음.

【襲朝】아침마다. '襲'은 '常', '每'의 뜻.

【費無忌】楚 平王이 총애하던 寵臣이며 令尹 子常에게 신임을 얻고 있던 인물. 太子와 伍奢, 伍尙 등을 참훼하여 죽음으로 몰아넣은 장본인이며 뒤에 楚나라가 伍子胥의 공격을 받게 되었을 때 令尹 子常에게 죽임을 당함.《左傳》에는 費無極으로 되어 있으며《韓非子》內儲說下에도 "費無極, 荊令尹之近者也"라 함.

【好兵】《左傳》에 의하면 갑옷과 병기를 좋아한 것으로 되어 있음.

【篡殺】임금을 죽이고 그 자리를 빼앗음. '殺'은 '弑'와 같음.

【側聞】자신의 들음을 겸손히 표현한 것.《文選》報任少卿書 注에 "側聞, 謙詞也"라 함.

【楚荊】楚나라는 원래 荊山 아래에 건국하여 '荊'이라고도 부르며 이를 묶어 '楚荊', '荊楚' 등으로도 부름.

【失虜】도망한 죄인. '失'은 '佚', '逸'과 같음.

【橫被】'橫'은 생각지 않았을 때 당하게 되는 일을 표현할 때 쓰는 말.

【賜其死】죽음을 바칠 기회를 내려줌.

참고 및 관련 자료

1.《左傳》昭公 27年

(經) 楚殺其大夫郤宛.

(傳) 郤宛直而和, 國人說之. 鄢將師爲右領, 與費無極比而惡之. 令尹子常賄而信讒, 無極讒郤宛焉, 謂子常曰:「子惡欲飲子酒.」又謂子惡:「令尹欲飲酒於子氏.」子惡曰:「我, 賤人也, 不足以辱令尹. 令尹將必來辱, 爲惠已甚, 吾無以酬之, 若何?」無極曰:「令尹好甲兵, 子出之, 吾擇焉」取五甲五兵, 曰:「寘諸門. 令尹至, 必觀之, 而從以酬之.」及饗日, 帷諸門左. 無極謂令尹曰:「吾幾禍子. 子惡將爲子不利, 甲在門矣. 子必無往! 且此役也, 吳可以得志. 子惡取賂焉而還; 又誤羣帥, 使退其師, 曰:『乘亂不祥』. 吳乘我喪, 我乘其亂, 不亦可乎?」令尹使視郤氏, 則有甲焉. 不往, 召鄢將師而告之. 將師退, 遂令攻郤氏, 且熱之. 子惡聞之, 遂自殺也. 國人弗熱, 令曰:「不熱郤氏, 與之同罪」或取一編菅焉, 或取一秉秆焉, 國人投之, 遂弗熱也. 令尹炮之, 盡滅郤氏之族, 黨, 殺陽令終與其弟完及佗, 與晉陳及其子弟. 晉陳之族呼於國曰:「鄢氏, 費氏自以爲王, 專禍楚國, 弱寡王室, 蒙王與令尹以自利也, 令尹盡信之矣, 國將如何?」令尹病之.

2.《韓非子》內儲說下

費無極, 荊令尹之近者也. 郤宛新事令尹, 令尹甚愛之. 無極因謂令尹曰:「君愛宛甚, 何不一爲酒其家?」令尹曰:「善」因令之爲具於郤宛之家. 無極教宛曰:「令尹甚傲而好兵, 子必謹敬, 先亟陳兵堂下及門庭」宛因爲之. 令尹往而大驚, 曰:「此何也?」無極曰:「君殆, 去之! 事未可知也.」令尹大怒, 舉兵而誅郤宛, 遂殺之.

045(4-6)
하상가河上歌

오나라 대부 피리被離가 한가한 틈을 이용하여 자서에게 물었다.
"어찌하여 백희를 보자마자 믿으시는 것입니까?"
자서가 말하였다.
"나의 원한은 백희와 같소. 그대는 〈하상가河上歌〉를 들어보지 못하였소?

'같은 병을 앓는 이는 서로를 불쌍히 여기고,
같은 근심 있는 이는 서로를 구해주네.
놀라 날아오른 새는
서로 따라 날았다가 다시 모여들지.
바위에 부딪쳐 아래로 흐르는 물도
휘돌아 흩어졌다가 다시 함께 모여 흐르지.'

북쪽 출신의 호마胡馬는 북풍을 바라보며 서 있는 것이요, 남쪽에서 날아온 월越나라 제비는 해를 향해 기꺼워하는 법이라오. 누군들 능히 가까이 여기는 바를 사랑하지 않을 것이며 그 생각한 바를 불쌍히 여기지 않겠소?"
피리가 말하였다.
"그대의 말씀은 겉모습만 보고 하는 말입니다. 속에 품은 뜻으로써 의혹을 밝혀낼 수 있다고 여기십니까?"

자서가 말하였다.

"나는 속까지는 볼 수 없소."

피리가 말하였다.

"내 그의 사람됨을 보니 매 눈깔에 호랑이 걸음으로 공을 독차지하고 사람을 마구 죽일 성격입니다. 가까이 하지 마십시오."

자서는 그의 말을 그렇다고 여기지 않은 채 그와 함께 오왕을 섬겼다.

吳大夫被離承宴, 問子胥曰:「何見而信喜?」

子胥曰:「吾之怨與喜同, 子不聞河上歌乎?

『同病相憐, 同憂相救.

　驚翔之鳥, 相隨而集.

　瀨下之水, 回復俱流.』

胡馬望北風而立, 越燕向日而熙. 誰不愛其所近, 悲其所思者乎!」

被離曰:「君之言外也, 豈有內意以決疑乎?」

子胥曰:「吾不見也.」

被離曰:「吾觀喜之爲人, 鷹視虎步, 專功擅殺之性, 不可親也.」

子胥不然其言, 與之俱事吳王.

【承宴】 '承'은 '乘'과 같고 '宴'은 '燕'과 같으며 한가한 때를 뜻함. 盧文弨는 "承宴, 疑卽乘燕閑之時也"라 함.

【被離】吳나라 大夫. 伍子胥와는 마음을 터놓고 상의하던 대상이었음.

【河上歌】노래 이름. 아마 당시 강가에서 부르던 민요였을 것으로 봄. 瀨水는 伍子胥가 망명할 때 빨래하는 여인을 만났던 곳. 그 때문에 이 노래를 인용한 것. 030 참조.

【瀨】'湍'과 같음. 물이 흐르다가 물 속에 있는 바위를 만나 갈라져 타고 넘음. 《楚辭》九歌 湘君 "石瀨兮淺淺"의 注에 "瀨, 湍也"라 하였고, 《漢書》武帝紀 "甲爲下瀨將軍"의 注에 "瀨, 湍也. 吳越謂之瀨, 中國爲之磧"이라 함.

【回復俱流】〈四部叢刊〉에는 "因復俱流"로 되어 있으나 《文選》廣絶交論 注에 인용된 문장에 의해 수정함.

【胡馬】북쪽에서 태어난 말. 북쪽이 고향인 말. 胡는 고대 狄人. 진한 시대에는 匈奴라 불렀음.

【越燕】남쪽에서 날아온 새. 〈古詩十九首〉에 "胡馬依北風, 越鳥巢南枝"라 함.

【熙】'嬉'와 같음. 기꺼워함. 즐거워함.

【鷹視虎步】매의 날카로운 눈초리와 호랑이 같이 조심스러우면서도 사나운 걸음걸이.

【專功擅殺】功은 혼자 독차지하고 제멋대로 사람을 죽임.

참고 및 관련 자료

1. 《文選》廣絶交論 注

伯嚭來奔於吳, 子胥請以爲大夫. 吳大夫被離承宴問子胥曰: 「何見以信伯嚭乎?」子胥曰: 「吾之怨與嚭同. 子聞河上之歌者乎? 『同病相憐, 同憂相救, 驚翔之鳥, 相隨而集; 瀨下之水, 回復俱流.』誰不愛其所近, 悲其所思者乎?」

046(4-7)
경기慶忌에 대한 두려움

2년(B.C.513), 오왕은 전에 왕료王僚를 죽인 일로, 다시 경기慶忌가 이웃 나라에 있음을 걱정하면서 그가 제후들을 연합하여 공격해올 것을 두려워하고 있었다.

이에 오자에게 물었다.

"지난 날 전저專諸의 일로 과인에게 후의를 베풀어주셨습니다. 지금 듣자하니 경기가 제후들과 계획을 짜고 있다 하니 나는 밥을 먹어도 단맛을 모르겠고 누워도 편한 자리가 되지 못하오. 그대에게 부탁하오."

자서가 말하였다.

"저는 충성을 다하지도 못하였고 실행에 옮긴 일도 없습니다. 대왕과 함께 사사로운 방에서 왕료를 없앨 일을 도모하였지요. 지금 다시 그의 아들을 두고 계책을 세우신다니 아마 황천皇天의 뜻이 아닌가 합니다."

합려가 말하였다.

"주周 무왕武王이 은殷의 주紂을 멸한 후 무경武庚을 죽였지만 주나라 사람들은 원망하는 기색이 없었습니다. 지금 이와 같은 논의가 어찌 하늘의 뜻에 반하는 것이겠습니까?"

자서가 말하였다.

"저는 대왕을 섬겨 오나라의 계통을 세워주었는데 다시 무엇을 두려워하겠습니까? 제가 후히 여기는 바의 그 사람은 세인細人입니다. 바라건대 그의 모책을 따르십시오."

오왕이 말하였다.

"내가 걱정하는 것은 적은 만인萬人의 힘을 가지고 있는데 어찌 세인이 능히 모책을 세울 수 있다는 것입니까?"

자서가 말하였다.

"그 세인의 모책이야말로 만인의 힘을 가지고 있는 것입니다."

오왕이 의아해서 말하였다.

"그러한 자가 어떤 누구인지 그대는 말해주시오."

자서가 말하였다.

"성姓은 요要, 이름은 이離입니다. 제가 지난날 일찍이 그가 장사 초구흔椒丘訢을 꺾어 치욕을 안긴 것을 본 적이 있습니다."

오왕이 말하였다.

"치욕을 안겨주다니 어떤 내용입니까?"

자서는 이렇게 말하였다.

"초구흔은 동해東海 가에 살던 사람으로서 제왕齊王의 사신이 되어 오吳나라에 오던 길에 회수淮水의 나루를 지날 때 나루에서 말에게 물을 먹이고자 하였습니다. 그런데 나루터의 관리가 '이 물 속에는 수신水神이 있어 말을 보면 즉시 솟아올라 그 말을 해칩니다. 그대는 말에게 물을 먹이지 마십시오'라고 하는 것이었습니다. 그러자 초구흔은 '장사壯士가 가진 것을 어떤 신이 감히 그렇게 하겠느냐?'라고 하면서 종자從者로 하여금 그 나루에서 말에게 물을 먹이도록 하였지요. 수신이 과연 감히 그 말을 물고 늘어져 말이 물 속으로 잠겨들고 있었습니다. 초구흔은 크게 노하여 웃통을 벗어부치고 칼을 잡고 물속으로 들어가 수신과 결전을 요구하여 며칠이 지나서야 물 밖으로 나왔는데 한 쪽 눈을 잃고 말았습니다. 드디어 그는 오나라에 이르러 친구를 문상問喪하는 자리에 모이게 되었습니다. 초구흔은 그가 수신과 싸웠던 용맹함을 믿고 친구의 문상 자리에서 사대부들을 경멸하며 오만을 부렸고 말도 겸손하지 못하였습니다. 사람을 능멸하는 기운을 가진 채 요리가 그와 마주 앉게 되었는데, 요리는 합한 자리에서 차마 그의 넘치는 힘을 참을 수가 없었습니다. 그 때 요리는 초구흔의 기를 꺾으면서 '내 듣기로 용사의 싸움이란 시간을 두고 다툴 때면 해를 기울지 못하게 하고, 귀신과 싸우면서는 한 발짝도 물러서지 아니하며, 사람과 다툴 때는 이러쿵저러쿵 잔소리를 내지 않은 채 갔다가 죽어서 돌아올지언정 치욕은 받지 않는다 하였소. 지금 귀신과 물 속에서 싸우다가 말과 마부를 잃었고, 게다가 한 쪽 눈을 잃어 애꾸가 된 채 육신은 폐잔하고 이름만 용맹하다 하니 이는 용사로서 치욕거리일 뿐이오. 상대에게 목숨을 잃지 않으려고 그 생명에 연연하였으면서도 그러고도 나에게 오만한 얼굴색을 하고 있다니!'라고 하였지요. 이에 초구흔은 갑자기 힐책을 받게 되자 분함과 노기가 함께 폭발하여 날이 어두워지면 요리에게 찾아갈 참이었습니다. 이에 요리는 자리를 끝내고 집으로 돌아가 그 아내에게 이렇게 '내 오늘 대가집 장례 자리에서 장사 초구흔을 욕보였다오. 그는 여한이 가득 쌓여 어두워지면 틀림없이 찾아올 거요. 삼가 내 방 문을 잠그지 마시오'라고 경계를 시켰습니다. 밤이 되자 초구흔이 과연 찾아왔는데 그의 문을 보니 잠겨 있지 않았고, 마루에 올라섰더니 역시 닫혀 있지 않았고 방으로 들어서자 요리는 머리를 편하게 풀어헤친 채 뻣뻣하게 누워 도무지 두려워하는 바가 없는 것이었습니다. 초구흔은 이에 손에 검을 잡고 요리의 머리채를 잡고 '그대는 마땅히 죽어야 할 과오가 세 가지이다. 그대는 아는가?'라고 다그쳤습니다. 요리가 '알지 못한다'라고 하자 초구흔은 '너는 대갓집 많은 무리 속에 나를 욕보인 것이 첫 번째 죽을 일이다. 돌아와 문을 잠그지 않았으니 두 번째 죽을 일이다. 누워서 아무런 방비도 하지 않고 있으니 세 번째 죽을 일이다. 그대는 세 가지 죽을 과오를 저질렀으니 원망이 없기를 바란다'라고 하였지요. 그러자 요리가 '나에게는 죽어야 할 세 가지 과오가 없도다. 그대는 세 가지 불초한 부끄러움을 저질렀으니 그대는 아는가?'라고 되물었습니다. 초구흔이 '알지 못한다'라고 하자 요기는 '내가 천 사람이나 되는 무리 속에 너를 욕보였음에도 너는 스스로 감히 보복하지 못하였다. 이것이 첫 번째 불초함이다. 남의 문에 들어서면서 헛기침 소리도 내지 않았고 마루에 오르면서 기척도 내지 않았으니 이것이 두 번째의 불초함이다. 앞서 네가 먼저 칼을 뽑아 놓고 손으로만 나의 머리채를 잡고 이에 감히 큰 소리를 치고 있으니 이것이 세 번째 불초함이다. 그대는 이 세 가지 불초함을 저질로 놓고 나를 위협하고 있으니 어찌 비루한 짓이 아니겠느냐?'라고 하였습니다. 이에 초구흔은 칼을 던져버리고 '나의 용력은 사람들로서 감히 곁눈질도 못하거늘 요리만은 나의 위에 있으니 이는 천하의 장사로다'라고 감탄하였다는 것입니다. 저는 요리의 이와 같음을 듣고 경계로써 들려드리는 것입니다."

오왕이 말하였다.

"원컨대 한가한 틈을 보아 기다리겠습니다."

二年, 吳王前旣殺王僚, 又憂慶忌之在鄰國, 恐合諸侯來伐.

問子胥曰:「昔專諸之事於寡人厚矣. 今聞公子慶忌有計於諸侯, 吾食不甘味, 臥不安席, 以付於子.」

子胥曰:「臣不忠無行, 而與大王圖王僚於私室之中, 今復欲計其子, 恐非皇天之意.」

闔閭曰:「昔武王討紂而後殺武庚, 周人無怨色. 今若斯議, 何乃天乎!」

子胥曰:「臣事君王, 將遂吳統, 又何懼焉? 臣之所厚其人者, 細人也, 願從於謀.」

吳王曰:「吾之憂也, 其敵有萬人之力, 豈細人之所能謀乎?」

子胥曰:「其細人之謀事, 而有萬人之力也.」

王曰:「其爲人何誰? 子以言之.」

子胥曰:「姓要, 名離. 臣昔嘗見曾折辱壯士椒丘訢也.」

王曰:「辱之奈何?」

子胥曰：「椒丘訢者，東海上人也，爲齊王使於吳，過淮津，欲飲馬於津，津吏曰：『水中有神，見馬卽出，以害其馬。君勿飲也。』訢曰：『壯士所當，何神敢干？』乃使從者飲馬於津，水神果敢其馬，馬沒。椒丘訢大怒，袒裼持劍，入水求神決戰，連日乃出，眇其一目。遂之吳，會於友人之喪。訢恃其與水戰之勇也，於友人之喪席，而輕傲於士大夫，言辭不遜，有陵人之氣。要離與之對坐，合坐不忍其溢於力也。時要離乃挫訢曰：『吾聞勇士之鬥也，與日戰不移表，與神鬼戰者不旋踵，與人戰者不達聲，生往死還，不受其辱。今者與神鬥於水，亡馬失御，又受眇目之病，形殘名勇，勇士所恥。不卽喪命於敵，而戀其生，猶傲色於我哉！』於是，椒丘訢卒於詰責，恨怒並發，暝卽往攻要離。於是，要離席闌至舍，誡其妻曰：『我辱壯士椒丘訢於大家之喪，餘恨蔚恚，暝必來也，慎無閉吾門。』至夜，椒丘訢果往，見其門不閉；登其堂，不關；入其室，不守；放髮僵臥無所懼。訢乃手劍而捽要離曰：『子有當死之過者三，子知之乎？』離曰：『不知。』訢曰：『子辱我於大家之眾，一死也。歸不關閉，二死也。臥不守御，三死也。子有三死之過，欲無得怨。』要離曰：『吾無三死之過，子有三不肖之愧，子知之乎？』訢曰：『不知。』要離曰：『吾辱子於千人之眾，自無敢報，一不肖也。入門不咳，登堂無聲，二不肖也。前拔子劍，手挫捽吾頭，乃敢大言，三不肖也。子有三不肖而威於我，豈不鄙哉？』於是，椒丘訴投劍而嘆曰: 『吾之勇也, 人莫敢眥占者, 離乃加吾之上, 此天下壯士也.』 臣聞要離若斯, 誠以聞矣.」

吳王曰:「願承宴而待焉.」

【慶忌】吳나라 公子. 王僚의 아우. 용맹하기로 이름이 났으며 公子 光(闔閭)이 吳王 僚를 弒殺하고 자립하자 衛나라로 도망하여 복수의 기회를 엿보고 있었으나 뒤에 要離에게 죽임을 당함. 《莊子》 山木篇에 "北宮奢爲衛靈公賦斂以爲鐘, 爲壇乎郭門之外, 三月而成上下之縣. 王子慶忌見而問焉, 曰:「子何術之設?」奢曰:「一之間, 无敢設也. 奢聞之: 『旣彫旣琢, 復歸於朴.』 侗乎其无識, 儻乎其怠疑; 萃乎芒乎, 其送往而迎來; 來者勿禁, 往者勿止; 從其强梁, 隨其曲傳, 因其自窮, 故朝夕賦斂而毫毛不挫, 而況有大塗者乎!」"라 하였고, 《左傳》 哀公 20年 傳에도 "吳公子慶忌驟諫吳子, 曰:「不改, 必亡.」 弗聽. 出居于艾, 遂適楚. 聞越將伐吳, 冬, 請歸平越, 遂歸. 欲除不忠者以說于越. 吳人殺之"라 하여 吳王 夫差 21年(B.C.475)으로서 시간적으로 맞지 않음.

【專諸之事】 伍子胥가 일을 꾸며 專諸로 하여금 吳王 僚를 시해한 사건. 038 참조.

【武王】 武王은 周 文王(姬昌)의 아들 姬發. 아버지의 뜻을 이어 은을 멸하고 周나라 王業을 일으켰던 聖王.

【紂】 殷의 末王. 이름은 受, 帝辛, 商辛. 周 武王에 의해 牧野에서 패하여 자결하였으며 은나라는 이로써 망함.

【武庚】 殷 紂王의 아들. 殷나라가 망한 후 周 武王이 殷의 遺民을 慰撫하고자 그를 봉하고 武王의 아우 管叔과 蔡叔으로 하여금 감시하도록 하였으나 武王이 죽은 후 周公이 聖王을 섭정할 때 管叔과 蔡叔이 武庚을 부추겨 난을 일으킴. 이에 周公이 東征하여 3년 만에 진압하고 管叔과 蔡叔도 죽여 없앰. 뒤에 周公은 微子 啓를 대신 봉하여 宋나라가 됨.

【何及天乎】 〈四部備要〉에는 "何及夫子"로 되어 있으나 "何反天乎"로 보아야 함. 孫詒讓은 "此當作「何反天乎」. 此因上子胥對曰「恐非皇天之意」而詰之也"라 함.

【將遂吳統】 吳나라의 王統을 바로잡아 줌. 闔閭에서 諸樊을 거쳐 嫡長子 光이 이어지도록 王僚를 죽여주었음을 말함.

【細人】 신체가 왜소한 사람. 힘이나 용맹이 없을 것으로 보이는 사람.

【要離】 春秋時代 刺客. 慶忌를 죽인 후 자신도 자결하였음.

【椒丘訢】春秋時代 齊나라 東海의 壯士.〈漢魏叢書〉도 같음.〈萬曆本〉에는 '椒丘訴'라 되어 있으나 '訴'는 '訢'의 오기. 그러나《韓詩外傳》에는 '蕃丘訢'으로 표기되어 있음.

【淮津】淮水의 나루.

【津吏】나루를 관리하는 직무를 맡은 관원.

【所當】《荀子》正名篇 注에 "當, 主也"라 함. '所有'와 같음.

【敢干】'干'은 '幹'과 같음. 그렇게 행동으로 옮김. 홀 대듦.

【袒裼】웃옷을 벗어부침. 물에 들어가 水神과 싸우기 위해 옷을 벗어던짐.

【訢恃其與水】'水'자 아래에 '神'자가 있어야 함. 徐天祜 注에 "水字下, 當有神字"라 함.

【與日戰者不移表】'表'는 日表, 日杆, 標杆, 日晷. 막대기를 세워 그림자로 해의 기욺을 재던 기구. '不移表'는 해가 멈추어 그림자가 이동하지 않음. 즉 해를 멈추게 함. 春秋時代 楚나라의 魯陽公이 전투 중에 해가 저물자 창으로 해를 끌어당겨 시간을 늦추었다는 고사.《博物志》(7)에 "魯陽公與韓戰酣而日暮, 援戈麾之, 日反三舍"라 하였고,《淮南子》覽冥訓에도 "魯陽公與韓構難, 戰酣日暮, 援戈而撝之, 日爲之反三舍"라 함. 宋 王翰의〈古長城吟〉에도 "爲君壹行摧萬人, 壯士揮戈回白日"이라 함.

【旋踵】'발꿈치를 돌리다. 후퇴하다. 포기하고 물러서다'의 뜻.

【不達聲】'達聲'은 이러쿵저러쿵 잔소리를 함.

【卒於詰責】'卒'은 '猝'과 같으며 '於'는 '被'자가 아닌가 함. 徐天祜는 "卒, 音猝. 於字疑當作被"라 함.

【席闌】자리가 끝난 다음. '闌'은 '더 이상 통행이 없음'의 뜻으로 모임이 끝남을 의미함.

【蔚恚】怨怒가 鬱結함. '蔚'은 '鬱'과 같음.

【放髮僵臥】머리를 풀어헤치고 편안한 자세로 뻣뻣하게 드러누워 있음.

【登堂無聲】인기척을 내어야 함에도 그렇게 하지 않은 것은 예에 어긋남.《禮記》曲禮(上)에 "將上堂, 聲必揚"이라 함.

【挫捽】'머리채를 잡다'의 뜻. '捽'은 '揪'(揫)와 같음.

【眥覘】곁눈질함. 깔봄. 흘겨봄. 경멸함. 혹 겁을 내어 직접 쳐다보지도 못함. '眥'는 '眦'와 같으며 '占'은 '覘'과 같음. 徐天祜는 "占, 疑當作覘"이라 함. '眥覘'은 雙聲連綿語.

1. 《左傳》哀公 20年

吳公子慶忌驟諫吳子, 曰:「不改, 必亡.」弗聽. 出居于艾, 遂適楚. 聞越將伐吳,
冬, 請歸平越, 遂歸. 欲除不忠者以說于越. 吳人殺之.

2. 《韓詩外傳》(10)

東海有勇士曰菑丘訢, 以勇猛聞於天下. 遇神淵, 曰飲馬. 其僕曰:「飲馬於此者,
馬必死」曰:「以訢之言飲之」其馬果沈. 菑丘訢去朝服, 拔劍而入, 三日三夜,
殺三蛟一龍而出. 雷神隨而擊之, 十日十夜, 眇其左目. 要離聞之, 往見之, 曰:
「訢在乎?」曰:「送有喪者」往見訢於墓, 曰:「聞雷神擊子, 十日十夜, 眇子左目.
夫天怨不全日, 人怨不旅踵踪. 至今弗報, 何也?」叱而去. 墓上振憤者, 不可勝數.
要離歸, 謂門人曰:「菑丘訢, 天下之勇士也. 今日我辱之人中, 是其必來攻我.
暮無閉門, 寢無閉戶」菑丘訢果夜來, 拔劍住要離頸, 曰:「子有死罪三: 辱我
以人中, 死罪一也; 暮不閉門, 死罪二也; 寢不閉戶, 死罪三也.」要離曰:「子待我
一言: 來謁, 不肖一也; 拔劍不刺, 不肖二也; 刃先辭後, 不肖三也. 能殺我者,
是毒藥之死耳.」菑丘訢引劍而去, 曰:「嘻! 所不若者, 天下惟此子爾.」傳曰:
「公子目夷以辭得國, 今要離以辭得身. 言不可不文, 猶若此乎?」《詩》曰:『辭之
懌矣, 民之莫矣.』

3. 《太平廣記》191(《獨異志》)

周世, 東海之上, 有勇士甾丘訢以勇聞於天下. 過神泉, 令飲馬. 其僕曰:「飲馬
於此者, 馬必死」丘訢曰:「以丘訢之言飲之」其馬果死. 丘訢乃去衣拔劍而入,
三日三夜, 殺二蛟一龍而出. 雷神隨而擊之. 十日十夜, 眇其左目. 要離聞而往
見之, 丘訢出送有喪者. 要離往見丘訢於墓所曰:「雷神擊子, 十日十夜, 眇子左目,
夫天怨不旋日, 人怨不旋踵, 子至今不報, 何也?」叱之而去. 墓上振憤者不可
勝數. 要離歸, 謂人曰:「甾丘訢天下勇士也. 今日我辱之於衆人之中. 必來殺我,
暮無閉門, 寢無閉戶」丘訢至夜半果來, 拔劍柱頸曰:「子有死罪三: 辱我於衆人
之中, 死罪一也. 暮無閉門, 死罪二也. 寢不閉戶, 死罪三也.」要離曰:「子待我
一言而後殺也. 子來不謁, 一不肖也. 拔劍不刺, 二不肖也. 刃先詞後, 三不肖也.
子能殺我者, 是毒藥之死耳.」丘訢收劍而去曰:「嘻. 天下所不若者, 唯此子耳.」

4. 《博物志》(8)

東海上勇士有菑丘訢, 過神淵, 使飲馬, 馬沈. 訢去朝服拔劍而入, 三日三夜,
殺二蛟一龍而出. 雷神隨擊之, 七日七夜, 眇其左目.

5.《**藝文類聚**》(96)

《韓詩外傳》曰: 東海有勇士菑丘訢, 過神泉, 飲馬. 其僕曰:「飲馬此者, 馬必致死.」飲馬果沉. 訢拔劍而入, 三日三夜, 殺二蛟而出. 雷神隨而擊之, 眇其左目.

6. 기타 참고 자료

《北堂書鈔》(152),《冊府元龜》(847),《論衡》龍虛篇.

047(4-8)
요리要離라는 인물

자서는 이에 요리要離를 만나 이렇게 말하였다.

"오왕께서 그대의 고의高義를 듣고 오직 한번 임해 주십사 하십니다."

이에 자서와 함께 오왕을 만나자 오왕이 말하였다.

"그대는 어떤 분입니까?"

요리가 말하였다.

"저는 나라 동쪽 천리나 떨어진 곳에 사는 사람입니다. 저는 몸이 가늘고 작으며 힘도 없습니다. 바람을 앞으로 맞으면 뒤로 넘어지고 등으로 바람을 받으면 엎어집니다. 그러나 대왕께서 명령을 내리신다면 감히 힘을 다하지 않겠습니까?"

오왕은 마음속으로 자서가 이런 사람을 소개해서는 안 된다고 여겨 한참을 묵연히 말이 없었다.

요리가 나서며 말하였다.

"대왕께서는 경기를 걱정하십니까? 제가 능히 죽일 수 있습니다."

왕이 말하였다.

"경기의 용맹은 세상에 소문이 나 있습니다. 근골筋骨은 단단하고 질겨만 사람도 당할 수 없으며 달리는 정도는 짐승을 추격할 정도이며 손으로는 나는 새를 잡을 수 있고 뼈로 뛰어오르고 근육으로 날아오르며 무릎을 한 번 쳤다 하면 수백 리를 갈 수 있습니다. 내가 일찍이 그를 강수江水까지 추격하였는데 네 필 말로 쫓아갔지만 따라잡지 못하였습니다.

어둠 속에 몰래 활을 쏘았지만 화살도 낚아채어 맞출 수 없었습니다.
지금 그대의 힘은 그와 같지 않습니다."

요리가 말하였다.

"대왕의 뜻이라면 저는 능히 죽일 수 있습니다."

왕이 말하였다.

"경기는 명석하고 지혜가 있는 사람입니다. 지금은 궁하여 제후들에게
몸을 의탁하고 있지만 제후의 아래에 있을 용사가 아닙니다."

요리가 말하였다.

"제 들기로 처자妻子의 즐거움을 편안히 여겨 임금을 섬기기에 온 힘을
다하지 않는 것은 충성이 아니며, 집안 여인의 사랑에 빠져 임금의 환난을
제거해주지 못하는 것은 의가 아니라 하였습니다. 저는 거짓으로 죄를 짓고
도망하는 척하겠습니다. 임금께서는 저의 처자를 죽여주시고, 그들을
오나라 저자 거리에서 태워 그 재를 날리며 저를 천금과 백 리의 읍으로써
사겠노라 하십시오. 그러면 경기는 틀림없이 저를 믿게 될 것입니다."

왕이 말하였다.

"허락하오."

요리는 이에 거짓으로 죄를 짓고 도망하였고 오왕은 이에 그의 처자를
잡아 저자 거리에서 불태워 죽였다.

子胥乃見要離曰:「吳王聞子高義, 惟一臨之.」

乃與子胥見吳王, 王曰:「子何爲者?」

要離曰:「臣, 國東千里之人. 臣細小無力, 迎風則僵,
負風則仆, 大王有命, 臣敢不盡力?」

吳王心非子胥進此人, 良久黙然不言.

要離卽進曰:「大王患慶忌乎? 臣能殺之.」

王曰:「慶忌之勇, 世所聞也, 筋骨果勁, 萬人莫當, 走追

奔獸, 手接飛鳥, 骨騰肉飛, 拊膝數百里. 吾嘗追之於江, 駟馬馳不及. 射之闇, 接矢不可中, 今子之力不如也.」

要離曰:「王有意焉, 臣能殺之.」

王曰:「慶忌明智之人, 歸窮於諸侯, 不下諸侯之士.」

要離曰:「臣聞安其妻子之樂, 不盡事君之義, 非忠也. 懷家室之愛, 而不除君之患者, 非義也. 臣詐以負罪出奔, 願王戮臣妻子, 焚之吳市, 飛揚其灰, 購臣千金與百里之邑, 慶忌必信臣矣.」

王曰:「諾.」

要離乃詐得罪出奔, 吳王乃取其妻子, 焚棄於市.

【迎風則僵】 앞으로 맞바람을 받으면 뒤로 넘어짐.

【負風則仆】 등 뒤에 바람을 받으면 앞으로 엎어짐. '仆'는 〈四部叢刊〉에는 '伏'으로 되어 있으나 《太平御覽》에 의해 고침. '仆'는 '엎어지다', '伏'은 '엎드리다'로 뜻의 차이가 있음.

【果勁】 단단하고 질김.

【骨騰肉飛】 매우 빠르고 날램을 뜻함.

【拊膝】 '무릎을 두드리다'로 '달리기 시작했다 하면 쉬지 않고 수백 리를 가다'의 뜻.

【駟馬】 수레 하나에 네 필 말이 끄는 것. 매우 빠름을 뜻함. 《論語》 顔淵篇 "駟不及舌"의 注에 "言子成之言, 乃君子之意. 然言出於舌, 則駟馬不能追之, 又惜其失言也"라 함.

【射之闇, 接矢不可中】 〈三民本〉에는 "射之闇接, 矢不可中"으로 표점을 삼고 '闇接'을 "闇, 通諳. 熟練地接住"라 하여 "그가 화살에 너무 익숙하여 활로 쏘아도 숙련되게 받아 쥐다"라 하였으나 〈貴州本〉에는 "어둠 속에서 그를 쏘아도 그는 화살을 손으로 받아 쥐어 상해를 입힐 수 없다"라 하여 '闇'을 '어둠 속, 몰래'의 뜻으로 보았음.

【有意焉】 뜻만 있으면 될 것임.

【家室】집안의 여자. 婦人 또는 妾. 愛情의 대상임을 뜻함.

【焚之吳市, 飛揚其灰, 購臣千金與百里之邑】〈四部叢刊〉에는 이 자리에 "斷其
右手" 4字만 들어 있으나《太平御覽》(494)에 의해 수정함. 이에 대해 顧觀光은
"按斷手事不見下文, 且要離方欲刺慶忌, 而先斷右手, 計亦左(謬)矣.《呂氏春秋》
亦但云'執其妻子, 焚之而揚其灰'"라 하여 慶忌를 찌르도록 보내면서 먼저
오른손을 자르도록 한 것은 이치에 맞지 않다고 여겼음.

참고 및 관련 자료

1.《呂氏春秋》忠廉篇

吳王欲殺王子慶忌而莫之能殺, 吳王患之. 要離曰:「臣能之」吳王曰:「汝惡
能乎? 吾嘗以六馬逐之江上矣, 而不能及, 射之矢, 左右滿把, 而不能中. 今汝
拔劍則不能舉臂, 上車則不能登軾, 汝惡能?」要離曰:「士患不勇耳, 奚患於不能?
王誠能助, 臣請必能」吳王曰:「諾」明旦加要離罪焉, 執其妻子, 焚之而揚其灰.
要離走, 往見王子慶忌於衛. 王子慶忌喜曰:「吳王之無道也, 子之所見也, 諸侯
之所知也, 今子得免而去之亦善矣」要離與王子慶忌居有間, 謂王子慶忌曰:
「吳之無道也愈其, 請與王子往奪之國」王子慶忌曰:「善」乃與要離俱涉於江.
中江, 拔劍以刺王子慶忌, 王子慶忌捽之, 投之於江, 浮則又取而投之, 如此者三.
其卒曰:「汝天下之國士也, 幸汝以成而名」要離得不死, 歸於吳. 吳王大說, 請與
分國. 要離曰:「不可. 臣請必死」吳王止之. 要離曰:「夫殺妻子焚之而揚其灰,
以便事也, 臣以爲不仁. 夫爲故主殺新主, 臣以爲不義. 夫捽而浮乎江, 三入三出,
特王子慶忌爲之賜而不殺耳, 臣已爲辱矣. 夫不仁不義. 又且已辱, 不可以生.」
吳王不能止, 果伏劍而死. 要離可謂不爲賞動矣. 故臨大利而不易其義, 可謂
廉矣. 廉故不以貴富而忘其辱.

2.《太平御覽》(386)

吳王欲殺王子慶忌, 而莫之能殺. 吳王患之, 吳王之友曰要離, 謂王曰:「臣請
殺之」吳王曰:「汝拔劍不能舉臂, 上車不能登足, 汝能殺之?」要離曰:「請必能」
吳王曰:「諾」

3.《太平御覽》(494)

《吳越春秋》曰: 要離爲王殺慶忌曰:「請以罪出走, 殺臣之妻子, 焚之吳市, 飛揚
其灰, 求臣千金與百里之邑, 詐往, 慶忌必信臣也」王曰:「諾」要離以罪出走,
王殺其妻子, 焚之吳市, 飛揚其灰, 求之千金與百里之邑.

048(4-9)
경기慶忌를 처단한 요리要離

요리는 이에 제후들 나라로 달아나 돌아다니며 원망의 말을 쏟아내며 천하에 자신이 죄가 없다는 소문을 퍼뜨렸다.

드디어 위衛나라에 이르러 경기를 만나기를 청하여 그를 만나자 이렇게 말하였다.

"합려의 무도함은 왕자께서도 아시는 바입니다. 지금 저의 처와 아들은 저잣거리에서 도륙을 당하여 저잣거리에서 불태워졌지만 죄도 없이 죽임을 당한 것입니다. 저는 오나라의 사정을 잘 알고 있으니 원컨대 왕자의 용맹이라면 합려는 가히 잡을 수 있을 것입니다. 어찌 저와 함께 동쪽 오나라로 가지 않습니까?"

경기는 요리의 모책을 믿었다.

그 뒤 석 달이 지나 잘 훈련된 사졸을 뽑아 드디어 오나라를 향하였다.

장차 강을 건너면서 중간에 이르렀을 때 요리는 힘이 약하여 바람이 센 곳에 경기를 앉도록 하고 바람의 세력을 이용하여 모矛로 경기의 관冠을 걸어당기며 바람을 따라 경기를 찔렀다.

경기는 요리를 돌아보며 세 번 손을 휘저어 그의 머리채를 잡아 물 속에 쳐 넣었다가 무릎 위에 올려놓고 이렇게 말하였다.

"허허허! 천하의 용사로다. 이에 감히 나에게 칼날을 들이대다니!"

좌우가 그를 죽이려 하자 경기가 저지하며 말하였다.

"이는 천하의 용사다. 어찌 하루 동안 천하의 용사가 두 사람을 죽일 수 있겠는가!"

그러고는 이렇게 좌우를 경계시켰다.

"그로 하여금 오나라에 돌아가 그 충의를 드러낼 수 있도록 해 주어라."

이에 경기는 죽고 말았다.

요리가 강을 건너 강 언덕에 이르자 슬픈 표정으로 더 가지 않는 것이었다.

종자從者가 말하였다.

"그대는 어찌 가지 않습니까?"

요리가 말하였다.

"나의 처자妻子를 죽여 그 임금을 섬겼으니 인仁이 아니요, 새 군주를 위해 옛 군주의 아들을 죽였으니 이는 의義가 아니다. 사람이라면 죽음을 중시하되 의롭지 못한 것은 귀히 여기지 않아야 하는 것이다. 그런데 지금 내가 살기를 탐내어 덕행을 포기한다면 이는 의롭지 못한 것이다. 무릇 사람으로서 이 세 가지 악함이 있으면서도 세상에 선다면 내 무슨 면목으로 천하의 용사를 보겠는가?"

말을 마치고 드디어 그 몸을 물 속으로 던졌다.

아직 죽지 않았을 때 종자가 끌어내었다.

요기는 이렇게 말하였다.

"나는 능히 죽을 수도 없다는 것인가?"

종자가 말하였다.

"그대는 죽지 마시고 작록爵祿을 기다리십시오."

요리는 스스로 팔과 다리를 자르고 검 위에 엎어져 죽었다.

要離乃奔諸侯而行怨言, 以無罪聞於天下.

遂如衛, 求見慶忌, 見曰:「闔閭無道, 王子所知. 今戮吾妻子, 焚之於市, 無罪見誅. 吳國之事, 吾知其情, 願因王子之勇, 闔閭可得也. 何不與我東之於吳?」

慶忌信其謀.

後三月, 揀練士卒, 遂之吳.

將渡江於中流, 要離力微, 坐與上風, 因風勢以矛鉤其冠, 順風而刺慶忌.

慶忌顧而揮之三, 捽其頭於水中, 乃加於膝上:「嘻嘻哉! 天下之勇士也, 乃敢加兵刃於我.」

左右欲殺之, 慶忌止之曰:「此是天下勇士, 豈可一日殺天下勇士二人哉!」

乃誡左右曰:「可令還吳, 以旌其忠.」

於是慶忌死. 要離渡至江陵, 愍然不行.

從者曰:「君何不行?」要離曰:「殺吾妻子以事其君, 非仁也. 爲新君而殺故君之子, 非義也. 重其死, 不貴無義. 今吾貪生棄行, 非義也. 夫人有三惡以立於世, 吾何面目以視天下之士?」

言訖, 遂投身於江.

未絶, 從者出之.

要離曰:「吾寧能不死乎?」

從者曰:「君且勿死, 以俟爵祿.」

要離乃自斷手足, 伏劍而死.

【衛】周 武王의 아우 康叔이 봉을 받았던 나라. 지금의 하북, 河南 일대에 있었음. 도읍은 濮陽.

【揀練】잘 훈련된 병사를 선발함.

【坐與上風】요리는 바람을 버틸 수 없을 정도로 약하여 경기로 하여금 바람이 센 곳에 앉도록 하였음을 말함. 楊樹達은 "與, 介詞, 用同於"라 하였으나 이는 오류이며 《吳郡志》(20)에는 "坐慶忌上風"으로 되어 있어 慶忌를 上風에 앉도록 한 것임.

【矛鉤】矛는 창. 鉤는 動詞로 쓰임. 창을 갈고리로 하여 걸어 잡아당김.

【捽其頭】'捽'은 머리채를 잡아채거나 잡아당김.

【慶忌死】慶忌가 죽은 것은 哀公 20년(B.C.475), 즉 부차 21년으로 시대가 맞지 않음. 《左傳》에 기록된 것은 傳聞이며 《呂氏春秋》忠廉篇의 기록은 戰國末의 전문임.

【江陵】지명일 경우 지금의 湖北 江陵縣. 춘추시대 楚나라 도읍 郢이었던 곳이지만 당시에는 江陵의 지명이 아니었으며 秦나라 이후의 지명임. 따라서 '강 언덕'의 뜻으로 보아야 마땅함. 또한 衛나라에서 吳나라로 오는 길이 江陵을 거칠 이유도 없음.

【棄行】덕행을 포기함. 혹은 '죽음을 실행에 옮기지 못함'의 뜻으로도 봄.

【爵祿】慶忌를 죽인 공로를 吳王 闔閭에게 인정받을 것임을 말함.

참고 및 관련 자료

1. 《左傳》哀公 20年 傳

吳公子慶忌驟諫吳子, 曰:「不改, 必亡.」弗聽. 出居于艾, 遂適楚. 聞越將伐吳, 冬, 請歸平越, 遂歸. 欲除不忠者以說于越. 吳人殺之.

2. 《呂氏春秋》忠廉篇

앞장의 참고란을 볼 것.

049(4-10)
손자孫子

3년(B.C.512), 오나라는 장차 초楚나라를 칠 참이었다.

아직 행동에 옮기지 않았을 때 오자서伍子胥와 백희白喜가 서로 이렇게 말하였다.

"우리는 왕을 위해 병사를 양성하고 모책謀策을 세워 나라를 이롭게 하였는데 오왕은 짐짓 초나라를 치기 위해 영令을 내고 이유를 대며 군사를 일으킬 뜻이 없으니 어찌하면 좋겠는가?"

얼마 뒤, 오왕이 오자서와 백희에게 물었다.

"과인이 출병하고자 하는데 두 사람 생각은 어떻습니까?"

오자서와 백희가 대답하였다.

"저희들은 명령을 따르기를 원합니다."

오왕은 속으로 계산하되, 두 사람 모두 초나라에 대해 깊은 원한을 품고 있으므로 오나라 군사를 이용하여 그저 초나라를 파멸시킬 생각뿐일 것이라는 걱정을 깊이 하였다.

孫武

그리하여 누대에 올라 남풍을 향하여 휘파람을 불다가 잠시 뒤 탄식을 하였는데 신하들은 누구도 왕의 뜻을 알아차리지 못하였다.

자서는 오왕이 출병을 결정하지 못하는 까닭을 깊이 알고, 이에 손자孫子를 오왕에게 추천하였다.

三年, 吳將欲伐楚.

未行, 伍子胥, 白喜相謂曰:「吾等爲王養士, 盡其策謀, 有利於國, 而王故伐楚, 出其令, 託而無興師之意, 奈何?」

有頃, 吳王問子胥, 白喜曰:「寡人欲出兵, 於二子何如?」

子胥, 白喜對曰:「臣願用命.」

吳王內計二子皆怨楚, 深恐以兵往破滅而已.

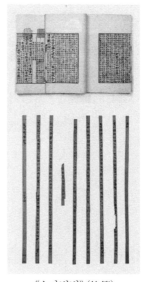

《손자병법》(竹簡)

登臺向南風而嘯, 有頃而嘆, 群臣莫有曉王意者.

子胥深知王之不定, 乃薦孫子於王.

【伐楚】蓋餘와 燭傭을 討滅하기 위한 것이었음.《左傳》昭公 30年을 볼 것.

【內計】속으로 혼자만 계산해 봄. 생각함. 헤아려봄.

【託】다른 구실을 댐.

【孫子】孫武. 자는 長卿. 춘추시대 유명한 병법가.《史記》孫子吳起傳에는 '齊人'이라 하였으며,《漢書》藝文志에《孫子兵法》82편이 저록되어 있으나 지금은 計篇, 作戰篇, 謀攻篇, 形篇, 勢篇, 虛實篇, 軍爭篇, 九變篇, 行軍篇, 地形篇, 九地篇, 火攻篇, 用間篇 등 13편만이 전함. 한편 1972년 山東 臨沂縣 漢墓에서《孫子兵法》竹簡 2백 餘枚, 2천 3백 餘字가 出土되었음.

참고 및 관련 자료

1.《左傳》昭公 30年

吳子使徐人執掩餘, 使鍾吾人執燭庸, 二公子奔楚. 楚子大封, 而定其徙, 使監馬尹大心逆吳公子, 使居養, 蒍尹然, 左司馬沈尹戌城之；取於城父與胡田以與之, 將以害吳也. 子西諫曰：「吳光新得國, 而親其民, 視民如子, 辛苦同之, 將用之也. 若好吳邊疆, 使柔服焉, 猶懼其至. 吾又彊其讎, 以重怒之, 無乃不可乎! 吳, 周之胄裔也, 而棄在海濱, 不與姬通, 今而始大, 比于諸華. 光又甚文, 將自同於先王. 不知天將以爲虐乎, 使翦喪吳國而封大異姓乎, 其抑亦將卒以祚吳乎, 其終不遠矣. 我盍姑億吾鬼神, 而寧吾族姓, 以待其歸, 將焉用自播揚焉?」王弗聽.

050(4-11)
총희寵姬의 목을 친 손자

손자孫子는 이름이 무武이며 오吳나라 사람이다.

병법兵法에 능하였으나 은거하여 깊이 숨어 살고 있어 세상 사람들이 그의 능력을 알지 못하였다.

오자서는 이에 명석한 지혜와 사람을 감별하는 능력으로써 손자라면 가히 절충折衝하여 적을 소멸시킬 수 있음을 알고 있었다.

그리하여 어느 날 아침 오왕과 병법에 대한 논의를 벌이면서 일곱 번이나 손자를 추천하였다.

오왕은 이렇게 짐작하였다.

"자서가 입이 마르도록 이러한 선비를 추천하는 것은 이를 끌어들여 자신이 쓰고자 하는 것이리라."

그리하여 왕은 손자를 불러 병법으로써 질문을 삼았다.

손자가 한 단락씩 진술할 때마다 왕은 자신도 모르게 입에서 훌륭하다는 칭찬을 쏟아내며 마음속으로 크게 기꺼워하였다.

그리고 이렇게 물었다.

"병법을 적게나마 가히 시험삼아 보여줄 수 있겠소?"

손자가 말하였다.

"좋습니다. 후궁의 여자들로도 시험할 수 있습니다."

오왕이 말하였다.

"허락하오."

손자가 말하였다.

"대왕의 총희寵姬 두 사람으로 군대장軍隊長으로 삼고 각 대장에 한 대열隊列씩으로 합니다."

그리하여 영을 내려 3백 명 모두에게 갑옷을 입히고 투구를 쓰게 한 다음, 검을 잡고 방패를 들게 하여 세웠다.

그들에게 군법軍法을 일러 주고 북소리에 따라 앞으로 나아가고 뒤로 물러서며 좌우로 도는 법 등 행동 방법을 알려주고, 금지하는 것도 알도록 하였다.

그리고 이렇게 영을 내렸다.

"한 번 북소리가 나면 떨쳐 모두가 일어나는 것이요, 두 번 울리면 함성을 지르며 앞으로 달려나가고, 세 번째 북소리가 나면 전투 대형을 갖춘다!"

그러자 궁녀들은 입을 가리고 웃는 것이었다.

손자가 이에 직접 북채를 잡고 북을 울리면서 세 번 영을 내리고 다섯 번 설명을 하였으나 그들의 키득거리는 웃음소리는 여전하였다.

손자가 돌아보는데도 여러 여자들의 연달아 내는 웃음이 그치지 않자, 손자는 크게 노하여 두 눈이 치켜 올라가고, 목소리는 성난 호랑이 같았으며, 머리카락은 관을 찔러 솟구칠 정도였고, 목덜미 곁의 갓끈이 끊어질 지경이었다.

손자는 군법을 집행하는 군리軍吏를 돌아보며 말하였다.

"부질鈇鑕을 가져오라!"

손자가 말하였다.

"약속이 명확하지 못하고 명령을 설명함에 믿음을 얻지 못하는 것은 장수의 죄이다. 그러나 이미 약속이 전달되었고 세 번 영을 내리고 다섯 번이나 설명하였는데도 병졸들이 행동으로 따르지 않는 것은 사병의 잘못이다. 군법에는 어떻게 되어 있는가?"

군리가 말하였다.

"참斬하는 것입니다!"

손무는 이에 대장隊長 둘을 참하도록 명하였는데 바로 오왕의 총희였다.

孫子〈演陣教美人戰圖〉版畵

오왕은 누대에 올라 이를 멀리 관망하다가 곧바로 두 애희가 참형을
당하는 것을 보고 사자를 달려 보내어 이렇게 명령하도록 하였다.

"과인은 이미 장군께서 용병에 뛰어남을 알았소. 과인은 이 두 여인이
없으면 밥을 먹어도 단 맛을 모르니 의당 참형을 내리지 마시오!"

손자가 대답하였다.

"저는 이미 명을 받아 장수가 된 것입니다. 장수의 법은 군에 있습니다.
임금께서 비록 명령이 있다 해도 저는 받아들일 수 없습니다."

손자가 다시 지휘하며 북을 울리자 좌우, 진퇴, 회선이 규칙에 맞게 되었
으며 감히 눈도 깜박이지 못하였고, 기다리고 있던 두 대열은 적연寂然하여
감히 뒤도 돌아보는 자가 없게 되었다.

이에 손자가 오왕에게 보고하였다.

"병사들은 이미 바르게 되었으니 왕께서 살펴보시기 바랍니다. 오직 쓰고
싶은 대로 쓸 수 있으며 물불 속으로 뛰어들도록 해도 어렵다 여기지 않을
것이니 이로써 천하를 평정할 수 있습니다."오왕은 홀연忽然히 기꺼워하지
않으면서 이렇게 말하였다.

"과인은 그대께서 용병에 뛰어남을 알았소. 비록 이렇게 하여 천하를
제패한다 해도 써 볼 데가 없소. 장군께서는 이들을 해산시키고 숙소로

가시오. 과인은 원하지 않소.”

손자가 말하였다.

“왕은 한갓 말로만 병법을 좋아할 뿐 그 실질은 쓰지 않는구나.”

孫子者, 名武, 吳人也.

善爲兵法, 辟隱深居, 世人莫知其能.

胥乃明知鑒辯, 知孫子可以折衝銷敵.

乃一旦與吳王論兵, 七薦孫子.

吳王曰:「子胥託言進士, 欲以自納.」

而召孫子問以兵法.

每陳一篇, 王不知口之稱善, 其意大悅.

問曰:「兵法寧可以小試耶?」

孫子曰:「可! 可以小試於後宮之女.」

王曰:「諾.」

孫子曰:「得大王寵姬二人, 以爲軍隊長, 各長一隊.

令三百人皆被甲兜鍪, 操劍盾而立.」

告以軍法, 隨鼓進退, 左右廻旋, 使知其禁.

乃令曰:「一鼓皆振, 二鼓操進, 三鼓爲戰形!」

於是宮女皆奄口而笑.

孫子乃親自操枹擊鼓, 三令五申, 其笑如故.

孫子顧視諸女連笑不止, 孫子大怒, 兩目忽張, 聲如駭虎,
髮上衝冠, 項旁絶纓.

顧執法曰:「取鈇鑕!」

孫子曰:「約束不明, 申令不信, 將之罪也. 旣以約束, 三令五申, 卒不卻行, 士之過也. 軍法如何?」

執法曰:「斬!」

武乃令斬隊長二人, 卽吳王之寵姬也.

吳王登臺觀望, 正見斬二愛姬, 馳使下之令曰:「寡人已知將軍用兵矣. 寡人非此二姬, 食不甘味, 宜勿斬之!」

孫子曰:「臣旣已受命爲將, 將法在軍, 君雖有令, 臣不受之.」

孫子復撝鼓之, 當左右進退, 廻旋規矩, 不敢瞬目, 二隊寂然無敢顧者.

於是乃報吳王曰:「兵已整齊, 願王觀之. 惟所欲用, 使赴水火, 猶無難矣, 而可以定天下.」

吳王忽然不悅, 曰:「寡人知子善用兵, 雖可以霸, 然而無所施也. 將軍罷兵就舍, 寡人不願.」

孫子曰:「王徒好其言而不用其實.」

【辟隱深居】 깊고 외진 곳에 숨어 지냄. '辟'은 '僻'과 같음. 《太平御覽》에는 '辟'이 '僻'으로 되어 있음.

【明知鑒辯】 伍子胥의 밝고 명철한 지혜와 인물 감별 능력을 말함.

【折衝】 적의 무리를 끊고 그 속으로 충돌해 들어감. 매우 용감함을 뜻함.

【銷敵】 적을 소멸시킴. '銷'는 '消'와 같음.

【託言】 말에 의탁하여 부탁함.

【一篇】 병법을 한 단락씩 설명하였음을 뜻함.

【三百人】 《史記》에는 '百八十人'으로 되어 있음.

【被甲兜鍪】 갑옷을 입고 투구를 씀. 무장을 갖춤.

【操進】孫詒讓은 "操, 當爲譟.《詩》大雅大明孔疏引今文《書》太誓云:「師乃鼓譟」《周禮》大司馬鄭注云:「譟, 讙也.」操, 譟, 形聲相近而誤"라 하여 '操'는 '譟'와 같으며 '시끄럽게 함성을 지르며 앞으로 달려나감'을 뜻함.

【三令五申】세 번 명령을 일러주고 다섯 번 설명함. '申'은 '설명하다'의 뜻. 혹 '반복하다'로 보기도 함.

【項旁絶纓】'項旁'은 목덜미 곁. 늘여뜨려진 갓끈을 말함.

【鈇鑕】도끼와 모탕. '모탕'은 형구의 하나로 밑에 받치는 나무 바탕. 徐天祜注에 "鈇, 斧也; 鑕, 鈇椹"이라 함.

【士之過也】'士'는 병졸들의 지휘자. 屯長, 百長을 가리킴.《老子》"善爲士者"의 注에 "士, 卒之帥也"라 하였으며,《說苑》指武篇에는 "士者, 將之肢體也"라 함.

【撝】'揮'와 같음. 指揮함.

【規矩】원래는 그림쇠와 곱자. 법도, 규칙 등을 뜻함.《史記》에는 "於是, 復鼓之, 婦人左右前後跪起, 皆中規矩繩墨"이라 하여 훨씬 구체적임.

【二隊】세 대열 중에 하나를 집중적으로 훈련시키고 있었으며 나머지 두 대열은 대기하고 있었으므로 이렇게 설명한 것.

【惟所欲用】《史記》에는 "唯王所欲用之"로 되어 있음.

> 참고 및 관련 자료

1.《史記》孫子吳起列傳

孫子武者, 齊人也. 以兵法見於吳王闔廬. 闔廬曰:「子之十三篇, 吾盡觀之矣, 可以小試勒兵乎?」對曰:「可」闔廬曰:「可試以婦人乎?」曰:「可」於是許之, 出宮中美女, 得百八十人. 孫子分爲二隊, 以王之寵姬二人各爲隊長, 皆令持戟. 令之曰:「汝知而心與左右手背乎?」婦人曰:「知之」孫子曰:「前, 則視心; 左, 視左手; 右, 視右手; 後, 卽視背」婦人曰:「諾」約束旣布, 乃設鈇鉞, 卽三令五申之. 於是鼓之右, 婦人大笑. 孫子曰:「約束不明, 申令不熟, 將之罪也.」復三令五申而鼓之左, 婦人復大笑. 孫子曰:「約束不明, 申令不熟, 將之罪也; 旣已明而不如法者, 吏士之罪也.」乃欲斬左右隊長. 吳王從臺上觀, 見且斬愛姬, 大駭. 趣使使下令曰:「寡人已知將軍能用兵矣. 寡人非此二姬, 食不甘味, 願勿斬也.」孫子曰:「臣旣已受命爲將, 將在軍, 君命有所不受」遂斬隊長二人以徇. 用其次爲隊長, 於是復鼓之. 婦人左右前後跪起皆中規矩繩墨, 無敢出聲. 於是孫子使使報王曰:「兵旣整齊, 王可試下觀之, 唯王所欲用之, 雖赴水火猶可也.」
吳王曰:「將軍罷休就舍, 寡人不願下觀.」孫子曰:「王徒好其言, 不能用其實.」
於是闔廬知孫子能用兵, 卒以爲將. 西破彊楚, 入郢, 北威齊晉, 顯名諸侯, 孫子
與有力焉.

2.《太平御覽》(305)

吳王闔閭將伐楚, 登臺向風而嘯, 有頃而歎. 群臣莫有曉王意者. 子胥乃薦孫
子者, 吳人也. 名武, 善爲兵法, 僻隱幽居, 世人莫知其能.

3.《藝文類聚》(53)

孫子者, 吳人, 名武. 善爲兵法, 僻隱幽居. 世人莫知其能, 子胥明於識人, 乃薦
孫子. 吳王問以兵法, 每陳一篇, 王不覺口之稱善.

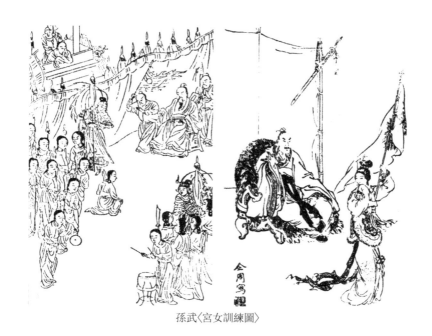

孫武〈宮女訓練圖〉

051(4-12)
드디어 초나라 정벌

오자서伍子胥가 간諫하였다.

"제가 듣기로 군사軍事라는 것은 흉사凶事라 하였으니 빈 말로 시험할 수는 없습니다. 그 까닭으로 주벌誅伐이 실행되지 않으면 병도兵道가 명확해지지 못합니다. 지금 대왕께서는 마음을 경건히 하셔서 훌륭한 선비를 구하여 병과兵戈를 일으켜 포악한 초楚나라를 주벌하여 천하를 제패하고 제후들에게 위엄을 드러내시려 하십니다. 그런데 손무孫武와 같은 장수가 아니면 누가 능히 회수淮水를 건너고 사수泗水를 넘어, 천리를 넘어 싸울 수가 있겠습니까?"

이에 오왕은 크게 기꺼워하며 북을 울려 군사를 모아 소집한 다음 초나라를 공격하였다.

손자가 장군이 되어 서舒 땅을 함락시키고 오나라를 버리고 망명하여 초나라에 장수가 된 두 공자 개여蓋餘와 촉용燭傭을 죽여버렸다.

오왕이 영郢에까지 치고 들어가려 하자 손무가 말하였다.

"백성들이 피로에 지쳐 있으니 안 됩니다. 기다려야 합니다."

子胥諫曰:「臣聞兵者, 凶事, 不可空試. 故爲兵者, 誅伐
不行, 兵道不明. 今大王虔心思士, 欲興兵戈以誅暴楚,

以霸天下而威諸侯. 非孫武之將, 而誰能涉淮踰泗,
越千里而戰者乎?」

於是吳王大悅, 因鳴鼓會軍, 集而攻楚.

孫子爲將, 拔舒, 殺吳亡將二公子蓋餘, 燭傭.

謀欲入郢, 孫武曰:「民勞, 未可, 恃也.」

【兵者, 凶事】《老子》31장에 "兵者, 不祥之器也, 不得已而用之"라 하였고, 《國語》
越語(下)에도 "范蠡進諫曰:「兵者, 凶器也.」"라 함.

【虔心思士】경건한 마음으로 賢士를 구할 생각을 함.

【涉淮踰泗】淮水를 건너고 泗水를 넘음. 泗水는 泗河로도 부르며 山東 泗水縣
陪尾山에서 발원하여 曲阜, 魚臺를 거쳐 江蘇 徐州를 지나 洪澤湖에서 淮水와
합류함. 古代 長江, 黃河, 淮水와 더불어 四瀆이었음.

【舒】원래 춘추시대 舒國이 있던 곳. 楚나라가 멸하였으며 지금의 安徽 舒城縣
동남 일대. 吳王 僚의 두 아우 蓋餘와 燭傭이 楚나라로 망명하여 봉지로 받았던
곳. 039 참조.

【郢】楚나라의 도읍. 楚 文王 10년(B.C.680) 丹陽으로부터 이곳으로 도읍을
옮겼음. 지금의 湖北 江陵 서북 紀南城.

【未可, 恃也】〈三民本〉에는 이를 "未可恃也"로 하여 "백성의 힘을 믿을 수 없다"
로 보았으나 〈貴州本〉에는 '恃'를 '待'의 오기로 보아 "안 됩니다. 기다리십시오"의
뜻으로 보았음. 《史記》 吳太伯世家에는 "光謀欲入郢, 將軍孫武曰:「民勞, 未可,
待之.」"라 하였고, 伍子胥列傳에도 "因欲至郢, 將軍孫武曰:「民勞, 未可, 且待之.」"
라 하여 '恃'는 '待'의 오기임.

(참고 및 관련 자료)

1.《史記》吳太伯世家

三年, 吳王闔廬與子胥, 伯嚭將兵伐楚, 拔舒, 殺吳亡將二公子. 光謀欲入郢,
將軍孫武曰:「民勞, 未可, 待之.」

2.《史記》伍子胥列傳

楚誅其大臣郤宛, 伯州犁, 伯州犁之孫伯嚭亡奔吳, 吳亦以嚭爲大夫. 前王僚
所遣二公子將兵伐楚者, 道絶不得歸. 後聞闔廬弑王僚自立, 遂以其兵降楚,
楚封之於舒. 闔廬立三年, 乃興師與伍胥, 伯嚭伐楚, 拔舒, 遂禽故吳反二將軍.
因欲至郢, 將軍孫武曰:「民勞, 未可, 且待之」乃歸.

052(4-13)
민심을 수습하는 길

초楚나라는 오吳나라가 손자孫子, 오자서伍子胥, 백희白喜로 하여금 장군을 삼아 초나라가 고통을 당하고 있다는 말을 듣고 여러 신하들이 다 함께 원망을 하며 이렇게 말하였다.

"비무기가 오사伍奢와 백주리白州犁를 참훼하여 죽이는 바람에 오나라가 국경을 침범하여 노략질이 끊이지 않고 있으며 초나라 신하들 온 조정의 우환이 된 것이다."

이에 사마성司馬成이 영윤令尹 자상子常에게 말하였다.

"태부太傅 오사와 좌윤左尹 백주리는 그들이 어떤 죄를 지었는지 나라 사람들 중에 아는 이가 아무도 없습니다. 그런데 그대는 왕과 모의하여 이들을 죽여 오늘까지도 비방이 나라 안에 돌고 있으며 그 쑥덕거림은 끊어지지 않고 있으니 진실로 의혹스럽습니다. 대체로 듣기에 '어진 자는 사람을 죽여 그 비방 따위는 막을 수 있다 해도 오히려 그렇게 하지 않는다' 하였습니다. 그런데 지금 그대는 사람을 죽여 나라 안에 비방이 일어나고 있으니 역시 이상하지 않습니까? 무릇 비무기는 초나라에 남 헐뜯기로 이름난 사람이며 백성들로서 이를 모르는 자가 없습니다. 지금 무고하게 세 현사를 죽여 오나라와 원한을 맺어 안으로는 충신의 마음에 상해를 입혔고 밖으로는 이웃 나라의 웃음거리가 되고 말았습니다. 게다가 극완郤宛과 오사의 가족은 오나라로 도망하였고 오나라는 새로운 오운과 백희가 있어 위세를 거머쥔 채 날카로운 의지로 우리 초나라와 원수를 맺고 말았으니 그 때문에 강한 적의 병사들이 날마다 우리를 놀라게 하는 것입니다. 초나라에 일이 벌어지면 당신은 위험해집니다. 무릇 지혜로운 자는 헐뜯는 자를 제거하여 자신의 안전을 삼고 어리석은 자는 아첨을 받아들여 스스로 망하는 것입니다. 지금 그대는 헐뜯는 자를 받아주고 있으니 나라가 위험한 것입니다."

자상이 말하였다.

"이는 모두 나囊의 죄입니다. 감히 처리하지 않을 수 있겠습니까?"

9월, 자상이 소왕昭王과 함께 모책을 세워 비무기를 죽이고 드디어 그 일족을 멸하자 나라 사람들의 비방이 그치게 되었다.

楚聞吳使孫子, 伍子胥, 白喜爲將, 楚國苦之, 群臣皆怨, 咸言:「費無忌讒殺伍子胥, 白州犁, 而吳侵境, 不絶於寇, 楚國群臣有一朝之患.」

於是, 司馬成乃謂子常曰:「太傅伍奢, 左尹白州犁, 邦人莫知其罪. 君與王謀誅之, 流謗於國, 至於今日, 其言不絶, 誠惑之. 蓋聞『仁者殺人以掩謗者, 猶弗爲也.』今子殺人以興謗於國, 不亦異乎? 夫費無忌, 楚之讒口, 民莫不知其過. 今無辜殺三賢士, 以結怨於吳, 內傷忠臣之心, 外爲鄰國所笑. 且郤, 伍之家出奔於吳, 吳新有伍員, 白喜, 秉威銳志, 結讎於楚, 故强敵之兵日駭. 楚國有事, 子卽危矣. 夫智者除讒以自安, 愚者受佞以自亡. 今子受讒, 國以危矣.」

子常曰:「是囊之罪也, 敢不圖之?」

九月, 子常與昭王共誅費無忌, 遂滅其族, 國人乃謗止.

【司馬戍】司馬戍의 오류. 司馬는 군사를 관장하는 장관. 당시 楚나라 司馬戍은 左司馬 沈尹戍이었음. '成'은 '戍'과 비슷하여 오류를 범한 것으로 보임.《左傳》昭公 27년에 "左司馬沈尹戍"이라 하였고,《左傳》昭公 十九年 杜預 注에 "戍, 莊王之會孫. 葉公諸梁父也"라 하였으며,《呂氏春秋》高誘 注에도 "沈尹戍, 莊王之孫, 沈諸梁葉公子高之父也"라 하였고, 王符《潛夫論》에도 역시 "左司馬戍者, 莊王之曾孫, 葉公諸梁者, 戍之第三弟也"라 함.

【子常】楚나라 令尹. 이름은 囊瓦. 字는 子常. 子囊의 손자로 楚 平王 10년 초나라 令尹에 오름.《左傳》昭公 23년 참조.

【白州犁】郤宛의 오기. 白州犁를 죽인 것이 아님.

【誠惑之】'誠'은 副詞로 '진실로'의 뜻이나《左傳》에는 "戍也惑之"로 되어 있어 '戍'자의 오기가 아닌가 함.

【民莫不知其過】〈四部叢刊〉본에는 '不'자가 누락되어 있음.《左傳》에 의해 보입함.

【三賢士】徐天祜는 "伍奢, 白州犁與郤宛而三"이라 하였으나 盧文弨는 "上以白州犁, 郤宛爲一人, 此當以伍尙當其一"이라 하여 伍尙을 넣어야 한다고 보았음. 그러나《左傳》"今又殺三不辜, 以興大謗"의 杜預 注에는 "三不辜: 郤氏, 陽氏, 晉陳氏"라 하여 郤宛(郤宛), 陽令終(陽匄의 아들), 晉陳을 들고 있음.

【是囊之罪也】囊은 영윤 子常의 이름 囊瓦.〈四部叢刊〉본에는 '罍'으로 잘못 표기되어 있으며《左傳》에는 "是瓦之罪"로, 明〈萬曆本〉에는 "是囊之罪也"로 되어 있음.

【昭王】楚나라 군주. 羋珍. 이름은 혹은 壬, 軫으로도 알려져 있음. 平王과 秦女 사이에 난 아들. B.C.515~B.C.489년까지 27년간 재위하고 惠王(羋章)에게로 이어짐.

【國人乃謗止】《左傳》에는 "謗言乃止"라 하여 이 문장은 "國人謗乃止"여야 함.

(참고 및 관련 자료)

1.《左傳》昭公 27年

楚郤宛之難, 國言未已, 進胙者莫不謗令尹. 沈尹戍言於子常曰:「夫左尹與中廐尹, 莫知其罪, 而子殺之, 以興謗讟, 至于今不已. 戍也惑之, 仁者殺人以掩謗, 猶弗爲也. 今吾子殺人以興謗, 而弗圖, 不亦異乎! 夫無極, 楚之讒人也, 民莫不知. 去朝吳, 出蔡侯朱, 喪大子建, 殺連尹奢, 屛王之耳目, 使不聰明. 不然, 平王之溫惠共儉, 有過成, 莊, 無不及焉. 所以不獲諸侯, 邇無極也. 今又殺三不辜, 以興大謗, 幾及子矣. 子而不圖, 將焉用之? 夫鄢將師矯子之命, 以滅三族. 三族, 國之良也, 而不慭位. 吳新有君, 疆場日駭. 楚國若有大事, 子其危哉! 知者除讒以自安也, 今子愛讒以自危也, 甚矣, 其惑也!」子常曰:「是瓦之罪, 敢不良圖!」九月己未, 子常殺費無極與鄢將師, 盡滅其族, 以說于國. 謗言乃止.

053(4-14)
오왕의 딸 등옥滕玉

오왕吳王에게는 등옥滕玉이라는 딸이 있었다.

초나라 치는 일에 모책을 짜느라 바쁜 때에 부인과 딸과 함께 진 물고기 요리를 먹게 되었는데 왕이 먼저 반을 맛보고 나머지를 딸에게 주자 딸은 원망하며 이렇게 말하였다.

"왕께서 먹던 찌꺼기 생선으로 나를 욕되게 하셨으니 나는 차마 오래 살고 싶지 않습니다."

그러고는 자살해버렸다.

합려는 이를 심히 애통해하며 나라 서쪽 창문閶門 밖에 장례를 치렀다.

이에 땅을 파서 연못을 만들고 흙을 쌓아 산을 만들었으며, 문석文石으로 곽槨을 만들고 제주題湊 가운데는 금정金鼎, 옥배玉杯, 은준銀樽, 주유珠襦 등 보물들을 넣어 딸을 보내었다.

그리고 오나라 저자 거리에서 백학白鶴 춤을 추게 하면서 온 백성들로 하여금 그 행렬을 따르며 구경하도록 하고, 끝내 남녀들로 하여금 학과 함께 묘지의 연문羨門 안으로 들어가도록 하고는 장치해둔 기계로써 이를 폐쇄해 버렸다.

이렇게 산 사람을 죽여 죽은 자와 함께 보내자 사람들은 이를 비난하였다.

吳王有女滕玉.

因謀伐楚, 與夫人及女會蒸魚, 王前嘗半而與女, 女怨曰:「王食我殘魚, 辱我, 不忍久生.」

乃自殺.

闔閭痛之甚, 葬於國西閶門外.

鑿地爲池, 積土爲山, 文石爲椁, 題湊爲中, 金鼎, 玉杯, 銀樽, 珠襦之寶, 皆以送女.

乃舞白鶴於吳市中, 令萬民隨而觀之, 遂使男女與鶴俱入羨門, 因發機以掩之.

殺生以送死, 國人非之.

【會蒸魚】 찐 생선. 《北堂書鈔》(145)와 《文選》 인용문에는 "會食蒸魚"로 되어 있음.

【嘗】 '嚐'과 같음. '맛보다 먹다'의 뜻.

【女怨】 〈四部叢刊〉에는 '女怒'로 되어 있으나 《事類賦注》(18)에 의해 수정함.

【食我殘魚】 〈四部叢刊〉에는 '我殘' 두 글자가 없으나 《事類賦注》(18)에 의해 수정함.

【不忍久生】 〈四部叢刊〉에는 '我不忘久生'으로 되어 있으나 〈四庫全書〉에는 '忘'자가 '忍'으로 되어 있으며 《事類賦注》에는 '我'자가 없어 정리함.

【痛之甚】 〈四部叢刊〉에는 '痛之'로만 되어 있으나 《太平御覽》(556)에는 '痛之甚'이라 되어 있어 이를 따름.

【鑿地爲池, 積土爲山】 〈四部叢刊〉에는 "鑿池積土"로만 되어 있음. 《文藝類聚》(73)에는 "鑿地爲池, 積土爲山"이라 하여 이를 따름. 한편 《越絶書》外傳記吳地傳에는 "闔廬子女塜在閶門外道北, 下方池廣四十步, 水深二丈五尺; 池廣六十步, 水深丈五寸. 塜出廟路以南, 通姑胥門, 并周六里"라 되어 있음.

【文石】 무늬석.

【椁】 '槨'과 같음. 外棺. 《莊子》 天下篇에 "天子棺椁七重, 諸侯五重, 大夫三重,

士再重"이라 하였고,《釋名》釋宮室에는 "郭, 廓也. 廓落在城外也"라 함.

【題湊】墓室 안의 棺과 內槨 둘레에 方形의 나무를 쌓아 나무의 끝에 안쪽으로 집중되도록 한 것.《禮記》檀弓(上) "柏槨以端長六尺"의 注에 "以端, 題湊也, 其方蓋一尺"이라 하였고 疏에 "槨材竝皆從下累至上, 始爲題湊. 湊, 嚮也. 言木之頭相嚮, 而作四阿也"라 함.《釋文》에는 "題, 頭也; 湊, 聚也"라 함.《史記》滑稽傳 (優孟)에는 "(優孟)對曰:「臣請周玉爲棺, 文梓爲槨, 梗楓豫章爲題湊.」"라 하였음.

【銀樽】은으로 만든 술동이.

【珠襦】구슬로 장식한 저고리.

【遂】〈四部叢刊〉에는 '還'으로 되어 있으나《文選》舞鶴賦 注에 의해 수정함.

【羨門】무덤의 입구 玄室의 門. '羨'은 '埏'과 같으며 '연'으로 읽음.《문선》에는 '墓門'으로 되어 있음.

【發機】開閉 장치의 방아쇠를 당김. '機'는 기계 장치를 한 것.

참고 및 관련 자료

1.《越絶書》(2)

虎丘北莫格冢, 古賢者避世, 冢去縣二十里. 被秦冢, 鄧大冢是也, 去縣四十里. 闔廬子女冢在閶門外道北. 下方池廣四十八步, 水深二丈五尺. 池廣六十步, 水深丈五寸. 壙出廟路以南, 通姑胥門, 并周六里. 舞鶴吳市, 殺生以送死.

2.《太平御覽》(556)

吳王闔閭有子女, 怨王乃自殺. 闔閭痛之, 甚葬於閶門外, 鑿地爲池, 積土爲山, 文石爲椁, 金鼎銀鐏珠玉之寶, 皆以送女, 乃舞白鵠於吳市中, 令萬民隨觀還, 使男女與鵠, 俱入門, 因塞之.

3.《藝文類聚》(73)

吳王闔閭, 葬女於郭西昌門外, 鑿地爲池, 積土爲山, 文石爲槨, 金鼎玉杯, 銀樽珠襦之寶, 皆以送之.

4.《藝文類聚》(90)

吳王闔廬有女, 王伐楚, 與夫人及女會食蒸魚. 王嘗半, 女怨曰:「王食我殘魚, 辱我. 不忍久生.」乃自殺. 闔廬痛之, 葬於郡昌門外. 鑿地爲女墳, 積土爲山, 文石爲槨, 金鼎玉盃, 銀樽珠襦之寶, 皆以送女. 乃舞白鶴於吳市, 令萬民隨觀之, 遂使與鵠俱入墓門, 因塞之以送死.

5.《文選》舞鶴賦 注

吳王闔閭有小女, 王與夫人女會蒸魚, 王嘗半, 女怨曰:「王食魚辱我, 不忍久生.」
乃自殺. 闔閭痛之, 葬於邦西閶門外. 鑿池積土爲山, 石爲槨, 金鼎, 玉杯, 銀樽,
珠襦之寶以送女. 乃舞白鶴於吳市中, 萬民隨觀, 遂使男女與鶴俱入墓門, 因塞之
以送死.

6. 기타 참고 자료

《北堂書鈔》(145),《事類賦注》(18)

054(4-15)
담로검湛盧劍

담로검湛盧劍은 합려闔閭의 무도함을 싫어하여 오나라를 떠나 물길을 따라 초楚나라로 가버렸다.

초 소왕昭王은 누워 자다가 깨어 오왕의 이 담로검을 침상에서 얻게 되었다.

소왕은 그 연유를 알 수 없어 이에 풍호자風湖子를 불러 물어보았다.

"과인이 누워 자다가 깨어났더니 이 보검이 놓여 있었소. 이름을 알 수 없으니 이것이 어떤 검이오?"

풍호자가 말하였다.

"이는 담로검이라 하는 것입니다."

소왕이 망하였다.

"어떻게 그렇게 말하는 것이오?"

풍호자가 말하였다.

"제가 듣기로 오왕에게는 월越나라에서 바친 보검 세 자루가 있는데 어장검魚腸劍, 반영검磐郢劍, 담로검이 바로 그것입니다. 어장검은 이미 오왕 요僚를 죽이는데 사용하였고, 반영검은 죽은 딸을 보내는데 부장품으로 넣었으며 지금 담로검은 우리 초나라로 온 것입니다."

소왕이 말하였다.

"담로검이 그 곳을 떠나 이곳에 온 것은 무슨 까닭이오?"

풍호자가 말하였다.

"제가 듣기로 월왕 원상元常이 구야자歐冶子로 하여금 다섯 자루의 검을 만들도록 하여 이를 설촉薛燭에게 보여 주었더니 설촉은 '어장검은 무늬가 거꾸로 되어 있어 순하지 못하니 차고 다녀서는 안 됩니다. 신하가 임금을 죽이고 아들이 애비를 죽입니다'라고 하였지요. 그 까닭으로 합려는 왕료를 죽인 것입니다. 반영검은 호조검豪曹劍이라고도 하며 법에 맞지 않는 물건으로 사람에게 이익이 되지 않습니다. 그 때문에 죽은 자의 부장품으로 쓰인 것입니다. 담로검은 '오금五金의 정수와 태양太陽의 정기로써 기氣를 붙여넣고 영험함이 들어 있으니 그 칼이 나서면 신령스럽고 이를 차고 있으면 위엄이 있어 가히 절충折衝하여 적을 막아낼 수 있습니다. 그러나 임금으로서 이치에 역행하는 모의를 하였을 때 그 검이 나서게 된다'라 하였으니 그 때문에 무도한 곳을 떠나 도에 맞는 곳으로 옮겨간 것입니다. 지금 오왕이 무도한 짓을 하여 그 임금을 죽이고 우리 초나라를 칠 모책을 꾸미고 있어 그 때문에 담로검이 우리 초나라로 온 것입니다."

소왕이 물었다.

"그 가치는 얼마나 되오?"

풍호자가 말하였다.

"제가 듣기로 이 검이 월나라에 있을 때 어떤 객客이 그 값을 두고 흥정하기를 '시市가 있는 30개의 향鄕이나, 준마駿馬 1천 필匹, 만호萬戶의 도시 둘에 해당하는 값의 하나 정도는 된다'라고 하였지요. 그러자 설촉이 '적근산赤董山은 철을 캐느라 평지가 되어 구름도 일어나지 아니하고, 약야계若耶溪는 구리를 캐느라 깊어져 그 깊이를 잴 수 없게 되었으며, 당시 도와주던 신神들도 모두 하늘로 올라갔고, 구야자도 이미 죽고 없습니다. 비록 성城을 기울게 할 만큼의 많은 양의 금金과 강을 채울 만큼 많은 주옥珠玉이 있다 해도 오히려 이와 같은 보검을 다시는 얻을 수 없는데 하물며 시市가 있는 고을이나 1천 필의 준마, 만호萬戶 도읍인들 어찌 족히 말할 수 있겠소이까?'라고 하였습니다."

소왕은 크게 기뻐하여 드디어 이를 보물로 여기게 되었다.

湛盧之劍惡闔閭之無道也,乃去而出,水行如楚.

楚昭王臥而寤,得吳王湛盧之劍於床.

昭王不知其故,乃召風湖子而問曰:「寡人臥覺而得寶劍,不知其名,是何劍也?」

風湖子曰:「此謂湛盧之劍.」

昭王曰:「何以言之?」

風湖子曰:「臣聞吳王得越所獻寶劍三枚,一曰魚腸,二曰磐郢,三曰湛盧.魚腸之劍,已用殺吳王僚也,磐郢以送其死女,今湛盧入楚也.」

昭王曰:「澹盧所以去者,何也?」

風湖子曰:「臣聞越王元常使歐冶子造劍五枚,以示薛燭,燭對曰:『魚腸劍逆理不順,不可服也,臣以殺君,子以殺父.』故闔閭以殺王僚.一名磐郢,亦曰豪曹,不法之物,無益於人,故以送死.一名湛盧,『五金之英,太陽之精,寄氣託靈,出之有神,服之有威,可以折衝拒敵.然人君有逆理之謀,其劍卽出.』故去無道以就有道.今吳王無道,殺君謀楚,故湛盧入楚.」

昭王曰:「其直幾何?」

風湖子曰:「臣聞此劍在越之時,客有酬其直者:『有市之鄉三十,駿馬千匹,萬戶之都二,是其一也.』薛燭對曰:『赤堇之山已合無雲,若耶之溪深而莫測,群神上天,歐冶死矣.雖傾城量金,珠玉盈河,猶不能得此寶,而況有市之鄉,駿馬千匹,萬戶之都,何足言也?』」

昭王大悅,遂以爲寶.

【湛盧劍】越나라 歐冶子가 만든 寶劍. '湛'은 '徒減切', '담'으로 읽음. 월나라가 오왕 합려에게 바쳤던 검 3자루 중의 하나.

【闔閭之無道】살아 있는 많은 사람을 무덤 속으로 유도하여 생매장한 악행. 앞장의 내용을 참조할 것.

【楚昭王】당시 楚나라 군주. 芈珍. 이름은 壬, 혹은 軫으로도 알려져 있음. 平王과 秦女 사이에 난 아들. B.C.515~B.C.489년까지 27년간 재위하고 惠王(芈章)에게로 이어짐.

【水行如楚】湛盧劍 칼이 長江 물길을 따라 상류 쪽의 楚나라 도읍 郢(지금의 湖北 江陵)으로 감. '如'는 '往'과 같음.

【牀】'牀'과 같음. 침상, 침대.

【風湖子】당시 명검에 대한 감정에 뛰어났던 인물.《越絶書》에는 '風胡子'로 되어 있음.

【魚腸】越나라 歐冶子가 만들었던 명검으로 公子 光(闔閭)이 專諸로 하여금 吳王 僚를 살해하는 데에 사용하였음. 038을 참조할 것.

【磐郢】역시 越나라 歐冶子가 만들었던 보검의 하나.

【元常】越나라 군주. 越王 句踐의 아버지.《左傳》과《史記》에는 모두 '允常'으로 표기되어 있음. 越나라는《史記》越王句踐世家에 "其先禹之苗裔而夏后帝少康之庶子也"라 함. 姒姓으로 지금의 浙江 紹興(옛 會稽)을 중심으로 句踐 때 크게 발전하였으며 일부 春秋五霸에서 宋 襄公 대신 句踐을 넣기도 함.《左傳》宣公 8년 孔穎達 疏에 "濱在南海, 不與中國通. 後二十餘世至於允常, 魯定公五年始伐吳. 允常卒, 子句踐立, 是爲越王. 越王元年, 魯定公之十四年也. 魯哀公二十二年, 句踐滅吳, 霸中國, 卒. 春秋後七世, 大爲楚所破, 遂微弱矣"라 함. 楚나라에게 망함. 元常이 죽자 闔閭는 越나라 國喪을 틈타 越을 쳤으나 句踐에게 敗하여 후퇴하던 중 陘에서 죽었음. 한편 "臣聞越王元常~故去無道而就有道"까지의 117자에 대해 顧觀光의 校正에는《吳越春秋》원문은 이렇지 않았다고 하며 "越王允常聘歐冶子作爲劍五枚, 三大二小: 一曰純鉤(鈎), 二曰湛盧, 三曰豪曹, 或曰磐郢, 四曰魚腸, 五曰巨(鉅)闕. 秦客薛燭善相劍, 王取豪曹示之, 薛燭曰:「非寶劍也. 夫寶劍, 五色幷見. 今豪曹, 五色黯然無華, 已殞其光, 亡其神, 此劍不登斬而辱, 則墮於飮中矣.」王曰:「寡人置劍竹蘆之上, 過而墮之, 斷金之頸, 飮濡其刃, 吾以爲利也.」而服不舍. 王復取鉅闕示之, 薛燭曰:「非寶劍也. 夫寶劍, 金錫和同, 氣如雲煙. 今其光也離矣.」王復取魚腸示之, 薛燭曰:「夫寶劍者, 金精從理, 至本不逆, 鍔中生光, 從文不起. 今魚腸倒本從末, 逆理之劍也.

服此者臣弑其君, 子弑其父」王取純鉤示之, 薛燭黷然而望之, 曰:「光乎如湖陽
之華, 沈沈如芙蓉始生於湖. 觀其文, 如列星之行; 觀其光, 如水之溢於塘; 觀其
斷割, 嚴如鑲石之芒; 觀其色, 渙如氷將釋見日之光. 此純鉤也者?」王曰:「是也.
客有買此劍者, 有市之鄕三十, 駿馬千匹, 萬戶之都二, 其可與乎?」薛燭曰:「不可.
臣聞王之初造此劍, 赤菫之山破而出錫, 若耶之溪涸而出銅, 吉日良時, 雨師灑道,
雷公鼓橐, 蛟龍捧爐, 天帝裝炭, 太一下觀, 天精下降. 於是歐冶子因天地之精,
悉其伎巧, 造化此劍. 吉者宜王, 凶者可以遺人. 凶者尙直萬金, 況純鉤者也?」
取湛盧示之, 薛燭曰:「善者! 銜金鐵之英, 吐銀錫之精, 寄氣託靈, 有游出之神.
服此劍者, 可以折衝伐敵. 人君有逆謀, 則去之他國.」允常乃以魚腸, 湛盧, 豪曹
獻吳王僚」라 함.

【歐冶子】區冶, 區冶子로도 표기하며 춘추시대 越나라 劍匠.《淮南子》覽冥訓
"區冶生而淳鉤之劍成" 注에 "區, 越人, 善冶劍工冶"라 함. 한편 越나라에는
'光步劍', '屈盧之矛' 등 이름난 창검이 있는 것으로 보아 당시 吳越은 양질의
鐵이 생산되었으며 製鐵冶金 기술이 발달했던 것으로 보임.

【五枚】《越絶書》(11)에 "歐冶乃因天之精神, 悉其伎巧, 趙爲大刑三, 小刑二: 一曰
湛盧, 二曰純鉤, 三曰勝邪, 四曰魚腸, 五曰巨闕"이라 하였으며 다섯 자루 명검
중에 흉한 징조를 가진 세 자루, 즉 魚腸, 湛盧, 豪曹(磐郢)는 吳王 僚에게 헌납
하여 그가 대신 재앙을 입도록 함.《千字文》에는 "金生麗水, 玉出崑岡. 劍號巨闕,
珠稱夜光"이라 함.

【薛燭】춘추시대 秦나라 사람으로 劍의 감정에 뛰어났던 인물.

【逆理不順】무늬가 거꾸로 되어 순하지 못함.

【豪曹】磐郢劍의 다른 이름.

【五金之英】五金의 英氣. 五金은 金, 銀, 銅, 鐵, 錫을 가리킴. 그러나《漢書》
食貨志 "金刀龜貝"의 注에 "金謂五色之金也, 黃者曰金, 白者曰銀, 赤者曰銅,
靑者曰鉛, 黑者曰鐵"이라 하여 '錫' 대신 '鉛'을 넣기도 함. 여기서는 모든 쇠붙이를
뜻함. 한편 고대 청동합금으로 무기를 만들었으며 이에 대해《周禮》考工記
에는 合金의 比率과 鑄物의 용도에 대하여 "金有六齊: 六分其金而錫居一, 謂之
鐘鼎之齊; 五分其金而錫居一, 謂之斧斤之齊; 四分其金而錫居一, 謂之戈戟之齊,
參分其金而錫居一, 謂之大刃之齊. 五分其金而錫居二, 謂之削殺矢齊, 金錫半,
謂之鑑燧之齊"라 설명하고 있음.

【太陽之精】太陽은 四象 중에 가장 陽이 강한 것. 精은 精華. 精氣.《風俗通》
三皇篇에 "燧人以火紀, 火, 太陽也"라 하였고,《周禮》考工記에 "凡鑄金之狀,

金與錫, 黑濁之氣竭, 黃白次之; 黃白之氣竭, 靑白次之; 靑白之氣竭, 靑氣次之. 然後可鑄也”라 함.

【寄氣託靈】 精氣와 靈驗함을 寄託함. 그 검에 기를 넣음. '氣'는《周易》繫辭(上) “精氣爲物”의 疏에 “謂陰陽精靈之氣, 氤氳積聚而爲萬物也”라 하였고,《論衡》自然篇에는 “天地合氣, 萬物自生”이라 함. '靈'은《大戴禮記》曾子天圓篇에 “陽之精氣曰神, 陰之精氣曰靈”이라 함.

【折衝】 적의 무리를 끊고 그 속으로 충돌해 들어감. 매우 용감함을 뜻함.

【其直幾何】 '直'는 '値'와 같음.

【客有酬其直者】 '客'은 商客. 商人. '酬'는 가치를 감정함.

【市之鄕三十】 30개의 시장이 있는 鄕. 鄕은 고대 행정 단위로 1만 2천 호의 고을을 가리킴.

【赤堇之山已合無雲】 赤堇山은 鄞城山, 鑄浦山이라고도 하며 지금의 浙江 奉化縣 동쪽에 있으며 산에 赤堇이라는 풀이 있어 이런 이름을 얻었으며 주위가 鄞縣이 되었다 함. 歐冶子가 鐵(錫)을 캐느라 이 산이 모두 합해졌다 함. 《越絶書》(11)에 “當造此劍之時, 赤堇之山破而出錫, 若耶之溪涸而出銅”이라 함. 그 때문에 구름도 일어나지 않음. '已合無雲'은〈四部叢刊〉에는 '已令無雲'으로 되어 있으나 徐天祜 注에 “令, 當作合”이라 하였으며《越絶書》(11)에도 “赤堇之山已合”이라 함.

【若耶之溪深而莫測】 若耶溪는 若邪溪로도 표기하며 지금의 浙江 紹興 동남쪽 若邪山 아래를 흐르는 냇물 이름. 혹 五雲溪라고도 함. 구리를 캐느라 그 물이 깊어져서 깊이를 잴 수 없을 정도였다 함. 徐天祜의 注에는 “若耶溪在會稽縣南二十五里, 溪傍卽赤堇山, 一名鑄浦山, 歐冶子鑄劍之所.《戰國策》曰:「涸若耶而取銅, 破堇山而取錫」 張景陽〈七命〉曰:「邪溪之鋌, 赤山之精」 皆謂此也”라 함.

【群神上天】〈四部叢刊〉에는 '群臣上天'으로 되어 있으나《太平御覽》(343)에 의해 수정함.《越絶書》에도 “群神不下, 歐冶子卽死”라 함.

참고 및 관련 자료

1.《越絶書》(11) 外傳記寶劍

昔者, 越王句踐有寶劍五, 聞於天下. 客有能相劍者, 名薛燭. 王召而問之, 曰: 「吾有寶劍五, 請以示之」 薛燭對曰:「愚理不足以言大, 王請, 不得已」 乃召掌者,王使取毫曹. 薛燭對曰:「毫曹非寶劍也. 夫寶劍, 五色並見, 莫能相勝. 毫曹已擅名矣, 非寶劍也.」王曰:「取巨闕」薛燭曰:「非寶劍也. 寶劍者, 金錫和銅而不離, 今巨闕已離矣, 非寶劍也.」王曰:「然巨闕初成之時, 吾坐於露壇之上, 宮人有四駕白鹿而過者, 車奔鹿驚, 吾引劍而指之, 四駕上飛揚, 不知其絕也. 穿銅釜, 絕鐵鍋, 胥中決如粢米, 故曰巨闕.」王取純鈞, 薛燭聞之, 忽如敗. 有頃, 懼如悟, 下陛而深惟, 簡衣而坐望之. 手振拂揚, 其華捽如芙蓉始出; 觀其鈲, 爛如列星之行; 觀其光, 渾渾如水祉溢於溏; 觀其斷, 巖巖如瑣石; 觀其才, 煥煥如冰釋.「此所謂純鈞耶?」王曰:「是也. 客有直之者, 有市之鄉二, 駿馬千匹, 千戶之都二, 可乎?」薛燭對曰:「不可. 當造此劍之時, 赤堇之山破而出錫, 若耶之溪涸而出銅, 雨師掃灑, 雷公擊橐, 蛟龍奉鑪, 天帝裝炭; 太一下觀, 天精下之. 歐冶乃因天之精神, 悉其伎巧, 造爲大刑三, 小刑二: 一曰湛盧, 二曰純鈞, 三曰勝邪, 四曰魚腸, 五曰巨闕. 吳王闔廬之時, 得其勝邪, 魚腸, 湛盧. 闔廬無道, 子女死, 殺生以送之, 湛盧之劍去之如水. 行秦過楚, 楚王臥而寤, 得吳王湛盧之劍, 將首魁漂而存焉. 秦王聞而求, 不得, 興師擊楚, 曰:『與我湛盧之劍, 還師去與.』楚王不與. 時闔廬又以魚腸之劍刺吳王僚, 使披腸夷之甲三事, 闔廬使專諸爲秦炙魚者, 引劍而刺之, 遂弒王僚. 此其小試於敵邦, 未見其大用於天下也. 今赤堇之山已合, 若耶溪深而不測, 群神不下, 歐冶子卽死, 雖復傾城量金, 珠玉竭河, 猶不能得此一物, 有市之鄉二, 駿馬千匹, 千戶之都二, 何足焉哉!」

2.《太平御覽》(343)

越王允常聘歐冶子作爲劍五枚, 三大二小: 一曰純鈞(鉤), 二曰湛盧, 三曰豪曹, 或曰盤郢, 四曰魚腸, 五曰鉅闕. 秦客薛燭善相劍, 王取豪曹示之, 薛燭曰:「非寶劍也. 夫寶劍, 五色並見. 今豪曹, 五色黯然無華, 殞其光, 亡其神矣.」王復取鉅闕示之, 薛燭曰:「非寶劍也. 夫寶劍, 金錫和同, 氣如雲煙. 今其光已離矣.」王復取魚腸示之, 薛燭曰:「夫寶劍者, 金精從理, 至本不逆. 今魚腸倒本從末, 逆理之劍也. 服此者, 臣弒其君, 子弒其父.」王取純鈞示之, 薛燭矍然而望之, 曰:「光乎如屈陽之華, 沈沈如芙蓉始生於湘. 觀其文, 如列星之芒; 觀其光, 如水之溢塘; 觀其色, 渙如冰將釋見日之光. 此純鈞也者?」王曰:「是也. 客有買此劍者, 有市之鄉三十, 駿馬千疋, 千戶之都二, 其可與乎?」薛燭曰:「不可. 臣聞王之初造此劍, 赤堇之山破而錫, 若耶之溪涸而出銅, 雨師灑道, 雷公發鼓韛, 蛟龍捧爐, 天帝壯炭, 太一下觀. 於是歐冶子曰:『天地之精, 悉其伎巧, 造爲此劍.』吉者宜王, 凶者可以遺人. 凶者尙直萬金, 況純鈞者耶?」取湛盧, 薛燭曰:「善哉! 銜金鐵之英, 吐銀錫之精, 奇氣託靈, 有遊出之神. 服此劍者,

可以折衝伐敵. 人君有逆謀, 則去之他國」允常乃以湛盧獻吳. 吳公子光殺吳
王僚, 湛盧去如楚, 昭王寤而得之, 召風胡子問之:「此劍直幾何?」對曰:「赤堇
之山, 已合若耶之溪, 深而不測, 群神上天. 歐冶已死, 雖有傾城, 量金珠玉不
可與, 況駿馬萬戶之都乎?」

3.《太平御覽》(803)

越王允常聘歐冶子造五劍. 秦客薛燭善相劍, 示之, 燭曰:「雖傾城量珠玉, 猶未
可與也.」

4.《藝文類聚》(60)

越王允常, 聘區冶子作名劍五枚: 一曰純鉤, 二曰湛盧, 三曰豪曹, 或曰盤郢,
四曰魚腸, 五曰巨闕. 秦客薛燭善相劍, 王取純鉤示之, 薛燭矍然望之曰:「沉沉
如芙蓉始生於湖, 觀其文, 如列星之行; 觀其光, 如水之溢塘; 觀其文色, 渙渙
如冰將釋, 見日之光.」王曰:「客有賣此劍者, 有市之鄉三十, 駿馬千疋, 千戶之
都二, 其可與乎?」薛燭曰:「不可. 臣聞王之造此劍, 赤堇之山, 破而出錫. 若耶
之溪, 涸而出銅. 吉日良時, 雨師洒道, 雷公發鼓, 蛟龍捧鑪, 天帝壯炭, 太一下觀.
於是區冶子因天地之精, 造爲此劍」取湛盧視之, 薛燭曰:「善哉! 銜金鐵之英,
奇氣託靈. 服此劍者, 可以折衝伐敵, 人君有逆謀則去之.」允常以魚腸, 湛盧,
豪曹, 獻吳王僚. 後闔閭爲一女. 殺生以送死, 湛盧之劍惡其無道, 乃去如楚.
昭王寐而得之, 召風胡子問之:「此劍直幾何?」對曰:「赤堇之山已合, 若耶之溪,
深而不測. 群神上天. 區冶子已死, 雖有傾城量金珠玉, 猶不可與, 況駿馬萬戶之
都乎?」

5. 기타 참고 자료

《初學記》(22),《北堂書鈔》(122),《白孔六帖》(95),《事類賦注》(13)

055(4-16)
자기子期와 자상子常

합려는 초楚나라에서 담로검湛盧劍을 얻었다는 소문을 듣고 이 일로
노기가 발하여 드디어 손무孫武와 오자서伍子胥, 백희白喜로 하여금
초나라를 치도록 하였다.

오자서는 몰래 초나라에서 이러한 말이 퍼져나가도록 하였다.

"초나라가 자기子期를 장군으로 임용한다면 나는 즉시 자기를 죽여 버릴
것이지만, 자상子常을 장군으로 삼으면 나는 즉시 돌아갈 것이다."

초나라는 이를 듣고 자상을 장군으로 삼고 자기를 물러나게 하였다.

오나라는 이 싸움에서 육六과 잠潛 두 고을을 함락시켰다.

闔閭聞楚得湛盧之劍, 因斯發怒, 遂使孫武, 伍胥, 白喜
伐楚.

子胥陰令宣言於楚曰:「楚用子期爲將, 吾卽得而殺之.
子常用兵, 吾卽去之.」

楚聞之, 因用子常, 退子期.

吳拔六與潛二邑.

【子期】公子 結. 楚 平王의 아들이며 昭王의 兄. 大司馬. 뒤에 白公 勝의 난 때에 죽임을 당하였음.《國語》楚語(上) 注에 "子期, 楚平王之子, 子西之弟公子結也. 爲大司馬"라 함. 白公의 난 때 피살됨.《左傳》哀公 16년 참조.

【子常】楚나라 令尹. 이름은 囊瓦. 字는 子常. 子囊의 손자로 楚 平王 10년 초나라 令尹에 오름.《左傳》昭公 23년 참조. 費無忌를 처단하였음.

【六, 潛】두 곳 모두 楚나라 地名. 六은 원래 고대 나라 이름이었으며 皐陶의 후손이 봉해졌던 나라이며 B.C.622년 楚나라에게 망함. 지금의 安徽 六安縣 북쪽. 潛(灊)은 지금의 安徽 霍山縣 남쪽.《史記》吳太伯世家와 伍子胥列傳에는 모두 "四年, 伐楚, 取六與 灊" 이라 하여 '潛'은 첨(灊)이어야 함. 아울러 해당 연도도 "闔閭四年"이어야 함.

참고 및 관련 자료

1.《左傳》昭公 31年

秋, 吳人侵楚, 伐夷, 侵潛, 六. 楚沈尹戌帥師救潛, 吳師還. 楚師遷潛於南岡而還. 吳師圍弦, 左司馬戌, 右司馬稽帥師救弦, 及豫章, 吳師還. 始用子胥之謀也.

2.《韓非子》內儲說下

吳攻荊, 子胥使人宣言於荊曰:「子期用, 將擊之; 子常用, 將去之.」荊人聞之, 因用子常而退子期也, 吳人擊之, 遂勝之.

3.《史記》吳太伯世家

四年, 伐楚, 取六與灊. 五年, 伐越, 敗之. 六年, 楚使子常囊瓦伐吳. 迎而擊之, 大敗楚軍於豫章, 取楚之居巢而還.

4.《史記》楚世家

四年, 吳三公子奔楚, 楚封之以扞吳. 五年, 吳伐取楚之六, 潛. 七年, 楚使子常伐吳, 吳大敗楚於豫章.

5.《史記》伍子胥列傳

四年, 吳伐楚, 取六與灊. 五年, 伐越, 敗之. 六年, 楚昭王使公子囊瓦將兵伐吳. 吳使伍員迎擊, 大破楚軍於豫章, 取楚之居巢.

056(4-17)
취리欈李 전투

   5년(B.C.510), 오왕吳王은 월越나라가 초楚나라를 칠 때 오나라를 따르지 않았다는 이유로 남쪽으로 월나라를 쳤다.

   월왕 원상元常이 말하였다.

   "오나라는 지난날의 맹약을 믿지 않고 공사지국貢賜之國의 관계를 버리는 것은 그 교친交親을 멸滅하는 것입니다."

   합려는 그 말을 인정하지 않았다.

   드디어 월나라를 쳐서 취리欈里에서 그들을 깨뜨렸다.

   五年, 吳王以越不從伐楚, 南伐越.

   越王元常曰:「吳不信前日之盟, 棄貢賜之國, 而滅其交親.」

   闔閭不然其言.

   遂伐, 破欈里.

【越】越나라는《史記》越王句踐世家에 "其先禹之苗裔而夏后帝少康之庶子也"라 함. 姒姓으로 지금의 浙江 紹興(옛 會稽)을 중심으로 句踐 때 크게 발전함.

【元常】允常. 당시 越나라 군주. 句踐의 아버지.《左傳》과《史記》에는 모두 允常으로 표기되어 있음.《左傳》宣公 8년 孔穎達 疏에 "濱在南海, 不與中國通. 後二十餘世至於允常, 魯定公五年始伐吳. 允常卒, 子句踐立, 是爲越王. 越王元年, 魯定公之十四年也. 魯哀公二十二年, 句踐滅吳, 霸中國, 卒. 春秋後七世, 大爲楚所破, 遂微弱矣"라 함. 뒤에 楚나라에게 망함.

【前日之盟】允常이 오나라에게 魚腸劍 등 보검 세 자루를 바치며 맺은 맹약.

【貢賜之國】朝貢하고 恩賜를 내리는 宗從 관계의 두 나라.

【檇里】'檇李', '醉李', '就李' 등 여러 표기가 있으며 越나라 地名. 지금의 浙江 嘉興市 서남.《左傳》定公 14年(B.C.496)년 經에 "五月, 於越敗吳于檇李. 吳子光卒"이라 하였고, 傳에는 "吳伐越, 越子句踐禦之, 陳于檇李. 句踐患吳之整也, 使死士再禽焉, 不動. 使罪人三行, 屬劍於頸, 而辭曰:「二君有治, 臣奸旗鼓. 不敏於君之行前, 不敢逃刑, 敢歸死.」遂自剄也. 師屬之目, 越子因而伐之, 大敗之. 靈姑浮以戈擊闔廬, 闔廬傷將指, 取其一屨. 還, 卒於陘, 去檇李七里. 夫差使人立於庭, 苟出入, 必謂己曰:「夫差! 而忘越王之殺而父乎?」則對曰:「唯. 不敢忘!」三年乃報越"이라 함.

참고 및 관련 자료

참고 및 관련 자료

1.《左傳》昭公 32년
夏, 吳伐越, 始用師於越也. 史墨曰:「不及四十年, 越其有吳乎! 越得歲而吳伐之, 必受其凶.」

2.《越絶書》外傳記吳地傳
居東城者, 闔廬所遊城也, 去縣二十里. 柴碎亭到語兒, 就李, 吳侵以爲戰地.

057(4-18)
보복전

6년(B.C.509), 초楚 소왕昭王은 공자公子 낭와囊瓦로 하여금 오吳나라를 치도록 하여 잠潛과 육六 두 고을에서의 전투를 보복하였다.

오나라는 오자서伍子胥와 손무孫武로 하여금 이들을 공격하도록 하여 예장豫章을 포위하였다.

오왕이 말하였다.

"나는 초나라의 이 위기를 틈 타 초나라 도읍으로 들어가 영郢을 깨뜨리고자 하오. 영까지 들어가지 못한다면 두 분께 무슨 공이 있는 것이 되겠소?"

이에 초나라 군사를 예장豫章에서 포위하여 크게 깨뜨리고 드디어 소巢까지 포위하여 이기고 나서 초나라 공자公子 번繁을 사로잡아 돌아와서 인질로 삼았다.

六年, 楚昭王使公子囊瓦伐吳, 報潛, 六之役.

吳使子胥, 孫武擊之, 圍於豫章.

吳王曰:「吾欲乘危入楚都而破其郢, 不得入郢, 二子何功?」

於是圍楚師於豫章, 大破之, 遂圍巢, 克之, 獲楚公子繁以歸, 爲質.

【囊瓦】楚나라 令尹. 子囊의 손자. 자는 子常. 楚 昭王 때 陽匃를 이어 令尹에
오름.《左傳》昭公 23년 杜預 注에 "囊瓦, 子囊之孫子常也, 代陽匃"라 함. 한편
徐天祐의 注에는 "按《左傳》, 楚公子貞字子囊, 其孫名瓦, 字子常. 此當言公孫,
不得云公子也"라 함.
【潛, 六之役】055를 참조할 것. '役'은 '戰'과 같음.
【豫章】春秋時代 地名. 江夏 사이 지금의 安徽 霍丘, 六安, 霍山으로부터 河南
光山, 固始 일대. 徐天祐는 "豫章, 地名也, 在江夏之間. 杜預曰: 「豫章, 漢東江
北地名.」孔穎達曰: 「《漢書》地理志: 豫章, 郡名, 在江南.」"이라 함. 지금의 安徽
霍丘, 六安, 霍山으로부터 河南 光山, 固始 일대.
【郢】楚나라 도읍지. 지금의 湖北 江陵市 북쪽 紀南城.《漢書》地理志에 "南郡
江陵, 古楚郢都, 楚文王自丹陽徙此, 後九世平王城之"라 함.
【巢】春秋時代 楚나라 地名.《史記》吳太伯世家 闔閭 6년에 "迎而擊之, 大敗
楚軍於豫章, 取楚之居巢而還"이라 하여 '居巢'를 가리킴. 지금의 安徽 巢縣.
【繁】楚나라 公子. 巢 땅을 지키던 大夫였음.《左傳》定公 2년 杜預 注에 "繁,
守巢大夫"라 함.

> 참고 및 관련 자료

1.《左傳》定公 2年
桐叛楚. 吳子使舒鳩氏誘楚人, 曰: 「以師臨我, 我伐桐, 爲我使之無忌.」秋,
楚囊瓦伐吳, 師于豫章. 吳人見舟于豫章, 而潛師于巢. 冬十月, 吳軍楚師于豫章,
敗之. 遂圍巢, 克之, 獲楚公子繁.

2.《史記》吳太伯世家
六年, 楚使子常囊瓦伐吳. 迎而擊之, 大敗楚軍於豫章, 取楚之居巢而還.

058(4-19)
신임을 잃은 초나라

9년(B.C.508), 왕이 자서子胥와 손무孫武에게 말하였다.

"처음에 그대들은 영郢에 들어갈 수 없다고 했었는데 지금은 과연 어떻소?"

두 장수가 대답하였다.

"무릇 전쟁이란 승리를 타고 그 위엄을 성취시키는 것이지 항상 승리하는 방법은 없습니다."

오왕이 말하였다.

"무엇을 말하는 것입니까?"

두 장수가 말하였다.

"초나라 군사는 천하의 강적입니다. 지금 저희들과 예봉을 다툰다면 열 번 패하고 한 번 버텨낼 수 있을 것입니다. 그런데 왕께서 영으로 들어가신다면 하늘의 운에 맡겨야 하는 것입니다. 저희들은 감히 꼭 들어갈 수 있다고는 자신할 수 없습니다."

오왕이 말하였다.

"나는 다시 초나라를 치고자 하오. 어찌하면 공을 이룰 수 있겠소?"

자서와 손무가 함께 대답하였다.

"초나라 공자 낭와囊瓦는 탐욕이 많아 제후들에게 많은 잘못을 저질러 당唐나라와 채蔡나라가 원망하고 있습니다. 왕께서 필히 초나라를 치고자 하신다면 당과 채 두 나라를 얻으셔야 합니다."

"당과 채 두 나라는 원한을 가지고 있습니까?"

두 장수가 말하였다.

"지난 날 채 소공昭公이 초나라에 갔을 때 아름다운 외투 두 벌과 좋은 패옥 두 개를 가지고 가서 각 하나씩을 초 소왕에게 바쳤습니다. 왕이 이를 차고 조회에 임하였고 소공도 스스로 하나씩 차고 있었습니다. 그런데 자상子常이 이를 달라고 하였지만 소공이 주지 않았습니다. 그러자 자상은 그를 3년 동안 붙들어놓고 귀국을 시키지 않았습니다. 또 당 성공成公이 초나라에 가면서 무늬가 아름다운 말 두 필을 가지고 갔었지요. 자상이 이를 갖고 싶어하였지만 성공이 주지 않자 역시 3년을 붙들어두었습니다. 당나라 사람들은 서로 모책을 세우되 성공을 따라가 있는 종자從者에게 말을 달라고 하여 이를 성공의 몸값으로 주기로 하였습니다. 그리하여 종자에게 술을 먹여 취하게 한 다음 말을 훔쳐 자상에게 바치자 자상은 이에 성공을 귀국하도록 보내주었습니다. 신하들은 성공을 비방하여 '임금이 말 한 필 때문에 3년이나 스스로 감금당하다니요. 말을 훔친 자의 공을 인정하여 상을 내리기를 원합니다'라고 하였지요. 이에 성공은 항상 초나라에게 보복할 생각을 가지고 있으며 임금과 신하 모두가 입에 그런 말을 그친 적이 없습니다. 채나라 사람들도 이 말을 듣고 자상에게 극구 외투와 패옥을 바치겠노라 하여 채 소공도 귀국할 수 있었습니다. 그리고 진晉나라에 가서 이를 호소하며 자원子元과 대부의 아들 하나를 인질로 하며 초나라를 토벌해 줄 것을 청하였습니다. 그 때문에 당나라와 채나라를 얻으면 가히 초나라를 칠 수 있다고 말씀드리는 것입니다."

九年, 吳王謂子胥, 孫武曰:「始子言郢不可入, 今果何如?」

二將曰:「夫戰, 借勝以成其威, 非常勝之道.」

吳王曰:「何謂也?」

二將曰:「楚之爲兵, 天下强敵也. 今臣與之爭鋒, 十亡 一存, 而王入郢者, 天也. 臣不敢必.」

吳王曰:「吾欲復擊楚, 奈何而有功?」

伍胥, 孫武曰:「囊瓦者, 貪而多過於諸侯, 而唐, 蔡怨之. 王必伐, 得唐, 蔡.」

「何怨?」

二將曰:「昔蔡昭公朝於楚, 有美裘二枚, 善珮二枚, 各以一枚獻之昭王. 王服之以臨朝, 昭公自服一枚. 子常欲之, 昭公不與, 子常三年留之, 不使歸國. 唐成公朝楚, 有二文馬, 子常欲之, 公不與, 亦三年止之. 唐人相與謀, 從成公從者請馬以贖成公. 飲從者酒, 醉之, 竊馬而獻子常. 常乃遣成公歸國, 群臣誹謗曰:『君以一馬之故, 三年自囚. 願賞竊馬之功.』於是, 成公常思報楚, 君臣未嘗絶口. 蔡人聞之, 固請獻裘, 珮於子常, 蔡侯得歸. 如晉告訴, 以子元與大夫之子質, 而請伐楚. 故曰『得唐, 蔡而可伐楚.』」

【郢不可入】郢은 楚나라 도읍. 지금의 湖北 江陵 紀南城. 도읍까지 쳐들어가는 것을 반대했던 일은 051을 참조할 것.

【爭鋒】예봉을 다툼. 싸움을 벌여 승패를 가림.

【囊瓦】당시 楚나라 令尹. 子囊의 손자. 자는 子常. 楚 昭王 때 陽匄를 이어 令尹에 오름.《左傳》昭公 23년 杜預 注에 "囊瓦, 子囊之孫子常也, 代陽匄"라 함.

【唐】姬姓으로 지금의 湖北省 隨縣 서북쪽 唐縣鎭에 있었으며 楚나라의 附庸國이었음. B.C.505年 楚나라에 망함.《左傳》定公 5년을 볼 것.

【蔡】역시 姬姓으로 周 文王의 아들 蔡叔(姬度)의 후손 蔡仲이 지금의 河南 上蔡縣을 봉지로 받아 세웠던 제후국. 蔡나라는 楚나라의 핍박으로 여러 차례 천도하여 平侯 때는 新蔡로, 昭侯 때는 州來(지금의 安徽 鳳臺縣)로 옮겨 下蔡라 불렀으며 B.C.447년 결국 楚나라에게 망함.

【王必伐, 得唐, 蔡. 何怨】徐乃昌의《吳越春秋札記》에 "當作:「王必伐楚, 得唐

蔡而後可.」吳王曰:「唐, 蔡何怨?」"이라 함.

【蔡昭公】蔡 昭侯. 이름은 申. 蔡 悼侯의 아우. 哀侯(東國)를 이어 B.C.518~
B.C.491년까지 28년간 재위하였으며 이때는 재위 12년째였음.

【美裘】훌륭한 털외투. 갖옷.《史記》孟嘗君傳 "孟嘗君使人抵昭王幸姬求解.
幸姬曰:「妾願得君狐白裘.」"의 韋昭의 注에 "以狐之白毛裘, 謂集狐掖之毛, 言美
而難得者"라 함.

【善珮】'珮'는 '佩'와 같음. 허리에 차는 훌륭한 佩玉.

【唐成公】당시 초나라 부용국이었던 唐나라 군주.《左傳》杜預 注에 "成公, 唐惠
侯之後"라 함.

【文馬】무늬가 아름다운 名馬.《左傳》定公 3에 "唐成公如楚, 有兩肅爽馬"라
하여 구체적으로 肅爽馬라 하였으며 杜預 注에 "肅爽, 駿馬名"이라 함.

【唐人相與謀】〈四部叢刊〉에는 "唐成相與謀"로 되어 있으나《左傳》에 의해
수정함.

【從成公從者請馬以贖成公】《左傳》에는 "請代先從者, 許之"라 하여 뜻이 훨씬
명확함.

【晉】원래 周 成王이 자신의 아우 叔虞를 봉했던 唐 땅으로 姬姓이며 그에 따라
'唐侯'라 칭하였으나 지금의 山西 太原縣(晉陽)으로 遷都한 뒤 '晉侯'로 칭함.
당시 晉나라가 霸者였기 때문에 蔡侯가 찾아가 호소한 것임.

【子元】蔡 昭公의 아들.

【大夫之子質】〈四部叢刊〉에는 "太子質"로 되어 있으나《左傳》에 의해 수정함.

참고 및 관련 자료

1.《左傳》定公 3年 傳

蔡昭侯爲兩佩與兩裘以如楚, 獻一佩一裘於昭王. 昭王服之, 以享蔡侯. 蔡侯
亦服其一. 子常欲之, 弗與, 三年止之. 唐成公如楚, 有兩肅爽馬, 子常欲之, 弗與,
亦三年止之. 唐人或相與謀, 請代先從者, 許之. 飮先從者酒, 醉之, 竊馬而獻
之子常. 子常歸唐侯. 自拘於司敗, 曰:「君以弄馬之故, 隱君身, 棄國家. 羣臣
請相夫人以償馬, 以如之.」唐侯曰:「寡人之過也. 二三子無辱!」皆賞之. 蔡人
聞之, 固請, 而獻佩于子常. 子常朝, 見蔡侯之徒, 命有司曰:「蔡君之久也, 官不
共也. 明日禮不畢, 將死.」蔡侯歸, 乃漢, 執玉而沈, 曰:「余所有濟漢而南者,
有若大川!」蔡侯如晉, 以其子元與其大夫之子爲質焉, 而請伐楚.

2.《穀梁傳》定公 4年

蔡昭公朝於楚, 有美裘, 正是日, 囊瓦求之, 昭公不與, 爲是拘昭公於南郢, 數年
然後得歸, 歸乃用事乎漢, 曰:「苟諸侯有欲代楚者, 寡人請爲前列焉」楚人聞之
而怒, 爲是興師而伐蔡, 蔡請救于吳, 子胥曰:「蔡非有罪, 楚無道也, 君若有憂
中國之心, 則若此時可矣, 爲是興師而伐楚, 何以不言救也, 救大也」

059(4-20)
당唐, 채蔡 두 나라의 도움

오왕은 이에 당唐나라와 채蔡나라에 사신을 보내 이렇게 말하도록 하였다.

"초楚나라는 무도하여 충성되고 선량한 사람을 학살하고 제후를 침식하며 그로 인해 두 나라 임금을 욕보였습니다. 과인은 군사를 일으켜 초나라를 치고자 하니 원컨대 두 임금께서는 모책을 세워주시기 바랍니다."

당후唐侯는 그 아들 건乾으로 하여금 오나라에 보내 인질로 삼고 세 나라가 함께 합하여 초나라를 칠 모책을 세우게 되었다.

이들 배를 회수淮水가에 정박시키고 예장豫章으로부터 초나라와 한수漢水를 끼고 진을 쳤다.

吳王於是使使謂唐, 蔡曰:「楚爲無道, 虐殺忠良, 侵食諸侯, 困辱二君, 寡人欲擧兵伐楚, 願二君有謀.」

唐侯使其子乾爲質於吳, 三國合謀伐楚.

舍兵於淮汭, 自豫章與楚夾漢水爲陣.

【唐侯】唐 成公. 그러나 蔡侯(蔡 成公)로 되어 있음.

【舍兵】舍는 군사가 병영을 설치하여 주둔하거나 진을 침. '兵'은 '舟'의 오기로

여김.《左傳》定公 4년에 '舍舟于淮汭'라 하였고, 杜預 注에 "吳乘舟從淮來, 過蔡而舍之"라 함.

【淮汭】淮水가 굽어 흐르는 곳, 혹은 물의 북쪽 언덕을 '汭'라고도 함.《尚書》 禹貢 "涇屬渭汭"의 疏에 "鄭云: 汭之言內也. 蓋以人皆南面望水, 則北爲汭也" 라 함.《方言》에 '荊吳淮汭之間'이라 함. 淮水는 河南 桐柏山에서 발원하여 安徽와 江蘇를 거쳐 黃海로 흘러드는 물.

【豫章】春秋時代 地名. 江夏 사이로 지금의 安徽 霍丘, 六安, 霍山으로부터 河南 光山, 固始 일대.

【漢水】陝西 寧羌縣 嶓冢山에서 발원하여 漾水라 부르며, 沔縣을 지나면서는 沔水라 칭함. 다시 襄水와 합류한 아래를 漢水라 칭함. 漢陽에서 長江과 합류함.

【陣】'陳'이어야 함. 고대에는 '陣'을 '陳'자로 함께 사용하였음.《論語》衛靈公 篇에 "衛靈公問陳於孔子. 孔子對曰:「俎豆之事, 則嘗聞之矣; 軍旅之事, 未之 學也.」明日遂行. 在陳絶糧, 從者病, 莫能興. 子路慍見曰:「君子亦有窮乎?」子曰: 「君子固窮, 小人窮斯濫矣.」"라 하였고, 集註에 "陳, 謂軍師行伍之列"라 함. 이 '陳'자가 '陣'자로 군사학에서 '진을 치다'는 전용어로 바뀐 것에 대한 이론은 상당히 많으며, 이에 대하여《顏氏家訓》書證篇에는 "太公《六韜》, 有天陳, 地陳, 人陳, 雲鳥之陳.《論語》曰:「衛靈公問陳於孔子.」《左傳》:「爲魚麗之陳.」俗本 多作阜傍車乘之車. 案諸陳隊, 並作陳, 鄭之陳. 夫行陳之義, 取於陳列耳, 此六 書爲假借也,《蒼》,《雅》及近世字書, 皆無別字; 唯王羲之《小學章》, 獨阜傍作車, 縱復俗行, 不宜追改《六韜》,《論語》,《左傳》也"라 함. 그러나 여기서 "王羲之의 〈소학장〉에서 그렇게 썼다"라 한 것은 羲羲라는 사람이 쓴 것을 잘못 알아 왕희지의 저작이라고 한 것임. 趙曦明은 「《隋書》經籍志:《小學篇》一卷, 晉下 邳內史王羲撰. 諸本並作王羲之, 乃妄人謬改」라 하였음.

> 참고 및 관련 자료

1.《左傳》定公 4年 傳

(經) 冬十有一月庚午, 蔡侯以吳子及楚人戰于柏擧, 楚師敗績. 楚襄瓦出奔鄭. 庚辰, 吳入郢.

(傳) 沈人不會于召陵, 晉人使蔡伐之. 夏, 蔡滅沈. 秋, 楚爲沈故, 圍蔡. 伍員爲 吳行人以謀楚. 楚之殺郤宛也, 伯氏之族出. 伯州犁之孫嚭爲吳大宰以謀楚.

楚自昭王卽位, 無歲不有吳師, 蔡侯因之, 以其子乾與其大夫之子爲質於吳. 冬, 蔡侯, 吳子, 唐侯伐楚. 舍舟于淮汭, 自豫章與楚夾漢, 左司馬戌謂子常曰:「子沿漢而與之上下, 我悉方城外以毀其舟, 還塞大隧, 直轅, 冥阨. 子濟漢而伐之, 我自後擊之, 必大敗之」

060(4-21)
자상子常의 잘못

자상子常은 드디어 한수漢水를 건너 진을 치고는 소별산小別山으로부터 대별산大別山에 이르면서 세 번을 싸웠으나 승리하지 못하고는 스스로 더 진군할 수 없음을 알고 도망치려 하였다.

그러자 사황史皇이 말하였다.

"지금 자상 그대는 이유 없이 왕과 함께 충신 세 사람을 죽였으니 하늘의 재앙이 내린 것입니다. 초왕이 저질러 이렇게 된 것입니다."

자상은 아무런 응대도 하지 못하였다.

子常遂濟漢而陣陳, 自小別山至於大別山, 三不利, 自知 不可進, 欲奔亡.

史皇曰:「今子常無故與王共殺忠臣三人, 天禍來下, 王之所致.」

子常不應.

【子常】囊瓦. 楚나라 슈尹. 子囊의 손자. 자는 子常. 陽匃를 이어 영윤에 오름. 杜預 注에 "囊瓦, 子囊之孫子常也, 代陽匃"라 함.

【小別山, 大別山】杜預 注에는 "〈禹貢〉漢水至於大別南入江, 然則此二別在江夏界"라 하였고, 徐天祐는 "今漢陽縣北有大別山"이라 하였으며 다시 《元和郡縣志》를 인용하여 "小別山在漢陽縣"이라 함. 大別山은 魯山, 翼際山으로도 불렸으며 지금의 湖北 武漢의 鸚鵡洲 북쪽이라 하며, 小別山은 고대 甀山으로도 불렸으며 지금의 湖北 漢川縣 남쪽이라 함.

【三不利】'三戰不利'를 줄여서 표현한 것.

【史皇】楚나라 大夫. 令尹 子常에게 싸울 것을 주장하였으나 子常이 鄭나라로 달아나자 戰車를 몰고 끝까지 싸우다 戰死하였음.

【忠臣三人】伍奢, 伍尙, 郤宛을 가리킴.

참고 및 관련 자료

1.《左傳》定公 4年 傳

旣謀而行. 武城黑謂子常曰:「吳用木也, 我用革也, 不可久也, 不如速戰.」史皇謂子常,「楚人惡子而好司馬, 若司馬毀吳舟于淮, 塞成口而入, 是獨克吳也. 子必速戰! 不然, 不免.」乃濟漢而陳, 自小別至于大別. 三戰, 子常知不可, 欲奔. 史皇曰:「安, 求其事; 難而逃之, 將何所入? 子必死之, 初罪必盡說.」

061(4-22)
합려의 아우 부개夫槩

10월, 두 나라 군사는 백거柏擧에 진을 쳤을 때 합려闔閭의 아우 부개
夫槩가 이른 새벽 일어나 합려에게 이렇게 청하였다.

"자상은 어질지 못하고 탐욕을 부리면서 은혜는 적게 베풀어 그 신하
들은 그를 위해 죽을 뜻을 가지고 있지 않습니다. 추격하면 틀림없이
깨뜨릴 수 있을 것입니다."

합려가 허락을 하지 않자 부개는 이렇게 말하였다.

"이른바 신하된 자가 그 뜻을 행하면서 군주의 명을 기다리지 않는다는
말은 이를 두고 한 것이리라."

그리고는 부개는 자신의 부대 5천 명으로써 자상을 공격하여 이들을
대패시키자 자상은 정鄭나라로 달아나고 초나라 군사들은 큰 혼란에
빠지고 말았다.

오나라 군사들은 이 틈을 이용하여 드디어 초군의 무리를 격파하였다.

초나라 군사들이 미처 한수를 건너지 못한 채 마침 초나라 군사들이
밥을 먹고 있을 때 오나라는 그 틈을 이용하여 그들을 달아나도록 하고는
격파한 것이다.

그리고 옹체雍澨에서 다섯 번을 싸운 끝에 지름길을 지나 영郢에 이르
렀다.

十月, 楚二師陣於柏擧, 闔閭之弟夫槩晨起請於闔閭曰: 「子常不仁, 貪而少恩, 其臣下莫有死志, 追之必破矣.」

闔閭不許, 夫槩曰: 「所謂臣行其志不待命者, 其謂此也.」

遂以其部五千人擊子常, 大敗, 走奔鄭, 楚師大亂.

吳師乘之, 遂破楚衆.

楚人未濟漢, 會楚人食, 吳因奔而擊破之.

雍澨五戰, 徑至於郢.

【十月】《左傳》에는 "十一月庚午, 二師陳於柏擧"라 하여 다름.
【楚二師】楚는 衍文. 이사는 吳나라 군사와 楚나라 군사.《左傳》杜預 注에 "二師, 吳楚師"라 함.
【柏擧】초나라 땅. 지금의 湖北 麻城縣 동쪽.《公羊傳》에는 '伯莒',《穀梁傳》에는 '伯擧',《淮南子》詮言訓에는 '柏莒',《兵略》에는 '柏擧'로 되어 있음.
【夫槩】闔閭의 아우.《左傳》에는 '夫槩王'이라 하였음. 夫槩는 王號. 吳王 闔廬의 아우이며 楚秦 연합군과 싸우는 틈을 이용, 자립하여 왕이 되었다가 吳王 闔廬에게 패하자 楚나라 堂谿로 달아나 堂谿氏가 됨.
【鄭】원래 宣王의 庶弟 友(桓公)를 지금의 陝西 華縣 부근에 봉하였던 나라로 東周 平王(姬宜臼)의 東遷을 도와 지금의 河南 新鄭縣으로 도읍을 옮김.
【雍澨】《左傳》에는 '雍滋'로 되어 있음. '澨'는 '滋'의 오기로 보임. 楚나라 漢水의 支流, 혹은 天門河의 지류로 보기도 함. 滋水는 삼서수가 있으며 湖北 京山縣에서 발원하여 동쪽으로 흘러 漢川에 이르러 漢水와 합류하며 雍滋는 그 중의 하나라 함.
【郢】楚나라의 도읍. 楚 文王 10년(B.C.680) 丹陽으로부터 이곳으로 도읍을 옮겼음. 지금의 湖北 江陵 서북 紀南城.《呂氏春秋》簡選篇에 "吳闔閭選多力者五百人, 利趾者三千人, 以爲前陳. 與荊戰, 五戰五勝, 遂有郢"이라 함.

1.《左傳》定公 4年 傳

十一月庚午, 二師陳于柏擧. 闔廬之弟夫槩王晨請於闔廬曰:「楚瓦不仁, 其臣
莫有死志. 先伐之, 其卒必奔; 而後大師繼之, 必克.」弗許. 夫槩王曰:「所謂
『臣義而行, 不待命』者, 其此之謂也. 今日我死, 楚可入也.」以其屬五千先擊子
常之卒. 子常之卒奔, 楚師亂, 吳師大敗之. 子常奔鄭, 史皇以其乘廣死. 吳從
楚師, 及淸發, 將擊之. 夫槩王曰:「困獸猶鬪, 況人乎? 若知不免而致死, 必敗我.
若使先濟者知免, 後者慕之, 蔑有鬪心矣. 半濟而後可擊也」從之, 又敗之. 楚人
爲食, 吳人及之, 奔. 食而從之, 敗諸雍澨. 五戰, 及郢.

062(4-23)
공주를 업고 건넌 인연

소왕昭王은 오군吳軍에게 쫓겨 잠시 나서서 장차 도망하면서 누이동생 계미季华와 함께 하수河水와 수수濉水 사이로 달아났으며 초나라 대부大夫 윤고尹固가 왕과 함께 같은 배를 타고 갔다.

오왕은 마침내 영으로 들어가 소왕을 찾았다.

소왕은 수수를 건너고 장강長江을 건너 운중雲中으로 들어갔다.

날이 저물어 노숙하고 있을 때 도적 떼들이 공격하여 창으로 왕의 머리를 공격하자 윤고가 왕을 감싸고 등으로 이를 받아내다가 어깨가 찔리고 말았다.

왕은 두려워 운鄖땅으로 달아났다.

대부 종건鍾建이 계미를 등에 업고 따랐다.

운공鄖公 신辛이 소왕昭王을 만나자 크게 기뻐하여 그를 돌려보내 주고자 하였다.

그러자 그의 아우 회懷가 노하여 말하였다.

"소왕은 우리 원수입니다."

그리고는 그를 죽이려 하면서 그 형 신에게 말하였다.

"지난 날 평왕平王이 우리 아버지를 죽였으니 우리가 그 아들을 죽이는 것 또한 가하지 않겠습니까?"

신이 말하였다.

"군주가 신하를 죽였다 하여 감히 원수로 삼는단 말이냐? 무릇 남의 재앙을 틈타는 것은 인仁이 아니요, 죄를 지어 자신의 종족을 멸망시키고 제사가 끊어지도록 하는 것은 효孝가 아니며, 행동에 훌륭한 명분이 없는 것은 지智가 아니다."

그러나 회는 분노를 풀지 않았다.

신辛은 몰래 막내아우 소巢와 함께 왕을 모시고 수隨나라로 도망쳤다.

오나라 병사들이 쫓아와서 수나라 군주에게 말하였다.

"주周나라 자손子孫으로서 한수漢水 가에 살던 나라들은 초楚나라가 모두 멸하였소. 하늘이 재앙으로써 그에게 보복하여 초나라에게 벌을 내린다고 말하는 것인데 그대는 어찌하여 그를 보물로 여기고 있소? 주나라가 무슨 죄가 있다고 그대는 그런 도적을 숨겨주고 있소? 능히 소왕을 내놓으면 큰 은혜를 베푸는 것이 되는 것이오."

수나라 군주가 점을 쳐 보아 소왕을 오왕에게 넘겨주는 것은 불길하다는 징조가 나오자 이에 오왕에게 거절하여 이렇게 말하였다.

"지금 우리 수나라는 외지고 편벽된 곳에 있는 작은 나라로서 초나라와 아주 친밀하게 가까이 있었소. 초나라는 실제로 우리를 존속시켜 주고 있으며 맹약이 지금까지 오면서 바뀌지 않았소. 그런데 지금과 같은 어려움이 있다 하여 이를 폐기하고 어찌 임금을 섬길 수 있겠소? 지금 장차 안정이 되고 나면 초나라가 감히 그대의 명령을 듣지 않을 수 있겠소?"

오나라 군사들은 그의 말을 훌륭하다고 여기면서 물러났다.

이 때 대부 자기子期는 비록 소왕昭王과 함께 달아나 있었으나 몰래 오나라 군사들과 흥정을 하여 소왕을 구출해 내고자 하였다.

소왕이 이를 듣고 겨우 면한 다음 즉시 자기의 심장 앞 피를 내어 수나라 군주와 맹약을 맺은 다음 수나라를 떠났다.

王追於吳寇, 出固將亡, 與妹季芉, 出河瀨之間, 楚大夫尹固與王同舟而去.

吳王遂入郢, 求昭王.

王涉灘濟江, 入於雲中.

暮宿, 群盜攻之, 以戈擊王頭, 大夫尹固隱王, 以背受之, 中肩.

王懼, 奔鄖.

大夫鍾建負季羋以從.

鄖公辛得昭王, 大喜, 欲還之.

其弟懷怒曰:「昭王是我讎也.」

欲殺之, 謂其兄辛曰:「昔平王殺我父, 吾殺其子, 不亦可乎!」

辛曰:「君討其臣, 敢仇之者? 夫乘人之禍, 非仁也. 滅宗廢祀, 非孝也. 動無令名, 非智也.」

懷怒不解.

辛陰與其季弟巢以王奔隨.

吳兵逐之, 謂隨君曰:「周之子孫在漢水上者, 楚滅之. 謂天報其禍, 加罰於楚, 君何實之? 周室何罪, 而隱其賊? 能出昭王, 卽重惠也.」

隨君卜昭王與吳王, 不吉, 乃辭吳王曰:「今隨之僻小, 密近於楚, 楚實存我, 有盟至今未改, 若今有難而棄之, 何以事君? 今且安靜, 楚敢不聽命?」

吳師多其辭, 乃退.

是時, 大夫子期雖與昭王俱亡, 陰與吳師爲市, 欲出昭王.

王聞之, 得免, 卽割子期心以與隨君盟而去.

【王追於吳寇】王은 楚나라 昭王을 오나라 침략군에게 追逐을 당함. 徐天祜는 "追, 當作追"이라 하였으나 '追'는 '追逐'의 뜻으로도 통함.

【出固將亡】固는 姑와 통하며 '잠시, 임시, 우선'의 뜻. 그러나 盧文弨는 '固'를 '國'의 오기로 보았음.

【季羋】楚 昭王의 누이동생.《左傳》에는 "季羋畀我"로 되어 있으며, 季는 막내, 羋는 초나라 성씨, 畀我는 그의 이름.

【淮澭】淮水와 澭水. 澭水는 睢水로도 표기하며 혹 沮水로 보기도 함. 杜預 注에 "睢水, 出新城昌魏縣東南, 至枝江縣入江"이라 함.

【雲中】고대 雲夢澤. 지금의 湖北과 湖南의 경계를 이루고 있는 큰 호수. 그러나 고대에는 雲澤과 夢湖가 각기 달리 이름으로 불렸음.

【尹固】楚나라 大夫.《左傳》에는 定公 4년에 '鍼尹固', 哀公 16년에는 '箴尹固'로 표기되어 있음. 그러나 창을 등으로 받아 대신 죽은 자는《左傳》에는 '王孫 由于'로 되어 있음.

【䢵】'邧'으로도 표기하며 지금의 湖北 安陸縣 雲夢湖 근처에 있던 나라. 䢵姓 이었음. 뒤에 楚나라에 귀속되었음. 徐天祜는 "江陵有䢵城, 楚昭王時䢵公所築, 今松滋也"라 함. 松滋는 지금의 湖北 松滋縣으로 䢵澤 부근임. 그러나《史記》 楚世家〈正義〉에는《括地志》를 인용하여 "安州卽安六縣城, 本春秋時䢵國城" 이라 함.

【鍾建負季羋】〈四部叢刊〉에는 '種建'으로 표기되었으나《左傳》에 의해 수정함. 鍾建은 楚나라 대부. 鍾子期와 같은 族氏. 楚 昭王이 䢵으로 피해 다닐 때 昭王의 여동생 季羋畀我를 업고 다닌 인연으로 昭王의 사위가 됨.

【䢵公辛】䢵 땅의 尹이었던 鬪辛. 鬪成然의 아들.《左傳》昭公 14年에 '楚平王 元年九月, 平王殺鬪成然, 使鬪辛居䢵'이라 함. 鬪氏는 楚나라 왕족에서 분파된 성씨임.

【懷】鬪懷. 鬪辛의 아우.

【平王】春秋時代 楚나라 군주. 姓은 羋, 이름은 棄疾. B.C.528~B.C.516년까지 13년간 재위함. 費無忌의 讒言에 빠져 太子를 내쫓고 伍奢와 伍尚, 郤宛을 죽임. 한편 鬪成然은 平王을 옹립한 공으로 令尹에 오르기도 하였으나 사치를 부리고 養氏와 作黨한 죄로 平王에 의해 죽임을 당하였음.《左傳》昭公 14년을 참조할 것.

【滅宗廢祀】弑君의 죄를 지어 자신 집안의 종족이 끊어지고 제사가 폐기됨.《左傳》杜預 注에 "弑君罪應滅宗"이라 함. 소왕을 죽인 것을 말하는 것이 아니라 시군의 죄를 짓고 자신 집안이 멸족됨을 우려한 것.

【巢】鬪巢. 鬪成然의 아들이며 鄖公(鬪辛)과 鬪懷의 아우.

【隨】원래 姬姓으로 고대 나라 이름. 뒤에 초나라의 附庸國이었다가 망함. 지금의 湖北 隨縣 남쪽.

【周之子孫在漢水上者, 楚滅之】周나라와 같은 姬姓의 제후국들로써 漢水 가에 있던 나라들, 즉 隨, 蔡 등은 모두 楚나라에 의해 멸망하고 말았음. 吳나라 자신이 姬姓이므로 이들을 따지러 楚나라 정벌에 나섰음을 명분으로 삼은 것. 한편 〈全譯本〉에는 '楚滅之謂'로 다음의 '謂'자를 앞으로 연결하여 풀이하였으나 타당하지 않은 듯함.

【寶】昭王을 보물로 여김. 그러나 '보호하고 있다'의 뜻에 가까움. 徐天祜는 "寶, 當作保"라 함.

【何以事君】〈四部叢刊〉에는 이 구절이 없으나 《左傳》에 의해 보입함.

【多其辭】'多'는 '칭찬하다. 훌륭히 여기다'의 뜻.

【子期】公子 結. 당시 楚나라 大夫이며 大司馬였음. 昭王의 이복형. 惠王이 즉위한 후 令尹이 되었으나 太子 建의 아들 白公 勝의 난에 白公에게 피살됨. 《史記》楚世家와 《說苑》에는 '子綦'로 되어 있음.

【市】흥정함. 교역함. 협상함.

【割子期心】子期의 심장 부분이 있는 가슴 앞의 피를 취하여 맹약을 맺은 것으로 지극한 믿음을 보이기 위한 것. 子期를 죽인 것이 아님. 杜預 注에 "當心前割取血以盟, 示其至心"이라 함.

___참고 및 관련 자료___

1. 《左傳》定公 4年 傳

己卯, 楚子取其妹季芈畀我以出, 涉睢. 鍼尹固與王同舟, 王使執燧象以奔吳師. 庚辰, 吳入郢, 以班處宮. 子山處令尹之宮, 夫槩王欲攻之, 懼而去之, 夫槩王入之. 左司馬戌及息而還, 敗吳師于雍澨, 傷. 初, 司馬臣闔廬, 故恥爲禽焉, 謂其臣曰:「誰能免吾首?」吳句卑曰:「臣賤, 可乎?」司馬曰:「我實失子, 可哉!」三戰皆傷, 曰:「吾不可用也已」句卑布裳, 刎而裹之, 藏其身, 而以其首免. 楚涉睢, 濟江, 入于雲中. 王寢, 盜攻之, 以戈擊王, 王孫由于以背受之, 中肩. 王奔郢. 鍾建負季芈以從. 由于徐蘇而從. 鄖公辛之弟懷將弑王, 曰:「平王殺吾父, 我殺其子, 不亦可乎?」辛曰:「君討臣, 誰敢讎之? 君命, 天也. 若死天命,將誰懟?《詩》曰『柔亦不茹, 剛亦不吐. 不侮矜寡, 不畏彊禦』, 唯仁者能之. 違彊陵弱, 非勇也; 乘人之約, 非仁也; 滅宗廢祀, 非孝也; 動無令名, 非知也. 必犯是, 余將殺女.」鬬辛與其弟巢以王奔隨. 吳人從之, 謂隨人曰:「周之子孫在漢川者, 楚實盡之. 天誘其衷, 致罰於楚, 而君又竄之, 周室何罪? 君若顧報周室, 施及寡人, 以獎天衷, 君之惠也. 漢陽之田, 君實有之.」楚子在公宮之北, 吳人在其南. 子期似王, 逃王, 而己爲王, 曰:「以我與之, 王必免.」隨人卜與之, 不吉, 乃辭吳曰:「以隨之辟小, 而密邇於楚, 楚實存之. 世有盟誓, 至于今未改. 若難而棄之, 何以事君? 執事之患不唯一人, 若鳩楚竟, 敢不聽命?」吳人乃退. 鑢金初宦於子期氏, 實與隨人要言. 王使見, 辭, 曰:「不敢以約爲利.」王割子期之心以與隨人盟.

2.《史記》伍子胥列傳

昭王出亡, 入雲夢; 盜擊王, 王走鄖. 鄖公弟懷曰:「平王殺我父, 我殺其子, 不亦可乎!」鄖公恐其弟殺王, 與王奔隨. 吳兵圍隨, 謂隨人曰:「周之子孫在漢川者, 楚盡滅之.」隨人欲殺王, 王子綦匿王, 己自爲王以當之. 隨人卜與王於吳, 不吉, 乃謝吳不與王.

063(4-24)
부관참시剖棺斬屍당한 초楚 평왕平王의 묘

오왕吳王이 영郢에 들어와 머물고 있었다.

오서伍胥는 소왕昭王을 잡지 못하게 되자 평왕平王의 무덤을 파헤쳐 그
시신을 꺼내어 3백 번의 채찍질을 하고 왼발로 평왕의 배를 밟고 오른손
으로 그 눈을 빼내었다.

그리고 이렇게 꾸짖었다.

"누가 너로 하여금 아첨하고 참소하는 말을 듣고 나의 아버지와 형을
죽이도록 하였느냐? 어찌 원통하지 않겠느냐?"

그러고는 즉시 합려闔閭로 하여금 소왕의 부인을 아내로 삼도록 하고,
오서, 손무, 백희도 역시 자상子常과 사마성司馬成의 처를 아내로 삼아
초나라 임금과 신하들을 욕보였다.

吳王入郢, 止留.

伍胥以不得昭王, 乃掘平王之墓, 出其屍, 鞭之三百,
左足踐其腹, 右手抉其目.

誚之曰:「誰使汝用讒諛之口, 殺我父兄? 豈不冤哉?」

卽令闔閭妻昭王夫人, 伍胥, 孫武, 白喜亦妻子常, 司馬
成之妻, 以辱楚之君臣也.

【平王】費無忌의 讒言에 빠져 太子를 내쫓고 伍奢와 伍尚을 죽였던 초나라
　전대 왕.

【踐其腹】〈四部叢刊〉에는 '踐腹'으로 되어 있으나《太平御覽》에 의해 고침.

【右手抉目】시신의 눈을 후벼냄.

【誚】꾸짖음, 나무람.

【冤】'寃'과 같음. 원통함. 平王의 원통해할 것임을 말함. 임금을 직접 꾸짖지
　못하고 費無忌의 참언을 듣고 그렇게 하였으니 "임금 당신인들 원통하지
　않겠는가?"의 뜻.

【妻】여기서는 '욕보이다', 혹은 '姦'의 뜻.

【昭王夫人】貞順한 여인으로 일화를 가지고 있음.《列女傳》貞順篇「楚昭
　貞姜」을 볼 것.

【子常】楚나라 令尹. 이름은 囊瓦. 字는 子常. 子囊의 손자로 楚 平王 10년
　초나라 令尹에 오름.《左傳》昭公 23년 참조.

【司馬成】司馬戌의 오류. 司馬는 군사를 관장하는 장관. 당시 楚나라 司馬戌은
　左司馬 沈尹戌이었음. '成'은 '戌'과 비슷하여 오류를 범한 것으로 보임.《左傳》
　昭公 27년에 "左司馬沈尹戌"이라 하였고,《左傳》昭公 十九年 杜預 注에 "戌,
　莊王之會孫. 葉公諸梁父也"라 하였으며,《呂氏春秋》高誘 注에도 "沈尹戌, 莊王
　之孫, 沈諸梁葉公子高之父也"라 하였고, 王符《潛夫論》에도 역시 "左司馬戌者,
　莊王之曾孫, 葉公諸梁者, 戌之第三弟也"라 함.

참고 및 관련 자료

1.《史記》伍子胥列傳

及吳兵入郢, 伍子胥求昭王. 旣不得, 乃掘楚平王墓, 出其尸, 鞭之三百, 然後已.

2.《太平御覽》(371)

子胥鞭平王尸三百, 右手抉其目, 左手踐其腹.

064(4-25)
옛 어부의 아들

오자서는 드디어 군대를 이끌고 정鄭나라로 쳐들어갔다.

정 정공定公은 전에 태자太子 건建을 죽이고 오자서를 핍박한 일이 있었으므로 그 까닭으로 정나라에 원한을 품고 있었다.

오나라 군사가 장차 국경으로 들어서자 정 정공은 크게 두려워하여 나라에 이렇게 영을 내렸다.

"능히 오나라 군사를 되돌아가게 할 수 있는 자가 있다면 내 이 나라를 나누어 다스리겠다."

그러자 어부의 아들이 응모하며 이렇게 말하였다.

"저는 능히 그들을 돌아가게 할 수 있습니다. 한 자짜리 무기나 한 말의 식량도 소비하지 아니하고 삿대 하나만 가지고 길을 다니며 노래를 부르면 곧바로 되돌아갈 것입니다."

정공은 이에 어부의 아들에게 노 하나를 주었다.

자서의 군사가 장차 이르자 길을 가로막고 노를 두드리며 이렇게 노래하였다.

"갈대 속에 숨어 있는 사람이여!"

이렇게 두 번을 부르자 자서는 이를 듣고 악연愕然히 크게 놀라 말하였다.
"어떤 사람이냐?"

그리고 그와 더불어 말을 나누었다.

"그대는 어떤 사람이오?"

그가 말하였다.

"저는 어부의 아들입니다. 우리 정나라 임금께서 두려워하여 나라에 이렇게 영을 내렸지요. '능히 오나라 군사를 되돌아가게 할 수 있는 자가 있다면 나라를 나누어 다스리도록 하겠다'라고요. 저는 선친께서 그대와 길에서 만났던 일을 생각하여 지금 그대에게 정나라를 구해줄 것을 애걸하는 것입니다."

자서는 이렇게 탄식하였다.

"슬프다! 내 그대의 선인에게 은혜를 입어 지금 이 자리에 있게 된 것이오. 하늘이 창창하거늘 어찌 감히 잊었겠소?"

이에 정나라를 풀고 군대를 되돌려 초楚나라를 지키며 소왕昭王이 있는 곳을 날마다 급히 찾았다.

遂引軍擊鄭.

鄭定公前殺太子建而困迫子胥, 故怨鄭.

兵將入境, 鄭定公大懼, 乃令國中曰:「有能還吳軍者, 吾與分國而治.」

漁者之子應募曰:「臣能還之, 不用尺兵斗糧, 得一橈而行歌道中, 卽還矣.」

公乃與漁者之子一橈.

子胥軍將至, 當道扣橈而歌曰:

「蘆中人!」

如是再.

子胥聞之, 愕然大驚曰:「何等?」

謂與語:「公爲何誰矣?」

曰:「漁父者子. 吾國君懼怖, 令於國:『有能還吳軍者, 與之分國而治.』臣念前人與君相逢於途, 今從君乞鄭之國.」

子胥嘆曰:「悲哉! 吾蒙子前人之恩, 自致於此, 上天蒼蒼, 豈敢忘也?」

於是, 乃釋鄭國, 還軍守楚, 求昭王所在日急.

【故怨鄭. 兵將入境】〈四部叢刊〉에는 이 7자 대신 "自此" 2글자만 있음.《太平御覽》(479)에 의해 수정함.

【鄭定公】정나라 군주. 이름은 寧(姬寧). B.C.529~B.C.514년까지 16년간 재위하였으며 아들 獻公(蠆)이 그 뒤를 이음. 定公은 楚 平王의 아들 太子 建이 국내 사정(秦女 娶婚과 費無忌의 참소 등)으로 정나라로 망명하였을 때 태자 건을 죽이고 함께 온 伍子胥를 핍박한 적이 있었음. 그러나 본문의 일은 定公 때를 지나 獻公 8년(B.C.506)에 있었던 일이므로 "鄭定公大懼"는 "鄭獻公大懼"여야 함. 徐天祜는 "按《史記》年表, 鄭定公十一年書:「楚建作亂, 殺之」是爲楚平王十年. 其後吳破楚入郢乃昭王十年, 蓋鄭獻公八年, 非定公時也"라 함.

【太子建】楚 平王의 太子. 어머니인 蔡夫人이 失寵하고 秦나라 공주를 아내로 맞이하려 할 때 아버지가 대신 秦女를 차지하여 그 사이에 珍(昭王)을 낳자 費無忌의 모함을 받아 鄭나라로 달아났으나 晉나라와 함께 鄭나라를 칠 모의가 발각되어 鄭 定公과 子産에게 죽임을 당하고 말았음. 이에 함께 갔던 伍子胥는 太子 建의 아들 勝(白公)을 데리고 다시 오나라로 망명함.

【漁者之子】오자서가 도망 올 때 강에서 만났던 어부의 아들. 029 참조.

【尺兵斗糧】전쟁 물자를 전혀 소비하지 않음을 뜻함.

【橈】삿대(樂), 혹은 노(棹). 배를 젓는 기구. 徐天祜는 "橈, 小楫"이라 함.

【蘆中人】伍子胥가 도망칠 때 오자서를 도와 준 漁丈人이 부른 노래. "蘆中人, 蘆中人, 豈非窮士乎?"라 하였음. 029를 볼 것.

【何等】《太平御覽》에는 "何等人者?"로 되어 있음.

【謂與語】《太平御覽》에는 "卽請與語"로 되어 있음.

【前人】先人, 즉 자신의 아버지. 본《吳越春秋》에는 '先'자를 同韻換置하여 많은 곳에 '前'자로 쓰고 있음.

> ## 참고 및 관련 자료

1.《太平御覽》(479)

吳師入郢, 遂引軍擊鄭定公前殺太子建而困子胥, 故怨鄭. 兵將入境, 定公大懼, 乃令於鄭邦中曰:「有能還吳軍者, 吾與之分邦而治」漁者子聞而進之曰:「臣能還之, 不用尺兵斗粮, 得一橈行歌道中, 卽還矣」定公大悅, 乃與一橈. 子胥軍將至, 漁者子當路扣橈行歌辭曰:「蘆中人, 蘆中人!」子胥聞之, 大驚曰:「何等人者?」卽請與語曰:「吾是漁者子. 吾國君怖懼, 令於國中:『有能還吳軍者, 與之分國而治.』臣念前人與君相遭於途, 今從君乞鄭之罪也」子胥曰:「吾蒙子前人之恩, 自致於此, 上天蒼蒼, 豈敢忘子之功乎?」於是, 乃釋鄭不伐.

065(4-26)
신포서申包胥의 충정忠情

신포서申包胥는 산 속으로 도망가 있다가 이러한 소식을 듣고 사람을 시켜 자서에게 이렇게 말하도록 하였다.

"그대의 복수는 어찌 그리도 심한가! 그대는 지난날 평왕平王의 신하로서 북면北面하여 섬겼는데 지금 그 시신을 파내어 욕보이고 있으니 어찌 도리가 그런 극한까지 가는가?"

오자서가 말하였다.

"나를 위해 신포서에게 말을 전해주시오. '날은 저무는데 갈 길은 멀어, 거꾸로 행하여 도리에 어긋난 일을 하고 있다'고."

신포서는 더 이상 말릴 수 없음을 알고 이에 진秦나라로 가서 초나라를 구해줄 길을 찾기로 하였다.

낮에는 달리고 밤에는 뛰고 하여 발꿈치는 갈라지고 발바닥은 터져 옷을 찢어 무릎을 싸매어 마치 학이 다리 하나로 서듯 한 모습으로 진나라 조정에서 울며 이레 밤낮을 입에서 소리를 그치지 않았다.

진 환공桓公은 평소 주색에 빠져 국사를 돌보지 않고 있었다.

신포서는 곡을 그치면 노래를 불렀다.

"오나라는 무도하여 큰 돼지 긴 뱀처럼
상국을 먹어 삼키며 천하를 차지하려 하는데
그들은 곧바로 초나라로부터 시작되어

우리 군주께서 초택에 몸을 피해
나를 보내어 위급함을 알리셨네.''

신포서가 이레를 이렇게 하자 환공은 크게 놀라 이렇게 말하였다.

"초나라에 이 같은 현신이 있음에도 오히려 나라가 망해가려 하는데, 과인에게는 이와 같은 신하가 전혀 없으니 나라 망할 날이 얼마 남지 않았구나."

그리고는 〈무의편無衣篇〉의 시를 읊어주었다.

"어찌 옷이 없다 말하는가
그대와 한 옷을 번갈아 입으면 되지.
왕께서 군사를 일으키심은
그대와 더불어 원수를 함께 치려는 것."

그러자 신포서가 말하였다.

"제가 듣기로 덕에 위배되는 행동은 싫어할 줄 모른다 하였습니다. 왕께서 이웃나라 강역疆場에 대한 환난을 걱정해주지 않고 계시지만 오나라가 아직 초나라를 평정하지는 못한 이때에 왕께서는 초나라를 나누어 취하실 수 있습니다. 그러나 만약 초나라가 망하고 난 다음이라면 진나라에 무슨 이익이 되겠습니까? 그렇게 되면 역시 그대의 토지도 잃게 되는 것입니다. 원컨대 왕의 신령함으로써 초나라를 존속시켜 주시기만 한다면 대대로 왕을 받들어 섬길 것입니다."

환공은 사신을 보내어 이렇게 말을 일러주도록 하였다.

"과인은 그대의 명령을 따르겠소. 그대는 숙소에게 가서 쉬고 계시오. 장차 계획을 세워 일러드리겠소."

신포서는 이렇게 말하였다.

"우리 대왕께서는 지금 초야에 피해 계시어 숨을 곡조차 얻지 못하고 있는데 제가 어찌 감히 가서 편안히 쉬고 있을 수 있겠습니까?"

그리고 다시 궁정에 서서 벽에 기대어 울며 밤낮으로 그 소리가 끊어지지 않았고 입에는 물 한 모금도 마시지 않았다.

　진백秦伯은 눈물을 떨구며 즉시 군사를 출동시켜 그를 초나라로 보내주었다.

　申包胥亡在山中, 聞之, 乃使人謂子胥曰:「子之報讎, 其以甚乎! 子, 故平王之臣, 北面事之, 今於僇屍之辱, 豈道之極乎?」

　子胥曰:「爲我謝申包胥曰:『日暮路遠, 倒行而逆施之於道也.』」

　申包胥知不可, 乃之於秦, 求救楚.

　晝馳夜趨, 足踵蹠劈, 裂裳裹膝, 鶴倚哭於秦庭, 七日七夜, 口不絶聲.

　秦桓公素沉湎, 不恤國事.

　申包胥哭已歌曰:

　『吳爲無道, 封豕長蛇, 以食上國,
　　欲有天下, 政從楚起.
　　寡君出, 在草澤, 使來告急.』

　如此七日, 桓公大驚:「楚有賢臣如是, 吳猶欲滅之. 寡人無臣若斯者, 其亡無日矣.」

　爲賦〈無衣〉之詩曰:

『豈曰無衣, 與子同袍.
王于興師, 與子同讐.』

包胥曰:「臣聞戾德無厭, 王不憂鄰國壇場之患, 逮吳
之未定, 王其取分焉. 若楚遂亡, 於秦何利? 則亦亡
君之土也. 願王以神靈存之, 世以事王.」

秦伯使辭焉, 曰:「寡人聞命矣, 子且就館, 將圖而告.」
包胥曰:「寡君今在草野, 未獲所伏, 臣何敢卽安?」
復立於庭, 倚牆而哭, 日夜不絶聲, 水不入口.
秦伯爲之垂涕, 卽出師而送之.

【申包胥】春秋時代 楚나라 大夫. 姓은 公孫. 楚나라 왕족 鬪若敖의 후손으로
이름은 包胥, 申胥, 혹 勃蘇로도 표기함. 楚 成王 때 鬪班이 申 땅에 封을 받아
이로써 후손이 申氏로 불림. 伍子胥와는 친교가 있었으며 楚나라 大夫에 오름.
《戰國策》에는 "棼冒勃蘇"라 하였으며 棼冒는 蚡冒, 즉 楚 武王의 형이었음.
따라서 그는 蚡冒의 후손임을 알 수 있음. '勃蘇'는 '包胥'와 같은 발음으로
표기가 다른 것임.
【僇】'戮'과 같음. 刑戮.《禮記》大學 "辟則爲天下僇矣"의 疏에 "僇, 謂刑僇也"
라 함. 여기서는 平王의 시신을 파헤쳐 채찍질로 욕을 보였음을 말함.
【豈道之極乎】《史記》伍子胥列傳에는 "今至於僇死人, 此豈豈無天道之極乎?"
라 하여 훨씬 순통함.
【倒行而逆施】행동을 뒤집어서 하고 베풂을 거꾸로 함.《史記》〈索隱〉에 "子胥
言志在復讐, 常恐且死, 不邃本心, 今幸而報, 豈論道理乎? 譬如人行, 前途尚遠,
而日勢已暮, 故其在顚倒疾行, 逆理施事, 何得責吾順理乎"라 함.
【秦】周 孝王 때 伯益의 후손인 非子가 封을 받은 나라. 군주의 姓氏는 嬴氏.
원래 지금의 甘肅 淸水縣 秦邑이었으나 周 平王이 洛邑으로 東遷할 때 이를

호위한 공로로 B.C.771년 陝西 서부 지역을 맡아 정식 제후가 됨. 戰國時代인 法家 사상에 의해 부국강병을 이루어 始皇帝 26년 천하통일을 완수함.

【踵蹠】 踵은 발뒤꿈치, 蹠은 발바닥.

【鶴倚】 학이 한 쪽 다리로 서듯 함.《淮南子》修務訓에 "申包胥, ……七日七夜, 至於秦庭, 鶴跱而不食, 晝吟宵哭"이라 하여 '倚'는 '跱'의 뜻으로 쓰였음.

【桓公】 秦나라 군주. 嬴榮. B.C.603~B.C.577년까지 28년간 재위하고 景公(嬴鍾)이 뒤를 이어 40년간 재위하였으며 그 뒤를 哀公이 B.C.536~B.C.501년까지 36년간 재위함. 본장의 사건은 哀公 31년(B.C.506)의 일로 桓公은 哀公의 오류임.

【封豕長蛇】 큰 돼지와 긴 뱀. 탐욕을 뜻하는 말.《左傳》昭公 28년에 "昔有仍氏 生女, 黰黑, 而甚美, 光可以鑑, 名曰玄妻. 樂正后夔取之, 生伯封, 實有豕心, 貪惏 無饜, 忿纇無期, 謂之封豕. 有窮后羿滅之, 夔是以不祀. 且三代之亡, 共子之廢, 皆是物也, 女何以爲哉? 夫有尤物, 足以移人. 苟非德義, 則必有禍"라 한 고사 에서 유래됨. 한편《淮南子》本經訓에는 "封豨脩蛇, 皆爲民害"라 하였고, 修務訓 "吳爲封豨脩蛇" 注에 "豨, 蛇, 猶貪也"라 함.

【以食上國】 上國은 中原의 諸侯國들을 지칭함.《淮南子》에는 "蠶食上國"으로 표현되어 있음.

【政從楚起】 '政'은 '正'과 같음. 혹 '征'과도 통함. 그들 오나라의 정벌 정책은 초나라로부터 시작됨.

【無衣】《詩經》秦風의 篇名.〈詩序〉에 "無衣, 刺用兵也. 秦人刺其君好攻戰, 亟 用兵, 而不與民同欲焉"이라 하였으며 원문에 "豈曰無衣, 與子同袍. 王于興師, 修我戈矛, 與子同仇. 豈曰無衣, 與子同澤. 王于興師, 修我戈戟, 與子偕作. 豈曰 無衣, 與子同裳. 王于興師, 修我甲兵, 與子偕行"이라 함.

【戾德無厭】 도덕에 위배되는 짓을 하는 자는 싫증을 낼 줄 모름.

【壃場之患】 '壃'은 '疆', '場'은 '域'과 같음. 나라 영토가 침략당하는 환난.〈四部 叢刊〉본에는 '壇場'으로 되어 있으나〈四庫全書〉본에 의해 수정함.

참고 및 관련 자료

1.《左傳》定公 4年 傳

初, 伍員與申包胥友. 其亡也, 謂申包胥曰:「我必復楚國.」申包胥曰:「勉之! 子能復之, 我必能興之.」及昭王在隨, 申包胥如秦乞師, 曰:「吳爲封豕, 長蛇,以荐食上國, 虐始於楚. 寡君失守社稷, 越在草莽, 使下臣告急, 曰:『夷德無厭, 若鄰於君, 疆場之患也. 逮吳之未定, 君其取分焉. 若楚之遂亡, 君之土也. 若以君靈撫之, 世以事君.』秦伯使辭焉, 曰:「寡人聞命矣. 子姑就館, 將圖而告.」對曰:「寡君越在草莽, 未獲所伏, 下臣何敢即安?」立, 依於庭牆而哭, 日夜不絕聲, 勺飲不入口七日. 秦哀公爲之賦〈無衣〉. 九頓首而坐. 秦師乃出.

2.《史記》伍子胥列傳

始伍員與申包胥爲交, 員之亡也, 謂包胥曰:「我必覆楚.」包胥曰:「我必存之.」及吳兵入郢, 伍子胥求昭王. 既不得, 乃掘楚平王墓, 出其尸, 鞭之三百, 然後已. 申包胥亡於山中, 使人謂子胥曰:「子之報讎, 其以甚乎! 吾聞之: 人衆者勝天, 天定亦能破人. 今子故平王之臣, 親北面而事之, 今至於僇死人, 此豈其無天道之極乎?」伍子胥曰:「爲我謝申包胥曰:『吾日莫途遠, 吾故倒行而逆施之.』」於是申包胥走秦告急, 求救於秦. 秦不許. 包胥立於秦廷, 晝夜哭, 七日七夜不絕其聲. 秦哀公憐之, 曰:「楚雖無道, 有臣若是, 可無存乎?」乃遣車五百乘救楚擊吳.

3.《淮南子》修務訓

吳與楚戰, 莫囂大心撫其御之手曰:「今日距彊敵, 犯白刃, 蒙矢石, 戰而身死, 卒勝民治, 全我社稷, 可以庶幾乎!」遂入不返, 決腹斷頭, 不旋踵運軌而死. 申包胥曰:「吾竭筋力以赴嚴敵, 伏尸流血, 不過一卒之才, 不如約身卑辭, 求救於諸侯」於是乃羸糧跣走, 跋涉谷行, 上峭山, 赴深谿, 游川水, 犯津關, 獵蒙籠, 躇沙石, 蹠達膝 曾繭重胝, 七日七夜, 至於秦庭. 鶴跱而不食, 晝吟宵哭, 面若死灰, 顏色黴黑, 涕液交集, 以見秦王, 曰:「吳爲封豨修蛇, 蠶食上國, 虐始於楚. 寡君失社稷, 越在草茅. 百姓離散, 夫婦男女, 不遑啓處. 使下臣告急」秦王乃發車千乘, 步卒七萬, 屬之子虎. 踰塞而東, 擊吳濁水之上, 果大破之, 以存楚國. 烈藏廟堂, 著於憲法. 此功之可彊成者也.

4.《新序》節士篇

申包胥者, 楚人也. 吳敗楚兵於柏擧, 遂入郢, 昭王出亡在隨. 申包胥不受命而赴於秦乞師, 曰:「吳爲無道, 行封豕長蛇, 蠶食天下, 從上國始於楚. 寡君失社稷, 越在草莽, 使下臣告急曰:『吳, 夷狄也. 夷狄之求無厭, 滅楚, 則西與君接境, 若鄰於君, 疆場之患也. 逮吳之未定, 君其圖之. 若得君之靈, 存撫楚國, 世以事君.』」秦伯使辭焉, 曰:「寡君聞命矣. 子其就館, 將圖而告子.」對曰:「寡君越在草莽, 未獲所休, 下臣何敢即安?」倚於庭牆立哭, 日夜不絕聲, 水漿不入口, 七日七夜. 秦哀公爲賦無衣之詩, 言兵今出. 包胥九頓首而坐. 秦哀公曰:「楚有臣若此而亡, 吾無臣若此, 吾亡無日矣.」於是乃出師救楚. 申包胥以秦師至楚.
秦大夫子滿·子虎帥車五百乘. 子滿曰:「吾未知吳道.」使楚人先與吳人戰而
會之, 大敗吳師. 吳師既退, 昭王復國, 而賞始於包胥. 包胥曰:「輔君安國, 非爲
身也; 救急除害, 非爲名也; 功成而受賞, 是賣勇也. 君既定, 又何求焉?」遂逃賞,
終身不見. 君子曰:「申子之不受命赴秦, 忠矣; 七日七夜不絶聲, 厚矣; 不受賞,
不伐矣. 然賞所以勸善也, 辭賞, 亦非常法也.」

5.《說苑》至公篇

子胥將之吳, 辭其友申包胥曰:「後三年, 楚不亡, 吾不見子矣!」申包胥曰:「子其
勉之! 吾未可以助子, 助子是伐宗廟也; 止子是無以爲友. 雖然, 子亡之, 我存之,
於是乎觀楚一存一亡也.」後三年, 吳師伐楚, 昭王出走, 申包胥不受命西見秦
伯曰:「吳無道, 兵強人衆, 將征天下, 始於楚, 寡君出走, 居雲夢, 使下臣告急.」
哀公曰:「諾, 固將圖之.」申包胥不罷朝, 立於秦庭, 晝夜哭, 七日七夜不絶聲.
哀公曰:「有臣如此, 可不救乎?」興師救楚, 吳人聞之, 引兵而還. 昭王反, 復欲
封申包胥, 申包胥辭曰:「救亡非爲名也, 功成受賜, 是賣勇也.」辭不受, 遂退隱,
終身不見.《詩》云:『凡民有喪, 匍匐救之.』

066(4-27)
오월항쟁吳越抗爭의 시작

10년(B.C.505), 진秦나라 군대가 아직 출병하기 전에 월왕越王 원상元常은 합려闔閭가 취리檇里에서 자신들을 깨뜨린 것에 한을 품고 군사를 일으켜 오나라를 쳤다.

오나라는 초나라에 머물고 있었으므로 월나라는 몰래 오나라를 엄습掩襲할 수 있었던 것이다.

十年, 秦師未出, 越王元常恨闔閭破之檇里, 興兵伐吳. 吳在楚, 越盜掩襲之.

【元常】越나라 군주. 越王 句踐의 아버지. 《左傳》과 《史記》에는 모두 允常으로 표기되어 있음. 越나라는 《史記》越王句踐世家에 "其先禹之苗裔而夏后帝少康之庶子也"라 함. 姒姓으로 지금의 浙江 紹興(옛 會稽)을 중심으로 句踐 때 크게 발전하였으며 일부 春秋五霸에서 宋 襄公 대신 句踐을 넣기도 함. 《左傳》宣公 8년 孔穎達 疏에 "濱在南海, 不與中國通. 後二十餘世至於允常, 魯定公五年始伐吳. 允常卒, 子句踐立, 是爲越王. 越王元年, 魯定公之十四年也. 魯哀公二十二年, 句踐滅吳, 霸中國, 卒. 春秋後七世, 大爲楚所破, 遂微弱矣"라 함. 楚나라에게 망함. 元常이 죽자 闔閭는 越나라 國喪을 틈타 越을 쳤으나 句踐에게 敗하여 후퇴하던 중 陘에서 죽었음.

【檇里】'檇李', '醉李', '就李' 등 여러 표기가 있으며 越나라 地名. 지금의 浙江
嘉興市 서남.《左傳》定公 14年(B.C.496)년 闔閭가 죽던 해 五月에는 越나라가
吳나라를 이곳에서 패배시키기도 하였음. 傳에 "吳伐越, 越子句踐禦之, 陳于
檇李. 句踐患吳之整也, 使死士再禽焉, 不動. 使罪人三行, 屬劍於頸, 而辭曰:
「二君有治, 臣奸旗鼓. 不敏於君之行前, 不敢逃刑, 敢歸死.」遂自剄也. 師屬之目,
越子因而伐之, 大敗之. 靈姑浮以戈擊闔廬, 闔廬傷將指, 取其一屨. 還, 卒於陘,
去檇李七里. 夫差使人立於庭, 苟出入, 必謂己曰:「夫差! 而忘越王之殺而父乎?」
則對曰:「唯. 不敢忘!」三年乃報越"이라 함. 056을 볼 것.

【盜掩襲之】도둑처럼 몰래 습격함. 禮記 月令 "處必掩身"의 注에 "掩, 猶隱翳也"
라 함.

【攜裏】春秋時代 越나라 地名.

067(4-28)
진秦나라의 초楚나라 구원

6월, 신포서申包胥가 진秦나라 군사와 들어오면서 진나라는 공자 자포子浦와 자호子虎로 하여금 전차戰車 5백 승乘을 거느리고 초나라를 구하고 오나라를 치도록 하였다.

그러자 두 공자는 이렇게 말하였다.

"우리들은 아직 오나라의 전술을 알지 못합니다."

그리하여 초나라 군사를 앞세우고 오나라와 전투를 벌이다가 즉郎에서 모여 함께 부개夫槩의 군사를 크게 깨뜨렸다.

六月, 申包胥以秦師至, 秦使公子子蒲, 子虎率車五百乘, 救楚擊吳.

二子曰:「吾未知吳道.」

使楚師前與吳戰, 而郎會之, 大敗夫槩.

【以】《古書虛字集解》에는 '以'는 '與'와 같다고 하였음.

【子浦·子虎】 둘 모두 秦나라 公子이며 오나라를 구하기 위해 초나라에 출병하였던 장수. 그러나 《戰國策》 楚策(1)에는 "出革車千乘, 卒萬人, 屬之子滿與子虎"라 하여 '子蒲'가 '子滿'으로 되어 있음. '蒲'자와 '滿'자가 비슷하여 판각에

오류가 있었던 것으로 보임.

【乘】고대 戰車의 네 필 말을 세는 단위.《左傳》定公 5년 杜預 注에는 "五百乘, 三萬七千五百人"이라 하였으며 춘추시대에는 甲士 3인과 步兵 72인을 배치하였음.

【吳道】吳나라 戰術, 戰法.《左傳》杜預 注에 "道, 猶法術"이라 함.

【而郯會之】'郯'은 '稷'의 다른 표기.《左傳》에는 "而自稷會之, 大敗夫槩王於沂"라 하였고《史記》楚世家에도 "敗吳于稷"이라 하였으며 稷은 楚나라 지명으로 지금의 河南 桐柏縣 경내였음.

【夫槩】夫槩는 王號. 吳王 闔廬의 아우이며 楚秦 연합군과 싸우는 틈을 이용, 자립하여 왕이 되었다가 吳王 闔廬에게 패하자 楚나라 堂谿로 달아나 堂谿 氏가 됨. 그 때문에《左傳》에는 '夫槩王'으로 되어 있음.

참고 및 관련 자료

1.《左傳》定公 5年
申包胥以秦師至. 秦子蒲, 子虎帥車五百乘以救楚. 子蒲曰:「吾未知吳道」使楚人先與吳人戰, 而自稷會之, 大敗夫槩王于沂.

2.《史記》楚世家
昭王之出郢也, 使申鮑胥請救於秦. 秦以車五百乘救楚, 楚亦收餘散兵, 與秦擊吳.

068(4-29)
당唐나라부터 멸망

7월, 초나라 사마司馬 자성子成과 진秦나라 공자公子 자포子蒲가 오왕과 마주하여 지키고 있다가 사사로이 비밀리에 병사를 보내어 당唐나라를 쳐서 멸망시켰다.

오자서는 초나라에 머물며 소왕昭王을 찾느라 그 자리를 떠나지 못하고 있었다.

七月, 楚司馬子成, 秦公子子蒲與吳王相守, 私以間兵
伐唐, 滅之.

子胥求留楚求昭王, 不去.

【司馬子成】 楚나라 公子 成. 당시 司馬 벼슬이었음. 그러나《左傳》定公 5년에는 "子期"로 되어 있음.

【子蒲】 秦나라 公子. 楚나라를 구하러 나섰던 秦나라 장수. 그러나《戰國策》 楚策(1)에는 "出革車千乘, 卒萬人, 屬之子滿與子虎"라 하여 '子蒲'가 '子滿'으로 되어 있음. '蒲'자와 '滿'자가 비슷하여 판각에 오류가 있었던 것으로 보임.

【間】 '몰래, 비밀리'의 뜻.

【唐】 姬姓으로 지금의 湖北省 隨縣 서북쪽 唐縣鎭에 있었으며 楚나라의 附庸國

이었음. 이 때(B.C.505)에 楚나라에 망함. 《左傳》定公 5년을 볼 것. 楚나라가 唐을 쳐서 멸한 이유는 徐天祜 注에 "唐從吳伐楚故"라 함.

참고 및 관련 자료

1. 《左傳》定公 5年
吳人獲薳射於柏擧, 其子帥奔徒以從子西, 敗吳師於軍祥. 秋七月, 子期, 子蒲滅唐.

069(4-30)
당계棠溪로 달아난 부개夫槩

부개夫槩는 진秦나라 군사에게 패하여 물러나 후퇴하였다.

9월, 몰래 귀환하여 자립하여 오나라 왕에 올랐다.

합려闔閭는 이를 듣고 초楚나라와 대치하고 있던 군사를 풀어 부개를 죽여 없애고자 하였다.

부개가 초나라로 달아나자 소왕昭王은 부개를 당계棠溪에 봉하였다.

합려는 마침내 오나라로 돌아왔다.

夫槩師敗卻退.

九月, 潛歸, 自立爲吳王.

闔閭聞之, 乃釋楚師, 欲殺夫槩.

奔楚, 昭王封夫槩於棠溪.

闔閭遂歸.

【夫槩】夫槩는 王號. 吳王 闔廬의 아우이며 楚秦 연합군과 싸우는 틈을 이용, 본문에서처럼 몰래 귀국하여 왕으로 자립하자 吳王 闔廬가 이를 쳤으며, 그는 楚나라 堂谿로 달아나 堂谿氏의 선조가 된 것임. 그 때문에 《左傳》에는 '夫槩王'으로 되어 있음.

【棠溪】楚나라 地名. 고대 철의 산지로 유명한 곳. 원래 楚나라 땅이었으나 전국 시대에는 韓나라 땅이 됨.《左傳》에는 '堂谿'로 표기되어 있음. 지금의 河南 遂平縣 서북.《戰國策》韓策(1)에는 "韓卒之劍戟, 皆出於冥山, 棠溪, 墨陽" 이라 함.

참고 및 관련 자료

1.《左傳》定公 5年

九月, 夫槩王歸, 自立也, 以與王戰, 而敗, 奔楚, 爲堂谿氏.

2.《史記》吳太伯世家

十年春, 越聞吳王之在郢, 國空, 乃伐吳. 吳使別兵擊越. 楚告急秦, 秦遣兵救 楚擊吳, 吳師敗. 闔廬弟夫槩見秦越交敗吳, 吳王留楚不去, 夫槩亡歸吳而自立 爲吳王. 闔廬聞之, 乃引兵歸, 攻夫槩. 夫槩敗奔楚. 楚昭王乃得以九月復入郢, 而封夫槩於堂谿, 爲堂谿氏. 十一年, 吳王使太子夫差伐楚, 取番. 楚恐而去郢徙.

3.《史記》楚世家

十一年六月, 敗吳於稷. 會吳王弟夫概見吳王兵傷敗, 乃亡歸, 自立爲王. 闔閭 聞之, 引兵去楚, 歸擊夫概. 夫概敗, 奔楚, 楚封之堂谿, 號爲堂谿氏.

070(4-31)
풀밭에 버려진 해골

오자서伍子胥와 손무孫武, 백희白喜는 남아 초군楚軍을 옹서雍澨에서 패배시켰다.

진秦나라 군대는 또 다시 오나라 군대를 패배시켰다.

초나라 공자公子 자기子期가 오나라 진영으로 불을 지르려 하자 자서子西가 말하였다.

"우리 초나라 부형들은 몸으로 전투에 나섰다가 죽어 그 해골이 햇볕을 쬐며 초야에 버려진 채로 아무도 거두어주지 못하고 있는데 다시 불을 지른다면 옳겠습니까?"

그러자 자기가 말하였다.

"나라를 망치고 백성을 잃어 존몰存沒만 있는 곳인데 어찌 죽은 이를 아까워하여 산 사람을 죽이겠는가? 죽은 자가 만약 앎이 있다면 틀림없이 저 연기를 타고 올라 우리를 돕고 있을 것이며, 만약 앎이 없다면 오나라를 망하게 하기 위해 풀밭에 버려진 해골이 타는 것쯤을 어찌 안타까워하겠는가?"

그러고는 드디어 불을 질러 전투를 벌여 오나라 군사는 대패하고 말았다.

자서 등은 서로 이렇게 말하였다.

"저 초나라는 비록 우리의 남은 병사들을 패배시키기는 하였지만 우리에게 손실을 입힌 바는 없다."

손무가 말하였다.

"나는 오나라의 병력으로써 서쪽으로 초나라를 깨뜨려 소왕昭王을 쫓아내었고 초나라 평왕平王의 묘를 도륙하여 그 시신을 욕보였으니 역시 이미 족하오."

오자서가 말하였다.

"패왕霸王 이래로 신하로써 원수 갚기를 이렇게 한 자는 있지 않았소. 떠납시다!"

子胥, 孫武, 白喜留, 敗楚師於雍澨.

秦師又敗吳師.

楚子期將焚吳軍, 子胥曰:「吾國父兄身戰, 暴骨草野焉, 不收, 又焚之, 其可乎?」

子期曰:「亡國失衆, 存沒所在, 又何殺生以愛死? 死如有知, 必將乘煙, 起而助我; 如其無知, 何惜草中之骨而亡吳國?」

遂焚而戰, 吳師大敗.

子胥等相謂曰:「彼楚雖敗我餘兵, 未有所損我者.」

孫武曰:「吾以吳干戈, 西破楚, 逐昭王而屠荆平王墓, 割戮其屍, 亦已足矣.」

子胥曰:「自霸王以來, 未有人臣報讎如此者也. 行去矣!」

【敗楚師於雍澨】〈四部叢刊〉에는 "與楚師於淮澨"로 되어 있으나 《左傳》定公 5년에 의해 수정함. 雍澨는 061을 볼 것.

【子西】楚나라 大夫. 이름은 申. 楚 平王의 庶子. 昭王이 죽은 후 令尹이 되었 으나 白公의 亂에 죽음을 당하고 말았음.

【暴骨】아무도 거두어주거나 묻어 주는 자가 없어 그대로 노출되어 있는 해골. 흔히 전투의 비참함을 표현하는 말.《左傳》杜預 注에 "前年楚人與吳戰, 多死糜中, 言不可幷焚"이라 함.

【何惜草中之骨, 而亡吳國】오나라를 망하게 하기 위해서는 풀밭에 버려진 우리편의 해골이 타는 것은 아까워할 필요가 없음. 문의의 명확한 전달을 위해 구절의 선후를 바꾸어 풀이하였음.

【干戈】방패와 창. 여기서는 무력, 병력을 뜻함.

【屠荊】'荊'은 楚나라의 다른 이름. 본래 형산 근처에서 건국하여 흔히 형으로 부름. 秦 始皇帝의 아버지 子楚(莊襄王)의 '楚'를 피하여 荊이라 부르기 시작하였다 함.

【以來】〈四部叢刊〉에는 '已來'로 되어 있으나 〈四庫全書〉本에 의해 '以來'로 수정함.

참고 및 관련 자료

1.《左傳》定公 5年

吳師敗楚師于雍澨. 秦師又敗吳師. 吳師居麋, 子期將焚之. 子西曰:「父兄親暴骨焉, 不能收, 又焚之, 不可」子期曰:「國亡矣, 死者若有知也, 可以歆舊祀? 豈憚焚之?」焚之, 而又戰, 吳師敗, 又戰于公壻之谿. 吳師大敗, 吳子乃歸.

071(4-32)
궁겁곡窮劫曲

오나라 군대가 떠난 뒤 소왕昭王은 나라로 돌아왔다.

악사樂師 호자扈子는 형왕荊王이 비무기費無忌의 참소와 아첨을 믿어 오사伍奢와 백주리白州犁를 죽였기에 적들이 국경을 끊임없이 노략질하게 된 것이며, 심지어 평왕平王의 무덤이 파헤쳐져 육시戮屍를 당하고 부인들은 그들의 노리개가 되어 초나라 군신君臣에게 치욕을 안겨주게 된 것이라 비난하면서, 한편으로는 소왕이 곤액을 당하여 하마터면 천하의 비천한 사람이 될 뻔한 것을 불쌍히 여김과 함께 이러한 일은 당연히 이미 부끄러워할 일이라 여겼다.

그리하여 금琴을 안고 초나라를 위해 〈궁겁지곡窮劫之曲〉을 지어, 임금이 곤액을 당한 일을 슬프게 여겨 그 사실을 숨김없이 들추어 표현하였다.

그 가사는 다음과 같다.

"왕이시여, 왕이시여, 그리 공열功烈을 어그러뜨렸는가?
종묘는 돌아보지 아니하고 참얼讒孽의 말이나 듣고는
비무기를 임용하여 죽인 자가 많더니
백희 씨족을 죽여 거의 멸족시켰네.
두 집 아들 동쪽 오吳나라로 달아나니
오왕도 애통히 여겨 그 슬픔 동정하여
눈물 떨구며 군사 일으켜 서쪽 초나라 정벌에 나서니

오서와 백희, 손무와 결의를 다졌다네.
세 번 싸워 영까지 들이닥치니 왕은 도망쳐 달아나고
오나라 주둔군은 제멋대로 초나라 궁궐을 휘저어놓았네.
초나라 해골 뒤덮고 평왕의 묘까지 파헤쳐져
썩던 시신 채찍 맞는 치욕 씻어내기 어렵네.
종묘와 사직은 거의 멸망에 이르렀으니
장왕이 무슨 죄를 지어 나라가 끊어질 지경이 되었던가?
경사들은 슬픔에 젖고 백성들은 불쌍한데
오나라 군사 비록 떠났어도 두려움은 끝나지 않았네.
원컨대 표준을 바로잡아 충절을 더욱 위무하시고
참언하는 비방의 말 마구 할 수 없도록 하소서."

소왕은 눈물을 흘리며 금곡琴曲의 슬픔을 깊이 알게 되었다.
호자는 결국 다시는 금을 연주하지 않았다.

吳軍去後, 昭王反國.

樂師扈子非荊王信讒佞, 殺伍奢, 白州犁, 而寇不絶於境,
至乃掘平王墓戮屍, 奸喜以辱楚君臣; 又傷昭王困迫,
幾爲天下大鄙, 然已愧矣.

乃援琴爲楚作〈窮劫之曲〉, 以暢君之迫厄之暢達也.

其詞曰:

『王耶王耶何乖烈? 不顧宗廟聽讒孽,

任用無忌多所殺, 誅夷白氏族幾滅.

二子東奔適吳越, 吳王哀痛助忉怛.

垂涕擧兵將西伐, 伍胥白喜孫武決.
三戰破郢王奔發, 留兵縱騎虜荊闕.
楚荊骸骨遭發掘, 鞭辱腐屍恥難雪.
幾危宗廟社稷滅, 嚴王何罪國幾絶?
卿士悽愴民惻悷, 吳軍雖去怖不歇.
願王更隱撫忠節, 勿爲讒口能謗褻.』

昭王垂涕, 深知琴曲之情, 扈子遂不復鼓矣.

【反國】'反'은 '返'과 같음.
【扈子】楚나라 樂師. 고대 樂師는 흔히 장님이었으며 높은 경지의 주장과 의견을 가지고 군주에게 직언과 비유를 잘 하였음.
【非】'責하다. 非難하다'의 뜻.
【伍奢】伍子胥의 아버지. 楚 平王 때 太子 建의 太傅. 費無忌의 참소로 아들 伍尚과 함께 平王에게 죽임을 당함.
【白州犁】伯州犁. 伯欒犁. 春秋時代 楚나라 大夫.《左傳》成公 15年에 의하면 그의 아버지 伯宗이 晉나라에서 郤氏에게 죽임을 당하자 楚나라로 亡命하여 楚나라에서 太宰를 거쳐 左尹에 오름. 그러나 다시 초나라 費無忌의 참훼를 입어 피살됨. 그러나《左傳》에 의하면 伯州犁는 B.C.541년 楚나라 公子 圍(뒤의 楚 靈王)에게 피살되었으며 平王이 죽인 자는 郤宛이었음. 따라서 본 책에 伯州犁와 郤宛을 동일 인물로 본 것은 오류임.
【費無忌】楚 平王이 총애하던 寵臣이며 令尹 子常에게 신임을 얻고 있던 인물. 太子와 伍奢, 伍尚 등을 참훼하여 죽음으로 몰아넣은 장본인이며 뒤에 楚나라가 伍子胥의 공격을 받게 되었을 때 令尹 子常에게 죽임을 당함.《左傳》에는 費無極으로 되어 있으며《韓非子》內儲說下에도 "費無極, 荊令尹之近者也" 라 함.
【戮屍奸喜】平王의 屍身이 채찍을 맞고 楚나라 부인들이 陵辱을 당함. 盧文弨는 '當作戮屍奸妻"라 하였음.

【大鄙】크게 비루한 사람이 됨. 비천한 인물로 여겨짐.

【窮劫之曲】곡조 이름. 窮劫은 '窮厄에 처하여 脅劫을 당하다'의 뜻.

【以暢君之迫厄之暢達也】앞의 '暢'자는 '傷'으로 봄. 徐天祐는 "暢, 當作傷"이라 함. '暢達'은 숨김없이 모두 表達해 냄. 徐天祐는 "「之暢達」, 當作「而暢達之」"라 함.

【乖烈】'乖'는 어그러뜨림. '烈'은 功烈. 〈諡法〉에 "有功安民, 秉德遵業曰烈"이라 함. 그러나 孫詒讓은 "烈, 當讀爲剌, 烈, 剌聲近字通, 古金文烈字幷作剌. 乖烈, 猶言乖剌也"라 하여 '乖剌'과 같으며 '어그러짐이 심하다'의 뜻으로 보았음.

【讒孽】讒毀의 妖孽.

【誅夷】죽이고 滅함. '夷' 역시 '죽이다'의 뜻.

【二子】伍奢의 아들 伍子胥와 白州犁의 아들 白喜.

【奔適吳越】오나라로 달아남. '適'은 '往'과 같으며 '越'은 語助辭.

【忉怛】근심하고 슬퍼함. 悲痛해함. 雙聲連綿語. 吳王이 伍子胥와 白喜의 슬픔에 동조해줌.

【留兵縱騎擄荊闕】오나라 주둔군들이 제멋대로 기마병들을 풀어놓고 노략질을 하며 초나라 궁궐을 휘젓고 다님.

【鞭辱腐屍】썩은 시체를 채찍으로 때려 욕보임.

【雪】동사로 '씻다'의 뜻.

【嚴王】徐天祐는 "嚴王, 當作莊王"이라 함. 後漢 明帝(劉莊)의 이름을 避諱하여 같은 뜻의 '嚴'으로 바꾸어 쓴 것임. 楚 莊王은 春秋 五霸의 하나로 그 공적이 대단하였음에도 그 후손들이 오나라에게 비참하게 당하였음을 뜻함.

【惻悵】슬퍼하고 서러워함.

【更隱撫忠節】'更'은 '고치다'. '隱'은 '隱括(檃栝)'의 뜻. 檃栝은 활을 바로잡는 도지개. '표준을 세우다, 바로잡다'의 뜻.

【謗褻】'謗'은 毀謗, '褻'은 겉으로 드러냄, 마구 발설함. 褻瀆함.

【不復鼓】扈子가 자신이 昭王을 바로잡아 주지 못한 것을 자책으로 삼은 것임.

072(4-33)
그리운 옛 처녀

자서子胥 등은 돌아가는 길에 율양溧陽의 뇌수瀨水 가를 지나면서 길게 숨을 쉬며 이렇게 말하였다.

"내 일찍이 이곳에서 굶주려 한 여인에게 밥을 얻어먹은 적이 있지. 그 여인은 나에게 밥을 먹여주고는 그만 물에 뛰어들어 죽고 말았지. 장차 백금百金으로 그 은혜를 갚고자 하나 그 집을 알 수 없구나!"

이에 금을 물에 던져 넣고 떠났다.

잠시 후 한 노파가 울면서 다가오기에 어떤 사람이 물었다.

"어찌하여 그리도 슬프게 우십니까?"

노파가 말하였다.

"내게 딸이 하나 있었는데 살림을 지키며 서른이 되도록 시집을 가지 않고 있다가 몇 년 전 이곳에서 빨래를 하던 중 우연히 궁한 처지에 빠진 길가는 군자를 만나 얼른 밥을 먹여주었지요. 그런데 그런 일이 누설될 것이 두려워 스스로 뇌수에 몸을 던져 죽었습니다. 이제 들으니 오군伍君께서 왔다 하나 그 보상을 받지 못하여 스스로 딸의 헛된 죽음을 애달피 여겨 그 까닭으로 올 뿐입니다."

그 사람이 말하였다.

"자서가 백금으로 갚고자 하였으나 그 집을 알 수 없어 그 금을 물에 던져 넣고 갔습니다."

노파는 마침내 그 금을 얻어 돌아갔다.

子胥等過溧陽瀨水之上, 乃長太息曰:「吾嘗饑於此, 乞食於一女子, 女子飼我, 遂投水而亡. 將欲報以百金而不知其家!」

乃投金水中而去.

有頃, 一老嫗行哭而來, 人問曰:「何哭之悲?」

嫗曰:「吾有女子, 守居三十不嫁, 往年擊綿於此, 遇一窮途君子而輒飯之, 而恐事泄, 自投於瀨水. 今聞伍君來, 不得其償, 自傷虛死, 是故悲耳.」

人曰:「子胥欲報百金, 不知其家, 投金水中而去矣.」

嫗遂取金而歸.

【溧陽】지금의 江蘇 溧陽縣. 秦나라 때 처음 縣을 설치하였음. 따라서 춘추시대 당시에는 이 지명이 없었으며 저자가 追述한 것임. 028, 030을 참조할 것.
【瀨水】溧水. 지금의 江蘇 溧陽縣 중부를 흐르며 '南河'라 부르고 있음.
【老嫗】늙은 여자. 노파.
【擊綿】빨래. 浣紗와 같음. 搗絲. 방망이로 두드려 세탁을 함.
【恐事泄】남녀 사이에 사사롭게 만나고 밥까지 먹여준 일이 漏泄될 것을 두려워한 것임.

참고 및 관련 자료

1.《藝文類聚》(33)
伍子胥伐楚還, 過溧陽瀨水之上. 長歎息曰:「吾常飢, 於此乞食, 而殺一婦人. 將欲報之百金, 不知其家.」遂投金瀨水之中而去.

2.《太平御覽》(59)
後子胥伐楚, 師還, 過溧陽瀨上, 欲報以百金, 不知其家, 乃投金瀨水而去. 後有嫗行哭而來, 曰:「吾女年三十不嫁, 擊縹於此, 遇窮人飯之, 恐事泄, 投水而死.」
乃取金歸.

3.《太平御覽》(479)

伍子胥伐楚還溧陽瀨水之上, 長嘆曰:「吾嘗飢於此, 乞食而殺一婦人. 將欲報
之金, 不知其家.」遂投金瀨水中而去. 有頃, 一嫗行哭而來, 人曰:「嫗何哭之
悲也?」嫗曰:「吾有女, 守吾三十不嫁, 徃年擊於此, 遇人窮飯之, 而恐事泄,
自投於瀨水中而死. 今聞伍君來, 不得其家, 自傷空而無爲報者, 故行哭之悲也.」
人曰:「子胥欲報嫗以百金, 不知嫗所在, 投金水中而去.」嫗乃取金而歸也.

073(4-34)
처음 생선회를 만든 오왕

자서子胥가 오나라로 돌아오자 오왕은 세 장수가 도착한다는 말을 듣고 생선을 다듬어 회鱠를 만들도록 하였다.

그런데 오기로 한 날짜가 되었으나 시간을 넘기도록 도착하지 않아 생선에서 냄새가 났다.

잠시 후 자서가 이르자 합려闔閭는 회를 꺼내어 먹여주었는데 그 냄새를 느낄 수 없었다.

오왕은 다시 회를 떠서 내왔으나 그 맛은 여전히 똑같았다.

오나라 사람들이 생선회를 만들기 시작한 것은 합려로부터 시작된 것이었다.

子胥歸吳, 吳王聞三師將至, 治魚爲鱠.

將到之日, 過時不至, 魚臭.

須臾, 子胥至, 闔閭出鱠而食, 不知其臭.

王復重爲之, 其味如故.

吳人作鱠者, 自闔閭之造也.

【三師】子胥, 白喜, 孫武 등 세 장수를 가리킴. 〈四庫全書〉에는 '三帥'로 되어 있음.

【鱠】생선을 날 것으로 잘게 썬 것. 肉類의 경우 '膾'로 표기함. 한편《搜神記》(13)와《博物志》(3) 등에는 三國시대 吳王이 강에 버린 먹다 남은 肉膾가 銀魚가 되어 이를 '吳王餘膾'라 부른다는 고사가 실려 있음. "江東名餘腹者, 昔吳王闔閭江行, 食膾有餘, 因棄中流, 悉化爲魚. 今魚中有名吳王膾餘者, 長數寸, 大如箸, 猶有膾形"이라 함.

【不知其臭】생선회에서 냄새가 나지 않음.

【造】처음 시작됨.《廣雅》釋詁에 "造, 始也"라 함.

074(4-35)
파태자波太子의 아내 제齊나라 공주

여러 장수들이 이윽고 초나라로부터 돌아오자 이로 인해 창문閶門의 이름을 파초문破楚門이라 고쳐 불렀다.

합려가 다시 군사를 일으켜 제齊나라를 치려 하자 제나라 임금은 딸을 오나라에 인질로 보내도록 하였다.

오왕은 이에 태자太子 파波를 위해 제나라 공주를 맞아들이게 하였다.

그런데 제나라 공주는 아직 나이가 어려 제나라를 그리워하며 밤낮으로 울다가 그만 병이 들고 말았다.

합려는 이에 북문北門을 세워 망제문望齊門이라 이름하고 그녀로 하여금 올라가 놀도록 하였다.

그래도 공주는 그리움을 그칠 수 없어 병이 날로 심해져 그만 죽음에 이르게 되었다.

공주가 말하였다.

"죽은 사람도 앎이 있다고 여기신다면 반드시 저를 우산虞山 꼭대기에 묻어주어 제나라를 바라볼 수 있게 해 주십시오."

합려는 심히 불쌍히 여겨 그의 말대로 하여 이에 우산 꼭대기에 묻어주었다.

諸將旣從還楚, 因更名閶門曰「破楚門」.

復謀伐齊, 齊子使女爲質於吳.

吳王因爲太子波聘齊女.

女少思齊, 日夜號泣, 因乃爲病.

闔閭乃起北門, 名曰「望齊門」, 令女往遊其上.

女思不止, 病日益甚, 乃至殂落.

女曰:「令死者有知, 必葬我於虞山之巓, 以望齊國.」

闔閭傷之甚, 正如其言, 乃葬虞山之巓.

【從還楚】‘從楚還’이어야 함.

【闔門】闔閭門. 吳나라 도성 서쪽 초나라 쪽을 향한 궐문. 041 및 053을 참조할 것.

【齊子】당시 제나라 군주는 景公(杵曰). 莊公(光)을 이어 B.C.547~B.C.490년까지 58년간 재위하였으며 晏子(晏嬰)의 보필을 받았음. ‘子’는 춘추시대 제후국의 군주를 公侯伯子男의 작위에 의해 칭하였음. 그러나 齊나라는 ‘齊侯’로 불러야 함. 〈漢魏叢書〉에는 ‘齊侯’로 되어 있음. 이해는 齊 景公 43년에 해당함.

【波】闔閭의 아들이며 부차의 아버지. 이름은 ‘波秦’으로 되어 있으나 이설이 있음. 太子에 올랐으나 아버지를 도와 초나라와 전투 중에 죽어 그의 아들 夫差가 태자를 거쳐 吳王에 오르게 됨.

【齊女】齊나라 公主. 《孟子》離婁(上)에 "孟子曰:「天下有道, 小德役大德, 小賢役小賢; 天下無道, 小役大, 弱役强. 斯二者天也. 順天者存, 逆天者亡」, 齊景公曰:「旣不能令, 又不受命, 是絶物也.」涕出而女於吳"라 하여 齊 景公이 울면서 그 딸을 吳나라에 보낸 내용이 실려 있음. 徐天祜 注에 "齊景公女, 孟子所謂「涕出而女於吳」, 卽此也"라 함.

【望齊門】지금 蘇州에 ‘齊門’이 있음.

【殂落】죽음. 사망함.

【虞山】지금의 江蘇 常熟縣 서북에 있는 산으로 제나라를 바라볼 수 있는 곳. 《太平寶宇記》에 "常熟虞山有齊女冢"이라 함.

【傷之甚】〈四部叢刊〉에는 ‘甚’자가 없으나 《太平御覽》에 의해 보입함.

참고 및 관련 자료

1.《越絶書》(2)

齊門, 闔廬伐齊, 大克, 取齊王女爲質子, 爲造齊門. 置於水海虛, 其臺在車道左,
水海右, 去縣七十里. 齊女思其國死, 葬虞西山.

2.《太平御覽》(556)

吳謀伐齊, 齊景公使子女爲質於吳, 吳王因爲太子聘齊女. 齊女少思齊, 日夜哭泣,
發病. 闔閭乃起北門, 名曰齊門, 令女徃遊其上, 女思不止, 病日益甚, 至且死.
女曰:「令死有知, 必葬海虞山之巓, 以望齊國.」闔閭傷之甚, 用其言葬於虞山
之嶺, 以瞻望齊國, 時太子亦病而死.

075(4-36)
파태자波太子의 아들 부차夫差

이때에 태자 역시 병이 들어 죽고 말았다.

합려는 여러 공자들 중에 태자로 세울 만한 자를 선택하기 위해 모책을 세웠으나 아직 계획을 결정하지 못하고 있었다.

파태자波太子의 아들 부차夫差는 밤낮으로 오자서에게 채근하였다.

"왕께서 태자를 세우려 하시는데 제가 아니면 누구를 세울 수 있겠습니까? 이러한 계책은 오직 그대에게 달려 있을 뿐입니다."

오자서가 말하였다.

"아직 태자가 정해지지 않았지만 내가 들어가면 결정될 것입니다."

합려는 얼마 뒤 자서를 불러 태자를 세우는 문제를 상의하자 자서는 이렇게 말하였다.

"제가 듣기로 '제사는 후사가 끊어짐에 의해 폐하게 되고 후사가 있음으로 인해 흥하게 된다'라고 하더이다. 이제 태자께서는 녹을 받아보지도 못한 채 일찍이 모심을 잃게 되고 말았습니다. 지금 왕께서 태자를 세우고자 하심에 파진波秦의 아들 부차만한 이가 없습니다."

그러자 합려가 말하였다.

"부차는 어리석고 어질지 못하여 능히 오나라를 받들어 통솔할 수 없을 것 같아 걱정입니다."

오자서가 말하였다.

"부차는 믿음으로써 남을 사랑하고 절의를 지켜내는 면에서도 단정하며, 예의에 돈후합니다. 아버지가 죽어 자식이 대를 잇는 것은 경經의 기록에도 분명합니다."

합려가 말하였다.

"과인은 그대의 의견을 좇으리다."

그리하여 부차를 태자로 세우게 되었다.

그리고 태자로 하여금 초楚나라에 주둔하여 그곳에 남아 지키도록 하고 자신은 궁실을 짓고 안평리安平里에는 사대射臺를 세우고, 평창平昌에는 화지華池를 만들고, 장락리長樂里에는 남성궁南城宮을 지었다.

합려는 그곳을 드나들며 놀기도 하고 쉬기도 하면서 가을과 겨울에는 성 안에서 정사를 보고, 봄여름에는 성 밖에서 정사를 보았다.

그리고 고소대姑蘇臺를 지어 아침은 저산鉏山에서 먹고 낮에는 고소대에서 놀며 구피鷗陂에서는 활쏘기를 즐기고 유대游臺에서는 말타기를 즐기며, 석성石城에서는 음악에 빠지며 장주長洲에서는 사냥을 즐겼다.

이는 합려가 패자임을 자랑할 때의 일이었다.

是時, 太子亦病而死.

闔閭謀擇諸公子可立者, 未有定計.

波太子夫差, 日夜告於伍胥曰:「王欲立太子, 非我而誰當立? 此計在君耳.」

伍子胥曰:「太子未有定, 我入則決矣.」

闔閭有頃召子胥, 謀立太子, 子胥曰:「臣聞:『祀廢於絕後, 興於有嗣.』今太子不祿, 早失侍御, 今王欲立太子者, 莫大乎波秦之子夫差.」

闔閭曰:「夫愚而不仁, 恐不能奉統於吳國.」

子胥曰:「夫差信以愛人, 端於守節, 敦於禮義, 父死子代, 經之明文.」

闔閭曰:「寡人從子.」

立夫差爲太子.

使太子屯兵守楚留止, 自治宮室, 立射臺於安平里, 華池在平昌, 南城宮在長樂里.

闔閭出入游臥, 秋冬治於城中, 春夏治於城外.

治姑蘇之臺, 旦食鉏山, 晝游蘇臺, 射於鷗陂, 馳於游臺, 興樂石城, 走犬長洲.

斯且闔閭之霸時.

【波太子夫差】'太'는 衍文이거나 '子'자 아래 '子'가 더 있어야 함. 徐天祜는 "詳下文, 則夫差蔦太子波之子, 此'太子'下當又有子字"라 함. 그러나 兪樾은 "徐氏以夫差 爲太子波之子, 則闔閭之孫也. 而《左傳》載夫差使人謂己曰:「夫差! 而忘越王之 殺而父乎?」《史記》世家作闔盧之言曰:「爾而忘句踐殺汝父乎?」兩文不同, 然皆 足徵夫差是闔閭子, 非孫也. 徐注非是. 此云「波太子夫差」, 下云「波泰之子夫差」, 蓋衍'之'字. 波泰子卽波太子. 惟是時聘齊女之太子波已卒, 而此復言波太子, 殊不 可曉. 疑'波'字乃'次'字之誤. 蓋夫差是太子波之弟, 故謂之次太子, 實卽次子耳. 曰次太子, 乃吳俗尊之之稱也"라 하여 '波秦'은 '波泰'의 오류이며 다음의 '波'자는 '次'의 오류일 것으로 보아 夫差가 波太子의 아들이 아니라 하였음. 그러나 伍子胥의 언급에 "父死子代, 經之文明"으로 보아 波太子의 아들로 표현되어 있음. 그러나《左傳》定公 6년에는 夫差의 형은 太子 終纍로서 夫差 이전에 그가 태자였던 것으로 되어 있음. 076의 注와 참고란을 볼 것.

【夫差】波(波秦)太子의 아들 夫差. 夫差는 뒤에 군주에 오름. 闔閭의 孫子. 그러나 《左傳》과《史記》에는 闔閭의 아들로 되어 있음. 吳나라 마지막을 장식한 군주로 越王 句踐에게 망하고 자신도 죽임을 당함. B.C.497~B.C.475년까지 25년간 재위하고 춘추시대가 마감됨.

【不祿早失】不祿은 古代 제후나 대부 등의 죽음을 이르는 말.《禮記》曲禮(下)에 "天子死曰崩, 諸侯曰薨, 大夫曰卒, 士曰不祿, 庶人曰死. 壽考曰卒, 短折曰不祿" 이라 함.

【侍御】임금이나 태자가 시종들의 모심을 받음.

【波秦】太子의 이름. 합려가 부상을 당한 전쟁에서 戰死하였다.

【夫愚而不仁】'夫'다음에 '差'자가 누락된 것임. '夫差'로 써야 맞음.

【使太子屯兵守楚留止】이 구절은 탈락된 부분이 있는 것으로 보임. 闔閭가 초나라를 재차 공략하여 郢邑을 점령하자 楚昭王은 다시 郢을 터나 鄀都 으로 옮겼으며 이에 따라 부차를 초나라에 머물며 장기간 지키도록 한 것임. 다음 장을 참조할 것.

【射臺】활쏘기를 즐기기 위한 누대.《越絶書》(2)에는 華池昌里, 安陽里 두 곳에 지었다고 하였음.

【安平里】〈四部叢刊〉에는 '安里'로 되어 있으나《吳郡志》(8)에 의해 수정함. 한편 《吳地記》에도 "射臺在吳縣橫山安平里"라 하여 지금의 江蘇 蘇州 서남쪽 橫山 부근이었음.

【華池在平昌里】華池는 화려한 못이라는 뜻이며 동시에 연못 이름.《吳地記》 에는 "華池在長洲縣大雲鄉安昌里, 南宮城在長洲縣干長鄉長樂里"라 함.

【姑蘇之臺】姑蘇臺. 闔閭가 지은 姑蘇山의 樓臺.《吳郡志》(8)에 "姑蘇臺在姑蘇 山上. ……《史記》正義云:「在吳縣西南三十里, 橫山西南麓姑蘇山上.」《吳地記》 云:「闔閭十一年起臺於姑蘇山, 因山爲名, 西南去國三十五里. 夫差復高而飾之. 越伐吳, 焚之.」又云:「闔閭十年築, 經五年始成, 高三百丈, 望見三百里, 造曲路 以登臨. 吳王春夏游姑蘇臺, 秋冬游館娃宮.」……太史公云:「余登姑蘇, 望五湖.」 按五湖去此臺尙二十餘里"라 하였고,《吳郡志》(15)에는 "姑蘇山, 一名姑胥, 一名姑餘, 連橫山之北, 古臺在其上"이라 함.

【鉏山】《越絶書》에는 '組山'으로 되어 있음.

【鷗陂】《越絶書》에는 '軀陂'로 되어 있음.

【游臺】말달리기를 위한 놀이터 누대.

【石城】吳나라 離宮. 지금의 江蘇 蘇州 서남쪽 靈巖山에 있음. 徐天祜는 "在吳 縣東北, 吳之離宮, 越王獻西子於此"라 하여 서시를 바쳤던 곳이라 하였음. 그러나《吳郡志》(8)에는《吳地記》云:「石城, 吳王離宮, 越王獻西施於此城.」 이라 하였고 같은 책 15권에는 "靈巖山, 卽古石鼓山, 又名硯石山, 董監《吳地記》: 「案《郡國志》曰:「吳王離宮在石鼓山, 越王獻西施於此山. ……」《越絶書》云:

「吳人於硯石山作館娃宮.」劉逵注〈吳都賦〉引揚雄《方言》云:「吳有館娃宮, 吳人
呼美女爲娃. ……」又云:「硯石山有石城, 去姑蘇山十里, 闔閭養越美人於此.
上有兩湖, 湖中有蓴充貢.」按此卽今靈巖山」이라 함.

【長洲】長洲苑. 지금의 江蘇 吳縣 太湖 북쪽에 있으며 왕의 사냥터로 만든 곳.
《吳郡志》(8)에 "長洲, 在姑蘇南, 太湖北岸, 闔閭所游獵處也. ……長洲苑, 《舊經》
云:「在縣西南七里.」라 하였고,《吳郡圖經續記》(下)에는 "走狗塘者, 田獵之地也,
皆吳王舊迹, 幷在郡界"라 함.

【斯且闔閭之霸時】〈三民本〉에는 "斯止闔閭之霸時"로 되어 있음.

참고 및 관련 자료

1.《越絶書》(2)

射臺二: 一在華池昌里, 一在安陽里. 南越宮, 在長樂里, 東到春信君府. 秋冬
治城中, 春夏治姑胥之臺, 旦食於紐山, 晝遊於胥母, 射於軀陂, 馳於遊臺, 興樂
越走犬長洲.

2.《太平御覽》(177)

吳王闔閭治宮室, 立射臺於安里, 華池在平昌, 南城宮在長樂. 闔閭出遊臥, 秋冬
治於城中, 春夏治於姑胥之臺, 旦食鮐山, 晝遊胥臺, 射於鷗陂, 馳於遊臺, 興樂
石城.

076(4-37)
태자 결정

이에 태자가 정해지자 그 기회에 초楚나라를 쳐서 그들을 파番에게 깨뜨렸다.

초나라는 오나라 병사가 다시 오자 영郢을 떠나 위약蔿若으로 옮겼다.

당시 오나라는 오자서伍子胥와 백희白喜, 손무孫武 등의 지모智謀로써 서쪽으로는 강한 초나라를 깨뜨리고 북으로는 제齊나라와 진晉나라를 위협하였으며 남으로는 월越나라를 정벌하였다.

於是太子定, 因伐楚, 破師拔番.

楚懼吳兵復至, 乃去郢, 徙于蔿若.

當此之時, 吳以子胥, 白喜, 孫武之謀, 西破强楚, 北威齊, 晉, 南伐於越.

【伐楚】 이때 楚나라를 친 것은 《左傳》에 의하면 吳王 闔閭의 太子이며 夫差의 형이었던 終纍로 되어 있음. 杜預 注에 "終纍, 闔廬子, 夫差兄"이라 하였으며 《吳地記》에 "闔閭三子, 長曰終纍"라 함. 《史記》 楚世家에는 終纍를 夫差로 오인하였음.

【番】 '番'는 '鄱'와 같으며 '파'로 읽음. 지금의 江西 九江 鄱陽湖(彭蠡湖) 근처의

波陽縣.《史記》楚世家 正義에 "《括地志》云:「饒州鄱陽縣, 春秋時爲楚東境, 秦爲番縣, 屬九江郡, 今爲鄱陽縣也.」"라 함.

【吳兵復至】〈四部叢刊〉에는 "吳兵復往"으로 되어 있으나 〈四庫全書〉에 의해 고침.《史記》에는 "吳復大來"로 되어 있음.

【鄢若】楚나라 地名으로 '鄀都'으로도 표기함.《左傳》과 《史記》에는 모두 '鄀'으로만 되어 있어 '鄢'자가 없음. 지금의 湖北 宜城縣 동남쪽. 그러나 '鄢'와 '鄀'을 서로 다른 두 지명으로 보기도 함. '鄀'은 고대 청동기 銘文에 '上鄀'과 '下鄀' 등의 지명이 보이며 나라 이름으로 楚나라의 附庸國이었음. 鄀은 혹 지금의 河南 內鄕縣 동남쪽이었다고도 함.

【齊】周初 姜呂尙(子牙, 姜太公)이 封地로 받아 세운 제후국으로 지금의 山東 淄博市 臨淄鎭. 春秋 戰國을 거치며 霸者(桓公)와 七雄의 반열에 올랐던 대국.

【晉】周 成王의 아우 唐叔 虞가 封을 받아 세웠던 나라. 지금의 山西 일대. 뒤에 三晉(魏, 韓, 趙)으로 분리되어 모두 戰國七雄에 오름.

【於越】'於'는 접두사. '越'을 길게 읽어 이러한 표기가 나타난 것. 005의 주를 볼 것. 越은 吳나라 남쪽 지금의 浙江 일대에 興盛하였던 나라. 도읍은 지금의 浙江 紹興(고대 會稽)이었으며 禹임금의 後裔라 함. 吳越이 전투를 시작한 것은 闔閭 5년(B.C.510)부터이며 그 뒤 闔閭 19년(B.C.496) 여름 越王 句踐은 이들을 물리쳤으며 이 때 합려는 부상을 입고 생을 마침. 뒤에 구천은 오왕 夫差를 멸하고 남방 패자가 됨.《左傳》定公 14년에 "吳伐越, 句踐大敗之, 闔廬傷將指, 還, 卒於陘"이라 하였으며, 그 외《史記》吳太伯世家, 越王句踐世家,《國語》吳語, 越語 등을 참조할 것.

참고 및 관련 자료

1.《左傳》定公 6年 傳

四月己丑, 吳大子終纍敗楚舟師, 獲潘子臣, 小惟子及大夫七人. 楚國大惕, 懼亡. 子期又以陵師敗于繁揚. 令尹子西喜曰:「乃今可爲矣.」於是乎遷郢於鄀, 而改紀其政, 以定楚國.

2.《史記》伍子胥列傳

後二歲, 闔廬使太子夫差將兵伐楚, 取番. 楚懼吳復大來, 乃去郢, 徙於鄀. 當是時, 吳以伍子胥, 孫武之謀, 西破彊楚, 北威齊晉, 南服越人.

卷第五 夫差內傳

　　오왕 부차夫差의 전기이다. 역시 '內傳'이라 칭하여 오나라를 앞세운
것이며 부차의 북벌北伐, 오자서伍子胥의 죽음 등 매우 생생한 표현으로
'연의演義'의 성격을 띠고 있다.

〈七牛虎耳銅貯貝器〉(서한) 1956 雲南 晉寧縣 滇王墓 출토

077(5-1)
제齊나라 공략

부차夫差 11년(B.C.485), 부차가 북쪽의 제齊나라를 쳤다.

제나라는 대부大夫 고씨高氏를 보내어 오나라 군사에게 이렇게 사과하였다.

"제나라는 나라에 고립되어 있고 창고도 텅 비어 있으며 백성들은 흩어져 오나라를 기댈 곳으로 여겼었습니다. 지금 급한 상황을 아직 알려드리지 못하고 있는데 도리어 오나라의 공격을 받고 있습니다. 청컨대 나라 사람들이 교외에 엎드려 빌겠으며 감히 전쟁을 하겠다는 말을 꺼낼 수도 없습니다. 오직 오나라께서 우리 제나라가 분수에 넘치는 짓을 하지 않는 것을 불쌍히 여겨주십시오."

오나라 군사는 즉시 귀환하였다.

十一年, 夫差北伐齊.

齊使大夫高氏謝吳師曰:「齊孤立於國, 倉庫空虛, 民人離散. 齊以吳爲强輔, 今未往告急而吳見伐, 請伏國人於郊, 不散陳戰爭之辭. 惟吳哀齊之不濫也.」

吳師卽還.

【十一年】夫差 11년, 즉 B.C.485년. 앞에서 합려는 10년으로 기록이 끝났으나 실제 19년(B.C.496)까지 재위하였음에도 이는 연대별로 기록하지 않고 있으며, 부차 역시 元年(B.C.495)부터 10년까지의 일은 생략하고 있어 모두 19년의 사건이 실려 있지 않음. 이는 정식 역사서가 아니기 때문인 것으로 여김.

【夫差】부차는 B.C.495~B.C.473년까지 23년간 재위하였으며 《左傳》에 의하면 夫差 10년 겨울 吳나라가 魯나라에 사신을 보내어 연합하여 齊나라를 칠 것을 요구하여 이듬해 魯 哀公과 함께 齊나라를 쳤으며, 마침 齊나라에 悼公을 시해한 사건이 있어 귀환하다가 水軍을 이용하여 제나라를 치기도 하였음.

【高氏】徐天祜 注에 "當是高無平, 時將上軍"이라 하였으나 《左傳》에는 '高無丕'로 표기되어 있음. 高無丕는 齊나라 귀족 高偃의 손자이며 高張의 아들이었음.

【孤立於國】제나라 임금이 나라 안에서 신하들의 도움을 받지 못하고 고립되어 있음을 뜻함.

【濫】규정에 어긋난 짓을 함. 過分한 행동을 함.

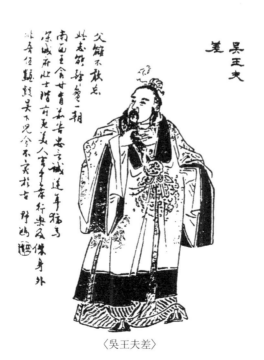

〈吳王夫差〉

078(5-2)
뱃속의 병

부차 12년(B.C.484), 부차는 다시 북쪽 제齊나라를 쳤다.

월왕越王이 이를 듣고 무리를 이끌고 오나라에 조공을 와서 중한 보물을 후하게 태재太宰 백비白蘇에게 바치자 백비는 즐거워하며 월나라 뇌물을 받고는 월나라에 대한 믿음과 사랑을 특별히 심하게 하며 밤낮으로 오왕에게 월나라 칭찬을 늘어놓았다.

오왕이 백비의 계책을 믿고 쓰기로 하자 오서는 크게 두려워하며 이렇게 말하였다.

"이는 오나라를 포기하는 짓이다."

이에 들어가 이렇게 간언하였다.

"월나라는 뱃속의 병입니다. 먼저 나서서 그 질환을 제거하지 않은 채 지금 떠도는 거짓말을 믿고 제齊나라를 탐내시다니요. 제나라를 깨뜨려 소유한다 해도 이는 비유컨대 돌밭을 얻는 것과 같아 그 어떤 이 싹도 심을 수 없습니다. 원컨대 왕께서는 제나라에 대한 미련을 버리고 먼저 월나라부터 도모하십시오. 그렇게 하지 않았다가는 후회해도 미칠 수 없을 것입니다."

오왕은 그의 말을 듣지 않고 자서로 하여금 제나라에 사신의 임무를 맡겨 제나라에게 전투를 벌일 날을 통고하도록 하였다.

자서가 그 아들에게 말하였다.

"나는 자주 왕에게 간하였는데도 오은 나의 말을 채용하지 않고 있으니 이제 오나라 망하는 꼴을 볼 것밖에 없구나. 너는 나와 함께 죽게 될 것이니 이렇게 죽는 것은 아무런 의미가 없다."

이에 그 아들을 제나라 포씨鮑氏에게 부탁해 맡기고 돌아왔다.

태재 백비는 이윽고 자서와 틈이 생긴 터라 이를 이용하여 이렇게 참언하였다.

"자서는 강하고 포악한 성격으로 온힘을 다해 간언을 하고 있으니 왕께서는 그에 대한 후대厚待를 줄이십시오."

오왕이 말하였다.

"과인도 알고 있소."

아직 군사를 일으키기 전에 마침 노魯나라가 자공子貢을 조빙의 사신으로 삼아 오나라에 보내왔다.

十二年, 夫差復北伐齊.

越王聞之, 率衆以朝於吳, 而以重寶厚獻太宰嚭, 嚭喜受越之賂, 愛信越殊甚, 日夜爲言於吳王.

王信用嚭之計, 伍胥大懼, 曰:「是棄吾也.」

乃進諫曰:「越在, 心腹之病, 不前除其疾, 今信浮辭僞詐而貪齊. 破齊, 譬由磐石之田, 無立其苗也. 願王釋齊而前越. 不然, 悔之無及.」

吳王不聽, 使子胥使伐齊, 通期戰之會.

子胥謂其子曰:「我數諫王, 王不我用, 今見吳之亡矣. 汝與吾俱亡, 亡無爲也.」

乃屬其子於齊飽氏而還.

太宰嚭旣與子胥有隙, 因讒之曰:「子胥爲强暴力諫, 願王少厚焉.」

王曰:「寡人知之.」

未興師, 會魯使子貢聘於吳.

【越王】句踐, 勾踐을 가리킴. B.C.496~B.C.465년까지 재위하였으며 范蠡와
文種을 등용하여 吳越抗爭에서 승리, 南方의 패자가 됨.《史記》越王句踐世家
및《國語》越語 등을 참조할 것. 한편 1965년 湖北 江陵 楚墓에서 越王 鳩淺의
靑銅劍이 발견되었으며 鳥篆文의 銘文이 있었음. '鳩淺'은 '句踐'의 다른 표기.
【太宰嚭】白嚭(伯嚭). 그의 조부 白州犂는 원래 晉나라 출신으로 楚나라로 망명
하였으나 費無忌에 의해 무고하게 죽임을 당하자 손자 白嚭는 다시 楚나라를
떠나 吳나라로 망명하여 伍子胥와 함께 吳王을 섬김. 夫差에게 신임을 얻어
太宰에 올라 흔히 '太宰嚭'로 부름. 뒤에 白嚭는 오자서와 틈이 벌어져 간악한
행동을 일삼았으며 결국 越王 句踐의 뇌물을 받는 등 오나라를 멸망의 길로
이끌었으며 이에 반대한 오자서도 그 와중에 그의 참소로 인해 죽임을 당함.
【是棄吾也】盧文弨는 "吾, 凝吳"라 함.《史記》吳太伯世家에는 "是棄吳也"라
하여 '吾'는 '吳'자여야 함.《左傳》哀公 11년에는 "是豢吳也夫"라 하였음.
《韓非子》喩老篇에도 "越王入宦於吳, 而觀之伐齊以弊吳. 吳兵旣勝齊人於艾陵,
張之於江, 濟, 强之於黃池, 故可制於五湖. 故曰:「將欲翕之, 必固張之; 將欲弱之,
必固强之.」晉獻公將欲襲虞, 遺之以璧馬; 知伯將襲仇由, 遺之以廣車. 故曰:
「將欲取之, 必固與之」起事於無形, 而要大功於天下,「是謂微明」. 處小弱而重
自卑, 謂損弱勝强也"라 하여 '弊吳'로 되어 있음.
【譬由磐石之田】'由'는 '猶'와 같음. '如'의 뜻.
【亡無爲也】'無爲'는 '無義', '無益'과 같음. 아무런 의미나 가치가 없음.《史記》
에는 "汝與吳俱亡, 無益也"로 되어 있음.
【屬】'囑'과 같음. 委囑함. 付託함. 맡김.
【鮑氏】제나라는 鮑, 國, 高, 田(陳), 慶, 崔, 東郭, 晏 등의 姓氏가 大姓을 이루고
있었으며 큰 문벌들이었음. 여기서의 鮑氏는 구체적으로 徐天祜의 注에 "鮑氏,
鮑牧也. 屬其子改姓王孫氏, 欲以避吳禍"라 하여 伍子胥가 자신의 아들을
맡기고 성씨도 王孫氏로 바꾸었다 하였음. 그러나 鮑牧은《左傳》에 의하면
夫差 9년(B.C.487)에 이미 齊 悼公에 의해 피살되어 시기적으로 맞지 않음.
【少厚】그에 대한 후한 대접을 조금씩 줄여나가기를 권함.

【子貢】端木賜. 衛나라 출신의 孔子 제자. 言辭이 뛰어났고 理財에 밝았던 인물. 孔子보다 31세 아래였음.《史記》仲尼弟子列傳에 "端沐賜, 衛人, 字子貢. 少孔子三十一歲. 子貢利口巧辭, 孔子常黜其辭. 問曰:「汝與回也孰愈?」對曰:「賜也何敢望回! 回也聞一以知十, 賜也聞一以知二.」子貢旣已受業, 問曰:「賜何人也?」孔子曰:「汝器也.」曰:「何器也?」曰:「瑚璉也.」陳子禽問子貢曰:「仲尼焉學?」子貢曰:「文武之道未墜於地, 在人, 賢者識其大者, 不賢者識其小者, 莫不有文武之道. 夫子焉不學, 而亦何常師之有!」又問:「孔子適是國必聞其政. 求之與? 抑與之與?」子貢曰:「夫子溫良恭儉讓以得之. 夫子之求之也, 其諸異乎人之求之也.」子貢問曰:「富而無驕, 貧而無諂, 何如?」孔子曰:「可也; 不如貧而樂道, 富而好禮.」라 함.

참고 및 관련 자료

1.《左傳》哀公 11年 傳

吳將伐齊, 越子率其衆以朝焉, 王及列士皆有饋賂. 吳人皆喜, 唯子胥懼, 曰:「是豢吳也夫!」諫曰:「越在我, 心腹之疾也, 壤地同, 而有欲於我. 夫其柔服, 求濟其欲也, 不如早從事焉. 得志於齊, 猶獲石田也, 無所用之. 越不爲沼, 吳其泯矣. 使醫除疾, 而曰『必遺類焉』者, 未之有也. 盤庚之誥曰『其有顚越不共, 則劓殄無遺育, 無俾易種于茲邑』, 是商所以興也. 今君易之, 將以求大, 不亦難乎!」弗聽. 使於齊, 屬其子於鮑氏, 爲王孫氏. 反役, 王聞之, 使賜之屬鏤以死. 將死, 曰:「樹吾墓檟, 檟可材也. 吳其亡乎! 三年, 其始弱矣. 盈必毀, 天之道也.」

2.《史記》吳太伯世家

越王句踐率其衆以朝吳, 厚獻遺之, 吳王喜. 唯子胥懼, 曰:「是棄吳也.」諫曰:「越在腹心, 今得志於齊, 猶石田, 無所用. 且盤庚之誥有顚越勿遺, 商之以興.」吳王不聽, 使子胥於齊, 子胥屬其子於齊鮑氏, 還報吳王. 吳王聞之, 大怒, 賜子胥屬鏤之劍以死. 將死, 曰:「樹吾墓上以梓, 令可爲器. 抉吾眼置之吳東門, 以觀越之滅吳也.」

3.《史記》伍子胥列傳

其後四年, 吳王將北伐齊, 越王句踐用子貢之謀, 乃率其衆以助吳, 而重寶以獻遺太宰嚭. 太宰嚭旣數受越賂, 其愛信越殊甚, 日夜爲言於吳王. 吳王信用嚭之計. 伍子胥諫曰:「夫越, 腹心之病, 今信其浮辭詐僞而貪齊. 破齊, 譬猶石田,無所用之. 且《盤庚之誥》曰: 『有顛越不恭, 劓殄滅之, 俾無遺育, 無使易種于茲邑.』此商之所以興. 願王釋齊而先越; 若不然, 後將悔之無及.」而吳王不聽, 使子胥於齊. 子胥臨行, 謂其子曰:「吾數諫王, 王不用, 吾今見吳之亡矣. 汝與吳俱亡, 無益也.」乃屬其子於齊鮑牧, 而還報吳. 吳太宰嚭旣與子胥有隙, 因讒曰:「子胥爲人剛暴, 少恩, 猜賊, 其怨望恐爲深禍也. 前日王欲伐齊, 子胥以爲不可, 王卒伐之而有大功. 子胥恥其計謀不用, 乃反怨望. 而今王又復伐齊, 子胥專復彊諫, 沮毀用事, 徒幸吳之敗以自勝其計謀耳. 今王自行, 悉國中武力以伐齊, 而子胥諫不用, 因輟謝, 詳病不行. 王不可不備, 此起禍不難. 且嚭使人微伺之, 其使於齊也, 乃屬其子於齊之鮑氏. 夫爲人臣, 內不得意, 外倚諸侯, 自以爲先王之謀臣, 今不見用, 常鞅鞅怨望. 願王早圖之」吳王曰:「微子之言, 吾亦疑之.」乃使使賜伍子胥屬鏤之劍, 曰:「子以此死」伍子胥仰天歎曰:「嗟乎! 讒臣嚭爲亂矣, 王乃反誅我. 我令若父霸. 自若未立時, 諸公子爭立, 我以死爭之於先王, 幾不得立. 若旣得立, 欲分吳國予我, 我顧不敢望也. 然今若聽諛臣言以殺長者」乃告其舍人曰:「必樹吾墓上以梓, 令可以爲器; 而抉吾眼縣吳東門之上, 以觀越寇之入滅吳也.」乃自剄死. 吳王聞之大怒, 乃取子胥尸盛以鴟夷革, 浮之江中. 吳人憐之, 爲立祠於江上, 因命曰胥山.

079(5-3)
사신으로 나선 자공子貢

부차 13년(B.C.483), 제齊나라 대부大夫 진성항陳成恆이 간공簡公을 시해 하고자 하였으나 속으로 고씨高氏, 국씨國氏, 포씨鮑氏, 안씨晏氏 등을 꺼려 하여 먼저 군사를 일으켜 노나라를 치려 하자 노나라 군주가 근심하였다.

공자孔子가 이를 걱정하여 문인들을 불러 이렇게 말하였다.

"제후들이 서로 치고 싸우는 짓을 나(丘)는 항상 부끄러운 일로 여겨 왔다. 무릇 노나라는 내 부모의 나라이며 우리 집안의 묘가 있는 곳이다. 지금 제나라가 장차 쳐들어오려 한다니 너희 중에 누가 한 번 나서서 힘을 써보지 않겠느냐?"

그러자 자로子路가 나서겠다고 인사를 오자 공자는 말렸다.

다음으로 자장子張과 자석子石이 나서기를 청하자 공자는 허락하지 않았다.

자공子貢이 나서겠다고 인사를 오자 공자는 그를 보냈다.

十三年, 齊大夫陳成恆欲弑簡公, 陰憚高, 國, 鮑, 晏, 故前興兵伐魯, 魯君憂之.

孔子患之, 召門人而謂之曰:「諸侯有相伐者, 丘常恥之. 夫魯, 父母之國也, 丘墓在焉. 今齊將伐之, 子無意一出耶?」

子路辭出, 孔子止之.
子張, 子石請行, 孔子弗許.
子貢辭出, 孔子遣之.

【陳成恆】田恒, 陳恒, 田常, 陳常, 田成子, 陳成子 등 여러 가지로 불림. 恆은 恒과 같은 글자임. 이름은 恆(恒), 成은 시호. 일찍이 陳(嬀氏)나라 公子 陳完이 내란을 피해 제나라로 망명(B.C.672)하여 성을 田으로 바꾸어 두 성씨가 함께 칭해짐. 뒤에 漢나라 때 이후로는 漢 文帝(劉恒)의 이름을 避諱하여 同韻同義인 '常'으로 바꾸어 '恒'자 대신 '常'자를 씀으로써 더욱 여러 표기가 생기게 된 것임. 陳完 (田完)의 후손은 齊나라에서 실력을 키워 悼公 때 陳釐子(田乞)가 이미 제나라 실권을 잡았으며 그 아들 田常(陳恒)에 이르러 簡公을 시해하고 平公을 옹립, 자신은 相國에 올랐고 결국 陳和가 춘추시대의 '姜氏齊'를 탈취하여 戰國 시대의 '田氏齊'가 됨.《史記》田敬仲完世家 참조.
【簡公】呂壬. 齊 悼公의 아들. B.C.484~B.C.481년까지 4년간 재위하고 田恒에 의해 시해되고 말았으며 平公(呂驁)이 그 뒤를 이어 춘추시대가 마감됨.
【高, 國, 鮑, 晏】春秋 말 齊나라 勢道家 성씨들. 高氏는 高傒의 후손들로 高昭子 (高張)의 아들 高無丕가 있었으며, 國氏는 桓公 때 國懿仲의 후손으로 당시에는 國惠子(國夏)의 아들 國書가 있었음. 그리고 鮑氏는 鮑叔牙의 후손 鮑牧이 있었고, 晏氏는 晏嬰의 아들 晏圉 등이 있었음.
【魯君】魯 哀公. 춘추 말 魯나라 군주로 이름은 姬將. B.C.494~B.C.467년까지 재위함.
【孔子】姓은 孔, 이름은 丘, 字는 仲尼(B.C.551~B.C.479). 魯나라 陬邑(지금의 山東 曲阜) 사람. 아버지 叔梁紇과 어머니 顔徵在 사이에 태어났으며 그 조상은 宋나라 微子啓의 후손으로 煬公熙의 아들 弗父何로 전해지고 있음. 弗父何의 後孫 孔父嘉의 아들 子木金父가 魯나라로 옮겨와 孔氏로 姓을 삼았으며 이가 孔子의 5代祖임.《孔子家語》를 참조할 것. 孔子는 중국 최고의 사상가이며 교육자, 儒家學派의 창시자로서 六經을 정리하여 學術, 哲學, 사상 등에 가장 큰 영향을 남긴 聖人.
【丘墓】墳墓. '丘'는 공자 이름이 아님.
【子路】孔子 제자. 이름은 仲由, 字는 子路, 卞邑 사람. 勇力을 좋아하였으며

衛나라에 벼슬하다가 B.C.480년 太子의 莊公 시해 사건에 연루되어 죽임을 당함. 《史記》仲尼弟子列傳에 "仲由字子路, 卞人也. 少孔子九歲. 子路性鄙, 好勇力, 志伉直, 冠雄雞, 佩豭豚, 陵暴孔子. 孔子設禮稍誘子路, 子路後儒服委質, 因門人請爲弟子. 子路問政, 孔子曰:「先之, 勞之.」 請益. 曰:「無倦.」子路問: 「君子尚勇乎?」孔子曰:「義之爲上. 君子好勇而無義則亂, 小人好勇而無義則盜.」 子路有聞, 未之能行, 唯恐有聞. 孔子曰:「片言可以折獄者, 其由也與!」「由也好 勇過我, 無所取材.」「若由也, 不得其死然.」「衣敝縕袍與衣狐貉者立而不恥者, 其由也與!」「由也升堂矣, 未入於室也.」季康子問:「仲由仁乎?」孔子曰:「千乘之 國可使治其賦, 不知其仁.」子路喜從游, 遇長沮, 桀溺, 荷蓧丈人. 子路爲季氏宰, 季孫問曰:「子路可謂大臣與?」孔子曰:「可謂具臣矣.」子路爲蒲大夫, 辭孔子. 孔子曰:「蒲多壯士, 又難治. 然吾語汝: 恭以敬, 可以執勇; 寬以正, 可以比衆; 恭正以靜, 可以報上.」初, 衛靈公有寵姬曰南子. 靈公太子蕡聵得過南子, 懼誅 出奔. 及靈公卒而夫人欲立公子郢. 郢不肯, 曰:「亡人太子之子輒在.」於是衛立 輒爲君, 是爲出公. 出公立十二年, 其父蕡聵居外, 不得入. 子路爲衛大夫孔悝之 邑宰. 蕡聵乃與孔悝作亂, 謀入孔悝家, 遂與其徒襲攻出公. 出公奔魯, 而蕡聵 入立, 是爲莊公. 方孔悝作亂, 子路在外, 聞之而馳往. 遇子羔出衛城門, 謂子路曰: 「出公去矣, 而門已閉, 子可還矣, 毋空受其禍.」子路曰:「食其食者不避其難.」子羔 卒去. 有使者入城, 城門開, 子路隨而入. 造蕡聵, 蕡聵與孔悝登臺. 子路曰:「君焉 用孔悝? 請得而殺之.」蕡聵弗聽. 於是子路欲燔臺, 蕡聵懼, 乃下石乞, 壺黶攻 子路, 擊斷子路之纓. 子路曰:「君子死而冠不免.」遂結纓而死. 孔子聞衛亂, 曰: 「嗟乎, 由死矣!」已而果死. 故孔子曰:「自吾得由, 惡言不聞於耳.」是時子貢爲魯 使於齊"라 함.

【辭出】떠나겠다고 인사함. '辭'는 임무를 맡고 떠나면서 인사함을 뜻함.

【子張】孔子 제자. 이름은 顓孫師, 字는 子張. 陳나라 사람. 孔子보다 48歲 아래 였음. 《史記》仲尼弟子列傳에 "顓孫師, 陳人, 字子張. 少孔子四十八歲. 子張問 干祿, 孔子曰:「多聞闕疑, 愼言其餘, 則寡尤; 多見闕殆, 愼行其餘, 則寡悔. 言寡尤, 行寡悔, 祿在其中矣.」他日從在陳蔡閒, 困, 問行. 孔子曰:「言忠信, 行篤敬, 雖蠻貊之國行也; 言不忠信, 行不篤敬, 雖州里行乎哉! 立則見其參於 前也, 在輿則見其倚於衡, 夫然後行.」子張書諸紳. 子張問:「士何如斯可謂之 達矣?」孔子曰:「何哉, 爾所謂達者?」子張對曰:「在國必聞, 在家必聞.」孔子曰: 「是聞也, 非達也. 夫達者, 質直而好義, 察言而觀色, 慮以下人, 在國及家必達. 夫聞也者, 色取仁而行違, 居之不疑, 在國及家必聞.」"이라 함.

【子石】孔子 제자. 이름은 公孫龍, 字는 子石. 衛나라 사람. 孔子보다 53歲 아래였음. 《史記》仲尼弟子列傳에 "公孫龍字子石. 少孔子五十三歲"라 함.

【子貢】端木賜. 衛나라 출신의 孔子 제자. 言辯이 뛰어났고 理財에 밝았던 인물. 孔子보다 31세 아래였음. 공자가 다른 셋은 불허하며 子貢을 보낸 것은 그의 言辯을 높이 산 것임.

참고 및 관련 자료

1. 《史記》仲尼弟子列傳

田常欲作亂於齊, 憚高, 國, 鮑, 晏, 故移其兵欲以伐魯. 孔子聞之, 謂門弟子曰: 「夫魯, 墳墓所處, 父母之國, 國危如此, 二三子何爲莫出?」子路請出, 孔子止之. 子張, 子石請行, 孔子弗許. 子貢請行, 孔子許之.

2. 《越絶書》(7)

昔者, 陳成恒相齊簡公, 欲爲亂. 憚齊邦鮑, 晏, 故徙其兵而伐魯. 魯君憂也, 孔子患之, 乃召門人弟子而謂之曰:「諸侯有相伐者尙取之, 今魯父母之邦也. 丘墓存焉. 今齊將伐之, 可無一出乎?」顏淵辭出, 孔子止之; 子路辭出, 孔子止之; 子貢辭出, 孔子遣之.

3. 《孔子家語》屈節解

孔子在衛, 聞齊國田常將欲爲亂, 而憚鮑, 晏, 因欲移其兵以伐魯, 孔子會諸弟子以告之曰:「魯父母之國, 不可不救, 不忍視其受敵, 今吾欲屈節於田常以救魯, 二三子誰爲使?」於是子路曰:「請往齊.」孔子弗許; 子張請往, 又弗許; 子石請往, 又弗許.

080(5-4)
자공子貢의 제齊나라 유세

자공子貢은 북쪽 제齊나라로 가서 진성항陳成恆을 만나 이렇게 말하였다.

"무릇 노魯나라는 정벌하기 어려운 나라인데 그대께서 정벌하겠다고 하시니 잘못입니다."

진성항이 말하였다.

"노나라를 어찌 치기 어렵다는 것이오?"

자공이 말하였다.

"노나라는 성벽이 얇고 낮으며 그 못은 좁고 얕으며, 그 임금은 어리석고 어질지 못하며, 대신들은 쓸모가 없고, 병사들은 전쟁을 싫어하여 더불어 싸울 만한 상대가 아닙니다. 그러니 그대께서는 오나라를 치느니만 못합니다. 무릇 오나라는 성은 두껍고 높으며 못은 넓고 깊으며, 무기는 견고하고 사졸들은 선발된 이들이며, 병기는 충족되어 있으며 노弩는 강합니다. 그리고 명석한 대부들로 하여금 지키게 하고 있어 이는 쉽게 정벌할 나라입니다."

진성항은 분연히 화를 내며 얼굴색이 변하여 말하였다.

"그대가 어렵다고 하는 바는 세상 사람들이 쉽다고 여기는 바이며, 그대가 쉽다고 하는 것은 남들은 어렵게 여기는 바인데 그런 논리로 나를 가르치니 어찌 된 것이오?"

자공이 말하였다.

"제가 듣기로 그대께서는 세 번이나 봉을 받으려 하였으나 세 번 모두 이루지 못하였다고 하던데 이는 대신들이 그대의 말을 듣지 않는 자들이 있었기 때문입니다. 그런데 지금 그대께서는 또 노나라를 깨뜨려서 제나라를 넓히고 노나라를 무너뜨려 스스로 높은 지위에 오르려 하시지만 그대의 공은 인정받지 못할 것이니 이는 그대께서는 위로는 임금에게 교만한 마음을 갖게 될 것이며 아래로는 여러 신하들에게 거만하게 굴게 될 것이니 그러면서 큰일을 이루고자 해도 어려울 것입니다. 게다가 무릇 위로 교만하게 굴면 죄를 범하게 될 것이요, 신하들에게 교만하게 굴면 경쟁이 생길 것이니 이는 그대로서 위로는 임금과 틈이 생기고, 아래로는 대신들과 경쟁이 벌어지게 됩니다. 이와 같이 하고서 그대께서 제나라에 서는 것은 위험하기가 마치 달걀을 쌓아놓은 것과 같아집니다. 그 때문에 '차라리 오나라를 치느니만 못하다'고 한 것입니다. 그리고 오왕은 강퍅하고 사나우면서도 굳셉니다. 능히 그 법령을 실행하며 백성들은 전투와 수비에 능하고 법과 금지하는 조항에 밝아 제나라가 그러한 나라와 마주치면 그들에게 잡히게 될 것은 틀림없습니다. 지금 그대께서 국경 안의 병력을 모두 모으고 대신들에게는 그 갑옷을 입고 나서게 하여, 백성들은 밖에서 전투하느라 죽고 대신들도 모두 전투에 나서 조정 안이 텅 비게 되면, 이는 그대로서 위로 더 이상 맞설 자가 없는 신하가 될 것이며 아래로는 검수 黔首로써 그대에게 대들 자가 없게 될 것이니 임금을 고립시킨 채 제나라를 마음대로 할 자는 바로 그대가 될 것입니다."

진성항이 말하였다.

"좋소! 비록 그렇기는 하나 우리 군사는 이미 노나라 성 아래 이르러 있습니다. 내가 이를 되돌린다면 오나라 대신들은 나를 의심하는 마음을 갖게 될 터인데 이렇게 될 경우 어찌하면 좋겠소?"

자공이 말하였다.

"그대께서는 군대를 눌러 있게 하여 노나라 치는 일을 중지시키십시오. 청컨대 그대를 위하여 남쪽 오왕을 만나 노나라를 구하고 제나라를 치도록 청하겠습니다. 군께서는 그때 그들 병사를 맞아 싸우시면 됩니다."

진성항이 허락하였다.

子貢北之齊，見成恆，因謂曰：「夫魯者，難伐之國，而君伐，過矣。」

成恆曰：「魯何難伐也？」

子貢曰：「其城薄以卑，其池狹以淺，其君愚而不仁，大臣無用，士惡甲兵，不可與戰。君不若伐吳。夫吳，城厚而崇，池廣以深，甲堅士選，器飽弩勁，又使明大夫守之，此易邦也。」

成恆忿然作色，曰：「子之所難，人之所易；子之所易，人之所難。而以教恆，何也？」

子貢曰：「臣聞君三封而三不成者，大臣有所不聽者也。今君又欲破魯以廣齊，墮魯以自尊，而君功不與焉，是君上驕主心，下恣群臣，而求以成大事，難矣。且夫上驕則犯，臣驕則爭，此君上於王有邊，而下與大臣交爭，如此則君立於齊，危如累卵。故曰『不如伐吳』。且吳王剛猛而毅，能行其令；百姓習於戰守，明於法禁，齊遇為擒，必矣。今君悉四境之甲，出大臣以環之，人民外死，大臣內空，是君上無強敵之臣，下無黔首之士，孤主制齊者，君也。」

陳恆曰：「善！雖然，吾兵已在魯之城下矣，吾去之，吳大臣將有疑我之心，為之奈何？」

子貢曰：「君按兵無伐，請為君南見吳王，請之救魯而伐齊，君因以兵迎之。」

陳恆許諾。

【池】 城을 방어하기 위해 파 놓은 둘레의 垓字.

【器飽】 器는 전쟁에 필요한 武器들을 가리킴. '飽'는 '충분하다, 넉넉하다'의 뜻. 그러나 孫詒讓은 "器, 不可以言飽, 飽當爲飾, 形近而誤"라 하여 '飾'이어야 한다고 보았음.

【隳】 '무너뜨리다'의 뜻.

【四境之甲】〈四部叢刊〉에는 '四境之中'으로 되어 있으나 〈四庫全書〉에 의해 수정함.

【是君上驕主心】〈四部叢刊〉에는 '主心' 두 글자가 없으나 《史記》에 의해 보입함.

【上於王有邊】《史記》와 《越絕書》에는 '王'은 '主', '邊'는 '郤'으로 되어 있음. '郤'은 '隙'과 같음. 틈이 생김.

【環之】 갑옷과 투구를 씀. 孫詒讓은 '環'을 '擐'이라 하였음.《左傳》成公 2년 "擐甲執兵"의 杜預 注에 "擐, 貫也"라 함. 孫詒讓은 "環, 當爲擐之借字, 成二年《左傳》云:「擐甲執兵.」 杜注云:「擐, 貫也.」"라 함.

【黔首之士】 일반 백성. 서민, 평민. 벼슬하지 않은 선비. 이들로써 진성항에게 맞설 자도 없어짐을 뜻함.

참고 및 관련 자료

1. 《史記》仲尼弟子列傳

遂行, 至齊, 說田常曰:「君之伐魯過矣. 夫魯, 難伐之國, 其城薄以卑, 其地狹以泄, 其君愚而不仁, 大臣僞而無用, 其士民又惡甲兵之事, 此不可與戰. 君不如伐吳. 夫吳, 城高以厚, 地廣以深, 甲堅以新, 士選以飽, 重器精兵盡在其中, 又使明大夫守之, 此易伐也.」田常忿然作邑曰:「子之所難, 人之所易; 子之所易, 人之所難: 而以教常, 何也?」子貢曰:「臣聞之, 憂在內者攻彊, 憂在外者攻弱. 今君憂在內. 吾聞君三封而三不成者, 大臣有不聽者也. 今君破魯以廣齊, 戰勝以驕主, 破國以尊臣, 而君之功不與焉, 則交日疏於主. 是君上驕主心, 下恣羣臣, 求以成大事, 難矣. 夫上驕則恣, 臣驕則爭, 是君上與主有郤, 下與大臣交爭也. 如此, 則君之立於齊危矣. 故曰不如伐吳. 伐吳不勝, 民人外死, 大臣內空, 是君上無彊臣之敵, 下無民人之過, 孤主制齊者唯君也.」田常曰:「善. 雖然, 吾兵業已加魯矣, 去而之吳, 大臣疑我, 奈何?」子貢曰:「君按兵無伐, 臣請往使吳王, 令之救魯而伐齊, 君因以兵迎之.」田常許之.

2.《越絕書》(7)

子貢行之齊, 見陳成恒曰:「夫魯, 難伐之邦, 而伐之, 過矣!」陳成恒曰:「魯之難伐, 何也?」子貢曰:「其城薄以卑, 池狹而淺, 其君愚而不仁, 其大臣僞而無用, 其士民有惡聞甲兵之心, 此不可與戰, 君不如伐吳. 吳城高以厚, 池廣以深, 甲堅以新, 士選以飽, 重器精弩在其中, 又使明大夫守. 此邦易也, 君不如伐吳.」成恒忿然作色曰:「子之所難, 人之所易也, 子之所易, 人之所難也. 而以教恒, 何也?」子貢對曰:「臣聞: 憂在內者攻彊, 憂在外者攻弱, 今君憂內, 臣聞君三封而三不成者, 大臣有不聽者也. 今君破魯以廣齊, 墮魯以尊臣, 而君之功不與焉. 是君上驕主心, 下恣群臣, 而求成大事難矣! 且夫上驕則犯, 臣驕則爭, 是君上於主有郤, 下與大臣教爭也, 如此則君立於齊, 危於重卵矣. 臣故曰『不如伐吳』. 且夫吳, 明猛以毅而行其令, 百姓習於戰守, 將明於法, 齊之遇爲禽必矣. 今君悉擇四彊之中, 出大臣以環之, 黔首外死, 大臣內空, 是君上無彊臣之敵, 下無黔首之士, 孤立制齊者君也.」陳恒曰:「善! 雖然, 吾兵已在魯之城下, 若去而之吳, 大臣將有疑我之心, 爲之奈何?」子貢曰:「君按兵無伐, 臣請見吳王, 使之救魯而伐齊, 君因以兵迎之.」陳成恒許諾, 乃行.

3.《孔子家語》屈節解

三者退, 請子貢曰:「今夫子欲屈節以救父母之國, 吾三人請使而不獲往, 此則吾子用便之時也, 吾子盍請行焉?」子貢請使, 夫子許之, 遂如齊說田常曰:「今子欲收功於魯, 實難; 不若移兵於吳, 則易」田常不悅, 子貢曰:「夫憂在內者功强, 憂在外者功弱. 吾聞子三封而三不成, 是則大臣不聽令, 戰勝以驕主, 破局以尊臣, 而子之功不與焉. 則交日疏於主, 而與大臣爭, 如此, 則子之位危矣」田常曰:「善! 然兵甲已加魯矣, 不可更, 如何?」子貢曰:「緩師, 吾請於吳, 令救魯以伐齊, 子因以兵迎之」田常許諾.

081(5-5)
오왕吳王을 만난 자공子貢

자공子貢이 남쪽 오왕을 만나 오왕에게 이렇게 말하였다.

"제가 듣기로 '왕자王者는 남의 후사를 끊지 않으며, 패자霸者는 강한 상대가 없으나 천균千鈞 무게의 무거운 것도 일수一銖의 작은 무게에 의해 기울게 된다'라 하더이다. 지금 만승의 제齊나라가 천승의 노나라를 사사롭게 가지려고 오나라와 강함을 다투고 있으니 저는 임금을 위해 두렵게 생각합니다. 게다가 노나라를 구하는 일은 명예를 드러내는 일이며 제나라를 치는 것은 큰 이익을 얻는 것입니다. 의로써 망해가는 노나라를 존속시키고 포악한 제나라에게 손해를 입혀 위엄을 강한 진나라에게 떨치는 것이라면 왕께서는 의심하지 않아도 됩니다."

그러자 오왕이 말하였다.

"좋소. 비록 그렇기는 하나 내 일찍이 월越나라와 싸워 그들을 회계산會稽山에 숨어 피하게 해 놓았더니 그들이 우리 오나라에 신하가 되어 들어왔었는데 즉시 그들을 없애지 않은 채 3년 만에 돌려보내 주었소. 무릇 월나라 임금은 현명한 군주로서 제 몸을 노고롭게 하며 힘을 써서 밤을 낮으로 이어가면서 안으로 그 정치를 잘 닦고 밖으로 제후들을 섬기고 있으니 틀림없이 장차 나에게 보복할 마음을 가지고 있을 것입니다. 그대는 내가 월나라를 치기를 기다려 주시오. 그런 다음 그대 말을 듣겠소."

자공이 말하였다.

"안 됩니다. 월나라의 강함은 노나라만 못하고 오나라의 강함은 제나라를 넘어서지 못합니다. 왕께서 월나라를 친다는 이유로 저의 말을 듣지 않으면 제나라 역시 이미 노나라를 차지하고 말 것입니다. 게다가 작은 월나라를 두려워하여 강한 제나라에게 미움을 받는 것은 용맹이 아니요, 작은 이익을 보느라 큰 손해를 잊는 것은 지혜가 아닙니다. 제가 듣기로 '어진 자는 자신의 평소 익은 것에만 의지하지 않기 때문에 그 덕을 넓히는 것이요, 지혜로운 자는 기회를 놓치지 않기 때문에 그 공을 세우는 것이요, 왕자는 남의 후사를 끊지 않기 때문에 그 의로움을 세우는 것'이라 하더이다. 게다가 무릇 월나라에 대한 두려움이 이와 같다면 제가 청컨대 동쪽 월왕을 만나 그들로 하여금 군사를 내어 임금의 하리下吏로써 따르도록 해드리겠습니다."

오왕은 크게 기뻐하였다.

子貢南見吳王, 謂吳王曰: 「臣聞之: 『王者不絕世, 而霸者無强敵. 千鈞之重, 加銖而移.』 今萬乘之齊, 而私千乘之魯; 而與吳爭强, 臣竊爲君恐焉. 且夫救魯, 顯名也; 伐齊, 大利也. 義存亡魯, 害暴齊而威强晉, 則王不疑也.」

吳王曰: 「善. 雖然, 吾嘗與越戰, 棲之會稽, 入臣於吳, 不卽誅之, 三年使歸. 夫越君賢主, 苦身勞力, 夜以接日, 內飾其政, 外事諸侯, 必將有報我之心, 子待我伐越而聽子.」

子貢曰: 「不可. 夫越之强, 不過於魯; 吳之强, 不過於齊. 王以伐越而不聽臣, 齊亦已私魯矣. 且畏小越而惡强齊, 不勇也. 見小利而忘大害, 不智也. 臣聞: 『仁人不因居, 以廣其德; 智者不棄時, 以擧其功; 王者不絕世, 以立其義.』 且夫畏越如此, 臣誠東見越王, 使出師以從下吏.」

吳王大悅.

【王者】霸者에 상대하여 德治를 위주로 하는 三代(夏, 殷, 周) 三王(禹, 湯, 文武)의
　　정치를 뜻함. 霸者는 春秋五霸처럼 武力으로 남을 굴복시켜 질서를 이어가는
　　힘의 균형을 뜻함.
【絶世】남의 나라 왕통을 끊음.《呂氏春秋》圜道篇 "皆欲世勿失矣"의 注에 "父死
　　子繼曰世"라 함.
【千鈞】무게 단위. 1鈞은 30斤의 무게에 해당함. 매우 무거운 중량을 비유한 것.
【銖】한 냥의 24분의 1. 아주 가벼운 무게를 비유한 것.
【棲之會稽】B.C.494년 吳王 夫差가 大椒에서 越王 句踐을 대패시키고 월나라
　　도읍으로 쳐들어가자 句踐은 겨우 5천의 군사로 會稽山으로 들어가 스스로
　　吳나라 老僕이 되겠다고 항복한 사건을 가리킴. 會稽는 지금의 浙江 紹興
　　동남쪽에 있는 산이며 월나라 도읍의 主山이기도 함. 茅山, 苗山, 防山이라고도
　　불리며 會稽山은 범위가 커 句踐이 피해들었던 곳은 지금의 浙江 諸暨縣
　　勾嵊山이었다 함.
【夜以接日】밤을 낮으로 이어감. 매우 부지런함을 뜻함.
【內飾其政】'飾'은 '飭'과 같음.
【因居】'因'은 '因'循의 뜻. '居'는 평소 삶. 익숙한 생활을 뜻함. 그러나《越絶書》
　　에는 '因厄'으로 되어 있음.
【誠】《越絶書》와《史記》에는 '請'으로 되어 있음.
【以從下吏】越나라로 하여금 吳王의 하급 신하가 되어 齊나라와의 전투에 따르
　　도록 하겠다는 뜻임.

⬛ 참고 및 관련 자료

1.《史記》仲尼弟子列傳
使子貢南見吳王. 說曰:「臣聞之, 王者不絶世, 霸者無彊敵, 千鈞之重加銖兩
而移. 今以萬乘之齊而私千乘之魯, 與吳爭彊, 竊爲王危之. 且夫救魯, 顯名也;
伐齊, 大利也. 以撫泗上諸侯, 誅暴齊以服彊晉, 利莫大焉. 名存亡魯, 實困彊齊,
智者不疑也.」吳王曰:「善. 雖然, 吾嘗與越戰, 棲之會稽. 越王苦身養士, 有報
我心. 子待我伐越而聽子.」子貢曰:「越之勁不過魯, 吳之彊不過齊, 王置齊而
伐越, 則齊已平魯矣. 且王方以存亡繼絶爲名, 夫伐小越而畏彊齊, 非勇也. 夫勇
者不避難, 仁者不窮約, 智者不失時, 王者不絶世, 以立其義. 今存越示諸侯以仁,

救魯伐齊, 威加晉國, 諸侯必相率而朝吳, 霸業成矣. 且王必惡越, 臣請東見越王, 令出兵以從, 此實空越, 名從諸侯以伐也.」吳王大說, 乃使子貢之越.

2.《越絶書》(7)

子貢南見吳王, 謂吳王曰:「臣聞之: 王者不絶世, 而霸者不彊敵. 千鈞之衆, 加銖而移. 今萬乘之齊, 私千乘之魯, 而與吳爭彊, 臣切爲君恐. 且夫救魯, 顯名也, 而伐齊, 大利也. 義在存亡魯, 勇在害彊齊, 而威申晉邦者, 則王者不疑也.」吳王曰:「雖然, 我常與越戰, 棲之會稽. 夫越君, 賢主也, 苦臣勞力, 以夜接日, 內飾其政, 外事諸侯, 必將有報我之心. 子恃吾伐越而還.」子貢曰:「不可, 夫越之彊不下魯, 而吳之彊不過齊, 君以伐越而還, 即齊也亦私魯矣. 且夫伐小越而畏彊齊者不勇, 見小利而忘大害者不智, 兩者臣無爲君取焉. 且臣聞之仁人不困厄以廣其德, 智者不棄時以舉其功, 王者不絶世以立其義. 今君存越勿毀, 親四隣以仁, 救暴困齊, 威申晉邦, 以武救魯, 毋絶周室, 明諸侯以義. 如此則臣之所見溢乎負海, 必率九夷而朝, 即王業成矣. 且大吳畏小越如此, 臣請東見越王, 使之出銳師以從下吏, 是君實空越而名從諸侯以伐也.」吳王大悅, 乃行子貢.

3.《孔子家語》屈節解

子貢遂南說吳王曰:「王者不滅國, 霸者無強敵. 千鈞之重, 加銖兩而移. 今以齊國而私千乘之魯, 與吳爭強, 甚爲王患之. 且夫救魯以顯名, 以撫泗上諸侯, 誅暴齊以服晉, 利莫大焉. 名存亡魯, 實困强齊, 智者不疑.」吳王曰:「善! 然吳常困越, 越王今苦身養士, 有報吳之心, 子待我先越, 然後乃可.」子貢曰:「越之勁不過魯, 吳之強不過齊, 而王置齊而伐越, 則齊必私魯矣. 王方以存亡繼絶之名, 棄齊而伐小越, 非勇也. 勇而不避難, 仁者不窮約, 智者不失時, 義者不絶世. 今存越示天下以仁, 救魯伐齊, 威加晉國, 諸侯必相率而朝, 霸業盛矣. 且王必惡越, 臣請見越君, 令出兵以從, 此則實害越, 而名從諸侯以伐齊.」吳王悅, 乃遣子貢之越.

082(5-6)
월왕越王을 만난 자공

　자공子貢이 동쪽으로 월왕越王을 만나러 가자 왕은 이를 듣고 길을 청소하고 교외에까지 나와 영접하였으며 몸소 수레를 몰고 숙사에 이르러 이렇게 물었다.

　"이곳은 편벽되고 협소한 나라이며 만이蠻夷의 백성들인데 대부께서는 어찌 찾아오셨습니까? 이처럼 욕되다 여기지 아니하시고 이에 이곳까지 오셨습니까?"

　자공이 말하였다.

　"왕께서 계시기에 그 때문에 온 것입니다."

　월왕 구천句踐은 재배하고 머리를 조아리며 말하였다.

　"제가 듣기로 '화와 복은 서로 이웃'이라 하였는데 지금 대부께서 위로해 주시니 저의 복입니다. 제가 감히 말씀을 여쭙지 않을 수 있겠습니까?"

　자공이 말하였다.

　"제가 지금 오왕吳王을 만나 노魯나라를 구하고 제齊나라 칠 것을 일러 드렸더니 그는 마음에 월나라를 두려워하고 있더이다. 장차 무릇 복수할 뜻도 없으면서 남으로 하여금 이를 의심하게 하는 것은 졸렬한 것이며, 복수할 뜻을 가지고 있으면서 남으로 하여금 이것을 알게 하는 것은 위태로운 것이며, 아직 일을 시작하지도 않았는데 소문이 나도록 하는 것은 위험한 것입니다. 이 세 가지는 일을 도모함에 있어서 크게 꺼려야 하는 것입니다."

월왕은 재배하며 말하였다.

"저는 어려서 선대先代를 잃고 안으로는 스스로를 요량하지 못한 채 오나라와 전투를 벌여 군사는 패하고 제 자신은 치욕을 당하여 숨어 도망하여 위로 회계산會稽山에 살며, 아래로는 바닷가를 지키면서 오직 물고기와 자라만 보고 있을 뿐입니다. 지금 대부께서 욕을 무릅쓰고 몸소 찾아주시고, 게다가 옥같이 귀한 말씀으로 저를 가르쳐 주시니 저는 하늘의 내리심에 힘입고 있는 터에 감히 가르침을 받들지 않을 수 있겠습니까?"

자공이 말하였다.

"제가 듣기에 '현명한 군주는 사람을 임용함에 그가 능력을 발휘하지 못하는 일이 없도록 해주고, 곧은 선비는 어진 이를 추천하되 그가 세상에 아무렇게나 용납되는 일이 없도록 한다'라고 하더이다. 그러므로 재물에 임하거나 이익을 나눌 때에는 어진 이를 부리고, 어려움을 건너고 해내기 힘든 일에 덤벼들 때는 용맹한 이를 부리며, 지혜를 써서 나라를 도모할 때는 현명한 이를 부리며, 천하를 바로잡고 제후를 안정시킴에는 성스러운 이를 부립니다. 병력이 강한데도 능히 그 위엄을 행사하지 못하거나 세력이 위에 있으면서도 능히 그 정령을 아랫사람에게 베풀지 못한다면 그러한 군주는 거의 재난을 가까이 하고 있는 것입니다! 제가 몰래 생각하건대 저 같은 이를 택하면 가히 함께 공을 이루어 왕자王者에 이를 수 있을 것이니 거의 그렇다고 할 수 있겠지요! 지금 오왕은 제나라와 진晉나라를 칠 뜻이 있으니 왕께서는 많은 보물과 무기를 아끼지 말고 그의 마음을 기쁘게 해드리고, 낮은 언사를 싫어하지 말고 그에게 예를 다하십시오. 그러면 오왕은 제나라를 칠 것이요, 제나라는 반드시 응전할 것입니다. 그때 오나라가 제나라를 이기지 못하면 이는 왕의 복입니다. 저들이 싸워서 이긴다 해도 그 다음에는 그들은 기병騎兵을 진나라 치는 데에 쏟을 것입니다. 기병과 예리한 병사들이 제나라에 이미 피폐해 있고 중한 보물과 수레, 기마, 우모羽毛는 모두 진나라 치는 일에 소진되고 말 것이니 그렇게 되면 그들의 잔여 세력만 제압하면 됩니다."

월왕은 재배하며 말하였다.

"지난 날 오왕은 그들 민중의 일부를 나누어 우리 나라를 짓밟고 우리 백성을 죽이고 패배시켰으며 우리 백성을 비천하게 만들었고 우리의 종묘를 평지로 만들어 나라는 빈터에 가시만 무성하고 제 자신은 물고기, 자라와 살아야 했습니다. 나의 오나라에 대한 원한은 골수에 깊이 사무쳐 있으나 제가 오나라를 섬겨야 하는 것은 아들이 아버지를 두려워하고 아우가 형을 공경해야 하는 의무와 같을 뿐입니다. 이는 죽음을 두고 맹세하는 말입니다. 지금 대부께서 가르침을 내려주시기에 그 때문에 감히 저의 속마음을 터놓는 것입니다. 저는 몸은 겹으로 깐 자리를 편안히 여기지 아니하며 입은 중한 맛을 먹지 아니하고, 눈은 미색을 보지 아니하며 귀로는 좋은 음악도 듣지 않은 지가 이미 3년이나 되었습니다. 입술이 타고 혀가 마르도록 내 몸의 고통을 참고 힘든 일을 마다하지 않은 채 위로는 신하들을 섬기고 아래로는 백성들을 길러, 원하기로는 한 번 천하의 평원에서 오나라와 맞붙어 자신 있게 몸을 편 채 오나라 월나라 군사들을 분격시켜 발꿈치를 이어 연달아 서로가 죽어 간과 뇌가 땅에 발라졌으면 하는 것이 저의 소원입니다. 3년을 이런 생각만 하였으나 실행하지 못하고 있습니다. 지금 안으로 우리의 힘을 헤아려 보았지만 오나라를 손상시키기에 부족하고 밖으로 다른 제후들을 섬기고자 하나 그렇게 할 수도 없는 처지입니다. 그리하여 스스로 원하여 나라를 다 비우고, 신하들을 모두 버리고, 내 용모도 변한 채, 이름도 바꾸고 아낙네처럼 빗자루나 키를 들고 이를 모시고 있는 것입니다. 저는 비록 허리와 목이 서로 붙어 있지 못하고, 손과 다리가 각기 베어져 달리 놓고, 사지가 흩어져 갈라지며 향읍鄕邑의 웃음거리가 될지라도 나의 의지를 표출할 수밖에 없습니다. 지금 대부께서 망해가는 나라를 존속시켜주시고 죽어가는 사람을 세워주시니 저는 이처럼 하늘의 도움을 받는 터에 어찌 감히 명령을 기다리지 않을 수 있겠습니까?"

자공이 말하였다.

"무릇 오왕의 사람됨은 공명을 탐할 뿐 이로움과 해로움을 알지 못합니다."

월왕은 조연慥然히 자리를 피하였다.

자공이 말하였다.

"제가 오왕을 보건대 자주 정벌에 나서서 사졸들은 쉬지도 못하고 대신들은 안에서 자주 쫓겨나며, 아첨하는 자는 갈수록 늘어나고 있습니다. 무릇 자서子胥의 사람됨은 정성스럽고 속이 청렴하며 밖으로 명석하고 때를 아는 자로서 자신의 죽음 때문에 임금의 과실을 숨겨주지 않으며, 바른 말로써 임금에게 충성을 다하며, 올곧은 행동으로 나라를 위하던 자인데, 그러한 신하가 죽고 나자 더 이상 충언을 듣지 않게 되었습니다. 태재太宰 비嚭의 사람됨은 꾀가 있는 척하나, 어리석고 강한 척 하나 약하며 교묘한 말솜씨와 이익을 내세워 남을 유혹하여 자신을 임금 곁으로 끌어넣으며, 궤휼과 사기에 뛰어나 임금을 섬기면서 그 앞에 보이는 이익만 알지 뒷날의 화근은 모른 채 임금의 과실을 순종하는 것으로써 자신의 사사로운 안전을 찾고 있으니 이는 나라를 잔폐시키고 임금을 상하게 할 영신佞臣입니다."

월왕은 크게 기뻐하였다.

자공이 떠날 때 월왕은 금 백 일鎰과 보검 한 자루, 좋은 말 두 필을 주었으나 자공은 받지 않았다.

子貢東見越王, 王聞之, 除道郊迎, 身御至舍, 問曰: 「此僻狹之國, 蠻夷之民, 大夫何索? 然若不辱, 乃至於此?」

子貢曰: 「君處, 故來.」

越王句踐再拜稽首, 曰: 「孤聞: 『禍與福爲鄰.』今大夫之弔, 孤之福矣. 孤敢不問其說?」

子貢曰: 「臣今者見吳王, 告以救魯而伐齊, 其心畏越. 且夫無報人之志, 而使人疑之, 拙也; 有報人之意, 而使人知之, 殆也; 事未發而聞之者, 危也. 三者, 舉事之大忌也.」

越王再拜, 曰: 「孤少失前人, 內不自量, 與吳人戰, 軍敗

身辱, 遁逃, 上棲會稽, 下守海濱, 唯魚鱉見矣. 今大夫辱
弔而身見之, 又發玉聲以敎孤. 孤賴天之賜也. 敢不承敎?」

　子貢曰:「臣聞:『明主任人, 不失其能; 直士擧賢, 不容
於世.』故臨財分利, 則使仁; 涉患犯難, 則使勇; 用智
圖國, 則使賢; 正天下定諸侯, 則使聖. 兵强而不能行其威,
勢在上位而不能施其政令於下者, 其君幾乎難矣! 臣竊
自擇可與成功而至王者, 惟幾乎! 今吳王有伐齊, 晉之志,
君無愛重器, 以喜其心; 無惡卑辭, 以盡其禮. 而伐齊,
齊必戰. 不勝, 君之福也. 彼戰而勝, 必以騎兵臨晉. 騎士
銳兵弊乎齊, 重寶車騎羽毛盡乎晉, 則君制其餘矣.」

　越王再拜, 曰:「昔者, 吳王分其民之衆以殘吾國, 殺敗
吾民, 鄙吾百姓, 夷吾宗廟, 國爲墟棘, 身爲魚鱉. 孤之
怨吳, 深於骨髓; 而孤之事吳, 如子之畏父, 弟之敬兄.
此孤之死言也. 今大夫有賜, 故孤敢以報情. 孤身不安
重席, 口不嘗厚味, 目不視美色, 耳不聽雅音, 旣已三年矣.
焦脣乾舌, 苦身勞力, 上事群臣, 下養百姓, 願一與吳交
戰於天下平原之野, 正身臂而奮吳, 越之士, 繼踵連死,
肝腦塗地者, 孤之願也. 思之三年, 不可得也. 今內量吾國,
不足以傷吳; 外事諸侯, 而不能也. 願空國, 棄群臣, 變容貌,
易姓名, 執箕帚, 養牛馬以事之. 孤雖知要領不屬, 手足
異處, 四支布陳, 爲鄕邑笑, 孤之意出焉. 今大夫有賜存
亡國, 擧死人, 孤賴天賜, 敢不待令乎?」

　子貢曰:「夫吳王爲人, 貪功名而不知利害.」

越王愯然避位.

子貢曰:「臣觀吳王, 爲數戰伐, 士卒不息, 大臣內引, 讒人益衆. 夫子胥爲人, 精誠中廉, 外明而知時, 不以身死隱君之過, 正言以忠君, 直行以爲國, 其臣死而不聽. 太宰嚭爲人, 智而愚, 强而弱, 巧言利辭以內其身, 善爲詭詐以事其君, 知其前而不知其後, 順君之過以安其私, 是殘國傷君之佞臣也.」

越王大悅.

子貢去, 越王送之金百鎰, 寶劍一, 良馬二, 子貢不受.

【蠻夷】원래 東夷, 西戎, 北狄, 南蠻이라 하여 사방 이민족을 구분하였으나 여기서는 中原에 대칭하여 越王 句踐이 자신을 낮추어 부른 것.

【然若】'如此'와 같음. 그러나 〈三民本〉에는 '然'을 위로 연결하여 '索然'을 하나의 어휘로 여겨 '潸然'과 같은 뜻으로 보았음.

【君處故來】《越絶書》에는 "弔君, 故來"라 하였음.

【稽首】《周禮》春官 大祝에 의하면 고대에는 稽首, 頓首, 空首, 振動, 吉拜, 凶拜, 奇拜, 褒拜, 肅拜 등 九拜의 예절이 있었음.

【少失前人】어려서 선대(祖上, 先君)를 잃음. '前人'은 '先人'과 같음. 본 책에서는 많은 곳에 '先'을 '前'으로 바꾸어 표현하고 있음.

【唯魚鱉見矣】물고기와 자라만 보이는 생활을 함. '鱉'은 '鼈'과 같음. 《越絶書》에는 "唯魚鼈是見"이라 함.

【玉聲】금옥과 같은 훌륭한 말씀.

【惟幾乎】《越絶書》에는 "幾惟臣幾乎"로 되어 있음.

【重器】귀중한 보물.

【羽毛】깃을 꽂은 장식용 깃발. 《左傳》襄公 14년 "范宣子假羽毛於齊而弗歸, 齊人始夷"의 杜預 注에 "析羽爲旌, 王者游車之所建, 齊私有之, 因謂之羽毛"라 함.

【夷】'허물어 平地로 만들다'의 뜻.

【墟棘】 빈 터만 남아 가시나무만 무성함.

【身爲魚鼈】 《越絶書》에는 “身爲魚鼈餌”라 하여 표현이 다름.

【死言】 죽음으로 맹세하는 말.

【重席】 신분에 따라 자리를 까는 겹이 달랐음. 《禮記》 禮器에 “天子之席五重, 諸侯之席三重, 大夫再重”이라 함.

【正身臂】 ‘몸가짐을 바르게 하다, 자신감을 가지다, 자신 있게 몸을 펴다’의 뜻. 그러나 ‘몸을 단정히 하여 지휘하다’의 뜻으로도 봄. 《越絶書》에는 “整襟交臂”로 되어있음.

【繼踵連死】 발뒤꿈치를 이어 뒤따라 연달아 죽음. 전투의 치열함을 뜻함.

【肝腦塗地】 전투에서 죽어 간과 뇌가 밖으로 터져 땅을 바름. 一敗塗地와 같음.

【箕帚】 箕는 키, 쓰레받기, 帚는 빗자루. 부녀자들이 하는 일. 越王이 오나라에 신하로 굴복하여 겪었던 노예와 같은 생활을 표현한 것.

【要領】 목과 허리. 要는 腰와 같음. 領은 項, 頸과 같음.

【慥然】 두려움과 겸손이 겹쳐 행동할 때의 표현. 盧文弨는 “慥然, 與造然同, 當音蹙”이라 하여 ‘축’으로 읽어야 한다고 하였음.

【士卒不息】 〈四部叢刊〉에는 ‘士卒不恩’으로 되어 있으나 顧廣圻의 〈宋鈔本〉에 의해 수정함. 《史記》에는 ‘士卒不忍’으로 되어 있음.

【內引】 引은 引退의 뜻. 끌어내림. 퇴각시킴. 《禮記》 玉藻 “則必引而去君之黨”의 注에 “引, 却也”라 함. 《史記》에는 ‘大臣內變’으로 되어 있음.

【以內其身】 ‘內’는 ‘納’과 같음. 자신을 임금 곁으로 끌어들임.

참고 및 관련 자료

1. 《史記》 仲尼弟子列傳

越王除道郊迎, 身御至舍而問曰:「此蠻夷之國, 大夫何以儼然辱而臨之?」子貢曰:「今者吾說吳王以救魯伐齊, 其志欲之而畏越, 曰『待我伐越乃可』. 如此, 破越必矣. 且夫無報人之志而令人疑之, 拙也; 有報人之志, 使人知之, 殆也; 事未發而先聞, 危也. 三者擧事之大患.」句踐頓首再拜曰:「孤嘗不料力, 乃與吳戰, 困於會稽, 痛入於骨髓, 日夜焦脣乾舌, 徒欲與吳王接踵而死, 孤之願也.」遂問子貢. 子貢曰:「吳王爲人猛暴, 羣臣不堪; 國家敝以數戰, 士卒弗忍; 百姓怨上, 大臣內變; 子胥以諫死, 太宰嚭用事, 順君之過以安其私: 是殘國之治也.

今王誠發士卒佐之以徼其志, 重寶以說其心, 卑辭以尊其禮, 其伐齊必也. 彼戰不勝, 王之福矣. 戰勝, 必以兵臨晉, 臣請北見晉君, 令共攻之, 弱吳必矣. 其銳兵盡於齊, 重甲困於晉, 而王制其敝, 此滅吳必矣.」越王大說, 許諾. 送子貢金百鎰, 劍一, 良矛二. 子貢不受, 遂行.

2.《越絕書》(7)

子貢東見越王, 越王聞之, 除道郊迎. 身御子貢至舍而問曰:「此乃僻陋之邦, 蠻夷之民也. 大夫何索? 居然而辱乃至於此」子貢曰:「弔君故來」越王句踐稽首再拜曰:「孤聞之: 禍餘福爲隣, 今大夫弔孤, 孤之福也. 敢遂聞其說」子貢曰:「臣今見吳王, 告以救魯而伐齊, 其必申, 其志畏越, 曰:『嘗與越戰, 棲於會稽山上. 夫越君, 賢主也, 苦身勞力, 夜以接日, 內飾其政, 外事諸候, 必將有報我之心. 子特伐越而聽子.』且夫無報人之心, 而使人疑之者, 拙也. 有報人之心, 而使人知之者, 殆也. 事未發而聞者, 危也. 三者, 舉世之大忌」越王句踐稽首再拜曰:「昔者, 孤不幸, 小失先人, 內不自量, 與吳人戰, 軍敗身辱, 遺先人恥. 遯逃出走, 比棲會稽山, 下守溟海, 唯魚鼈是見, 今大夫不辱而身見之, 又出玉聲以教孤. 孤賴先人之賜, 敢不奉教乎?」子貢曰:「臣聞之: 明王任人, 不失其能, 直士舉賢, 不容於世. 故臨財分利, 則使仁; 涉危拒難, 則使勇; 用眾治民, 則使賢; 定諸侯, 則使聖人. 臣竊練上吏之心, 兵彊而不并弱, 勢在其上位, 而行惡令其下者, 其君幾乎. 臣竊自練可以成功至王者, 其唯臣幾乎. 今夫吳王有伐齊之志, 君無惜重器以喜其心, 毋惡卑辭以尊其醴, 則伐齊必矣. 彼戰而不勝, 則君之福也. 彼戰而勝, 必以其餘兵臨晉. 臣請北見晉君, 今共攻之, 弱吳必矣. 其騎士銳兵弊乎齊, 重器羽旄盡乎晉, 則君制其敝, 此滅吳必矣」越王句踐稽首再拜曰:「昔者, 吳王分其人民之眾, 以殘伐吾邦, 殺敗吾民, 圖吾百姓, 夷吾宗廟. 邦爲空棘, 身爲魚鼈餌, 今孤之怨吳王, 深於骨髓, 而孤之事吳王, 如子之畏父, 弟之敬兄, 此孤之外言也. 大夫有賜, 故孤敢以疑, 請遂言之. 孤身不安牀席, 口不敢厚味, 目不視好色, 耳不聽鍾鼓者, 已三年矣. 焦唇乾嗌, 苦心勞力, 上事群臣, 下養百姓. 願一與吳交天下之兵, 於中原之野, 與吳王整襟交臂, 而奮吳越之士繼蹟連死, 士民流離, 肝腦塗地, 此孤之大願也, 如此不可得也. 今內自量, 吾國不足以傷吳, 外事諸侯, 不能也. 孤欲空邦家, 措策力, 變容貌, 易名性, 執箕帚, 養牛馬, 以臣事之, 孤雖要領不屬, 手足異處, 四支布陳, 爲鄉邑笑, 孤之意出焉. 大夫有賜, 是存亡邦而興死人也. 孤賴先人之賜, 敢不待命乎?」子貢曰:「夫吳王之爲人也, 貪功名而不知利害」越王慥然避位曰:「在子!」子貢曰:「賜爲君觀夫吳王之爲人, 賢彊以恣下, 下不能逆, 數戰伐, 士卒不能忍. 太宰嚭爲人智而愚, 彊而弱,巧言利辭, 以內其身, 善爲僞詐, 以事其君, 知前而不知後, 順君之過, 以安其私, 是殘國之吏, 滅君之臣也.」越王大悅. 子貢去而行, 越王送之金百鎰, 寶劍一, 良馬二, 子貢不受.

3.《孔子家語》屈節解

越王郊迎, 而自爲子貢御, 曰:「此蠻夷之國, 大夫何足儼然辱而臨之!」子貢曰: 「今者, 吾說吳王以救魯伐齊, 其志欲之而心畏越, 曰:『待我伐越而後可.』則破 越必矣. 且無報人之志, 而令人疑之, 拙矣! 有報人之意, 而使人知之, 殆乎! 事未發而先聞者危矣, 三者擧事之患矣.」句踐頓首曰:「孤嘗不料力而興吳難, 受困會稽, 痛於骨髓, 日夜焦脣乾舌, 徒欲與吳王接踵而死, 孤之願也. 今大夫 幸告以利害.」子貢曰:「吳王爲人猛暴, 群臣不堪, 國家疲弊, 百姓怨上, 大臣 內變, 申胥以諫死, 太宰嚭用事, 此則保吳之時也. 王誠能發卒佐之, 以邀射其志, 而重寶以悅其心, 卑辭以尊其禮, 則其伐齊必矣, 此聖人所謂屈節求其達者也. 彼戰不勝, 王之福; 若勝, 則必以兵臨晉, 臣還北, 請見晉君, 共攻之, 其弱吳必矣, 銳兵盡於齊, 重甲困於晉, 而王制其弊焉.」越王頓首許諾.

083(5-7)
다시 오나라에 온 자공

자공은 오나라에 이르러 오왕에게 말하였다.

"제가 하리下吏의 말로써 월왕에게 고하였더니 월왕은 크게 두려워하며 '지난 날, 제 자신이 불행하게도 어려서 선인을 잃고 안으로 스스로 요량도 하지 못한 채 오나라에 죄를 지었습니다. 군사는 패하고 자신은 치욕을 입어 도망하여 내달아 회계산에 숨어들어 나라는 폐허가 되어 풀만 우거지고 제 몸은 물고기 자라나 보면서 살고 있던 차에 대왕께서 은사를 내려 주셔서 조두俎豆를 받들고 제사를 모시도록 해 주셨습니다. 대왕께서 내려 주신 은혜는 죽어도 감히 잊을 수 없는데 어찌 다른 모책을 감히 짜겠습니까?'라고 하더이다. 그 뜻이 심히 두려워하여 장차 사자를 보내어 대왕께 감사의 말씀을 올릴 것입니다."

자공이 숙소로 돌아가 닷새가 되자 과연 월나라 사신이 와서 이렇게 말을 전하는 것이었다.

"동해東海의 부림을 당하는 신하 구천의 사자 저 문종文種은 감히 낮은 신하로서 일을 해오면서 왕의 좌우에게 약간 들려드릴 말씀이 있습니다. '지난 날, 저는 불행히도 어려서 선왕을 잃고 안으로 스스로를 요량하지 못한 채 귀국에게 죄를 지어 군사는 패하고 제 자신은 치욕을 입은 채 회계산으로 도망하였으나 대왕께서 내려주신 은혜에 힘입어 제사를 받들 수 있게 되어 죽어도 잊지 못하나이다. 지금 사사로이 듣기로 대왕께서 대의大義를 일으켜 강한 자를 주벌하고 약한 자를 구제해 주시고자 포악한 제齊나라를 곤핍하게 하고 주실周室을 위무하신다 하더이다.' 이에 천한 신하 저로 하여금 우리 전대 왕께서 소장하고 있던 갑옷 스무 벌, 굴로모屈盧矛, 보광검步光劍을 바쳐 귀국의 군리에게 축하를 올립니다. 만약 장차 대의를 수행하신다면 우리나라는 비록 작지만 청컨대 국내를 다 모아 사졸 3천 명을 내어 대왕의 하급 병사로 따르도록 하겠으며, 청컨대 우리 왕께서는 몸소 갑옷을 입고 날카로운 무기를 잡고 대왕 앞에서 화살과 돌을 맞으며 우리 임금과 신하가 그렇게 죽더라도 한이 없겠습니다."

오왕은 크게 기뻐하며 이에 자공을 불러 물었다.

"월나라 사신이 과연 와서 사졸 3천 명을 낼 것이고 그 임금도 따라 나서서 과인과 함께 제나라를 치겠다고 하오. 되겠소?"

자공이 말하였다.

"안 됩니다. 무릇 남의 나라를 텅 비우게 하고 그 군중을 다 모으며, 나아가 그 임금까지 따라나서도록 하는 것은 어짊이 아닙니다. 그의 폐백을 받고 그들 군사가 따르는 것은 허락하시되 그 임금이 나서는 것은 사양하시는 것이 옳습니다."

오왕이 허락하였다.

至吳, 謂吳王曰:「臣以下吏之言告於越王, 越王大恐, 曰:『昔者, 孤身不幸, 少失前人, 內不自量, 抵罪於吳. 軍敗身辱, 逋逃出走, 棲於會稽, 國爲墟莽, 身爲魚鱉. 賴大王之賜, 使得奉俎豆, 修祭祀. 大王賜死且不敢忘, 何謀之敢?』其志甚恐, 將使使者來謝於王.」

子貢館五日, 越使果來, 曰:「東海役臣句踐之使者臣種, 敢修下吏, 少聞於左右:『昔孤不幸, 少失前人, 內不自量, 抵罪上國, 軍敗身辱, 逋逃會稽, 賴王賜得奉祭祀, 死且不忘. 今竊聞大王興大義, 誅强救弱, 困暴齊而撫周室.』

故使賤臣以奉前王所藏甲二十領, 屈盧之矛, 步光之劍, 以賀軍吏. 若將遂大義, 敝邑雖小, 請悉四方之內, 士卒三千人, 以從下吏, 請躬被堅執銳, 以前受矢石, 君臣死無所恨矣.」

吳王大悅, 乃召子貢曰:「越使果來, 請出士卒三千, 其君從之, 與寡人伐齊, 可乎?」

子貢曰:「不可. 夫空人之國, 悉人之衆, 又從其君, 不仁也. 受幣, 許其師, 辭其君, 卽可.」

吳王許諾.

【墟莽】폐허가 되어 잡풀만 무성함.
【俎豆】祭祀때 음식을 담아 올리는 그릇이나 제사 상 차림.
【大王賜死且不敢忘】〈四部叢刊〉에는 '대왕사' 3글자가 없으나 顧廣圻의 〈宋鈔本〉에 의해 보입함.
【役臣】부림을 당하고 있는 신하. 句踐 자신을 지칭함. 附庸國 군주가 大國 군주에게 자신을 낮추어 부르는 말.
【種】大夫 文種. 자는 子禽, 혹 少禽, 會. 越나라 대부로 智謀가 있어 范蠡와 함께 句踐을 도와 吳나라에게 복수를 하고 句踐을 霸者로 만든 名臣. 그 뒤에 范蠡가 떠나고 句踐에게 죽임을 당함. 그러나 徐天祐 注에는 "大夫種, 姓文氏, 字會. 楚之鄒人"이라 함.
【少聞於左右】적은 정보이지만 이를 왕(吳王)의 左右에게 보고하여 알려드림. 오왕에게 직접 알리는 내용을 낮추어서 표현한 것.
【周室】天子國 周나라 왕실. 춘추시대 霸者들은 주실을 "尊王攘夷"의 大義名分을 내세웠음.
【甲】鎧甲. 갑옷.
【領】갑옷을 세는 단위.
【屈盧之矛】屈盧는 창을 잘 만들던 矛匠. 《史記》商君列傳〈索隱〉에 "屈盧, 干將,

幷古良匠造矛戟者名"이라 함. 아주 훌륭한 창을 대신하여 일컫는 말. 矛는 창의
일종.

【步光之劍】名劍 이름.

【弊邑】자신의 나라를 낮추어 부르는 표현.

참고 및 관련 자료

1.《史記》仲尼弟子列傳

報吳王曰:「臣敬以大王之言告越王, 越王大恐, 曰:『孤不幸, 少失先人, 內不
自量, 抵罪於吳, 軍敗身辱, 棲于會稽, 國爲虛莽, 賴大王之賜, 使得奉俎豆而
修祭祀, 死不敢忘, 何謀之敢慮!』」後五日, 越使大夫種頓首言於吳王曰:「東海
役臣孤句踐使者臣種, 敢修下吏問於左右. 今竊聞大王將興大義, 誅彊救弱,
困暴齊而撫周室, 請悉起境內士卒三千人, 孤請自被堅執銳, 以先受矢石. 因越
賤臣種奉先人藏器, 甲二十領, 鈇屈盧之矛, 步光之劍, 以賀軍吏.」吳王大說,
以告子貢曰:「越王欲身從寡人伐齊, 可乎?」子貢曰:「不可. 夫空人之國, 悉人
之衆, 又從其君, 不義. 君受其幣, 許其師, 而辭其君.」吳王許諾. 乃謝越王. 於是
吳王乃遂發九郡兵伐齊.

2.《越絶書》(7)

遂行, 至吳. 報吳王曰:「敬以下吏之言告越王, 越王大恐, 乃懼曰:『昔孤不幸,
小失先人, 內不自量, 抵罪於縣, 君敗身辱, 遁逃出走, 棲於會稽, 邦爲空棘, 身爲
魚鼈餌, 賴大王之賜, 使得奉俎豆而修祭祀. 大王之賜, 死且不忘, 何謀敢慮?』
其志甚恐. 似將使使者來.」子貢至五日, 越使果至. 曰:「東海役臣孤句踐使使
臣種, 敢修下吏聞於左右: 昔孤不幸, 小失先人, 內不自量, 抵罪於縣, 君敗臣辱,
遁逃出走, 棲於會稽, 邦爲空棘, 臣爲魚鼈餌, 賴大王之賜, 使得奉俎豆而修
祭祀. 大王之賜, 死且不忘. 今竊聞大王將興大義, 誅彊救弱, 困暴齊而撫周室.
故使越賤臣種以先人之藏器: 甲二十領, 屈盧之矛, 步光之劍, 以賀軍吏. 大王
將遂大義, 則弊邑雖小, 悉擇四彊之中, 出卒三千, 以從下吏, 孤請自被堅執銳,
以受失石.」吳王大悅, 乃召子貢而告之曰:「越使果來, 請出卒三千, 其君又從之,
與寡人伐齊, 可乎?」子貢曰:「不可, 夫空人之邦, 悉人之衆, 又從其君, 不仁也.
君受其幣, 許其師, 而辭其君.」吳王許諾.

3.《孔子家語》屈節解

子貢返五日，越使大夫文種頓首言於吳王曰：「越悉境內之士三千人以事吳.」
吳王告子貢曰：「越王欲身從寡人，可乎?」子貢曰：「悉人之率衆，又從其君，
非義也.」吳王乃受越王卒，謝留句踐，遂自發國內之兵以伐齊，敗之.

084(5-8)
진晉 정공定公을 만난 자공

자공은 진晉나라로 가서 정공定公을 만나 이렇게 말하였다.

"제가 듣기로 '걱정될 일을 미리 확정해 놓지 않으면 갑작스러운 일에 응할 수 없고, 병력을 미리 준비해 뒤지 않으면 적을 이길 수 없다'라 하더이다. 지금 오나라와 제나라가 장차 싸움을 벌일 참인데 오나라가 싸워서 이기지 못하면 월나라가 그 틈을 타고 오나라를 어지럽힐 것은 틀림없습니다. 만약 오나라가 제나라를 이기게 되면 틀림없이 오나라는 그 다음에 군사를 이 진나라로 임하게 할 것인데 임금께서는 어찌 하시렵니까?"

정공이 말하였다.

"어떻게 준비해야 합니까?"

자공이 말하였다.

"군대를 수련시키고 사졸을 매복시키고 기다려야 합니다."

진나라 임금이 허락하자 자공은 노나라로 돌아갔다.

子貢去晉, 見定公曰:「臣聞:『慮不預定, 不可以應卒; 兵不預辨, 不可以勝敵.』今吳, 齊將戰, 戰而不勝, 越亂 之必矣. 與戰而勝, 必而其兵臨晉, 君爲之奈何?」

定公曰:「何以待之?」

子貢曰:「修兵伏卒以待之.」

晉君許之, 子貢返魯.

【定公】晉 頃公(姬去疾)의 아들. 춘추 말 진나라 군주. 姬午. B.C.511~B.C.475년
까지 37년간 재위함.

【應卒】돌발 사태에 응함. '卒'은 '猝'과 같음. 갑작스러움.

【伏卒】"병졸을 매복시켜 놓다"와 "나서지 않고 그대로 기다리다"의 두 가지
뜻이 있음.

참고 및 관련 자료

1.《史記》仲尼弟子列傳

子貢因去之晉, 謂晉君曰:「臣聞之, 慮不先定不可以應卒, 兵不先辨不可以勝敵.
今夫齊與吳將戰, 彼戰而不勝, 越亂之必矣; 與齊戰而勝, 必以其兵臨晉」晉君
大恐, 曰:「爲之奈何?」子貢曰:「修兵休卒以待之」晉君許諾. 子貢去而之魯.

2.《越絶書》(7)

子貢去而之晉, 謂晉君曰:「臣聞之: 慮不先政, 不可以應卒, 兵不先辨, 不可以
勝敵. 今齊, 吳將戰, 勝則必以其兵臨晉.」晉大恐曰:「爲之奈何?」子貢曰:
「修兵休卒以待吳, 彼戰而不勝, 越亂之必矣.」晉君許諾. 子貢去而之魯.

3.《孔子家語》屈節解

子貢遂北見晉君, 令承其弊.

085(5-9)
불길한 꿈

오왕은 과연 구군九郡의 군사를 일으켜 장차 제齊나라와 전투를 벌일 참이었다.

길을 나서서 서문胥門을 나와 고서대姑胥臺를 지나는데 홀연히 대낮에 고서대에서 선잠이 들어 꿈을 꾸게 되었다. 잠에서 깨어 일어났더니 마음에 염연恬然히 슬픈 생각이 나는 것이었다.

이에 태재太宰 비嚭에게 이렇게 고하였다.

"과인이 낮에 누웠다가 꿈을 꾸었는데 일어나 염연히 슬픈 느낌이 들었소. 청컨대 점을 쳐보시오. 우려될 바가 없겠소? 꿈에 장명궁章明宮으로 들어갔더니 두 개의 솥에 김이 올라오고 있었는데 불은 때지도 않은 솥이었소. 그리고 두 마리의 검은 개가 하나는 남쪽을 향해 짖고 하나는 북쪽을 향해 짖는가 하면 두 자루의 삽이 나의 궁궐 담장에 꽂혀 있었고, 흐르는 물이 넘실넘실 나의 궁궐 마루를 넘고 있었소. 뒷방에서는 풀무 소리가 식식 소리를 내며 대장장이가 쇠를 단련하고 있었으며 앞쪽 정원에는 오동나무가 가로로 자라고 있었소. 그대는 과인을 위해 점을 쳐보시오."

태재 백비가 말하였다.

"아름답도다! 왕께서 군사를 일으켜 제나라를 정벌함이여. 제가 듣기로 장명궁의 '장章'은 덕이 장장鏘鏘 울려 퍼지는 소리이며, '명明'은 적을 깨뜨려 그 성가가 널리 들리고 공功이 낭랑히 밝다는 것이라 하였습니다. 두 솥에 불도 때지 않았는데 김이 올라오는 것은 대왕의 성스러운 덕의 기운이 남음이 있음이요, 검은 개 두 마리가 남쪽을 향해 짖고 북쪽을 향해 짖는 것은 사이四夷가 이미 복종하고 제후들이 조공을 해오는 모습입니다. 그리고 두 자루 삽이 궁궐 담장에 꽂혀져 있는 것은 농부는 논밭으로 나가고 전부田夫는 농지를 가는 것입니다. 넘실넘실 물이 궁궐 마루를 넘어 가는 것은 이웃나라가 조공을 바쳐와 재물에 여유가 있는 것이며 뒷방에 식식 풀무소리가 나며 쇠를 단련하고 있는 것은 궁녀들이 음악을 즐기며 금슬琴瑟이 화음을 이루고 있는 것이며, 앞쪽 정원에 오동나무가 옆으로 자라고 있는 것은 악부樂府에 북소리가 날 것이라는 뜻입니다."

오왕은 크게 기뻐하였으나 그 마음속의 불안함은 그치지 않는 것이었다. 그리하여 다시 왕손락王孫駱을 불러 이렇게 물었다.

"과인이 홀연히 낮잠을 자다가 꿈을 꾸었소, 나를 위해 진술해 보시오."

왕손락이 말하였다.

"저는 도학에 비천鄙淺하여 널리 아는 것이 없습니다. 지금 왕께서 꾸신 꿈은 저로서는 점을 풀 수가 없습니다. 그에 대해 알 수 있는 자는 동액문東掖門의 정장亭長 장송공長城公의 아우 공손성公孫聖일 것입니다. 공손성의 사람됨은 젊어서는 유람하기를 좋아하였고 장성해서는 학문을 좋아하여 많은 견식과 넓은 관찰을 가지고 있어 귀신의 정황과 모습을 알고 있습니다. 원컨대 왕께서는 그에게 물어보십시오."

吳王果興九郡之兵, 將與齊戰.

道出胥門, 因過姑胥之臺, 忽晝假寐於姑胥之臺而得夢, 及寤而起, 其心惕然悵焉.

乃命太宰嚭, 告曰:「寡人晝臥有夢, 覺而惕然悵焉. 請占之, 得無所憂哉? 夢入章明宮, 見兩鬶蒸而不炊, 兩黑犬嗥以南, 嗥以北, 兩鋌殖吾宮牆, 流水湯湯越吾宮堂, 後房鼓震簴簴有鍛工, 前園橫生梧桐. 子爲寡人占之.」

太宰嚭曰:「美哉! 王之興師伐齊也. 臣聞: 章者, 德鏘鏘也. 明者, 破敵聲聞, 功朗明也. 兩鑹蒸而不炊者, 大王聖德氣有餘也. 兩黑犬嘷以南, 嘷以北者, 四夷已服, 朝諸侯也. 兩鍨殖宮牆者, 農夫就成, 田夫耕也. 湯湯越宮堂者, 鄰國貢獻, 財有餘也. 後房篋篋鼓震有鍛工者, 宮女悅樂, 琴瑟和也. 前園橫生梧桐者, 樂府鼓聲也.」

吳王大悅, 而其心不已.

復召王孫駱, 問曰:「寡人忽晝夢, 爲予陳之.」

王孫駱曰:「臣鄙淺於道, 不能博大. 今王所夢, 臣不能占. 其有所知者, 東掖門亭長, 長城公弟公孫聖. 聖爲人, 少而好游, 長而好學, 多見博觀, 知鬼神之情狀, 願王問之.」

【九郡】 나라 안의 모든 행정 구역을 상징하여 한 말.

【胥門】 오나라 도성의 서쪽 성문으로 閶門과 胥門이 있었음.《越絕書》吳地傳에 "胥門外有九曲路, 闔閭造以遊姑胥之臺"라 하였고,《吳地記》와《吳郡志》(3)에는 "今蘇州城西猶有胥門之稱"이라 함. 伍子胥의 집 가까운 곳에 있는 門이라 하여 胥門이라 하였다 함.

【姑胥臺】 姑蘇臺. 闔閭 때 姑蘇山에 지은 樓臺이며 夫差가 增築하였다 함. 강소 오현 서남쪽에 있음.

【假寐】 선잠이 듦.《左傳》宣公 2년 "坐而假寐"의 杜預 注에 "不解衣冠而睡"라 함.

【恬然悵焉】 '恬然'은 아무런 생각이 없는 상태. '悵焉'은 슬픈 생각이 드는 것.

【章明宮】 吳나라 궁궐 이름.

【鑹】 솥. 鎘과 같음.

【鍨】 삽(銛, 臿), 가래(鍬, 鏵). 농기구. 徐天祜 注에 "鍨, 刀名. 錕鍨山出金, 作刀, 可切玉"이라 하여 錕鍨刀로 보았으나 아래 白嚭의 해석으로 보아 칼일 수는 없음. 盧文弨는 "觀下太宰嚭, 公孫聖兩解, 則鍨非刀也. 乃臿耳, 可以起土者"라 함.《越絕書》에는 '鏵'로 되어 있음.

【殖】 方言에 "殖, 立也"라 하여 꽂혀져 세워져 있음.

【鼓震篋篋】 '震'은 '橐'이어야 함. 橐은 풀무. '篋篋'은 풀무질할 때 나는 소리. 《淮南子》本經訓에 "鼓橐吹埵, 以銷銅鐵"이라 하였고, 본서 042에도 "鼓橐裝炭, 金鐵乃濡"라 하여 鼓橐은 붙여 쓰는 말임.

【鍛工】 쇠를 불려 鍛造하는 사람. 대장장이.

【四夷】 사방의 異民族. 東夷, 南蠻, 西戎, 北狄.

【就成】 成은 농토를 가리킴. 《左傳》 哀公 元年 "有田一成"의 注에 "方十里爲成"이라 함.

【橫生梧桐】 '梧桐'은 악기를 만드는 목재이므로 樂器를 상징하며, '橫'은 고대 軍歌는 橫吹曲이었으므로 군가가 울려 퍼짐을 重義法으로 상징한 것.

【樂府】 音樂을 관장하는 官署. 秦나라 때 이미 樂府라는 관청이 있었으나 漢 武帝 때 정식으로 중앙관서의 하나로 세웠음. 따라서 여기서 '樂府'라 칭한 것은 저자가 追述하면서 그 명칭을 사용한 것임.

【復召王孫駱】 〈四部叢刊〉에는 '復'자가 없으나 〈宋鈔本〉에 의해 보입함. 王孫駱은 吳나라 대부. 당시 司馬 벼슬이었음. 《國語》越語(下)에는 '王孫雒'으로 되어 있으며 注에 "雒, 吳大夫; 王孫, 姓也"라 함. 《史記》越王句踐世家에는 '公孫雄'으로, 《說苑》에는 '公孫雒'으로 표기되어 있음.

【東掖門亭長】 동쪽의 掖門. 掖門은 正門 곁에 있는 작은 門. 《漢書》高后紀 "入未央宮掖門"의 注에 "非正門而在兩旁, 若人之臂掖也"라 함. 亭長은 秦漢 때의 宮門의 관리책임자.

【長城公弟】 長城公의 아우. 그러나 《越絶書》에 "越公弟子"라 하여 점술에 밝았던 越公이라는 자의 제자임.

【公孫聖】 人名. 公孫은 復姓. 越公에게 점술을 배워 해몽에 뛰어났던 인물로 여겨짐.

참고 및 관련 자료

1. 《越絶書》(7)
吳王果興九郡之兵, 而與齊大戰於艾陵, 大敗齊師, 獲七將.

2. 《越絶書》(10)
昔者, 吳王夫差之時, 其民殷衆, 禾稼登熟, 兵革堅利, 其民習於鬥戰. 闔廬卒,劓子胥之教: 行有日, 發有時. 道於姑胥之門, 晝臥姑胥之臺. 覺寤而起, 其心惆愴, 如有所悔. 卽召太宰而占之, 曰:「向者晝臥, 夢入章明之宮. 入門, 見兩鬵炊而不蒸; 見兩黑犬嘷以北, 嘷以南; 見兩鑃倚吾宮堂; 見流水湯湯, 越吾宮牆; 見前園橫索生樹棟; 見後房鍛者扶挾鼓小震. 子爲寡人精占之, 吉則言吉, 凶則言凶, 無諛寡人之心所從」太宰嚭對曰:「善哉! 大王興師伐齊. 夫章明者, 伐齊克, 天下顯明也 見兩鬵炊而不蒸者, 大王聖氣有餘也. 見兩黑犬嘷以北, 嘷以南者, 四夷已服, 朝諸侯也. 兩鑃倚吾宮堂, 夾田夫也. 見流水湯湯越吾宮牆, 獻物而至, 則有餘也. 見前園橫索生樹桐, 樂府吹巧也. 見後房鍛者扶挾鼓小震者, 宮女鼓樂也.」吳王大悅, 而賜太宰嚭雜繒四十匹. 王心不已, 召王孫駱而告之. 對曰:「臣智淺能薄, 無方術之事, 不能占大王夢. 臣知有東掖門亭長越公弟子公孫聖, 爲人幼而好學, 長而憙遊, 博聞彊識, 通於方夾之事, 可占大王所夢. 臣請召之.」吳王曰:「諾」

086(5-10)
왕손락王孫駱과 공손성公孫聖

왕은 이에 왕손락을 보내어 공손성에게 가서 청하도록 하여 그는 이렇게 말하였다.

"오왕께서는 낮에 고서대에 누워 홀연히 꿈을 꾸다가 깨어나 슬픔을 느끼고 그대로 하여금 점을 치도록 하였으니 급히 고서대로 가보시오."

공손성은 땅에 엎드려 울음을 터뜨리다가 잠시 후에 일어나자 곁에 있던 그의 처가 공손성에게 말하였다.

"그대는 어찌 성격이 그리도 비루하오! 임금을 만나보기를 그토록 바라더니 갑자기 급한 부름을 받았는데 눈물을 비오듯 쏟다니."

공손성은 하늘을 우러러 탄식하여 말하였다.

"슬프도다! 그대는 알지 못하오. 오늘 임오壬午 날, 게다가 해까지 남쪽에 이르는 때가 되면 나의 생명은 하늘에 속하는 것으로서 도망할 수가 없소. 다만 나만을 불쌍히 여기는 것이 아니라 진실로 오왕을 위해서도 불쌍히 여기기 때문이라오."

그의 처가 말하였다.

"당신의 도로써 왕에게도 통달하게 하시오. 도가 있으면 의당 실행해야 하며 위로는 왕에게 위험을 간하고 아래로는 당신의 몸을 지켜내면 되는 것이오. 지금 급한 부름을 듣고 근심과 미혹함에 무너져 혼란스러워하는 것은 현인으로서 마땅하지 않소."

공손성이 말하였다.

"어리석도다! 여자의 말이여. 내가 10년 동안 도를 받아 닦은 것은 몸을 숨겨 해를 피하여 목숨을 연장하고자 한 것이었다오. 생각지 않게 갑자기 급한 부름을 받아 중간에 스스로 포기해야 하니 그 때문에 슬퍼하는 것이오. 그대와 서로 이별할 수밖에 없구려."

그러고는 드디어 집을 떠나 고서대로 갔다.

王乃遣王孫駱, 往請公孫聖, 曰: 「吳王晝臥姑胥之臺, 忽然感夢, 覺而悵然, 使子占之, 急詣姑胥之臺.」

公孫聖伏地而泣, 有頃而起, 其妻從旁謂聖曰: 「子何性鄙! 希睹人主, 卒得急召, 涕泣如雨.」

公孫聖仰天嘆曰: 「悲哉! 非子所知也. 今日壬午, 時加南方, 命屬上天, 不得逃亡, 非但自哀, 誠傷吳王.」

妻曰: 「子以道自達於主, 有道當行, 上以諫王, 下以約身. 今聞急召, 憂惑潰亂, 非賢人所宜.」

公孫聖曰: 「愚哉! 女子之言也. 吾受道十年, 隱身避害, 欲紹壽命. 不意卒得急召, 中世自棄, 故悲. 與子相離耳.」

遂去, 詣姑子胥.

【詣】 '가다, 찾아가다'의 뜻. '往'과 같음.
【希睹人主】 자신의 도술을 펴기 위해 언젠가는 왕을 만났으면 하고 바라고 있었음.
【壬午】 그날이 干支로 壬午날이었음. 壬은 五行의 水, 午는 五行의 火에 해당함. 따라서 壬午는 水와 火가 만난 것이며 正午에 이르면 火가 극성을 부려 水가 힘을 펴지 못하여 불길하게 됨.

【時加南方】해가 正午에 이름. 고대 陰陽家는 十二支를 넷으로 나누어 동서남북 방위에 연결시켰으며 그 중 巳, 午, 未 셋은 南方 火에 속함. 午는 지금의 11~1시까지의 한낮에 해당함. '加'는 '그러한 불길함에 加重하여 해가 正南이 되는 시간이 겹침'의 뜻.

【命屬上天】자신과 오왕의 목숨이 하늘에 속함. 즉 죽음. 고대 陰陽家의 〈六壬法〉에 의한 풀이임.《淮南子》天文訓에 "午爲定, 未爲執, 主陷"이라 하여 임오에 정오까지 겹쳐 화가 겹쳤음을 뜻함.

【憂惑潰亂】근심하여 망설여서 어지럽고 혼란해짐. 英明함을 잃음.

【紹】연장함. 이어감. 연속됨. 중간에 끊어짐이 없음.

【中世】中年. 중간쯤 살았음.

참고 및 관련 자료

1.《越絶書》(10)

王孫駱移記曰:「今日壬午, 左校司馬王孫駱, 受教告東掖門亭長公孫聖: 吳王晝臥, 覺寤而心中惆悵也, 如有悔. 記到, 車馳詣姑胥之臺.」聖得記, 發而讀之, 伏地而泣, 有頃不起. 其妻大君從旁接而起之, 曰:「何若子性之大也! 希見人主, 卒得急記, 流涕不止.」公孫聖仰天歎曰:「嗚呼, 悲哉! 此固非子之所能之也. 今日壬午, 時加南方, 命屬蒼天, 不可逃亡. 伏地而泣者, 不能自惜, 但吳王諛心而言, 師道不明; 正言直諫, 身死無功.」大君曰:「汝彊食自愛, 愼勿相忘.」伏地而書, 旣成篇, 卽與妻把臂而決, 涕泣如雨. 上車不顧, 遂至姑胥之臺, 謁見吳王.

087(5-11)
처참한 죽음으로 대신한 꿈 해몽

오왕이 물었다.

"과인이 장차 북쪽으로 제나라를 쳐서 노나라를 구하려고 길을 나서 서문胥門을 나가고 고서대故胥臺를 지나다가 홀연히 낮잠이 들어 꿈을 꾸었소. 그대는 이를 점쳐서 그 길흉을 말해주시오."

공손성이 말하였다.

"제가 말씀을 드리지 않으면 몸과 이름을 보전할 수 있을 것이요, 말씀을 드리면 틀림없이 왕 앞에서 백 토막이 나서 죽게 될 것입니다. 그러나 충신은 자신의 몸을 돌아보지 않는 것이지요."

이에 하늘을 우러러 탄식하여 이렇게 말하였다.

"제가 듣기로 '배를 좋아하는 자는 틀림없이 물에 빠지고, 싸움을 좋아하는 자는 반드시 망한다'라고 하더이다. 저는 직언을 좋아하여 목숨을 돌아보지 아니하고 원컨대 왕께 시도해보겠습니다. 제가 듣건대 '장章'이란 전투에 이기지 못하고 도망하기에 장황偉偉함을 뜻하는 것이며 '명明'이란 밝음을 제거하고 어두운 곳으로 가는 것이며, 문에 들어서서 솥에 김이 나는데 불을 땐 것은 아니라는 것은 대왕께서는 불에 익힌 음식을 먹을 수 없다는 것이며, 두 마리 검은 개가 남쪽으로 짖고 북쪽으로 짖는다 하였는데 검다는 것은 음陰이요 북쪽이라는 것은 숨는 것입니다. 두 자루의 삽이 궁궐 담에 꽂혀 있다는 것은 월나라 군사가 오나라로 들어와 종묘를 치고 사직을 파 없애는 것입니다. 흐르는 물이 넘실넘실 궁궐의 마루를 넘는다는 것은 궁궐이 텅 비게 된다는 것이요, 뒤쪽 방에서 풀무질을 하는 소리가 식식하고 난다는 것은 앉아서 큰 한숨을 쉰다는 것이요, 앞쪽 뜰에 오동나무가 옆으로 자라고 있다는 것은 오동나무는 속이 빈 것으로서 기구를 만들 수 없으며 다만 맹동盲僮을 만들어 죽은 자와 함께 묻힌다는 것입니다. 원컨대 대왕께서는 출병을 중지하시고 덕을 쌓으십시오. 제나라 정벌을 그만두시면 가히 소멸시킬 수 있을 것입니다. 하리下吏 태재 비와 왕손락을 파견하여 관과 두건을 벗고 육단肉袒에 맨발로 머리를 조아려 구천에게 사죄하도록 하시면 나라가 안전하게 존속할 수 있고 대왕 자신도 죽지 않을 수 있습니다."

오왕은 이를 듣고는 삭연素然히 화를 내며 이에 이렇게 말하였다.

"나는 하늘이 내었으며 신께서 시키시는 사람이다."

그러고는 역사力士 석번石番을 돌아보며 철추鐵鎚로 그를 쳐서 죽이도록 하였다.

공손성은 머리를 쳐들고 하늘을 향해 이렇게 말하였다.

"아! 하늘은 나의 원통함을 아시는가? 충성을 다하였건만 죄를 얻어 몸은 무고하게 죽는구나. 나를 묻는 것은 곧게 구는 것을 차라리 따르는 것만 못하다는 이유인가? 나를 기둥으로 만들어 깊은 산으로 끌고 간다 해도 후세를 두고 메아리소리가 되리라."

이에 오왕은 공손성의 문인들로 하여금 그를 끌고 증구蒸丘에 갖다 버리도록 하면서 이렇게 비웃었다.

"시랑이 너의 살을 뜯어먹을 것이며, 들불이 너의 뼈를 태울 것이다. 동풍이 자주 불어 너의 해골을 흩날리게 하여 뼈와 살이 문드러지고 말 것이다. 그런데 어찌 능히 메아리 소리가 될 수 있으랴?"

태재 백비가 빠르게 달려 나서며 말하였다.

"대왕께 축하드립니다. 재앙이 이미 소멸되었습니다. 술잔을 들어 의식을 거행하고 나면 군사는 가히 움직일 수 있습니다."

吳王曰：「寡人將北伐齊救魯，道出胥門，過姑胥之臺，忽然晝夢。子爲占之，其言吉凶。」

公孫聖曰：「臣不言，身名全；言之，必死百段於王前。然忠臣不顧其軀。」

乃仰天嘆曰：「臣聞：『好船者必溺，好戰者必亡。』臣好直言，不顧於命，願王圖之。臣聞：章者，戰不勝敗走偟偟也；明者，去昭昭，就冥冥也。入門見鑵蒸而不炊者，大王不得火食也。兩黑犬嗥以南，嗥以北者：黑者，陰也；北者，匿也。兩鍤殖宮牆者，越軍入吳國，伐宗廟，掘社稷也。流水湯湯越宮堂者，宮空虛也。後房鼓震篋篋者，坐太息也。前園橫生梧桐者，梧桐心空，不爲用器，但爲盲僮與死人俱葬也。願大王按兵修德，無伐於齊，則可鎖也。遣下吏太宰嚭，王孫駱解冠幘，肉袒徒跣，稽首謝於句踐，國可安存也，身可不死矣。」

吳王聞之，索然作怒，乃曰：「吾天之所生，神之所使。」顧力士石番以鐵鎚擊殺之。

聖乃仰頭向天而言曰：「吁嗟！天知吾之冤乎？忠而獲罪，身死無辜。以葬我，以爲直者，不如相隨？爲柱，提我至深山，後世相屬爲聲響。」

於是吳王乃使門人提之蒸丘：「豺狼食汝肉，野火燒汝骨，東風數至，飛揚汝骸，骨肉糜爛，何能爲聲響哉？」

太宰嚭趨進曰：「賀大王喜，災已滅矣。因舉行觴，兵可以行。」

【北伐齊魯】〈四部叢刊〉에는 '北伐齊魯'로 되어 있으나 〈四庫全書〉에 의해 수정함.

【其言吉凶】 "其言吉凶"이나 "言其吉凶"이 되어야 함. 盧文弨는 "當作具, 或「其言」字倒"라 함.

【身名全】 몸과 이름이 모두 온전할 수 있음. 그러나 '名'은 '命'과 같은 뜻으로 보기도 함.

【百段】 백 토막이 남. 처참하게 죽임을 당함.

【偉偟】 '章皇'으로도 표기하며 놀라고 두려워함. 당황함. 疊韻連綿語.

【北者, 匿也】《白虎通》五行에 "北方者, 伏方也, 萬物伏藏也"라 함.

【盲僮】 눈먼 허수아비. 무덤에 넣는 부장품 허수아비. 그러나《越絶書》에는 "但爲甬, 當與人俱葬"으로 되어 있어 '甬'은 '俑'의 뜻으로 훨씬 명확함.《禮記》檀弓(下)에 "明器는 神明을 이르는 것이다. 塗車(도거)와 芻靈(추령)은 예로부터 있었으니 明器의 道다. 孔子께서 이르시기를, 옛날 芻靈을 殉葬(순장)한 자는 어질고, 지금 나무 인형을 殉葬하는 자는 어질지 않다. 나무 인형은 마치 사람을 殉葬하는 것과 같지 않은가?"(其曰明器神明也, 塗車芻靈自古有之, 明器之道也. 孔子謂爲芻靈者善, 謂爲俑者不仁, 不殆於用人乎哉.)라 함. 塗車는 夏나라 때 진흙으로 만든 순장용 수레, 芻靈은 殷나라 때 풀로 만든 순장용 허수아비.

【冠幘】 관과 두건.

【肉祖】 상의를 벗어 어깨를 드러내어 죄인임을 자처하는 것.

【徒跣】 맨발.

【索然】 삭막하게 여김. 흥미를 잃음.

【石番】 人名. 吳나라 力士.《文選》注에는 '石蕃'으로 되어 있음.

【鐵鎚】 쇠망치.《文選》注에는 '鐵椎'로 되어 있음.

【以葬我, 以爲直者不如相隨. 爲主, 提我至深山, 後世相屬爲聲響】 참고로 〈三民本〉에는 "以葬我以爲直者, 不如相隨爲主, 提我至深山, 後世相屬爲聲響"으로 표점을 처리하고 '相隨'를 '夫婦'로, '柱'는 악기 '琴瑟의 오리발'로 풀이하여 "나를 하나의 直言之士로 여겨 매장하느니 차라리 우리 부부로 하여금 서로 따라 죽어 금슬의 거문고가 되도록 하느니만 못하며 나를 깊은 산 속에 갖다 버린다 해도 우리를 후세에 금슬의 아름다운 소리를 내겠다"는 뜻으로 풀이하였음.《越絶書》에는 "令吾家無葬我, 提我山中, 後世爲聲響"이라고만 되어 있음.

【蒸丘】 蒸山. 지금의 江蘇 吳縣 서북쪽에 있는 산 이름. 徐天祜는 "一名蒸山, 又名陽山, 在吳縣西北三十里"라 함. 지금의 蘇州 西北에 있는 南陽山, 속칭 陽山,

萬安山, 秦餘杭山 등으로도 불림.

【糜爛】'靡爛'과 같음. 타거나 썩어 문드러짐.

【行觴】술잔을 들어 의식을 행함.

참고 및 관련 자료

1.《越絶書》(10)

吳王勞曰:「越公弟子公孫聖也. 寡人晝臥姑胥之臺, 夢入章明之宮, 入門, 見兩鑪炊而不蒸; 見兩黑犬嘷以北, 嘷以南; 見兩鏵倚吾宮堂; 見流水湯湯 越吾宮牆; 見前園橫索生樹桐; 見後房鍛者扶挾鼓小震. 子爲寡人精占之, 吉則言吉, 凶則言凶, 無諛寡人心所從」公孫聖伏地, 有頃而起, 仰天歎曰:「悲哉! 夫好船者溺, 好騎者墮, 君子各以所好爲禍. 諛讒申者, 師道不明. 正言切諫, 身死無功. 伏地而泣者, 非自惜, 因悲大王. 夫章者, 戰不勝, 走偉偉; 明者, 去昭昭, 就冥冥. 見兩鑪炊而不蒸者, 王且不得火食. 見兩黑犬嘷以北, 嘷以南者, 大王身死, 魂魄惑也. 見兩鏵倚吾宮堂者, 越人入吳邦, 伐宗廟, 掘社稷也. 見流水湯湯, 越吾宮牆者, 大王宮堂虛也. 前園橫索生樹桐者, 桐不爲器用, 但爲甬, 當與人俱葬. 後房鍛者鼓小震者, 大息也. 王毋自行, 使臣下可矣」太宰嚭, 王孫駱惶怖, 解冠幘, 肉袒而謝. 吳王忿聖言不祥, 乃使其身自受其殃. 王乃使力士石番, 以鐵杖擊聖, 中斷之爲兩頭. 聖仰天歎曰:「蒼天知冤乎? 直言正諫, 身死無功! 令吾家無葬我, 提我山中, 後世爲聲響」吳王使人提於秦餘杭之山:「虎狼食其肉, 野火燒其骨, 東風至, 飛揚汝灰, 汝更能爲聲哉!」太宰嚭前再拜, 曰:「逆言已滅, 讒諛已亡, 因酌行觴, 時可以行矣」吳王曰:「諾」

2.《文選》〈七命〉注

夫差使王孫聖占夢, 聖曰:「占之不吉」王怒, 使力士石番以鐵椎椎殺聖.

3.《太平御覽》(483)

吳王伐齊, 請公孫聖告之, 聖諫:「願大王勿伐齊」大王怒曰:「吾天之所生, 神之所助」使力士石番, 擊以鐵槌, 身絶爲五.

088(5-12)
오자서의 간언

오왕은 이에 태재 백비를 우교右校로, 사마 왕손락을 좌교左校로 삼아 월왕이 보낸 3천의 군사들을 따르게 하여 제齊나라를 치러 나서도록 하였다.

오자서가 이를 듣고 간하였다.

"제가 듣기로 십만의 군사를 일으켜 천리 길을 가는 군사를 받들게 하면 백성들의 소비와 나라의 지출은 하루에 수천 금이나 된다 하더이다. 사민士民의 죽음은 염두에 두지 아니하고 하루의 승리를 다투고 있으니 저로서는 나라를 위태롭게 하고 몸을 망치는 심한 일이라 여깁니다. 게다가 적賊과 함께 거하면서 그 화禍를 모른 채 밖으로 원한을 구하고 타국에 요행을 바라는 것은 마치 옴을 치료한답시고 뱃속의 병이 곧 죽음을 불러오는데도 이를 방치하고 있는 것과 같습니다. 옴은 피부의 질환으로 걱정할 것이 없습니다. 지금 제나라는 멀고 먼 천리 밖에 있고 게다가 초나라와 조趙나라의 경계를 거쳐야 합니다. 제나라에 대한 걱정은 옴에 불과하지만 월나라에 대한 걱정은 뱃속의 병입니다. 발병하지 않으면 다친 정도에 불과하지만 발병했다 하면 죽고 맙니다. 원컨대 대왕께서는 월나라를 먼저 평정하고 난 후에 제나라를 도모하십시오. 저의 말씀을 결행하소서. 감히 충정을 다하지 않은 것이겠습니까? 저는 지금 나이가 늙어 귀와 눈이 어두워졌고 마음도 미친 듯 미혹해져서 제 갈피를 잡지 못하여 능히 나라에 도움이 되지 못합니다. 몰래 《금궤金匱》제 8편을 보았더니 손상을 당하는 것으로 되어 있습니다."

오왕이 말하였다.

"무엇을 이르는 것이오?"

오자서가 말하였다.

"금년 7월 신해辛亥날 아침 대왕께서 처음 시작하는 일에 대한 것입니다. 신辛은 세성歲星의 위치이며 해亥는 태음太陰이 아직 이르지 않은 때입니다. 신과 해는 임자壬子에서 합하여 세전歲前에서 합치는 것입니다. 이익을 두고 무력을 행사하면 무력이 이기게 됩니다. 그러나 덕德이 합하는 곳에 두우北斗가 축丑을 공격하게 됩니다. 축은 신의 근본입니다. 대길大吉은 백호白虎가 임하게 되고, 신은 공조功曹로서 태상太常이 임하는 바입니다. 해는 대길하여 신을 얻어 구추九醜가 되며 다시 백호와 함께 중시를 받습니다. 어떤 사람이 만약 이로써 첫 일을 벌인다면 전반은 비록 조금 승리한다 해도 후반에는 반드시 크게 패하고 맙니다. 하늘과 땅이 재앙을 주고 있으니 그 화는 멀지 않아 닥쳐 올 것입니다!"

吳王乃使太宰嚭爲右校, 司馬王孫駱爲左校, 及從句踐之師伐齊.

伍子胥聞之, 諫曰:「臣聞興十萬之衆, 奉師千里, 百姓之費, 國家之出, 日數千金. 不念士民之死, 而爭一日之勝, 臣以爲危國亡身之甚. 且與賊居, 不知其禍, 外復求怨, 徼幸他國, 猶治救痟疥而棄心腹之疾, 發當死矣. 痟疥皮膚之疾, 不足患也. 今齊陵遲千里之外, 更歷楚, 趙之界, 齊爲疾, 其疥耳. 越之爲病, 乃心腹也. 不發則傷, 動則有死. 願大王定越而後圖齊. 臣之言決矣, 敢不盡忠? 臣今年老, 耳目不聰, 以狂惑之心, 無能益國. 竊觀《金匱》第八, 其可傷也.」

吳王曰:「何謂也?」

子胥曰:「今年七月辛亥日平旦, 大王以首事. 辛, 歲位也. 亥, 陰前之辰也. 合壬子, 歲前合也. 利以行武, 武決勝矣. 然德在合, 斗擊丑. 丑, 辛之本也. 大吉, 爲白虎而臨. 辛, 功曹, 爲太常所臨. 亥. 大吉, 得辛爲九醜, 又與白虎幷重. 有人若以此首事, 前雖小勝, 後必大敗. 天地行殃, 禍不久矣!」

【右校, 左校】右軍과 左軍의 장수. 春秋時代에는 軍의 편제가 左軍, 中軍, 右軍 등 三軍으로 되어 있었음.

【奉師千里】천 리의 먼 원정길을 따라 나서서 이들에게 전투 물자를 공급함.

【日數千金】《孫子兵法》用間篇에 "凡興師十萬, 出兵千里, 百姓之費, 公家之奉, 日費千金, 內外騷動, 怠於道路, 不得操事者七十萬, 相守數年, 以爭一日之勝"이라 함.

【與賊居】句踐이 보낸 3천 명과 함께 작전을 하게 되며 句踐은 내심 吳나라에 원한을 품고 있어 이들을 '賊'이라 표현한 것임.

【徼幸】僥倖과 같음. 뜻밖의 행운을 바라고 있음.

【痼疥】옴. 疥瘡. 徐天祐는 "痼, 疽瘡也"라 함.

【陵遲】완만하게 높아짐.《說苑》政理篇에 "夫一仞之牆, 民不能踰, 百仞之山, 童子升而遊焉, 陵遲故也! 今是仁義之陵遲, 久矣, 能謂民弗踰乎?"라 함. 완만하게 멀리 펼쳐져 있음. 여기서는 먼 길을 뜻함.

【楚趙】趙는 魯의 오류. 당시 아직 晉나라는 三晉(韓, 魏, 趙)으로 갈리지 않았으므로 趙나라는 있을 수 없음.

【狂惑之心】狂妄하고 昏惑함. 정신이 흐릿하여 판단력이 흐려짐.

【金匱】고대 占卜書.《漢書》藝文志 五行家에《堪輿金匱》14권이 저록되어 있으며,《隋書》經籍志 子部 五行에는《八會堪餘》등의 책 이름이 보이고 〈道藏〉에는《黃帝金匱玉衡經》이 있음. 고대에는 '八會', 즉 日月星辰으로 六夢의 吉凶을 점치는 것과 '六壬', 즉 陰陽五行과 干支時辰을 배합하여 길흉을

점치는 방법 등이 있었음. 지금의《黃帝金匱經》은 아마 여기서 말한《金匱》와 관련이 있거나 의탁한 것이 아닌가 함.

【其可傷也】도모하시는 일에 손상을 입음. 실패함. 흉함. 죽거나 상함.

【今年七月】夫差 13년 7월. 그러나《左傳》哀公 10년에 의하면 夫差 11년 7월에 첫 정벌에 나선 것으로 되어 있음.

【辛亥】七月 중의 간지로 辛亥에 해당하는 날.

【平旦】아침. 寅時, 즉 해가 떠오르기 전 새벽 3~5시 사이.

【首事】일을 시작함. 여기서는 부차가 제나라를 정벌하러 나섬을 가리킴.

【辛】十干의 辛日.

【歲位】歲星(木星)의 위치. 여기서는 해마다 그 별이 머무는 일정한 자리. 歲星은 木星(Mars)의 다른 말. 12년(11.8622년)에 한번 씩 週期를 삼아 紀年을 계산하는 표준으로 삼을 수 있어 그 때문에 '歲星'이라 함. 五行으로는 木, 계절로는 봄, 五常으로는 仁에 해당함.《黃帝龍首經》과《六壬大全》에 의하며 가을 西方 칠수(七宿)를 '歲位'라 하며, 北方 七宿는 '歲前', 東方 七宿는 '歲對', 남방 七宿는 '歲後'라 함. 西方과 가을(秋)은 五行으로 金에 해당하며 天干의 庚辛과 배합됨. 그 때문에 "辛, 歲位也"라 한 것임.

【亥】十二支의 亥日. 二十四方位의 亥方. 正北에서 서쪽으로 30度 정도 기운 곳으로부터 14度 정도의 범위에 배합됨.

【陰前之辰】厭前의 辰次. 辰은 辰宿(진수), 별들. 흔히 「이십팔수(二十八宿)」를 가리킴. 「이십팔수」는 東方의 角, 亢, 氐, 房, 心, 尾, 箕; 北方의 斗, 牛, 女, 虛, 危, 室, 壁; 西方의 奎, 婁, 胃, 昴, 畢, 觜, 參; 南方의 井, 鬼, 柳, 星, 張, 翼, 軫의 총 28개 별자리를 가리킴. 7월의 陽建은 申, 陰建은 辰이며 亥는 그대로 辰前의 五位에 있어 그 때문에 "亥, 陰前之辰也"라 한 것임.《欽定協紀辨方書》(4)에 인용된《天寶歷》에 "陰陽不將者, 以月建爲陽, 謂之陽建, 正月起寅, 順行十二辰. 月厭爲陰, 謂之陰建, 正月起戌, 逆行十二辰. 焚於卯酉, 會於子午. 厭前枝幹自相配者爲陽將, 厭後枝幹者相配者爲陰將, 厭後幹配厭前枝者爲, 陰陽俱將, 厭前幹配厭後枝者, 爲陰陽不將也"라 함. 이를 표로 보이면 다음과 같음.

陽建	子	丑	寅	卯	辰	巳	午	未	申	酉	戌	亥
陰建	子	亥	戌	酉	申	未	午	巳	辰	卯	寅	丑
配月	11	12	1	2	3	4	5	6	7	8	9	10

【合壬子, 歲前合也】天干의 壬과 地支의 子는 모두 北方에 해당하며 水를 상징함. 이들의 위치는 歲前 즉 北方 七宿에 해당함.

【德】歲神의 德. 木星의 신. ‘歲枝德’이라고도 하며 위험을 구제하고 약한 자를 돕는 일을 담당함.

【合斗擊丑】斗는 두수(斗宿), 북방 七宿의 하나. 吳나라 分野에 해당함. 丑은 12支의 두 번째에 해당하며 東北. 24방으로는 세 번째. 五行으로는 土에 해당하며 ‘星紀’라고도 칭함. 한편 十二辰과 十二次, 分野 등을 연결지어 〈貴州本〉에는 다음과 같은 표를 참고로 싣고 있음.

十二辰	丑	子	亥	戌	酉	申	未	午	巳	辰	卯	寅
十二次	星紀	玄枵	諏訾	降婁	大梁	實沈	鶉首	鶉火	鶉尾	壽星	大火	析木
列國分野	吳越	齊	衛	魯	趙	晉	秦	周	楚	鄭	宋	燕

【丑, 辛之本】丑은 五行의 土이며 辛은 五行의 金에 속하여 五行相生에서는 土生金이므로 丑은 辛의 근본이 됨을 상징한 것. 아울러 丑은 吳나라에 해당함으로써 모든 행동은 吳나라에 이익이 되는 것이어야 함.

【大吉】十二神의 하나. 11월에 해당하여 ‘十一月將’이라고도 칭하며 土神에 속함. 위치는 丑. 지금의 《黃帝金匱經》 제8편은 ‘大吉殺’로 되어 있음. 《黃帝金匱玉衡經》 金匱章에 “第八經曰大吉殺. 大吉, 常天之大殺居其上, 行其殺, 故曰醜. 謂四仲之日時加四仲, 大吉. 臨日辰以擧百事, 大吉. 大吉加日, 害長; 加辰, 害少”라 함.

【白虎】‘十二月將’의 神으로 西方 七宿를 모두 통틀어 지칭함. 刑法, 肅殺, 處斷, 怪異, 凶惡, 災害 등을 주관하며 凶將에 속함. 五行으로는 金, 계절로는 가을.

【功曹】원래 관직 이름. 그러나 여기서는 十二神의 하나로 ‘十月將’으로도 칭함. 木神에 해당하며 위치는 寅.

【太常】역시 관직 이름. 그러나 여기서는 역시 十二神의 하나이며 禮樂과 穀帛, 婚禮를 주관하며 吉將에 속함. 五行으로는 土, 위치는 中央.

【九醜】六壬占法 중의 六十四課 하나로 十干의 乙, 戊, 己, 辛, 壬 등 五干과 十二支의 子, 午, 卯, 酉의 四支를 합하여 九가 되며 이들이 丑을 만나 四支에 임하면 凶禍의 징조가 됨. 이를 九醜라 함. 《黃帝金匱玉衡經》 金匱章에 “乙, 戊, 己, 辛, 壬之日以配子, 午, 卯, 酉之辰, 是謂天地之道, 歸殃九醜. 九醜者, 謂五千四辰合爲九也”라 함.

【白虎并重】辛과 白虎는 모두 五行의 金이며, 丑과 大吉은 모두 五行의 土에 해당함.

【小勝】《黃帝金匱玉衡經》 金匱章에 “假令正月辛亥日, 時日出卯, 勝先加辛, 小吉; 加亥, 此兩上克下, 小吉. 與辛比, 有辛未, 無辛丑, 小吉, 當爲用”이라 함.

1. 《越絶書》(10)

王孫駱爲左校司馬, 太宰嚭爲右校司馬, 王從騎三千, 旌旗羽蓋, 自處中軍.

089(5-13)
간언을 무시한 오왕

오왕은 듣지 않고 드디어 9월 태재 백비로 하여금 제齊나라를 치도록 하였다.

군사가 오나라 북쪽 교외에 이르자 오왕은 백비에게 이렇게 말하였다.

"출발하라. 공을 세우는 자를 잊지 말 것이며 죄를 지은 자는 용서하지 말도록 하라. 백성을 사랑하고 군사를 양성함에 그들을 마치 어린아이 돌보듯 하라. 지혜로운 자와 함께 모책을 짤 것이며 어진 자와 친구로 사귈 것이니라."

태재 백비는 명을 받들고 마침내 군사를 거느리고 출발하였다.

吳王不聽, 遂九月使太宰嚭伐齊.

軍臨北郊, 吳王謂嚭曰:「行矣, 無忘有功, 無赦有罪. 愛民養士, 視如赤子. 與智者謀, 與仁者友.」

太宰嚭受命, 遂行.

【北郊】 오나라 북쪽 교외. 정벌에 나서기 시작하여 출발하는 지점.

【愛民】 전투를 돕기 위해 보급 등의 임무를 맡은 일반 백성도 아끼고 사랑할 것을 부탁한 것.

【赤子】 어린아이. 사랑하고 아낌을 뜻함.

090(5-14)
오자서와 피리被離

오왕은 대부 피리被離를 불러 물었다.

"그대는 항상 자서子胥와 더불어 마음을 같이 하고 뜻을 함께 하였으며 염려를 함께 하고 모책을 동일하게 하였다. 과인이 군사를 일으켜 제나라를 정벌함에 자서는 유독 어떤 말을 하더냐?"

피리가 말하였다.

"자서는 전왕前王에게 충성을 다하고자 하였습니다. 그 스스로 '늙어 귀와 눈도 어두워 세상이 어떻게 행해지고 있는지 알 수 없으니 오나라에 아무런 이익이 되지 못하는구나'라고 하더이다."

吳王召大夫被離, 問曰:「如常與子胥同心合志, 並慮一謀, 寡人興師伐齊, 子胥獨何言焉?」

被離曰:「子胥欲盡誠於前王, 自謂:『老狂, 耳目不聰, 不知當世之所行, 無益吳國.』」

【被離】吳나라 大夫. 伍子胥와는 같은 뜻을 가지고 있었음. 뒤에 夫差에 의해 髡刑에 처해짐.
【前王】先王. 즉 闔閭(光)를 가리킴.

091(5-15)
애릉艾陵 전투

오왕은 마침내 제齊나라를 쳐서 제나라와 오나라는 애릉艾陵에서 전투를 벌여 제나라 군사가 크게 패하였다.

오왕은 이윽고 승리를 거두고 나자 행인行人을 제나라에 보내어 화친을 맺도록 하면서 이렇게 말을 전하도록 하였다.

"오왕께서 제나라에 홍수의 근심이 있다는 말씀을 듣고 군사를 이끌고 와서 보려 고 거느리고 와서 보려 하였는데 제나라가 부들 풀 속에서 군사를 일으키기에 오나라로서는 편안히 모여 있을 바를 알지 못하여 진을 설치하고 대비하였였지요. 그러다가 뜻하지 않게 제나라 군사들에게 자못 손상을 입히게 된 것입니다. 원컨대 화친을 맺고 돌아가겠습니다."

제나라 군주가 말하였다.

"과인이 처한 이곳은 북쪽 변방으로 국경을 벗어날 모책을 꾸민 적이 없습니다. 그런데 지금 오나라가 장강長江과 회수淮水를 건너 천 리 먼 이 우리나라 땅으로 와서 우리의 많은 군중을 살육하였으나 상제上帝께서 가엾이 여기심에 힘입어 나라는 그래도 엎어지지 않았습니다. 왕께서 지금 화친을 맺기로 양보하신다니 감히 명령대로 하지 않을 수 있겠습니까?"

오나라는 제나라와 마침내 동맹을 맺고 떠났다.

王遂伐齊, 齊與吳戰於艾陵之上, 齊師敗績.

吳王旣勝, 乃使行人成好於齊, 曰:「吳王聞齊有沒水之患, 帥軍來觀. 而齊興師蒲草, 吳不知所安集, 設陣爲備, 不意頗傷齊師. 願結和親而去.」

齊王曰:「寡人處此北邊, 無出境之謀. 今吳乃濟, 江淮, 踰千里而來我壤土, 戮我衆庶. 賴上帝哀存, 國猶不至顚隕. 王今讓以和親, 敢不如命?」

吳, 齊遂盟而去.

【艾陵】 春秋時代 齊나라 地名.《史記》伍子胥列傳 "大敗齊師於艾陵"의 〈正義〉에 "《括地志》云:「艾山, 在兗州博城縣南百六十里, 本齊博邑」이라 함. 지금의 山東 萊蕪縣 동북.《左傳》과《國語》에 의하면 艾陵之戰은 吳王 夫差 11년(B.C.485) 이었음.

【敗績】 크게 패함. 全軍이 대패하였을 때 쓰는 말.《左傳》莊公 11년 傳에 "凡師, 敵未陳曰敗某師, 皆陳曰戰, 大崩曰敗績"이라 하였고,《尚書》湯誓 "夏師敗績"의 〈傳〉에도 "大崩曰敗績"이라 함.

【行人】 외교관. 使臣. 通使之官.《國語》吳語에 "行人是吳大夫奚斯"라 하여 奚斯를 보냈음.

【沒水之患】 홍수로 인해 물에 잠기는 재난.

【帥軍】 '帥'은 '率'과 같으며 '솔'로 읽음.

【蒲草】 늪이나 못가 언덕에 자라는 풀의 일종. 부들.

【安集】 편안히 집결해 있음.

【齊王】 齊 簡公. 呂壬, 齊 悼公의 아들. B.C.484~B.C.481년까지 4년간 재위하고 田恒에 의해 시해되고 말았으며 平公(呂驁)이 그 뒤를 이어 춘추시대가 마감됨.

【顚隕】 엎어져 망함. '隕'은 '殞'과 같음.

참고 및 관련 자료

1.《左傳》哀公 11년
五月, 公會吳伐齊. 甲戌, 齊國書帥師及吳戰于艾陵, 齊師敗績, 獲齊國書.
2.《國語》吳語
吳王夫差既勝齊人於艾陵, 乃使行人奚斯釋言於齊, 曰:「寡人帥不腆吳國之役,
遵汶之上, 不敢左右, 唯好之故. 今大夫國子興其衆庶, 以犯獵吳國之師徒, 天若
不知有罪, 則何以使下國勝!」

参考 및 관련 자료

1.《左傳》哀公 11년
五月, 公會吳伐齊. 甲戌, 齊國書帥師及吳戰于艾陵, 齊師敗績, 獲齊國書.
2.《國語》吳語
吳王夫差既勝齊人於艾陵, 乃使行人奚斯釋言於齊, 曰:「寡人帥不腆吳國之役, 遵汶之上, 不敢左右, 唯好之故. 今大夫國子興其衆庶, 以犯獵吳國之師徒, 天若不知有罪, 則何以使下國勝!」

092(5-16)
내 눈을 빼어

오왕은 제나라에서 돌아오자 이에 자서를 이렇게 꾸짖었다.

"나의 전왕前王께서는 덕을 실천하시어 그 명석함이 상제上帝께 통달하고 공을 후세에 전해주기에 온힘을 쏟은 것은 그대가 서쪽으로 초나라와 심한 원한을 가지고 있었다기에 그대를 위한 것이었소. 지금 전왕은 비유컨대 마치 농부가 사방의 쑥을 베어 없애듯이 형만荊蠻에 이름을 세웠으며 이 역시 그대의 힘이었소. 그런데 지금 대부께서는 혼모昏耄하여 제 자신도 안전하게 지키지 못한 채 변화를 만들고 속임수를 써서 원한과 미움을 드러내고 있소. 그러한 것을 들어내어 우리 군사와 민중에게 죄를 뒤집어 씌우고 우리의 법도를 혼란하게 하며 요얼妖孽로써 우리 군사를 좌절시키고 있소. 그러나 하늘이 복을 내려주셔서 제나라 군사의 항복을 받아내었소. 과인이 어지 감히 스스로 그 공을 나의 것으로 돌리겠소? 이는 전왕이 남기신 덕과 신령이 도우신 복이오. 그런데 그대는 오나라에 대해 무슨 힘이 되었소?"

오자서는 양 팔을 걷어붙이고 크게 노하여 차고 있던 검을 풀어놓고는 이렇게 대답하였다.

"지난날 우리 전왕께서는 강직한 신하가 있어 의심나는 계책도 능히 수행할 수 있었기에 큰 재난에 빠지지 않았던 것이오. 그런데 지금 대왕께서는 이들을 모두 포기하고 근심해야 할 일은 도외시하여 걱정도 않고 있으니 이는 외로운 동복僮僕이나 할 짓이지 패왕霸王이 할 일은 아니오.

하늘이 사람을 아직 포기하지 않았을 때에는 반드시 그에게 작은 기쁨이 따라다니게 하였다가 큰 근심이 다가오게 하는 법이오. 왕께서 만약 깨닫는다면 오나라는 대대로 존속하려니와 만약 깨닫지 못한다면 오나라의 운명은 여기에서 촉박하게 될 것이오. 나員는 차마 병을 핑계로 자리를 피하거나 옮겨 앉은 채 왕이 포로가 되는 것은 차마 보고 있을 수가 없소. 내가 만약 먼저 죽는다면 오나라가 망하는 꼴을 볼 수 있도록 내 눈을 빼어 문에 걸어주시오."

오왕은 그의 말을 듣지 않았다.

吳王還, 乃讓子胥曰:「吾前王履德, 明達於上帝, 垂功用力, 爲子西結强讎於楚. 今前王, 譬若農夫之艾殺四方蓬蒿, 以立名於荊蠻, 斯亦大夫之力. 今大夫昏耄而不自安, 生變起詐, 怨惡而出. 出則罪吾士衆, 亂吾法度, 欲以妖孽挫衂吾師. 賴天降衷, 齊師受服. 寡人豈敢自歸其功? 乃前王之遺德, 神靈之祐福也. 若子於吳, 則何力焉?」

伍子胥攘臂大怒, 釋劍而對曰:「昔吾前王, 有不庭之臣, 以能遂疑計, 不陷於大難. 今王播棄, 所患外不憂, 此孤僮之謀, 非霸王之事. 天所所棄, 必趨其小喜, 而近其大憂. 王若覺寤, 吳國世世存焉; 若不覺寤, 吳國之命斯促矣. 員不忍稱疾辟易, 乃見王之爲擒. 員誠前死, 挂吾目於門, 以觀吳國之喪.」

吳王不聽.

【履德】德을 이행함.

【艾】'艾'는 '刈'와 같음.

【荊蠻】楚 민족을 낮추어 부르는 말.

【昏耄】늙어서 정신이 혼미해짐.

【妖孽】요사스럽고 불길한 말이나 행동. 그러한 불길한 예언을 하거나 그러한 행동을 하는 자.

【挫衄】挫折시킴. 꺾어버림. 衄(衄)은 衄과 같음.

【降衷】〈四部叢刊〉에는 '降哀'로 되어 있으나 〈四庫全書〉와 《國語》에 의해 바로 잡음. 《尙書》湯誥 "惟皇上帝, 降衷於下民"의 注에 "衷, 善也"라 함.

【攘臂】양팔의 소매를 걷어부침.

【不庭之臣】왕의 말에 복종하지 않는 신하. 강한 諫言을 하는 신하. 훌륭하고 강직한 신하를 지칭하는 말. 《國語》周語(中) "以待不庭不虞之患"의 注에 "庭, 直也. 不庭, 猶不道也"라 함.

【疑計】의심이 되어 쉽게 결정을 할 수 없는 계책들. 《韓非子》內儲說上에 惠子의 말을 인용하여 "凡謀者, 疑也. 疑也者, 誠疑, 以爲可者半, 以爲不可者半. 今一國盡以爲可, 是王亡半也. 劫主者固亡其半者也"라 함.

【孤僮】아무런 판단력이 없는 외로운 僮僕. 《國語》에는 '孩童'으로 되어 있음.

【覺寤】'寤'는 '悟'와 같음. '깨닫다'의 뜻.

【辟易】'辟'는 '避'와 같음. '易'는 '移'와 같음. 피해 자리를 바꿈. 외면함. 핑계를 대고 관여하지 않음.

<hr>

참고 및 관련 자료

1. 《國語》吳語

吳王還自伐齊, 乃訊申胥曰:「昔吾先王體德明聖, 達於上帝, 譬如農夫作耦, 以刈殺四方之蓬蒿, 以立名於荊, 此則大夫之力也. 今大夫老, 而又不自安恬逸, 而處以念惡, 出則罪吾衆, 撓亂百度, 以妖孽吳國. 今天降衷於吳, 齊師受服. 孤豈敢自多, 先王之鍾鼓寔式靈之. 敢告於大夫」申胥釋劍而對曰:「昔吾先王世有輔弼之臣, 以能遂疑計惡, 以不陷於大難. 今王播棄黎老, 而孩童焉比謀, 曰:『余令而不達.』夫不達, 乃違也. 夫不違, 亡之階也. 夫天之所棄, 必驟近其小喜, 而遠其大憂. 王若不得志於齊, 而以覺寤王心, 而吳國猶世. 吾先君得之也,必有以取之; 其亡之也, 亦有以棄之. 用能援持盈以沒, 而驟救傾以時. 今王無以取之, 而天祿亚至, 是吳命之短也. 員不忍稱疾辟易, 以見王之親爲越之擒也. 員請先死.」遂自殺. 將死, 曰:「以懸吾目於東門, 以見越之入, 吳國之亡也.」王慍曰:「孤不使大夫得有見也.」乃使取申胥之尸, 盛以鴟鵜, 而投之於江.

2.《史記》吳太伯世家

越王句踐率其衆以朝吳, 厚獻遺之, 吳王喜. 唯子胥懼, 曰:「是棄吳也.」諫曰:「越在腹心, 今得志於齊, 猶石田, 無所用. 且盤庚之誥有顚越勿遺, 商之以興.」吳王不聽, 使子胥於齊, 子胥屬其子於齊鮑氏, 還報吳王. 吳王聞之, 大怒, 賜子胥屬鏤之劍以死. 將死, 曰:「樹吾墓上以梓, 令可爲器. 抉吾眼之吳東門, 以觀越之滅吳也.」

3.《史記》伍子胥列傳

吳太宰嚭既與子胥有隙, 因讒曰:「子胥爲人剛暴, 少恩, 猜賊, 其怨望恐爲深禍也. 前日王欲伐齊, 子胥以爲不可, 王卒伐之而有大功. 子胥恥其計謀不用, 乃反怨望. 而今王又復伐齊, 子胥專復彊諫, 沮毀用事, 徒幸吳之敗以自勝其計謀耳. 今王自行, 悉國中武力以伐齊, 而子胥諫不用, 因輆謝, 詳病不行. 王不可不備, 此起禍不難. 且嚭使人微伺之, 其使於齊也, 乃屬其子於齊之鮑氏. 夫爲人臣, 內不得意, 外倚諸侯, 自以爲先王之謀臣, 今不見用, 常鞅鞅怨望. 願王早圖之.」吳王曰:「微子之言, 吾亦疑之.」乃使使賜伍子胥屬鏤之劍, 曰:「子以此死.」伍子胥仰天歎曰:「嗟乎! 讒臣嚭爲亂矣, 王乃反誅我. 我令若父霸. 自若未立時, 諸公子爭立, 我以死爭之於先王, 幾不得立. 若既得立, 欲分吳國予我, 我顧不敢望也. 然今若聽諛臣言以殺長者.」乃告其舍人曰:「必樹吾墓上以梓, 令可以爲器; 而抉吾眼縣吳東門之上, 以觀越寇之入滅吳也.」乃自剄死. 吳王聞之大怒, 乃取子胥尸盛以鴟夷革, 浮之江中. 吳人憐之, 爲立祠於江上, 因命曰胥山.

093(5-17)
오왕 눈에 보이는 헛것

어느 날 전상殿上에 올라앉아 있을 때 궁궐 뜰을 향해 네 사람이 서로 등을 돌려댄 채 기대고 있는 모습이 왕의 눈에만 보이는 것이었다. 왕은 괴이히 여겨 내려다보았다.

신하들이 물었다.

"왕께서는 무엇을 보시고 계십니까?"

왕이 말하였다.

"내가 보니 네 사람이 서로 등을 댄 채 서로에게 기대어 서 있다가 사람의 말소를 듣더니 각기 사방으로 흩어져 달아나 버렸소."

자서가 말하였다.

"왕의 말씀대로라면 장차 백성을 잃게 될 것이오."

오왕이 노하여 말하였다.

"그대의 말은 상서롭지 못하오."

자서가 말하였다.

"상서롭지 못한 정도가 아니라 왕께서 역시 죽게 될 것입니다."

닷새 후 오왕이 다시 전상에 앉아 내려다보았더니 이번에는 두 사람이 서로 얼굴을 마주보고 서 있다가 북쪽을 향한 사람이 남쪽을 향한 사람을 죽이는 것이었다. 왕이 신하들에게 물었다.

"그대들도 보았는가?"

신하들이 말하였다.

"아무 것도 보이지 않는데요."

자서가 물었다.

"왕께서는 무엇을 보셨습니까?"

왕이 대답하였다,

"전날 본 바는 네 사람이었는데 오늘은 다시 두 사람이 서로 마주보고 있다가 북쪽을 향해 섰던 자가 남쪽을 향한 자를 죽이는 것을 보았소."

자서가 말하였다.

"제가 듣건대 네 사람이 달아나는 것은 배반하는 것이요, 북쪽을 향한 사람이 남쪽을 향한 사람을 죽이는 것은 신하가 임금을 죽이는 것이라 하더이다."

오왕은 아무런 응답도 하지 않았다.

坐於殿上, 獨見四人向庭相背而倚.

王怪而視之, 群臣問曰:「王何所見?」

王曰:「吾見四人相背而倚, 聞人言則四分走矣.」

子胥曰:「如王言, 將失衆矣.」

吳王怒曰:「子言不祥.」

子胥曰:「非惟不祥, 王亦亡矣.」

後五日, 吳王復坐殿上, 望見兩人相對, 北向人殺南向人.

王問群臣:「見乎?」

曰:「無所見.」

子胥曰:「王何見?」

王曰:「前日所見四人, 今日又見二人相對, 北向人殺南向人.」

子胥曰:「臣聞四人走, 叛也. 北向殺南向, 臣殺君也.」
王不應.

【殿上】殿闕.
【北向, 南向】北向은 北面과 같으며 人臣. 신하의 자리. 南向은 南面과 같으며
군주의 자리. 따라서 신하가 임금을 죽일 것임을 상징함.

094(5-18)
축하와 저주의 노래가 동시에

　오왕이 문대文臺에 술자리를 마련하자 신하들이 모두 그 자리에 참석하였다.

　태재太宰 백비白嚭가 집정執政이었고 월왕越王이 곁에 모시고 앉았으며 자서子胥도 거기에 함께 하였다.

　왕이 말하였다.

　"과인이 듣기로 '임금은 공을 세운 신하를 천히 여기지 아니하며 아버지는 힘을 다한 아들을 미워하지 않는다' 하였소. 지금 태재 백비는 과인을 위해 공을 세웠으니 내 장차 그의 작위를 올려주는 것으로서 최고의 상을 삼을 것이며, 월왕은 인자하고 충성되며 믿음을 가지고 과인을 아버지처럼 효성으로 모셨으니 내 장차 다시 그 나라를 더해주어 그가 제나라를 칠 때의 공을 돌려주기로 하겠소. 여러 대부들께서는 어떻게 생각하오?"

　신하들은 이렇게 축하의 말을 늘어놓았다.

　"대왕께서 몸소 지극한 덕을 행하시어
　　마음을 비워 선비를 기르셨네.
　　신하들은 모두 함께 앞으로 나서며
　　어려운 일을 만나면 주기를 다투었네.
　　그 이름 밝게 드러나
　　위엄이 사해를 진동하였네.

공을 세운 자는 상을 받게 되었고
망해가던 나라는 다시 이어지게 되었네.
패왕의 공로에 왕도의 일들로
모든 신하들 그 은혜 입었네."

이에 자서는 땅을 짚고 눈물을 흘리며 이렇게 말하였다.

"오호라, 슬프다!
이런 경우를 만나도 말을 하지 못하네.
충신이라 하는 자들도 입을 굳게 다물었고
참언하는 자들만 그 곁에 있네.
정치는 패하고 도덕은 무너지고
아첨하는 말들은 끝이 없구나.
사악한 말들과 거짓된 언사들
굽은 것을 곧다고 하네.
참언은 그대로 두고 충성된 자를 공격하니
장차 이 오나라를 망치게 될 것이네.
종묘도 이윽고 무너질 것이요
사직에도 제삿밥 올리지 못하리라.
성광은 폐허의 언덕이 될 것이요
궁전에는 가시만 무성하리."

오왕은 크게 노하여 말하였다.

"늙은 신하가 많은 속임수로 오나라의 요얼妖孽이 되어 권력을 휘두르고 위세를 독점하여 홀로 우리 오나라를 망치려 하는구려. 과인은 선왕 합려에게 그대가 세운 공 때문에 차마 법대로 하지 않았소. 지금 물러나 스스로 계책을 세워 오나라가 모책하는 바를 저해하지 말도록 하시오."

자서가 말하였다.

"지금 내가 충성되지도 못하고 믿음도 없었다면 선왕의 신하가 될 수 없었을 것이오. 나는 감히 내 몸이 아까워서가 아니라 오나라가 망할 것이 두려울 뿐이오. 옛날 걸桀은 관룡봉關龍逢을 죽였고 주紂는 왕자 비간比干을 죽였는데 지금 대왕께서 저를 죽인다면 이는 걸이나 주에게 더하여 합이 셋이 되는 것입니다. 대왕께서는 힘쓰시오. 나는 청컨대 물러가겠소이다."

吳王置酒文臺之上, 群臣悉在.

太宰嚭執政, 越王侍坐, 子胥在焉.

王曰:「寡人聞之:『君不賤有功之臣, 父不憎有力之子.』今太宰嚭爲寡人有功, 吾將爵之上賞. 越王慈仁忠信, 以孝事於寡人, 吾將復增其國, 以還助伐之功. 於衆大夫如何?」

群臣賀曰:

『大王躬行至德, 虛心養士,
　群臣並進, 見難爭死,
　名號顯著, 威震四海,
　有功蒙賞, 亡國復存,
　霸功王事, 咸被群臣.』

於是, 子胥據地垂涕曰:

『於乎哀哉! 遭此默默;
　忠臣掩口, 讒夫在側;

政敗道壞, 諂諛無極;
邪說僞辭, 以曲爲直;
舍讒攻忠, 將滅吳國;
宗廟旣夷, 社稷不食;
城郭丘墟, 殿生荊棘.』

　吳王大怒曰:「老臣多詐, 爲吳妖孽. 乃欲專權擅威, 獨傾吾國. 寡人以前王之故, 未忍行法. 今退自計, 無沮吳謀.」
　子胥曰:「今臣不忠不信, 不得爲前王之臣. 臣不敢愛身, 恐吳國之亡矣. 昔者, 桀殺關龍逢, 紂殺王子比干, 今大王誅臣, 參於桀紂. 大王勉之, 臣請辭矣.」

【文臺】 吳나라 궁중의 누대 이름.
【執政】 행정을 맡아 처리하는 직책.
【越王】 越王 句踐. 속내를 숨기고 吳王 夫差의 臣僕이 되어 齊나라 치는 일에 따라나섰음.
【亡國復存】 망한 제나라를 다시 일으켜 세워 존속되도록 함.
【據地】 '땅을 치다', 혹은 '땅을 짚다'의 뜻. 그러나 혹 '踞'로 보아 '맨 땅에 앉다'의 뜻으로도 봄.
【於乎】 嗚呼와 같음. '오호'로 읽음.
【遭此默默】 이러한 경우를 만나 아무런 말을 하지 않고 있음.
【諂諛】 阿諂의 말.《荀子》修身篇에 "以不善先人者謂之諂, 以不善和人者謂之諛"라 함.
【夷】 평지가 되도록 허물어짐. 削平의 뜻.
【社稷不食】 社稷에 모셔진 자들의 영혼이 제사를 받지 못함.《周禮》春官 大宗伯에 "社稷, 土穀之神, 有德者配食焉"이라 함.
【荊棘】 폐허가 되어 가시나무만이 우거짐.

【前王之故】전왕은 闔閭를 가리킴. 伍子胥가 闔閭(光)을 왕이 되도록 힘쓴 공로를 가리킴.

【桀】夏나라 末王. 이름은 癸(履癸). 妹喜에게 빠져 무도한 짓을 저질렀으며 殷의 湯王에게 망함. 殷나라 末王 紂와 함께 '桀紂'라 하여 폭군의 전형으로 거론됨. 《史記》夏本紀를 참조할 것.《十八史略》(1)에 "孔甲之後, 歷王皐, 王發, 王履癸. 號爲桀, 貪虐, 力能伸鐵鉤索. 伐有施氏, 有施以末喜女焉, 有寵, 所言皆從, 爲傾宮瑤臺, 殫民財. 肉山脯林, 酒池可以運船, 糟堤可以望十里, 一鼓而牛飲者三千人, 末喜以爲樂. 國人大崩, 湯伐夏, 桀走鳴條而死"라 함.

【關龍逢】혹 관룡방(關龍逄)으로도 표기하며 夏나라 말의 賢臣. 桀에게 極諫을 서슴지 않다가 죽임을 당함.

【紂】殷의 末王. 폭군으로 널리 알려짐. 帝辛, 商辛으로도 부르며 帝乙의 아들. 妲己에게 빠져 '炮烙之刑'과 '酒池肉林' 등의 악한 고사를 가지고 있으며 周 文王(姬昌)을 羑里(牖里)에 가두는 등 周나라와 대립하다가 武王(姬發)에게 망함.

【比干】殷나라 王子. 紂의 叔父로 紂의 惡政을 諫하다가 心臟이 찢기는 변을 당함.《史記》殷本紀에는 "比干乃强諫紂. 紂怒曰:「吾聞聖人心有七竅, 剖比干觀其心」"이라 하였고,《十八史略》(1)에도 "紂淫虐甚, 庶兄微子數諫, 不從, 去之. 比干諫, 三日不去, 紂怒曰:「吾聞聖人之心有七竅.」剖而觀其心, 箕子佯狂爲奴, 紂囚之, 殷大師, 持其樂器祭器奔周"라 함.

【參】'三'과 같음. 합이 셋이 됨. 포악한 자로 세 사람이 됨.

095(5-19)
장차 그대에게도 재앙이

자서는 돌아와 피리被離에게 이렇게 말하였다.

"나는 정鄭나라 초楚나라 경계에서 활을 당겨 화살을 얹었었고, 장강長江을 넘고 회수淮水를 건너 이곳에 이르렀소. 선왕께서 나의 계획을 들어주어 능욕을 당했던 원수 초나라를 깨뜨릴 있었소, 그리하여 선왕의 은혜를 갚고자 하였으나 이러한 지경에 이르고 말았소. 나는 내 자신을 아까워하지 않으나 재앙이 장차 그대에게 미치게 될 것이오."

피리가 말하였다.

"간언을 해도 듣지 않을 것인데 자결한들 무슨 보탬이 되겠소? 도망하는 것이 어떻겠소?"

오자서가 말하였다.

"도망한다고 해도 내 어디로 가겠소?"

子胥歸, 謂被離曰:「吾貫弓接矢於鄭, 楚之界, 越渡江, 淮, 自致於斯. 前王聽從吾計, 破楚, 見凌之讎, 欲報前王之恩, 而至於此. 吾非自惜, 禍將及汝.」

被離曰:「未諫不聽, 自殺何益? 何如亡乎?」

子胥曰:「亡, 臣安往?」

【被離】吳나라 大夫. 伍子胥와는 뜻이 통하여 늘 함께 하였으며 뒤에 그 역시 夫差에 의해 髡刑에 처해짐.

【貫弓接矢】'貫'은 '彎'과 같음. 활을 당김. '接矢'는 화살을 얹음. 쏠 준비를 함.

【鄭】나라 이름. 周 宣王의 庶弟 友(桓公)가 받았던 나라. 姬氏. 원래 陝西 華縣 일대가 봉지였으나 뒤에 지금의 河南 鄭州로 옮겼으며 春秋시대 子産이 宰相이 되어 大國 사이에서 환난을 이겨냄. 伍子胥는 太子 建을 따라 鄭나라에 이르렀으나 태자 건이 晉나라와 함께 鄭나라를 칠 일이 발각되어 참살되자 건의 아들 白公(勝)을 데리고 吳나라로 다시 망명하였음.

【見凌之讎】'見'은 피동법. '凌'은 '陵'과 같음. '讎'는 '讐'와 같음. 능욕을 당했던 원수, 즉 楚나라를 가리킴. 앞의 '破楚'의 楚를 수식하는 말로 뒤에 배치하였음.

【未諫不聽】徐乃昌은 "未字, 疑誤"라 함. 그러나 미는 장래. 미래의 뜻으로도 볼 수 있음.《荀子》正論篇 "且徵其未也"의 注에 "未謂將來"라 하였고,《廣雅》釋詁에는 "未, 續也"라 함.

096(5-20)
오자서의 자결

오왕은 오자서의 원한을 듣고 이에 사람을 보내어 촉루검屬鏤劍을 내렸다.

오자서는 검을 받아들고 맨발로 치마를 걷어 올리고는 마루 아래 마당으로 내려와 하늘을 향해 부르짖으며 이렇게 원망하였다.

"나는 처음 네 아버지의 충신이었으며 오나라에 들어와 모책을 만들어 초나라를 쳤고, 남쪽을 강한 월越나라를 복종시켜 위세가 제후들에게 떨쳐 패왕의 공이 있게 해 주었다. 지금 너는 나의 말을 듣지 않고 거꾸로 나에게 검을 내렸구나. 오늘 내가 죽으면 오나라 궁궐은 폐허가 될 것이며 궁정 뜰에는 풀이 넝쿨을 이룰 것이며 월나라 사람들은 너의 사직을 파헤칠 것인데 어찌 감히 나를 잊겠느냐? 지난 날 선왕께서 너를 세우지 않으려 하였으나 내가 죽음으로써 다투어 마침내 너의 소원을 이루도록 해주었고, 그 때 공자들이 많이 나를 원망하였다. 내 오나라에 이러한 공이 있었건만 지금 이에 내가 나라를 안정시켜준 공을 잊은 채 도리어 나에게 죽음을 내리다니 어찌 잘못된 것이 아니겠느냐?"

오왕이 이를 듣고 크게 노하여 이렇게 말하였다.

"너는 충성도 믿음도 없다. 과인을 위해 제齊나라에 사신으로 갔을 때 너의 아들을 포씨鮑氏에게 맡기고 왔다. 이는 나를 멀리 하는 마음이 있었기 때문이었다."

그러고는 급히 스스로 자결하도록 명령을 내리면서 "나는 너로 하여금 다시는 아무것도 볼 수 없게 하리라"라고 하였다.

자서는 검을 잡고 하늘을 우러러 이렇게 탄식하였다.

"내가 죽인 뒤에 후세 반드시 나를 충신이라 하리라. 위로 하夏나라, 은殷나라 때의 사람들과 배향을 할 것이니 역시 관룡봉關龍逄, 비간比幹과 친구가 되리라."

그러고는 드디어 칼에 엎어져 죽고 말았다.

오왕은 이에 오자서의 시신을 가져다 치이鴟夷의 가죽에 담아 강물에 던지면서 이렇게 말하였다.

"자서, 너는 한 번 죽은 뒤에 무슨 앎을 알겠느냐?"

그리고 즉시 그의 머리를 잘라 높은 누대 위에 얹어놓고 이렇게 말하였다.

"해와 달이 너의 살을 구울 것이요, 돌개바람이 너의 눈을 휘돌릴 것이며 뜨거운 빛이 너의 뼈를 태울 것이요, 물고기와 자라가 너의 살을 먹을 것이며, 너의 뼈는 변하고 몸은 재가 될 것인데 무엇을 볼 수 있다는 것이냐?"

그러고는 그 몸뚱이를 강에 던져 버렸다.

자서의 시신은 흐르는 물결을 따라 파도에 떠오르며 조수에 의해 갔다 왔다 하다가 강 언덕을 쳐서 강둑을 무너뜨리기도 하였다.

이에 오왕은 피리被離에게 이렇게 말하였다.

"너는 항상 오자서와 더불어 과인의 허물을 논하였다."

이에 피리의 머리를 깎고 그에게 형벌을 내렸다.

吳王聞子胥之怨恨也, 乃使人賜屬鏤之劍.

子胥受劍, 徒跣裹裳, 下堂中庭, 仰天呼怨, 曰:「吾始爲汝父忠臣, 入吳, 設謀破楚, 南服勁越, 威加諸侯, 有霸王之功. 今汝不用吾言, 反賜我劍. 吾今日死, 吳宮爲墟, 庭生蔓草, 越人掘汝社稷, 安忘我乎? 昔前王不欲立汝, 我以死爭之, 卒得汝之願, 公子多怨於我. 我從有功於吳, 今乃忘我定國之恩, 反賜我死, 豈不謬哉?」

吳王聞之, 大怒曰:「汝不忠信, 爲寡人使齊, 託汝子於
齊鮑氏, 有我外之心.」

急令自裁:「孤不使汝得有所見.」

子胥把劍, 仰天嘆曰:「自我死後, 後世必以我爲忠. 上配
夏殷之世, 亦得與龍逢, 比干爲友.」

遂伏劍而死.

吳王乃取子胥屍, 盛以鴟夷之器, 投之於江中, 言曰:
「胥, 汝一死之後, 何能有知?」

卽斷其頭, 置高樓上, 謂之曰:「日月炙汝肉, 飄風飄汝眼,
炎光燒汝骨, 魚鱉食汝肉, 汝骨變形灰, 有何所見?」

乃棄其軀, 投之江中.

子胥因隨流揚波, 依潮來往, 蕩激崩岸.

於是吳王謂被離曰:「汝嘗與子胥論寡人之短.」

乃髡被離而刑之.

【屬鏤劍】검 이름. '屬'은 '鐲'과 같음. '촉'으로 읽음. 본책 권10(188)에는 '屬盧劍'
으로 되어 있음. 《廣雅》釋器에는 '屬鹿'으로, 《太玄經》에는 '屬婁'로, 《荀子》
成相篇에는 '獨鹿'으로 표기되는 등 여러 이름이 있으나 고대 같은 칼 이름
이었음.

【徒跣】맨발.

【褰裳】치마를 걷어 올림.

【蔓草】풀이 넝쿨을 이룸. 폐허가 됨을 뜻함.

【伏劍而死】칼을 배에 대고 엎어져 죽음. 한편 徐天祐는 "《左傳》哀公十一年,
吳王賜胥屬鏤以死. 是爲夫差十二年. 此書載其事於十三年, 或者子胥十二年
使齊, 十三年反役, 左氏連書之耳"라 함.

【鴟夷之器】술을 담는 부대.《國語》吳語에는 '鴟鵜'로 되어 있으며 注에 "鴟鵜, 革囊"이라 함.
【飄風】회오리 바람.《太平御覽》에는 '慓風'으로 되어 있음.
【投之於江】위에 이미 '投之於江中'이 있어 여기 내용은 혹 異聞을 附加하여 더 기록해 넣은 것이 아닌가 함.
【嘗】'常'과 같음.
【髡】머리를 깎아 죄인임을 남이 알도록 하는 형벌의 일종. 髡刑.

┌─────────────────┐
│ 참고 및 관련 자료 │
└─────────────────┘

1.《左傳》哀公 11年
吳將伐齊, 越子率其衆以朝焉, 王及列士皆有饋賂. 吳人皆喜, 唯子胥懼, 曰:「是豢吳也夫!」諫曰:「越在我, 心腹之疾也, 壤地同, 而有欲於我. 夫其柔服, 求濟其欲也, 不如早從事焉. 得志於齊, 猶獲石田也, 無所用之. 越不爲沼, 吳其泯矣. 使醫除疾, 而曰『必遺類焉』者, 未之有也. 盤庚之誥曰『其有顚越不共, 則劓殄無遺育, 無俾易種于兹邑』, 是商所以興也. 今君易之, 將以求大, 不亦難乎!」弗聽. 使於齊, 屬其子於鮑氏, 爲王孫氏. 反役, 王聞之, 使賜之屬鏤以死. 將死, 曰:「樹吾墓檟, 檟可材也. 吳其亡乎! 三年, 其始弱矣. 盈必毁, 天之道也.」

2.《史記》吳太伯世家
越王句踐率其衆以朝吳, 厚獻遺之, 吳王喜. 唯子胥懼, 曰:「是棄吳也.」諫曰:「越在腹心, 今得志於齊, 猶石田, 無所用. 且盤庚之誥有顚越勿遺, 商之以興.」吳王不聽, 使子胥於齊, 子胥屬其子於齊鮑氏, 還報吳王. 吳王聞之, 大怒, 賜子胥屬鏤之劍以死. 將死, 曰:「樹吾墓上以梓, 令可爲器. 抉吾眼置之吳東門, 以觀越之滅吳也.」

3.《史記》伍子胥列傳
吳太宰嚭旣與子胥有隙, 因讒曰:「子胥爲人剛暴, 少恩, 猜賊, 其怨望恐爲深禍也. 前日王欲伐齊, 子胥以爲不可, 王卒伐之而有大功. 子胥恥其計謀不用, 乃反怨望. 而今王又復伐齊, 子胥專愎彊諫, 沮毁用事, 徒幸吳之敗以自勝其計謀耳. 今王自行, 悉國中武力以伐齊, 而子胥諫不用, 因輟謝, 詳病不行. 王不可不備, 此起禍不難. 且嚭使人微伺之, 其使於齊也, 乃屬其子於齊之鮑氏. 夫爲人臣, 內不得意, 外倚諸侯, 自以爲先王之謀臣, 今不見用, 常鞅鞅怨望. 願王早圖之.」吳王曰:「微子之言, 吾亦疑之.」乃使使賜伍子胥屬鏤之劍, 曰:「子以此死.」伍子胥仰天歎曰:「嗟乎! 讒臣嚭爲亂矣, 王乃反誅我. 我令若父霸. 自若未立時, 諸公子爭立, 我以死爭之於先王, 幾不得立. 若旣得立, 欲分吳國予我, 我顧不敢望也. 然今若聽諛臣言以殺長者.」乃告其舍人曰:「必樹吾墓上以梓, 令可以爲器; 而抉吾眼縣吳東門之上, 以觀越寇之入滅吳也.」乃自剄死. 吳王聞之大怒, 乃取子胥尸盛以鴟夷革, 浮之江中. 吳人憐之, 爲立祠於江上, 因命曰胥山.

4.《藝文類聚》(9)

吳王賜子胥劍, 遂伏劍而死. 吳王乃取子胥之尸, 盛以鴟夷之器, 投之江海. 子胥因隨流揚波, 成濤激岸, 隨潮來往.

5.《太平御覽》(483)

子胥諫吳王, 王怒, 賜以鑼鏤之劍. 盛以鴟夷之器, 投之於江.

6.《太平御覽》(492)

子胥諫, 吳王怒, 子胥伏劍而死. 王乃取子胥尸, 盛以鴟夷, 投之于江. 斷其頭, 置百尺之上, 謂曰:「日月炙汝肉, 熛風飄汝眼, 炎火燒汝骨, 盡成灰土, 何有所見?」

7. 기타 참고 자료

《說苑》(正諫篇),《十八史略》(1)

097(5-21)
왕손락王孫駱의 간언

왕손락王孫駱이 이를 듣고 조정에 나가지 않았다.

왕이 그를 불러 물었다.

"그대는 과인이 무슨 그른 짓을 했다고 조정에 나오지 않는 것이오?"

왕손락이 말하였다.

"저는 두려울 뿐입니다!"

왕이 말하였다.

"그대는 내가 자서를 죽인 것을 지나치다고 여기시오?"

왕손락이 말하였다.

"대왕의 기세는 높고 자서는 지위가 아래인데 왕께서 그를 죽이셨습니다. 저의 목숨도 자서와 무엇이 다르겠습니까? 저는 이로써 두려워하는 것입니다."

왕이 말하였다.

"태재 백비의 말을 듣고 자서를 죽인 것이 아니오. 자서가 과인을 도모하려 하였기 때문오."

왕손락이 말하였다.

"제가 듣기로 '임금된 자에게는 반드시 감히 간언하는 신하가 있어야 하며 높은 자리에 있는 자는 반드시 감이 말하는 친구가 있어야 한다'고 하였습니다. 무릇 자서는 선왕의 노신老臣입니다. 충성되지 못하였다거나 믿음이 없었다면 선왕의 신하가 될 수 없었을 것입니다."

오왕은 마음속으로 여연愀然히 느끼면서 자서 죽인 것을 후회하였다.

"어찌 태재 백비가 자서를 참소하였기 때문이 아니었겠소?"

그러고는 백비를 죽이려 하였다.

공손락이 말하였다.

"안됩니다. 왕께서 만약 백비를 죽이신다면 이는 두 사람의 자서를 죽이는 것입니다."

이에 그를 죽이지 않았다.

王孫駱聞之, 不朝.

王召而問曰:「子何非寡人而不朝乎?」

駱曰:「臣恐耳!」

曰:「子以我殺子胥爲重乎?」

駱曰:「大王氣高, 子胥位下, 王誅之. 臣命何異於子胥? 臣以是恐也.」

王曰:「非聽宰嚭以殺子胥, 胥圖寡人也.」

駱曰:「臣聞:『人君者, 必有敢諫之臣; 在上位者, 必有敢言之交.』夫子胥, 先王之老臣也. 不忠不信, 不得爲前王臣.」

吳王中心恨然, 悔殺子胥:「豈非宰嚭之讒子胥?」

而欲殺之.

駱曰:「不可. 王若殺嚭, 此爲二子胥也.」

於是不誅.

【非寡人】과인이 그릇된 짓을 하였다고 여김.《說文》에 "非, 違也"라 함.

【先王】뒤의 前王과 같음. 闔閭를 가리킴.

【恨然】슬픈 느낌이 드는 모습.

098(5-22)
당랑포선螳螂捕蟬

14년(B.C.482), 부차가 이미 자서를 죽이고 나서 해마다 곡식이 여물지 않아 백성들은 모두 원망과 한을 느끼게 되었다.

오왕은 그런데도 다시 제齊나라를 치고자 상商과 노魯 사이에 난구闌溝라는 운하를 파서 북쪽으로는 기수沂水, 서쪽으로는 제수濟水에 연결시켰다.

그리고 노나라, 진晉나라와 합세하여 황지黃池 가에서 공격하고자 하였다.

그러나 여려 신하들이 다시 간언을 할까 두려워 이에 나라 안에 이렇게 영을 내렸다.

"과인이 제나라를 치는 것에 대해 감히 간하는 자가 있으면 죽이리라."

태자 우友는 자서가 충성을 다했음에도 쓰이지 못하였고, 태재 백비는 아첨만 떨었지만 나라 정치를 독단함을 알고 절실한 말로 하고자 하였지만 그래도 재앙에 걸려들 것이 두려웠다.

이에 풍간諷諫으로써 왕에게 격동이 되도록 할 참이었다.

맑은 아침 탄환彈丸을 품고 후원에서 옷과 신발이 젖은 모습을 한 채 나오자 왕이 괴이히 여겨 물었다.

"너는 어찌하여 옷과 신발이 온통 젖은 채 몸이 이같이 되었느냐?"

태자 우가 말하였다.

"마침 후원에서 놀고 있었는데 가을 매미 소리가 들리기에 가서 보았지요. 무릇 가을 매미는 높은 나무에 올라 맑은 이슬을 먹으며 바람에 따라 흔들리면서 길게 슬픈 울음으로 자신은 편안한 듯이 여기고 있었으나 사마귀가 가지를 뛰어넘어 줄기를 타고 허리를 끌며 앞발을 솟구쳐 그를 낚아채려는 것을 알지 못하고 있었지요. 그런가 하면 사마귀는 정신을 모아 앞으로 나서면서 그 뜻은 오직 눈앞의 이익에만 있었지만, 꾀꼬리가 무성한 숲을 타고 가지 그늘을 배회하면서 발을 살금살금 조금씩 앞으로 다가오면서 사마귀를 쪼려고 하는 것을 알지 못하고 있었지요. 무릇 꾀꼬리는 단지 맛있는 사마귀를 엿보는 것만 알았지 제가 탄환을 끼고 높이 쏘아 탄환이 어지럽게 날아올라 그 등뼈에 맞게 될 것은 알지 못하고 있었습니다. 그런데 저는 저대로 단지 다른 생각은 없이 오직 꾀꼬리에만 정신이 팔려 있을 뿐 제 곁에 빈 구덩이가 있는 것은 알지 못한 채 갑자기 구덩이에 떨어져 깊은 함정에 빠지고 말았지요. 저는 이 때문에 몸이 젖고 신발이 젖어 거의 대왕의 웃음을 사고 만 것입니다."

왕이 말하였다.

"천하의 어리석음이란 이보다 더한 것이 없겠구나. 단지 눈앞의 이익만 탐하면서 뒤에 닥칠 환란은 보지 못하니 말이다."

태자가 말하였다.

"천하의 어리석음은 이보다 더 심한 것이 있습니다. 노魯나라는 주공周公의 후손이며 공자孔子의 가르침이 있어 인을 지키고 덕을 안고 있으며 이웃나라에 욕심을 내지 않고 있는데도 제齊나라가 군대를 일으켜 이를 치면서 백성들의 목숨은 아까워하지 않은 채 오직 노나라를 차지할 생각만 하고 있습니다. 그런데 제나라는 한갓 군사를 일으켜 노나라를 칠 줄만 알았지 오나라가 나라 안의 사졸들을 모두 모으고 나라 창고의 재물을 다 소진하면서 천리 먼 길에 햇볕을 견디며 쳐들어갈 것임은 알지 못하고 있습니다. 무릇 오나라는 한갓 국경을 넘어 우리에 동조하지 않는 나라를 정벌하는 것만 알았지 월왕越王이 장차 죽기를 각오한 군사들을 선발하여 삼강三江의 포구를 나서서 오호五湖의 중간으로 들어와 우리 오나라를 도륙하고 우리 오나라 궁궐을 진멸시킬 것은 알지 못하고 있습니다. 천하의 위험이란 이보다 더 심한 것이 없습니다."

오왕은 태자의 간언을 듣지 않고 드디어 북쪽 제나라 정벌에 나섰다.

十四年, 夫差旣殺子胥, 連年不熟, 民多怨恨.

吳王復伐齊, 闕爲闌溝於商, 魯之間, 北屬蘄, 西屬濟.

欲與魯, 晉合攻於黃池之上.

恐群臣復諫, 乃令國中曰:「寡人伐齊, 有敢諫者死.」

太子友知子胥忠而不用, 太宰嚭佞而專政, 欲切言之,
恐罹尤也.

乃以諷諫激於王.

清旦, 懷丸之彈, 從後園而來, 衣裌履濡, 王怪而問之曰:
「子何爲裌衣濡履, 體如斯也?」

太子友曰:「適游後園, 聞秋蜩之聲, 往而觀之. 夫秋蟬
登高樹, 飲清露, 隨風撝撓, 長吟悲鳴, 自以爲安, 不知
螳螂超枝緣條, 曳腰聳距, 欲援其形. 夫螳螂, 翕心而進,
志在有利, 不知黃雀緣茂林, 徘徊枝陰, 蹁蹮微進, 欲啄
螳螂. 夫黃雀但知伺螳螂之有味, 不知臣狹彈危擲, 蹭蹬
飛丸而集其背. 今臣但虛心, 志在黃雀, 不知空埳其旁,
闇忽埳中, 陷於深井. 臣故裌體濡履, 幾爲大王取笑.」

王曰:「天下之愚, 莫過於斯. 但貪前利, 不睹後患.」

太子曰:「天下之愚, 復有甚者. 魯承周公之末, 有孔子
之教, 守仁抱德, 無欲於鄰國, 而齊擧兵伐之, 不愛民命,
惟有所獲. 夫齊, 徒擧而伐魯, 不知吳悉境內之士, 盡府
庫之財, 暴師千里而攻之. 夫吳, 徒知踰境征伐非吾之國,
不知越王將選死士, 出三江之口, 入五湖之中, 屠我吳國,
滅我吳宮. 天下之危, 莫過於斯也.」

吳王不聽太子之諫, 遂北伐齊.

【闕爲闌溝】'闕'은 '掘'과 같음. 闌溝는 吳王 夫差가 판 運河 이름. 지금의 邗溝. 長江과 淮水를 연결하며 지금의 揚州市 남쪽 長江 北岸에서 淸江市 淮水 南岸까지임.《左傳》哀公 9년에 "秋, 吳城邗, 溝通江淮"라 함.

【商, 魯】商은 宋나라. 宋나라는 商나라의 후예 微子 啓를 봉하여 宋나라를 흔히 商으로도 부름. 지금의 河南 商丘. 魯는 魯나라. 지금의 山東 曲阜.《國語》 吳語에 "闕爲深溝, 通於商魯之間"이라 함.

【蘄】蘄水. 지금의 湖北 蘄春縣을 흐르는 물. 그러나 이는 沂水여야 함.《國語》 吳語에는 沂水로 되어 있으며 沂水는 山東 曲阜 동남쪽 尼丘에서 발원하여 曲阜와 兗州를 거쳐 泗水에 합류함.

【濟】濟水. 河南 濟源縣 王屋山에서 발원하여 山東에 이르러 黃河에 합류함.

【黃池】宋나라 地名. 지금 河南 封丘縣 서남쪽.

【太子友】당시 吳나라 太子.《國語》吳語에는 "王子友"로 되어 있음.

【諷諫】풍자하여 간접적으로 諫함.

【淸旦】맑은 날 아침.

【衣裕履濡】옷깃과 신발을 적심. '裕'은 '洽'이어야 함. 徐天祜는 "裕, 當作洽, 沾也"라 함.《太平御覽》에는 두 곳에는 '沾'과 '浹'으로 되어 있음.

【秋蜩】'蜩'는 '蟬'과 같음. 매미의 일종. 쓰르라미. 말매미.

【撟撓】흔들림. 혹 바람을 따라 소리를 멀리 보냄. '撟'는 '揮'와 같음.

【螳蜋】사마귀. 본 장은 '螳蜋捕蟬'으로 널리 알려진 고사임.

【聳距】距는 는 앞발톱.《太平御覽》에는 '擧刃'으로 되어 있음.

【翕心】마음을 모음. 한곳에만 정신을 팔고 있음.《方言》에 "翕, 聚也"라 함.

【黃雀】꾀꼬리. 黃鶯.

【綠茂林】〈四部叢刊〉에는 "盈綠林"으로 되어 있으나《太平御覽》에 의해 수정함.

【蹪趹】'踂趹'과 같음. '살금살금'을 뜻하는 連綿語. 楊愼의《俗語》(1)에 "字書及 《說文》無'踂趹'字,《玉篇》有'踂趹'字, 踂, 細行, 兩足不相過; 趹, 急行而輕也. 於義亦合, 當音聶越"이라 함. 그러나 〈三民本〉에는 '擬聲詞'로서 '탄환이 날아 가는 소리'로 보았음.

【危擲】危는 高와 같음. 위로 높이 던짐.

【蹭蹬】흩날려 뿌려지는 모습. 疊韻連綿語.《文選》海賦 "或乃蹭蹬窮波"의 注에 "蹭蹬, 失勢之貌"라 함. 여기서는 탄환이 어지럽게 날아가는 모습을 표현한 것.

【空埳】빈 구덩이. '埳'은 '坎'과 같음.

【深井】깊은 구덩이. '井'은 '阱', '穽'과 같음.

【周公】 文王(姬昌)의 아들이며 武王(姬發)의 아우. 叔旦으로도 불리며 武王이 죽자 어린 成王(姬誦)을 보필하며 섭정함. 周初 文物典章와 각종 行政 제도를 완비하여 儒家의 聖人으로 추앙을 받았으며 曲阜에 봉해져 魯나라 시조가 됨.

【孔子】 姓은 孔, 이름은 丘, 字는 仲尼(B.C.551~B.C.479). 魯나라 陬邑(지금의 山東 曲阜) 사람. 아버지 叔梁紇과 어머니 顔徵在 사이에 태어났으며 그 조상은 宋나라 微子啓의 후손으로 煬公熙의 아들 弗父何로 전해지고 있음. 弗父何의 後孫 孔父嘉의 아들 子木金父가 魯나라로 옮겨와 孔氏로 姓을 삼았으며 이가 孔子의 5代祖임. 《孔子家語》를 참조할 것. 孔子는 중국 최고의 사상가이며 교육자, 儒家學派의 창시자로서 六經을 정리하여 學術, 哲學, 사상 등에 가장 큰 영향을 남긴 聖人.

【暴師】 볕에 노출되어 고생하는 군사들.

【非吾之國】 우리 나라에 복종하지 아니하는 나라. 여기서는 구체적으로 齊나라를 가리킴.

【三江之口】 三江은 松江, 錢塘江, 浦陽江을 가리키며 越나라 경내를 흐르는 세 강. 徐天祜는 "三江: 一說松江, 錢塘, 浦陽江也. 〈吳郡賦〉注「松江下七十里分流, 東北入海者謂婁江, 東南流者謂東江, 幷松江謂三江.」 今其地亦名三江口, 卽范蠡乘舟所出之地"라 함. 그러나 《史記》 夏本紀 "震澤致定"의 〈正義〉에는 "澤在蘇州西四十五里. 三江者, 在蘇州東南三十里, 名三江口. 一江西南上七十里之太湖, 名曰松江, 古笠澤江; 一江東南上七十里, 名蜆湖, 名曰上江, 亦曰東江; 一江東北下三百餘里入海, 名曰下江, 亦曰婁江. 於其分處, 號曰三江口. 顧夷 《吳地記》云:「松江東北行七十里得三江口, 東北入海謂婁江, 東南入海謂東江, 幷松江爲三江.」是也"라 함.

【五湖】 徐天祜는 "五湖: 一說貢湖, 游湖, 胥湖, 梅梁湖, 金鼎湖也. 韋昭曰:「胥湖, 蠡湖, 洮湖, 滆湖, 就太湖而已.」 虞翻云:「太湖之水通五道, 謂之五湖.」 張勃《吳錄》云:「五湖者, 太湖之別名, 以其周行五百里, 故以五湖爲名.」 又楊泉〈五湖賦〉止爲太湖而作. 陸九蒙云:「太湖上稟咸池五車之氣, 故一水五名.」今幷存之"라 하였고, 《史記》 夏本紀 "震澤致定"의 〈正義〉에는 "五湖者: 菱湖, 游湖, 莫湖, 貢湖, 胥湖, 蓋太湖東岸五灣, 爲五湖. 蓋古時應別, 今幷相連. 菱湖在莫釐山東, 周廻三十餘里, 西口闊二里, 其口南則莫釐山, 北則徐侯山, 西與莫湖連. 莫湖在莫釐山西及北, 北與胥湖連. 胥湖在胥山西南, 與莫湖連, 各周廻五六十里, 西連太湖. 游湖在北二十里, 在長山東, 湖西口闊二里, 其口東南岸樹里山, 西北岸長山, 湖周廻五六十里. 貢湖在長山西, 其口闊四五里, 口東南長山, 山南卽山陽村,

西北連常州無錫縣老岸湖, 周廻一百九十里已上, 湖身向東北長七十餘里, 兩湖西亦連太湖"라 하였으며《國語》越語(下) "戰於五湖"의 韋昭 注에는 "五湖, 今太湖"라고만 하였음.

1.《國語》吳語

吳王夫差旣殺申胥, 不稔於歲, 乃起師北征, 闕爲深溝, 通於商, 魯之間, 北屬之沂, 西屬之濟, 以會晉公午於黃池.

2.《說苑》正諫篇

吳王欲伐荊, 告其左右曰:「敢有諫者死.」舍人有少孺子者, 欲諫不敢, 則懷丸操彈, 遊於後園, 露沾其衣, 如是者三旦, 吳王曰:「子來何苦, 沾衣如此?」對曰:「園中有樹, 其上有蟬, 蟬高居悲鳴飮露, 不知螳螂在其後也! 螳螂委身曲附, 欲取蟬, 而不知黃雀在其傍也! 黃雀延頸欲啄螳螂, 而不知彈丸在其下也! 此三者, 皆務欲得其前利, 而不顧其後之有患也.」吳王曰:「善哉!」乃罷其兵.

3.《韓詩外傳》(10)

楚莊王將興師伐晉, 告士大夫曰:「敢諫者死無救.」孫叔敖曰:「臣聞: 畏鞭箠之嚴, 而不敢諫其父, 非孝子也; 懼斧鉞之誅, 而不敢諫其君, 非忠臣也.」於是遂進諫曰:「臣園中有楡, 其上有蟬, 蟬方奮翼悲鳴, 欲飮淸露, 不知螳蜋之在後, 曲其頸, 欲攫而食之也. 螳蜋方欲食蟬, 而不知黃雀在後, 擧其頸, 欲啄而食之也. 黃雀方欲食螳蜋, 不知童挾彈丸在下, 迎而欲彈之. 童子方欲彈黃雀, 不知前有深坑, 後有窟也. 此皆言前之利, 而不顧後害者也. 非獨昆蟲衆庶若此也, 人主亦然. 君今知貪彼之土, 而樂其士卒.」國不怠, 而晉國以寧, 孫叔敖之力也.

3.《戰國策》楚策(4)

王獨不見夫蜻蛉乎? 六足四翼, 飛翔乎天地之間, 俛啄蚊虻而食之, 仰承甘露而飮之, 自以爲無患, 與人無爭也. 不知夫五尺童子, 方將調鉛膠絲, 加己乎四仞之上, 而下爲螻蟻食也. 蜻蛉其小者也, 黃雀因是以. 俯噣白粒, 仰棲茂樹, 鼓翅奮翼, 自以爲無患, 與人無爭也. 不知夫公子王孫, 左挾彈, 右攝丸, 將加己乎十仞之上, 以其類爲招. 晝游乎茂樹, 夕調乎酸醎, 倏忽之間, 墜於公子之手. 夫雀其小者也, 黃鵠因是以. 游於江海, 淹乎大沼, 俯噣鱔鯉, 仰嚙菱藕, 奮其六翮, 而凌淸風, 飄搖乎高翔, 自以爲無患, 與人無爭也. 不知夫射者, 方將脩其莩廬, 治其繒繳, 將加己乎百仞之上. 彼磁礴, 引微繳, 折清風而扰矣. 故畫游乎江河, 夕調乎鼎鼐. 夫黃鵠其小者也, 蔡聖侯之事因是以. 南游乎高陂, 北陵乎巫山, 飲茹谿流, 食湘波之魚, 左抱幼妾, 右擁嬖女, 與之馳騁乎高蔡之中, 而不以國家爲事. 不知夫子發方受命乎宣王, 繫己以朱絲而見之也.

5.《藝文類聚》(60)

楚莊王將興師伐晉, 告士大夫曰:「敢諫者死無赦.」孫叔敖進諫曰:「臣之國中有楡, 其上有蟬, 蟬方奮翼悲鳴, 欲飲清露, 不知螳蜋之在後, 螳蜋方欲食蟬; 而又不知黃雀在後, 黃雀方欲食螳蜋, 不知童子挾彈丸在楡下; 童子方欲彈黃雀, 不知前有深坑, 後有掘株也. 皆貪前之利, 不顧後害者也.」超國不征, 而晉國以寧, 孫叔敖之力也.

6.《藝文類聚》(86)

楚莊王將伐晉, 敢諫者死. 孫叔敖進諫王曰:「臣園中有楡, 楡上有蟬, 蟬方奮翼悲鳴, 吟清露, 不知螗蜋之在後也.」

7.《太平御覽》(305)

夫差令於邦中曰:「寡人伐齊, 有諫者死.」太子友請朝時, 懷丸挾彈, 從後園而來, 衣沾履濡, 吳王夫差怪而問之, 太子友對曰:「適遊後園, 聞秋蜩之鳴, 徃而觀之. 秋蟬登高樹, 飲清露, 悲吟以爲安, 不知螳蜋超枝緣條, 曳腰擧刃, 欲援其形也. 螳蜋, 貪心時進, 志在有利, 不知黃雀緣茂林, 徘徊枝葉, 欲啄螳蜋也. 夫黃雀知伺螳蜋之有味, 不知臣躊躇引彈螶丸之集其背也.」

8.《太平御覽》(946)

吳王夫差, 令於邦中曰:「寡人欲伐齊, 敢有諫者死!」太子友, 因諷諫以激於王, 以清旦懷丸挾彈, 從後園而來, 衣浹履濡. 吳王夫差, 怪而問之, 太子對曰:「臣遊後園, 聞秋蟬之鳴, 徃而觀之, 秋蟬登高樹, 自以爲安, 不知螳蜋超枝緣條, 曳要擧刃, 欲哺其形也. 螳蜋貪心務進, 志在有利, 不知黃雀, 盛緣茂林, 徘徊枝葉, 欲啄螳蜋也.」

9. 기타 참고 자료

《北堂書鈔》(124),《冊府元龜》(741)

099(5-23)
고서대姑胥臺를 불태우고

월왕은 오왕이 제齊나라를 치러 나섰다는 말을 듣고 범려范蠡와 설용洩庸으로 하여금 군사를 이끌고 바다에 주둔하여 강을 통해 들어가 오나라의 퇴로를 끊도록 하였다.

그리고 태자 우友를 시웅이始熊夷에서 패배시키고 송강松江을 소통시키고 돌아서면서 오나라를 습격하여 드디어 오나라에 들어가 고서대姑胥臺를 태우고 오왕의 큰 배를 빼앗아 다른 곳으로 옮겨버렸다.

越王聞吳王伐齊, 使范蠡, 洩庸率師屯海通江, 以絶吳路. 敗太子友於始熊夷, 通江淮, 轉襲吳, 遂入吳國, 燒姑胥臺, 徙其大舟.

【范蠡】越나라 大夫. 字는 少伯. 文種과 함께 越나라를 승리로 이끈 대신. 越나라가 吳나라에 패했을 때 3년을 臣僕으로 고생하다가 돌아와 句踐을 도와 吳나라를 멸하는데 큰 공을 세웠음. 그리고 즉시 句踐을 피해 이름을 鴟夷子皮로 바꾸고 몸을 숨겨 三江口를 거쳐 五湖로 나서 齊나라 陶 땅으로 옮겨 陶朱公이라 칭하였으며 장사에 뛰어들어 큰 부자가 됨. 그의 많은 일화는 《國語》越語(下), 《左傳》, 《史記》越王句踐世家, 貨殖列傳, 《越絶書》등에 자세히 실려 있음. 徐天祜 注에 "范蠡, 楚三尸人也. 字少伯"이라 함.

【洩庸】역시 越나라 大夫. '曳庸'으로도 표기하며 《國語》吳語와 《左傳》哀公
  26年에는 '舌庸'으로 표기되어 있음.
【絶吳路】齊나라 원정에 나선 吳나라 군사의 퇴로를 끊음.
【始熊夷】姑熊夷의 오기. 徐天祜는 "始, 當作姑.《國語》:「敗王子友於姑熊夷.」
  韋昭解:「姑熊夷, 吳郊也.」"라 함. 姑熊夷는 지금의 蘇州 서남쪽 橫山 부근.
【通江淮】'淮'는 衍文으로 오류임.《國語》吳語 "越王句踐乃率中軍泝江"의
  韋昭 注에 "江, 吳江. 或有淮字者, 誤"라 함.
【姑胥臺】姑蘇臺. 합려 때 姑蘇山에 지은 樓臺. 후에 夫差가 改築하였음.
【大舟】합려 때부터 吳王이 專用으로 타던 배. 이름은 '餘皇舟'. 徐天祜 注에
  "大舟, 卽餘皇舟也"라 함.

> 참고 및 관련 자료

1.《左傳》哀公 13年

六月丙子, 越子伐吳, 爲二隧, 疇無餘, 謳陽自南方, 先及郊. 吳大子友, 王子地,
王孫彌庸, 壽於姚自泓上觀之. 彌庸見姑蔑之旗, 曰:「吾父之旗也. 不可以見讎
而弗殺也.」大子曰:「戰而不克, 將亡國, 請待之.」彌庸不可, 屬徒五千, 王子
地助之. 乙酉, 戰, 彌庸獲疇無餘, 地獲謳陽. 越子至, 王子地守. 丙戌, 復戰,
大敗吳師, 獲大子友, 王孫彌庸, 壽於姚. 丁亥, 入吳. 吳人告敗于王. 王惡其聞也,
自剄七人於幕下.

2.《國語》吳語

於是越王句踐乃命范蠡, 舌庸, 率師沿海泝淮以絶吳路. 敗王子友於姑熊夷.
越王句踐乃率中軍泝江以襲吳, 入其郛, 焚其姑蘇, 徙其大舟.

100(5-24)
드디어 패자가 된 부차夫差

오나라는 애릉艾陵에서 제齊나라 군대를 크게 이기고 나서 군사를 돌려 진晉나라에 임하여 정공定公과 패자의 맹주 자리를 정하고자 하였으나 아직 회합이 이루어지기 전 변방의 척후병이 이르러 월越나라가 난을 일으켰다고 보고해왔다.

오왕 부차夫差는 크게 두려워 여러 신하들을 불러 대책을 논하였다.

"우리의 돌아갈 길은 멀다. 회맹을 하지 않는 것과 계속 회맹을 밀고 나가는 것은 어느 쪽이 유리하겠는가?"

왕손락王孫駱이 말하였다.

"회맹을 그대로 밀로 나가느니만 못합니다. 그렇게 되면 제후들의 권한을 잡고 우리의 뜻을 이룰 수 있습니다. 청컨대 왕께서는 군사들에게 부탁하되 그 명령을 분명히 하시어 높은 자리를 줄 것이라 권고하고, 따르지 않는 자는 형욕을 내릴 것이라 하여 각기 죽기를 무릅쓰도록 하십시오."

오왕은 날이 어두워지자 말에게 여물을 먹이고 군사들에게도 식사를 하도록 한 다음 병사들에게 군복을 입고 갑옷을 입도록 하며, 말에게는 재갈을 물리고 병사들에게는 함매衝枚를 물도록 하고 아궁이 불은 모두 꺼내어 끄고는 어둠속을 행군해 나아가도록 하였다.

오나라 군사는 모두가 물소 가죽 무늬의 긴 방패와 편제검扁諸劍을 들고 방진方陣을 만들면서 전진하였다.

중교中校의 군사는 모두가 흰 치마, 흰 깃발, 흰 갑옷에 흰 깃을 단 화살로써 멀리서 보면 마치 띠풀의 꽃처럼 희도록 위장하였다.

왕은 몸소 부월斧鉞을 잡고 왕의 머리 위로 깃발을 꽂고 진의 중앙에 섰다.

〈吳王夫差鑒〉(全) 春秋, 河南 輝縣 출토

좌군左軍은 모두 붉은 옷, 붉은 깃발, 붉은 갑옷에 붉은 깃털의 화살로써 멀리서 보면 마치 불꽃처럼 붉게 위장을 하였다.

우군右軍은 모두 검은 옷, 검은 깃발, 검은 갑옷에 검은 깃털을 단 화살로써 멀리서 보면 마치 먹물처럼 검게 보이도록 위장을 하였다.

이렇게 무장한 3만 6천의 군사들은 첫 닭이 울 때 진을 정하고 진晉나라 군사들과 1리쯤의 거리까지 다가갔다.

아직 하늘이 밝지 않았을 때 왕이 직접 금고金鼓를 울리자 삼군三軍은 소리를 지르며 그 무리를 진작시켰는데 그 소리가 하늘을 움직이고 땅을 옮길 정도였다.

진나라는 크게 놀라 나오지도 못하고 되돌아가서 견고한 보루에서 수비하면서 이에 동갈童褐을 오나라 군사에게 보내어 이렇게 청하였다.

"양군은 잠시 군사행동을 멈추고 서로 호의를 베풀기로 합의하여 오늘 정오에 만나기로 하였는데 지금 대국께서 절차를 뛰어넘어 우리의 군대 보루까지 찾아오시니 감히 청컨대 혼란을 일으킨 까닭을 묻습니다."

오왕은 친히 나서서 대답하였다.

"천자께서 명령을 내려도 주실周室이 미약해져서 제후들과 공물을 바치도록 약속이 되어 있으나 왕의 창고로 들어가지 못하여 상제上帝와 귀신들에게 제사를 올릴 수도 없소. 그리하여 희성姬姓을 도와줄 길이 없어 두려움에 떨면서 나에게 사신을 보내어 알리느라 그들 사신의 모자와 수레 덮개가 길에 끊이지 않고 있소. 처음 주나라는 그대 진나라에게 의지하여 그 때문에 이적夷狄들에게 소홀히 해도 되었소. 그런데 마침 진나라가 지금 이처럼 주실을 배반하고 있어 나는 이 때문에 포복蒲服하여 그대 임금에게 다가온 것이오. 진나라는 아우는 보살피려 하지도 않고 한갓 힘으로만 강함을 다투려 하고 있소. 나는 앞으로 전진할 뿐 감히 물러서지는 않을 것이오. 임금으로부터 내가 패자라는 명을 받지 못한다면 제후들의 비웃음을 살 뿐이기 때문이오. 내가 그대 임금을 섬겨야 할지는 그 결정이 오늘에 달려 있고, 내가 그대 임금을 섬길 수 없을지도 그 운명은 오늘 달려 있소. 감히 사신을 왕래시키는 것이 번거로워 내가 직접 그대 임금의 명령을 번방의 울타리 밖에서 들려드리는 것이오."

동갈이 장차 돌아가려 하자 오왕은 그의 왼발을 밟고 동갈과의 이별을 표시해주었다.

그는 돌아가 보고를 할 때 제후와 대부들이 진 정공의 앞에 줄을 지어 앉았다.

이윽고 사신의 명령을 수행하였음을 통고하고 이에 조앙趙鞅에게 이렇게 보고하였다.

"제가 보건대 오왕의 얼굴색은 큰 걱정이 있는 듯 하더이다. 작게는 폐첩 嬖妾이나 태자가 죽었거나, 아니면 오나라에 환난患難이 일어났거나, 크게는 월나라가 쳐들어왔는데 돌아갈 수 없는 사정인가 합니다. 그의 의중에는 수독愁毒의 근심에 쌓여 있어 나아가건 물러서건 어려움 따위는 가볍게 여기고 있으니 가히 맞서 싸울 일이 아닙니다. 주군主君께서는 의당 오왕이 먼저 삽혈歃血을 하도록 허락하시고 항렬을 두고 다투다가 나라를 위험에 빠뜨리는 일은 없도록 하셔야 합니다. 그러나 한갓 허락만 하지는 마시고 반드시 그 신의를 명확히 해두셔야 합니다."

조앙은 이를 허락하고 들어가 정공을 알현하면서 이렇게 말하였다.

"주나라에 있어서 희성으로서는 오나라가 앞선 항렬로 가히 수장이 될 수 있습니다. 국례國禮로써 극진히 대우해야 합니다."

정공은 이를 허락하고 동갈에게 다시 가서 명을 알리도록 하였다.

이에 오왕은 정공의 의로움에 부끄러움을 느끼고는 물러서 장막에서 회맹에 나섰다.

두 나라 임금과 신하가 함께 있는 자리에서 오왕은 공公이라 칭해지면서 먼저 삽혈을 하고 정공이 그 다음에 하였으며 신하들도 모두 맹약의 의식을 마쳤다.

吳敗齊師於艾陵之上, 還師臨晉, 與定公爭長, 未合, 邊候乃至, 以越亂告.

吳王夫差大懼, 合諸臣謀曰:「吾道遼遠, 無會, 前進, 孰利?」

王孫駱曰:「不如前進, 則執諸侯之柄, 以求其志. 請王屬士, 以明其令, 勸之以高位, 辱之以不從, 令各盡其死.」

夫差昏秣馬食士, 服兵被甲, 勒馬銜枚, 出火於造, 闇行而進.

吳師皆文犀長盾, 扁諸之劍, 方陣而行.

中校之軍皆白裳, 白髦, 素甲, 素羽之矰, 望之若荼.

王親秉鉞, 戴旗以陣而立.

左軍皆赤裳, 赤髦, 丹甲, 朱羽之矰, 望之若火.

右軍皆玄裳, 玄輿, 黑甲, 烏羽之矰, 望之如墨.

帶甲三萬六千, 鷄鳴而定陣, 去晉軍一里.

天尚未明, 王乃親鳴金鼓, 三軍譁吟, 以振其旅, 其聲動天徙地.

晉大驚, 不出, 反距堅壘, 乃令童褐請軍, 曰:「兩軍偃兵接好, 日中爲期. 今大國越次而造弊邑之軍壘, 敢請亂故.」

吳王親對曰:「天子有命, 周室卑弱, 約諸侯貢獻, 莫入王府, 上帝鬼神而不可以告, 無姬姓之所振, 懼, 遣使來告, 冠蓋不絕於道. 始周依負於晉, 故忽於夷狄. 會晉今反叛如斯, 吾是以蒲服就君. 不肯長弟, 徒以爭強. 孤進, 不敢去. 君不命長, 爲諸侯笑. 孤之事君, 決在今日; 不得事君, 命在今日矣. 敢煩使者往來, 孤躬親聽命於藩籬之外.」

童褐將還, 吳王躓左足與褐決矣.

及報, 與諸侯, 大夫列坐於晉定公前.

旣以通命, 乃告趙鞅曰:「臣觀吳王之色, 類有大憂. 小則嬖妾, 嫡子死, 否則吳國有難; 大則越人入, 不得還也. 其意有愁毒之憂, 進退輕難, 不可與戰. 主君宜許之以前期, 無以爭行而危國也. 然不可徒許, 必明其信.」

趙鞅許諾, 入謁定公曰:「姬姓於周, 吳爲先老, 可長, 以盡國禮.」

定公許諾, 命童褐復命.

於是, 吳王愧晉之義, 乃退幕而會.

二國君臣並在, 吳王稱公, 前歃, 晉侯次之, 君臣畢盟.

【艾陵】 齊나라 地名.

【定公】 晉 頃公(姬去疾)의 아들. 춘추 말 晉나라 군주. 姬午. B.C.511~B.C.475년까지 37년간 재위함.

【爭長】 霸者로 인정받기 위해 盟約을 맺을 때 歃血의 先後를 결정함.《左傳》哀公 13년 "秋七月辛丑盟, 吳晉爭先"의 杜預 注에 "爭歃血先後"라 함.

【未合】 아직 合意를 도출하지 못함. 성사시키지 못함. '合'은 '成'과 같음.《國語》吳語 "吳晉爭長未成"의 注에 "成, 定也"라 함.

【乃至, 以越亂告】 이 6자는 〈四部叢刊〉에는 없으나《國語》吳語에 의해 보입함.

【邊候】 변방에서 사정을 살피는 斥候兵.《國語》에는 '邊遽'로 되어 있음.

【無會, 前進】 '無會'는 회맹을 포기하고 급히 귀환하는 것. '前進'은 회맹을 성사시키기 위해 앞으로 계속 밀고 나가는 것.《國語》에는 "無會而歸, 與會而先晉"으로 되어 있음.

【秣馬食士】 말에게 꼴을 먹이고 군사에게 밥을 먹임.

【銜枚】 고대 進軍이나 적을 습격할 때 소리가 나지 않도록 하기 위하여 병사 들의 입에 물리는 기구로 양끝에 줄을 매어 이를 목에 걸어 소지함.

【造】 '竈'와 음이 같아 빌려서 쓴 것.《國語》에는 "出火竈"로 되어 있음.

【文犀】 무늬가 있는 물소.《國語》吳語 注에 "文犀, 犀之有文理者"라 함.

【扁諸劍】 吳나라 군사들이 소지한 검. 闔廬가 干將과 莫耶 두 검을 얻고 나서 나머지 철로 3천 자루의 검을 더 만들어 이를 扁諸劍이라 하였다 함. 徐天祜는 "闔廬旣鑄成干將, 莫耶二劍, 餘鑄得三千, 并號扁諸之劍"이라 함.

【方陣】 사각형 형태의 陣形.

【中校】 中軍의 校尉.《漢書》衛靑傳 注에 "校者, 營壘之稱, 故謂軍之一部爲一校" 라 함.

【白旄】 '旄'는 '旍'와 같음. 깃발 끝에 장식하는 깃털.

【繒】 원래는 화살 끝에 실을 매어 사용하는 것이나 徐天祜는 "短矢"라 하였음.

【望之若茶】 '茶'는 원래 '씀바귀'이지만 여기서는 菅茅, 즉 골풀이나 갈대, 억새 꽃을 말함.

【秉鉞戴旗】 '鉞'은 斧鉞. 儀狀用 도끼, '戴'는 '載'와 같음. 머리 위에 깃발을 세움. 《釋名》釋姿容에 "戴, 載也, 載之於頭也"라 함.

【左軍】 고대 三軍 제도에서 左, 右, 中, 혹 上, 中, 下의 군대 편제의 하나.

【金鼓】 징(鑼). 쇠로 만든 북. 銅鼓. 鉦鼓. 군대에서의 지휘와 신호용으로 쓰임.

【反距堅壘】 돌아가 보루를 견고하게 하고 버팀. '距'는 '拒'와 같음.

【童褐】《國語》吳語에는 '董褐'로 되어 있으며 韋昭 注에 "董褐, 晉大夫司馬演" 이라 함.

【偃兵接好】 군사행동을 잠시 멈추고 서로에게 호의를 베풀기로 합의함. '偃兵'은 〈四部叢刊〉에는 '邊兵'으로 되어 있으나《國語》에 의해 수정함. 韋昭 注에 "偃, 匿也. 接, 合也"라 함.

【日中爲期】〈四部叢刊〉에는 "日中無期"로 되어 있으나《國語》에 의해 수정함. '一中'은 正午, '爲期'는 그 때를 만나는 시간으로 약속함.《廣雅》釋詁에 "期, 會也"라 함.

【敢請亂故】〈四部叢刊〉에는 "敢請辭故"로 되어 있으나《國語》에 의해 수정함. 韋昭 注에 "敢問先期亂次之故"라 함.

【不可以告】 上帝와 鬼神에게 제사를 올릴 수 없음.《國語》韋昭 注에 "無以告 祭於天神人鬼"라 함.

【姬姓】周나라와 同姓인 나라들. 周나라가 宗室의 자격으로써 보살펴야 할 나라들을 가리킴.

【振, 懼】振은 賑과 같음. 도와줌. 賑恤함. '懼'는 그 때문에 周王室이 두려워함.

【冠蓋不絶】'冠蓋相望'과 같음. 사신이 연달아 오느라 앞서가는 사신의 관과 수레의 덮개가 끊어지지 않고 서로 보일 정도임. 매우 다급한 상황을 비유함.

【夷狄】中原의 姬姓 이외의 변방족속. 周王室이 그들 夷狄에게 관심을 쏟지 않아도 견딜 수 있었음을 말함.

【蒲服】匍匐, 扶服 등 여러 표기가 있으며 '엉금엉금 기다, 다급하여 기어서라도 가다'의 뜻. 《詩經》 邶風 谷風에는 "凡民有喪, 匍匐救之", 《禮記》 檀弓에는 "扶服", 《史記》 淮陰侯列傳에는 "蒲伏" 등 여러 표기가 있으나 모두 雙聲連綿語임.

【不肯長弟】어른으로써 약한 同姓의 兄弟國들을 보살피려 들지 않음.《國語》 吳語에는 "將不長弟, 以力征一二兄弟之國"으로 되어 있으며 韋昭 注에 "弟, 猶幼也. 言晉不帥長幼之節, 而征伐同姓兄弟之國, 謂魯衛之屬"이라 함.

【命在今日】《國語》 吳語에는 "孤之事軍在今日, 不得事君亦在今日"이라 하였고 韋昭 注에 "言欲戰而決之也. 不勝, 則服事君; 若勝之, 則爲盟主"라 함.

【藩籬之外】울타리 밖. 국경 부근의 변경. 夫差 자신이 晉나라 국경까지 찾아 왔음을 말함.

【躡左足與褐決矣】왼쪽 발을 살짝 밟아 동갈과 헤어짐을 표시함. '決'은 '訣'과 같음.

【趙鞅】晉나라 大夫 趙簡子. 뒤에 이름을 志父로 바꿈. 趙孟으로도 부름. 趙武(文子)의 손자이며 景子(趙成)의 아들. 頃公, 定公 때 晉나라 正卿이었음. 范氏, 中行氏와 권력투쟁 끝에 이겨 戰國시대 趙나라의 기초를 세운 인물.

【類有大憂】큰 근심거리가 있는 듯함.《國語》 吳語 韋昭 注에 "類, 似也"라 함.

【愁毒之憂】근심과 독한 마음을 함께 품고 있음.《國語》 吳語 韋昭 注에 "毒, 猶暴也. 言若猛獸被毒悖暴"라 함.

【進退輕難】進退에 어떤 難關이 있더라도 이를 무시하고 가볍게 여김. 무섭게 덤벼들 것임을 말함.

【主君】趙簡子를 가리킴. 家臣은 主人을 흔히 '主君'으로 불렀음.

【爭行】行(항)은 行列.《詩經》 周南 卷耳 "寘彼周行"의 〈釋文〉에 "行, 列位也"라 함. 吳나라와 晉나라의 항렬을 다툼. 두 나라 모두 姬姓으로 吳나라는 太伯의 후손이며 晉나라는 周 成王의 아우 唐叔 虞가 봉해졌던 나라로 오나라가 높은 항렬임을 뜻함. 다음 구절 "姬姓於周, 吳爲先老"는 이를 두고 한 말임. 그러나 "盟主의 地位를 두고 다투다"의 뜻으로도 봄.

【徒許】한갓 허락만 함.

【稱公】고대 公侯伯子男의 다섯 등급 작위 중에 가장 높은 칭호.

【前歃】오왕 부차가 먼저 歃血을 함. 고대 제후들 사이 회맹을 할 때 희생을 잡아 그 피를 입에 묻히는 의식. 〈四部叢刊〉에는 '歃'자가 없으나 《國語》에 의해 보입함. 그러나 《史記》吳太伯世家에는 "趙鞅怒, 將伐吳, 乃長晉定公"라 하여 이와 다름.

> ### 참고 및 관련 자료

1.《左傳》哀公 13年

秋七月辛丑盟, 吳, 晉爭先. 吳人曰:「於周室, 我爲長.」晉人曰:「於姬姓, 我爲伯.」趙鞅呼司馬寅曰:「日旰矣, 大事未成, 二臣之罪也. 建鼓整列, 二臣死之, 長幼必可知也.」對曰:「請姑視之.」反, 曰:「肉食者無墨. 今吳王有墨, 國勝乎? 大子死乎? 且夷德輕, 不忍久, 請少待之.」乃先晉人. 吳人將以公見晉侯, 子服景伯對使者曰:「王合諸侯, 則伯帥侯牧以見於王; 伯合諸侯, 則侯帥子, 男以見於伯. 自王以下, 朝聘玉帛不同; 故敝邑之職貢於吳, 有豐於晉, 無不及焉, 以爲伯也. 今諸侯會, 而君將以寡君見晉君, 則晉成爲伯矣, 敝邑將改職貢, 魯賦於吳八百乘, 若爲子, 男, 則將半邾以屬於吳, 而如邾以事晉. 且執事以伯召諸侯, 而以侯終之, 何利之有焉?」吳人乃止. 旣而悔之, 將囚景伯. 景伯曰:「何也立後於魯矣, 將以二乘與六人從, 遲速唯命.」遂囚以還. 及戶牖, 謂大宰曰:「魯將以十月上辛有事於上帝, 先王, 季辛而畢, 何世有職焉, 自襄以來, 未之改也. 若不會, 祝宗將曰『吳實然』, 且謂魯不共, 而執其賤者七人, 何損焉?」大宰嚭言於王曰:「無損於魯, 而祇爲名, 不如歸之.」乃歸景伯. 吳申叔儀乞糧於公孫有山氏, 曰:「佩玉繠兮, 余無所繫之; 旨酒一盛兮, 余與褐之父睨之.」對曰:「梁則無矣, 麤則有之. 若登首山以呼曰『庚癸乎!』, 則諾.」王欲伐宋, 殺其丈夫而囚其婦人. 大宰嚭曰:「可勝也, 而弗能居也.」乃歸.

2.《國語》吳語

吳王昏乃戒, 令秣馬食士. 夜中, 乃令服兵擐甲, 係馬舌, 出火竈, 陳士卒百人, 以爲徹行百行. 行頭皆官師, 擁鐸拱稽, 建肥胡, 奉文犀之渠. 十行一嬖大夫, 建旌提鼓, 挾經秉枹. 十旌一將軍, 載常建鼓, 挾經秉枹. 萬人以爲方陣, 皆白裳, 白旂, 素甲, 白羽之矰, 望之如荼. 王親秉鉞, 載白旗以中陣而立. 左軍亦如之,皆赤裳, 赤旆, 丹甲, 朱羽之矰, 望之如火. 右軍亦如之, 皆玄裳, 玄旗, 黑甲, 烏羽之矰, 望之如墨. 爲帶甲三萬, 以勢攻, 雞鳴乃定. 旣陣, 去晉軍一里. 昧明, 王乃秉枹, 親就鳴鍾鼓, 丁寧, 錞于, 振鐸, 勇怯盡應, 三軍皆嘩釦以振旅, 其聲動天地. 晉師大駭不出, 周軍飭壘, 乃命董褐請事, 曰:「兩君偃兵接好, 日中爲期. 今大國越錄, 而造於弊邑之軍壘, 敢請亂故.」吳王親對之曰:「天子有命, 周室卑約, 貢獻莫入, 上帝鬼神而不可以告. 無姬姓之振也, 徒遽來告. 孤日夜相繼, 匍匐就君. 君今非王室不安是憂, 億負晉衆庶, 不式諸戎, 狄, 楚, 秦; 將不長弟, 以力征一二兄弟之國. 孤欲守吾先君之班爵, 進則不敢, 退則不可. 今會日薄矣, 恐事之不集, 以爲諸侯笑. 孤之事君在今日, 不得事君亦在今日. 爲使者之無遠也, 孤用親聽命於藩籬之外.」董褐將還, 王稱左畸曰:「攝少司馬茲與王士五人, 坐於王前.」乃皆進, 自剄於客前以酬客. 董褐旣致命, 乃告趙鞅曰:「臣觀吳王之色, 類有大憂, 小則嬖妾, 嫡子死, 不則國有大難; 大則越入吳. 將毒, 不可與戰. 主其許之先, 無以待危, 然則不可徒許也.」趙鞅許諾. 晉乃令董褐復命曰:「寡君未敢觀兵身見, 使褐復命曰:『暴君之言, 周室旣卑, 諸侯失禮於天子, 請貞於陽卜, 收文, 武之諸侯. 孤以下密邇於天子, 無所逃罪, 訊讓日至, 曰: 昔吳伯父不失, 春秋必率諸侯以顧在與一人. 今伯父有蠻, 荊之虞, 禮世不續, 用命孤禮佐周公, 以見我一二兄弟之國, 以休君憂. 今君掩王東海, 以淫名聞於天子. 君有短垣, 而自踰之, 況蠻, 荊則何有於周室? 夫命圭有命, 固曰吳伯, 不曰吳王. 諸侯是以敢辭. 夫諸侯無二君, 而周無二王, 君若無卑天子, 以干其不祥, 而曰吳公, 孤敢不順從君命長弟!』許諾」吳王許諾, 乃退就幕而會. 吳公先歃, 晉侯亞之.

3.《國語》吳語

吳, 晉爭長未成, 邊遽乃至, 以越亂告. 吳王懼, 乃合大夫而謀曰:「越爲不道, 背其齊盟. 今吾道路修遠, 無會而歸, 與會而先晉, 孰利?」王孫雒曰:「夫危事不齒, 雒敢先對. 二者莫利. 無會而歸, 越聞章矣, 民懼而走, 遠無正就. 齊, 宋, 徐, 夷曰:『吳旣敗矣!』將夾溝而𣔌我, 我無生命矣. 會而先晉, 晉旣執諸侯之柄以臨我, 將成其志以見天子. 吾須之不能, 去之不忍. 若越聞愈章, 吾民恐叛, 必會而先之.」王乃步就王孫雒曰:「先之, 圖之將若何?」王孫雒曰:「王其無疑, 吾道路悠遠, 必無有二命, 焉可以濟事」王孫雒進, 顧揖諸大夫曰:「危事不可以爲安, 死事不可以爲生, 則無爲貴智矣. 民之惡死而欲富貴以長沒也, 與我同. 雖然, 彼近其國, 有遷; 我絶慮, 無遷. 彼豈能與我行此危事也哉? 事君勇謀, 於此用之. 今夕必挑戰, 以廣民心. 請王勵士, 以奮其朋勢. 勸之以高位重畜, 備刑戮以辱其不勵者, 令各輕其死. 彼將不戰而先我, 我旣執諸侯之柄, 以歲之不穫也, 無有誅焉, 而先罷之, 諸侯必悅. 旣而皆入其地, 王安挺志, 一日惕, 一日留, 以安步王志. 必設以此民也, 封於江, 淮之間, 乃能至於吳.」吳王許諾.

4.《國語》吳語

吳王夫差還自黃池, 息民不戒. 越大夫種乃唱謀曰:「吾謂吳王將遂涉吾地, 今罷師而不戒以忘我, 我不可以怠. 日臣嘗卜於天, 今吳民旣罷, 而大荒薦饑, 市無赤米, 而囷鹿空虛, 其民必移就蒲蠃於東海之濱. 天占旣兆, 人事又見, 我蔑卜筮矣. 王若今起師以會, 奪之利, 無使夫悛. 夫吳之邊鄙遠者, 罷而未至, 吳王將恥不戰, 必不須至之會也, 而以中國之師與我戰. 若事幸而從我, 我遂踐其地, 其至者亦將不能之會也已, 吾用禦兒臨之. 吳王若慍而又戰, 奔遂可出. 若不戰而結成, 王安厚取名而去之.」越王曰:「善哉!」乃大戒師, 將伐吳. 楚申包胥使於越, 越王句踐問焉, 曰:「吳國爲不道, 求踐我社稷宗廟, 以爲平原, 弗使血食. 吾欲與之徼天之衷, 唯是車馬, 兵甲, 卒伍旣具, 無以行之. 請問戰奚以而可?」包胥辭曰:「不知.」王固問焉, 乃對曰:「夫吳, 良國也, 能博取於諸侯. 敢問君王之所以與之戰者?」王曰:「在孤之側者, 觴酒, 豆肉, 簞食, 未嘗敢不分也. 飲食不致味, 聽樂不盡聲, 以求報吳. 願以此戰.」包胥曰:「善則善矣, 未可以戰也.」王曰:「越國之中, 疾者吾問之, 死者吾葬之, 老其老, 慈其幼, 長其孤, 問其病, 求以報吳. 願以此戰.」包胥曰:「善則善矣, 未可以戰也.」王曰:「越國之中, 吾寬民以子之, 忠惠以善之. 吾修令寬刑, 施民所欲, 去民所惡, 稱其善, 掩其惡, 求以報吳. 願以此戰.」包胥曰:「善則善矣, 未可以戰也.」王曰:「越國之中, 富者吾安之, 貧者吾與之, 救其不足, 裁其有餘, 使貧富皆利之, 求以報吳. 願以此戰.」包胥曰:「善則善矣, 未可以戰也.」王曰:「越國南則楚, 西則晉, 北則齊, 春秋皮幣, 玉帛, 子女以賓服焉, 未嘗敢絶, 求以報吳. 願以此戰.」包胥曰:「善哉, 蔑以加焉, 然猶未可以戰也. 夫戰, 智爲始, 仁次之, 勇次之. 不智, 則不知民之極, 無以銓度天下之衆寡; 不仁, 則不能與三軍共饑勞之殃; 不勇, 則不能斷疑以發大計.」越王曰:「諾.」越王句踐乃召五大夫, 曰:「吳爲不道, 求殘吳社稷宗廟, 以爲平原, 不使血食. 吾欲與之徼之衷, 唯是車馬, 兵甲, 卒伍旣具, 無以行之. 吾問於王孫包胥, 旣命孤矣; 敢訪諸大夫, 問戰奚以而可? 句踐願諸大夫言之, 皆以情告, 無阿孤, 孤將以擧大事.」大夫舌傭乃進對曰:「審賞則可以戰乎?」王曰:「聖.」大夫苦成進對曰:「審罰則可以戰乎?」王曰:「猛.」大夫種進對曰:「審物則可以戰乎?」王曰:「辯.」大夫蠡進對曰:「審備則可以戰乎?」王曰:「巧.」大夫皐如進對曰:「審聲則可以戰乎?」王曰:「可矣.」王乃命有司大令於國曰：「苟任戎者, 皆造於國門之外.」王乃命於國曰：「國人欲諸來告, 告孤不審, 將爲戮不利, 及吾日必審之, 過吾日, 道將不行.」王乃入命夫人. 王背屏而立, 夫人向屏. 王曰：「自今日以後, 內政無出, 外政無入. 內有辱, 是子也; 外有辱, 是我也. 吾見子於此止矣.」王遂出, 夫人送王, 不出屏, 乃闔左闔, 塡地以土, 去笄側席而坐, 不掃. 王背檐而立, 大夫向檐. 王命大夫曰：「食土不均, 地之不修, 內有辱於國, 是子也; 軍士不死, 外有辱, 是我也. 自今日以後, 內政無出, 外政無入, 吾見子於此止矣.」王遂出, 大夫送王, 不出檐, 乃闔左闔, 塡之以土, 側席而坐, 不掃. 王乃之壇列, 鼓而行之, 至於軍, 斬有罪者以徇, 曰：「莫如此以環瑱通相問也.」明日徙舍, 斬有罪者以徇, 曰：「莫如此不從其伍之令.」明日徙舍, 斬有罪者以徇, 曰：「莫如此不用王命.」明日徙舍, 至於禦兒, 斬有罪者以徇, 曰：「莫如此淫逸不可禁也.」王乃明有司大徇於軍, 曰：「有父母耆老而無昆弟者, 以告.」王親命之曰：「我有大事, 子有父母耆老, 而子爲我死, 子之父母將轉於溝壑, 子爲我禮已重矣. 子歸, 歿而父母之世. 後若有事, 吾與子圖之.」明日徇於軍, 曰：「有兄弟四五人皆在此者, 以告.」王親命之曰：「我有大事, 子有昆弟四五人皆在此, 事若不捷, 則是盡也. 擇子之所欲歸者一人.」明日徇於軍, 曰：「有眩瞀之病者, 以告.」王親命之曰：「我有大事. 子有眩瞀之病, 其歸若已. 後若有事, 吾與子圖之.」明日徇於軍, 曰：「筋力不足以勝甲兵, 志行不足以聽命者歸, 莫告.」明日, 遷軍接龢, 斬有罪者以徇, 曰：「莫如此志行不果.」於是人有致死之心. 王乃命有司大徇於軍, 曰：「謂二三子歸而不歸, 處而不處, 進而不進, 退而不退, 左而不左, 右而不右, 身斬, 妻子鬻.」於是吳王起師. 軍至江北, 越王軍於江南. 越王乃中分其師以爲左右軍, 以其私卒君子六千人爲中軍, 明日將舟戰於江, 及昏, 乃令左軍銜枚泝江五里以須, 亦令右軍銜枚踰江五里以須. 夜中, 乃命左軍, 右軍涉江鳴鼓中以須. 吳師聞之, 大駭, 曰：「越人分爲二師, 將以夾攻我師.」乃不待旦, 亦中分其師, 將以禦越. 越王乃令其中軍銜枚潛涉, 不鼓不譟以襲攻之, 吳師大北. 越之左軍, 右軍乃遂涉而從之, 又大敗之於沒, 又郊敗之, 三戰三北, 乃至於吳. 越師遂入吳國, 圍王臺. 吳王懼, 使人行成, 曰：「昔不穀先委制於越君, 君告孤請成, 男女服從. 孤無奈越之先君何, 畏天之祥, 不敢絶祀, 許君成, 以至於今. 今孤不道, 得罪於君王, 君以親辱於敝邑. 孤敢請成, 男女服爲臣御.」越王曰：「昔天以越賜吳, 而吳不受. 今天以吳賜越, 孤不聽天之命, 而聽君之令乎?」乃不許成. 因使人告於吳王曰：「天以吳賜越, 孤不敢不受. 以民生之不長, 王其無死! 民生於地上, 寓也. 其與幾何? 寡人其達王於甬句東. 夫婦三百, 唯王所安, 以沒王年.」夫差辭曰：「天旣降禍於吳國, 不在前後, 當孤之身, 寔失宗廟社稷. 凡吳土地人民, 越旣有之矣, 孤何以視於天下!」夫差將死, 使人說於子胥曰:「使死者無知, 則已矣. 若其有知, 吾何面目以見員也!」遂自殺. 越滅吳, 上征上國, 宋, 鄭, 魯, 衛, 陳, 蔡執玉之君皆入朝. 夫唯能下其羣臣, 以集其謀故也.

5. 《史記》吳太伯世家

十四年春, 吳王北會諸侯於黃池, 欲霸中國以全周室. 六月(戊)[丙]子, 越王句踐伐吳. 乙酉, 越五千人與吳戰. 丙戌, 虜吳太子友. 丁亥, 入吳. 吳人告敗於王夫差, 夫差惡其聞也. 或泄其語, 吳王怒, 斬七人於幕下. 七月辛丑, 吳王與晉定公爭長. 吳王曰:「於周室我爲長.」晉定公曰:「於姬姓我爲伯.」趙鞅怒, 將伐吳, 乃長晉定公. 吳王已盟, 與晉別, 欲伐宋. 太宰嚭曰:「可勝而不能居也.」乃引兵歸國. 國亡太子, 內空, 王居外久, 士皆罷敝, 於是乃使厚幣以與越平.

101(5-25)
황지黃池로 날아든 급보

오나라는 이윽고 진晉나라를 눌러 맹약의 수장이 되고 나서 돌아오면서 아직 황지黃池를 넘어오기 전이었다.

월越나라는 오왕이 오랫동안 밖에 머물며 돌아오지 않고 있다는 소식을 듣고 이에 군사들을 모아 장차 장산章山을 넘어 삼강三江을 건너 이들을 치고자 하였다.

오나라는 다시 제齊나라와 송宋나라가 뒤에서 자신들을 해칠까 두려워 왕손락王孫駱에게 명하여 주 왕실에게 공로를 보고토록 하였다.

"지난 날 초楚나라는 공물을 바치지도 않았고 형제 나라들을 멀리하였습니다. 우리 오나라는 선군 합려께서 차마 그들의 악행을 참을 수 없어 칼을 차고 창을 들고 초 소왕昭王과 들판에서 싸워 쫓았지요. 하늘이 그 충성됨을 생각하여 초나라 군사는 크게 패하고 말았습니다. 그런데 지금 제나라는 초나라보다도 현명하지 못하여 역시 천자의 명령을 봉해하지 않을뿐더러 형제 나라들을 멀리하고 있습니다. 이에 부차夫差께서 그들의 악행을 참을 수 없어 갑옷을 입고 칼을 차고 곧바로 애릉艾陵으로 갔습니다. 하늘이 오나라에게 복을 내려 제나라 군사는 예봉을 돌려 물러서고 말았습니다. 부차는 어찌 감히 스스로 그 공을 자랑하겠습니까? 이는 문왕文王과 무왕武王의 덕이 도왔기 때문이겠지요. 당시 우리는 오나라로 돌아갔더니 해마다 곡식이 제대로 익지 않아 드디어 장강長江을 따라 내려 가다가 회수淮水를 거슬러 깊은 운하를 파서 상商, 노魯 사이로 나섰다가 이제 돌아가고 있는 중입니다. 천자의 집사執事께 보고합니다."

주왕周王은 이렇게 답하였다.

"백부伯父께서 그대로 하여금 내게 와서 알리게 하였구나! 나라끼리 맹약을 맺어두면 나 한 사람은 그에 의지할 것이오. 나는 실로 이를 훌륭히 여기오. 백부께서 만약 능히 나 한 사람을 보필해 주신다면 길이 복을 받게 될 것인데 우리 주실周室이 무엇을 근심하겠소?"

이에 활과 왕의 제사용 고기를 하사하고 그의 호와 시호도 높여주었다.

오왕은 황지에서 돌아와서는 백성들을 쉬게 하고 군대를 해산하였다.

吳旣長晉而還, 未踰於黃池.

越聞吳王久留未歸, 乃悉士衆將踰章山, 濟三江, 而欲伐之.

吳又恐齊, 宋之爲害, 乃命王孫駱告勞于周, 曰:「昔楚不承供貢, 辟遠兄弟之國. 吳前君闔閭不忍其惡, 帶劍挺鈹, 與楚昭王相逐於中原. 天舍其忠, 楚師敗績. 今齊不賢於楚, 又不恭王命, 以遠辟兄弟之國. 夫差不忍其惡, 被甲帶劍, 徑之艾陵. 天福於吳, 齊師還鋒而退. 夫差豈敢自多其功? 是文, 武之德所祐助. 時歸吳, 不熟於歲, 遂緣江泝淮, 開溝深水, 出於商, 魯之間, 而歸. 告於天子執事.」

周王答曰:「伯父令子來乎! 盟國, 一人則依矣, 余實嘉之. 伯父若能輔余一人, 則兼受永福, 周室何憂焉?」

乃賜弓弩, 王胙, 以增號諡.

吳王還歸自池, 息民散兵.

【黃池】 宋나라 地名. 지금 河南 封丘縣 서남쪽.

【章山】 徐天祜는 "章山, 卽〈禹貢〉所謂內方, 在江夏郡竟陵縣東北, 今荊門長林縣"이라 하였으나 《漢書》 地理志 江夏郡에는 "章山在東北, 古文以爲內方山"이라 하였고 《尙書》 禹貢에는 "內方, 大別, 二山名, 在荊州. 漢所經"이라 하여 지금의 湖北 鍾祥縣 西南 漢水 가에 있다 하였음.

【三江】 松江, 錢塘江, 浦陽江을 가리키며 越나라 경내를 흐르는 세 강. 徐天祜는 "三江: 一說松江, 錢塘, 浦陽江也. 《吳郡賦》注:「松江下七十里分流, 東北入海者謂婁江, 東南流者謂東江, 并松江謂三江.」 今其地亦名三江口, 卽范蠡乘舟所出之地"라 함. 그러나 《史記》 夏本紀 "震澤致定"의 〈正義〉에는 "澤在蘇州西四十五里. 三江者, 在蘇州東南三十里, 名三江口. 一江西南上七十里之太湖, 名曰松江, 古笠澤江; 一江東南上七十里, 名蜆湖, 名曰上江, 亦曰東江; 一江東北下三百餘里入海, 名曰下江, 亦曰婁江. 於其分處, 號曰三江口. 顧夷《吳地記》云:「松江東北行七十里得三江口, 東北入海謂婁江, 東南入海謂東江, 并松江爲三江.」是也"라 함.

【齊, 宋之爲害】 제나라와 송나라가 뒤에서 추격해올 것을 걱정함.

【辟遠】 辟은 僻과 같음. 멀리함. 거들떠보지 않음. 보호를 하지 않음.

【兄弟之國】 周나라와 同姓인 姬姓의 제후국들.

【前君闔閭】 前君은 先君. 闔閭는 闔廬로도 표기하며 원래 公子 光. 諸樊의 아들. 吳王 僚를 죽이고 자립하여 霸者가 되었으나 橋里에서 越에게 패해 후퇴하던 陘에서 생을 마침. B.C.515~B.C.497년까지 19년간 재위함.

【帶劍挺鈹】 칼을 차고 창을 잡음. 鈹는 자루가 길며 칼처럼 생긴 창.

【楚昭王】 楚나라 군주. 姓은 芈, 이름은 珍. 平王이 秦나라 공주를 맞아들여 낳은 아들. B.C.515~B.C.489년까지 27년간 재위함.

【中原】 《國語》 吳語 注에 "中原, 原中也"라 함.

【敗績】 크게 패함. 全軍이 대패하였을 때 쓰는 말. 《左傳》 莊公 11년 傳에 "凡師, 敵未陳曰敗某師, 皆陳曰戰, 大崩曰敗績"이라 하였고, 《尙書》 湯誓 "夏師敗績"의 〈傳〉에도 "大崩曰敗績"이라 함.

【天舍其忠】 〈萬曆本〉《吳越春秋》에는 "天念其忠"으로 되어 있고, 《國語》 吳語에는 "天舍其衷"으로 되어 있으며 韋昭 注에 "衷, 善也. 言天舍善於吳"라 함.

【不賢於楚】 《國語》 吳語에는 "不鑑於楚"로 되어 있음. 초나라 사례를 거울로 삼지 않음.

【不恭王命】 '恭'은 '供'과 같음. 奉行함.

【徑之艾陵】'徑'은 〈貴州本〉에는 '經'으로 되어 있음. '艾陵'은 齊나라 地名.《史記》
伍子胥列傳 "大敗齊師於艾陵"의 〈正義〉에 "《括地志》云:「艾山, 在兗州博城縣
南百六十里, 本齊博邑"이라 함. 지금의 山東 萊蕪縣 동북.《左傳》과《國語》에
의하면 艾陵之戰은 吳王 夫差 11년(B.C.485)이었음.

【還鋒而退】예봉을 되돌려 물러감.

【文武】周나라 始祖인 文王(姬昌)과 武王(姬發). 둘 모두 聖王으로 추앙함.

【不熟】곡식이 여물지 않음. 國語 吳語 注에 "言伐齊之明年, 不至於穀熟而復出師"
라 함.

【緣江沂淮】長江을 따라 내려오다가 다시 淮水를 거슬러 올라감. '沂'는 '溯'와
같음.

【開溝深水】운하를 파서 물이 깊도록 함.

【商, 魯之間】商은 宋나라. 宋나라는 商나라의 후예 微子 啓를 봉하여 宋나라를
흔히 商으로도 부름. 지금의 河南 商丘. 魯는 魯나라. 지금의 山東 曲阜.《國語》
吳語에 "闕爲深溝, 通於商魯之間"이라 함.

【周王】당시 天子 周王은 敬王(姬丐, 姬匃)이었음. B.C.519~B.C.476년까지 44년간
재위함.

【伯父】天子가 同姓의 제후를 칭할 때 建國 시조의 行列에 따라 伯父, 혹 叔父로,
異姓 諸侯國 군주는 伯舅 등으로 불렀음. 吳나라 시조 太伯은 맏이였으므로
吳王 夫差를 伯父로 부른 것.《禮記》覲禮에 "同姓大國則曰伯父, 其異姓則曰
伯舅"라 함.

【一人】天子가 자신을 직접 지칭할 때 쓰는 말.《尚書》呂刑에 "一人有慶, 萬人
賴之"라 함.

【弓弩】天子가 제후에게 下賜하는 붉은 칠을 한 활. 彤弓.

【王阼】'阼'는 '胙'가 아닌가 함. 왕의 종묘제사에 쓰는 육류로서 날 것은 脤, 익힌
것을 膰이라 하며 고대 제후국에게 고마움을 표할 때 '脤膰之禮'가 있었음.
《周禮》春官 大宗伯에 "二脤膰之禮, 親兄弟之國"이라 함. 그러나 阼는 동쪽
계단으로 賓客 사이에 높은 이가 오르는 곳으로 吳王 부차를 높여준 것이라
보기도 함.

【增號諡】제후의 名號를 높여 줌. 즉 公侯伯子男의 칭호에서 한 단계 높여
부르는 것.

【自池】지는 黃池를 줄여서 쓴 것. 徐天祜는 "池字上, 當有黃字"라 함.

1. 《左傳》 哀公 13년

公會晉侯及吳子于黃池.

夏, 公會單平公, 晉定公, 吳夫差于黃池.

六月丙子, 越子伐吳, 爲二隧, 疇無餘, 謳陽自南方, 先及郊. 吳大子友, 王子地, 王孫彌庸, 壽於姚自泓上觀之. 彌庸見姑蔑之旗, 曰:「吾父之旗也. 不可以見讎而弗殺也.」大子曰:「戰而不克, 將亡國, 請待之」彌庸不可, 屬徒五千, 王子地助之. 乙酉, 戰, 彌庸獲疇無餘, 地獲謳陽. 越子至, 王子地守. 丙戌, 復戰, 大敗吳師, 獲大子友, 王孫彌庸, 壽於姚. 丁亥, 入吳. 吳人告敗于王. 王惡其聞也, 自刭七人於幕下.

2. 《國語》 吳語

吳王旣會, 越聞愈章, 恐齊, 宋之爲己害也, 乃命王孫雒先與勇獲帥徒師, 以爲過賓於宋, 以焚其北郛焉而過之.

3. 《國語》 吳語

吳王夫差旣退于黃池, 乃使王孫苟告勞于周, 曰:「昔者, 楚人爲不道, 不承共王事, 以遠我一二兄弟之國. 吾先君闔廬不貫不忍, 被甲帶劍, 挺鈹搢鐸, 以與楚昭王毒逐於中原柏擧. 天舍其衷, 楚師敗績, 王去其國, 遂至于郢. 王總其百執事, 以奉其社稷之祭. 其父子, 昆弟不相能, 夫槩王作亂, 是以復歸於吳. 今齊侯壬不鑒於楚, 又不承共王命, 以遠我一二兄弟之國. 夫差不貫不忍, 被甲帶劍, 挺鈹搢鐸, 遵汶伐博, 簦笠相望於艾陵. 天舍其衷, 齊師還. 夫差豈敢自多? 文, 武寔是舍其衷. 歸不稔於歲, 余沿江泝淮, 闕溝深水, 出於商, 魯之間, 以徹於兄弟之國. 夫差克有成事, 敢使苟告於下執事」周王答曰:「苟, 伯父令女來, 明紹享余一人, 若余嘉之. 昔周室逢天之降禍, 遭民之不祥, 余心豈忘憂恤, 不唯下土之不康靖? 今伯父曰:『戮力同德.』伯父若能然, 余一人兼受而介福. 伯父多歷年以沒元身, 伯父秉德已侈大哉!」

4. 《史記》 吳太伯世家

十四年春, 吳王北會諸侯於黃池, 欲霸中國以全周室. 六月(戊)[丙]子, 越王句踐伐吳. 乙酉, 越五千人與吳戰. 丙戌, 虜吳太子友. 丁亥, 入吳. 吳人告敗於王夫差, 夫差惡其聞也. 或泄其語, 吳王怒, 斬七人於幕下. 七月辛丑, 吳王與晉定公爭長. 吳王曰:「於周室我爲長」晉定公曰:「於姬姓我爲伯」趙鞅怒, 將伐吳, 乃長晉定公. 吳王已盟, 與晉別, 欲伐宋. 太宰嚭曰:「可勝而不能居也」乃引兵歸國. 國亡太子, 內空, 王居外久, 士皆罷敝, 於是乃使厚幣以與越平.

102(5-26)
오나라의 참패

부차夫差 20년(B.C.476), 월왕越王이 군사를 일으켜 오나라를 쳐들어오자 오자라는 월나라와 취리檇李에서 전투를 벌였다.

오나라 군사가 크게 패하여 군사들은 흩어지고 죽은 자는 헤아릴 수 없을 정도였다.

월나라 군사가 깨어진 오나라를 추격하자 오왕은 급한 나머지 왕손락王孫駱을 사신으로 하여 머리를 조아리며 화평을 청하여 마치 지난날 월나라가 와서 하듯이 하였다.

월왕이 대답하였다.

"지난 날, 하늘이 월나라를 그대 오나라에게 주었을 때 오나라는 받지 않았다. 지금 하늘이 오나라를 우리 월나라에게 주는데 어찌 그것을 거역할 수 있겠는가? 내 청하건대 오왕에게 구장勾章과 용강甬江의 동쪽 땅을 주어 나와 그대가 두 임금으로 살았으면 하노라!"

오왕이 대답하였다.

"내가 주周나라에서 그대보다 앞서 예우를 받으며 밥을 먹었소. 만약 월왕께서 주실周室의 본뜻을 잊지 않는다면 우리를 부읍附邑으로 삼아 주시오. 이것이 역시 과인의 바람이오. 행인行人을 보내어 열국列國의 의로써 화친을 청하오니 오직 군왕의 뜻에 달려 있을 뿐이오."

대부 문종文種이 말하였다.

"오나라는 무도한데 지금 다행히 사로잡게 되었으니, 원컨대 왕께서는 그의 목숨을 제압하소서.”

월왕이 말하였다.

“내 장차 너의 사직을 잔멸하고 너의 종묘를 허물어뜨릴 것이다.”

오왕은 묵연히 말이 없었다.

이렇게 일곱 번이나 사신이 되돌아오도록 화평을 청하였으나 월왕은 들어주지 않았다.

二十年, 越王興師伐吳, 吳與越戰於檇李.

吳師大敗, 軍散, 死者不可勝計.

越追破吳, 吳王困急, 使王孫駱稽首請成, 如越之來也.

越王對曰:「昔天以越賜吳, 吳不受也. 今天以吳賜越, 其可逆乎? 吾請獻句, 甬東之地, 吾與君爲二君乎!」

吳王曰:「吾之在周, 禮前王一飯. 如越王不忘周室之義, 而使爲附邑, 亦寡人之願也. 行人請成列國之義, 惟君王有意焉.」

大夫種曰:「吳爲無道, 今幸擒之, 願王制其命.」

越王曰:「吾將殘汝社稷, 夷汝宗廟.」

吳王黙然.

請成七反, 越王不聽.

【檇李】'檇里', '醉李', '就李' 등 여러 표기가 있으며 越나라 地名. 지금의 浙江嘉興市 서남.《左傳》定公 14年(B.C.496)년 闔閭가 이곳에서 越나라와의 전투중에 발가락 부상을 입고 형에서 죽음을 맞이하기도 하였음. 傳에 "吳伐越, 越子句踐禦之, 陳于檇李. 句踐患吳之整也, 使死士再禽焉, 不動. 使罪人三行, 屬劍於頸, 而辭曰:「二君有治, 臣奸旗鼓. 不敏於君之行前, 不敢逃刑, 敢歸死.」

遂自剄也. 師屬之目, 越子因而伐之, 大敗之. 靈姑浮以戈擊闔廬, 闔廬傷將指, 取其一屨. 還, 卒於陘, 去檇李七里. 夫差使人立於庭, 苟出入, 必謂己曰:「夫差! 而忘越王之殺而父乎?」則對曰:「唯. 不敢忘!」三年乃報越"라 함.

【請成】 和平을 청함. 화평이 맹약을 맺을 것을 청함.

【勾, 甬東】 勾章과 甬江의 동쪽. 徐天祜 注에 "勾, 勾章; 甬, 甬江. 東, 東境也. 杜預曰:「甬東, 會稽句章縣東海中洲也.」今屬鄞縣境"이라 함. '勾'는 '句'로도 표기하며 지금의 浙江 餘姚縣 동남. 甬江은 四明山에서 발원하여 浙江 鄞縣과 鎭海縣을 거쳐 바다로 들어감.《一統志》에 "今浙江定海縣東三十里有翁山, 一名翁洲, 即《春秋》之甬東"이라 하였으며 지금의 寧波 앞바다의 舟山列島를 가리키는 것으로 봄.《國語》에 의하면 越王 句踐은 吳王 夫差를 살려주어 이곳 외진 列島에 정착시킨 다음 편안히 살도록 해 줄 생각이 있었음. 참고란을 볼 것.

【禮前王一飯】 王은 越王. 前은 시간적으로 앞섬. "그대 越王보다 앞서 天子 周王에게 禮로써 대접을 받은 것"을 내세운 것임. 그러나《國語》에는 "寡人禮先一飯矣"라 하였고 韋昭 注에 "言己年長於越王, 覺差一飯之間, 欲以少長求免也"라 하여 나이 차이로 보아 자신을 예로 대접해 줄 것을 요구한 것이라 하였음.

【附邑】 附庸國.

【行人】 外交, 通譯, 朝聘, 賓客 접대, 儀典 등의 禮를 담당하는 大夫.

【種】 大夫 文種. 자는 子禽, 혹 少禽, 會. 越나라 대부로 智謀가 있어 范蠡와 함께 句踐을 도와 吳나라에게 복수를 하고 句踐을 霸者로 만든 名臣. 그 뒤에 范蠡가 떠나고 句踐에게 죽임을 당함. 그러나 徐天祜 注에는 "大夫種, 姓文氏, 字會. 楚之鄒人"이라 함.

【制其命】 그 목숨을 제압함.《禮記》月令 注 "制肺及心肝爲俎"의 疏에 "制謂截割"이라 하여 죽여 없앰을 뜻함.

【請成七反】 '反'은 '返'과 같음.

참고 및 관련 자료

1.《左傳》哀公 22년

冬十一月丁卯, 越滅吳, 請使吳王居甬東. 辭曰:「孤老矣, 焉能事君?」乃縊. 越人以歸.

2.《國語》吳語

吳王夫差還自黃池, 息民不戒. 越大夫種乃唱謀曰:「吾謂吳王將遂涉吾地,今罷師而不戒以忘我, 我不可以怠. 日臣嘗卜於天, 今吳民既罷, 而大荒薦饑, 市無赤米, 而困鹿空虛, 其民必移就蒲嬴於東海之濱. 天占既兆, 人事又見, 我籛卜筮矣. 王若今起師以會, 奪之利, 無使夫悛. 夫吳之邊鄙遠者, 罷而未至, 吳王將恥不戰, 必不須至之會也, 而以中國之師與我戰. 若事幸而從我, 我遂踐其地, 其至者亦將不能之會也已, 吾用禦兒臨之. 吳王若慍而又戰, 奔遂可出. 若不戰而結成, 王安厚取名而去之.」越王曰:「善哉!」乃大戒師, 將伐吳. 楚申包胥使於越, 越王句踐問焉, 曰:「吳國爲不道, 求踐我社稷宗廟, 以爲平原, 弗使血食. 吾欲與之徼天之衷, 唯是車馬, 兵甲, 卒伍既具, 無以行之. 請問戰奚以而可?」包胥辭曰:「不知.」王固問焉, 乃對曰:「夫吳, 良國也, 能博取於諸侯. 敢問君王之所以與之戰者?」王曰:「在孤之側者, 觴酒, 豆肉, 簞食, 未嘗敢不分也. 飲食不致味, 聽樂不盡聲, 以求報吳. 願以此戰.」包胥曰:「善則善矣, 未可以戰也.」王曰:「越國之中, 疾者吾問之, 死者吾葬之, 老其老, 慈其幼, 長其孤, 問其病, 求以報吳. 願以此戰.」包胥曰:「善則善矣, 未可以戰也.」王曰:「越國之中, 吾寬民以子之, 忠惠以善之. 吾修令寬刑, 施民所欲, 去民所惡, 稱其善, 掩其惡, 求以報吳. 願以此戰.」

包胥曰:「善則善矣, 未可以戰也.」王曰:「越國之中, 富者吾安之, 貧者吾與之, 救其不足, 裁其有餘, 使貧富皆利之, 求以報吳. 願以此戰.」包胥曰:「善則善矣, 未可以戰也.」王曰:「越國南則楚, 西則晉, 北則齊, 春秋皮幣, 玉帛, 子女以賓服焉, 未嘗敢絕, 求以報吳. 願以此戰.」包胥曰:「善哉, 蔑以加焉, 然猶未可以戰也. 夫戰, 智爲始, 仁次之, 勇次之. 不智, 則不知民之極, 無以銓度天下之衆寡; 不仁, 則不能與三軍共饑勞之殃; 不勇, 則不能斷疑以發大計.」越王曰:「諾.」越王句踐乃召五大夫, 曰:「吳爲不道, 求殘吳社稷宗廟, 以爲平原, 不使血食. 吾欲與之徼之衷, 唯是車馬, 兵甲, 卒伍既具, 無以行之. 吾問於王孫包胥, 既命孤矣; 敢訪諸大夫, 問戰奚以而可? 句踐願諸大夫言之, 皆以情告, 無阿孤, 孤將以舉大事.」大夫舌傭乃進對曰:「審賞則可以戰乎?」王曰:「聖.」大夫苦成進對曰:「審罰則可以戰乎?」王曰:「猛.」大夫種進對曰:「審物則可以戰乎?」王曰:「辯.」大夫蠡進對曰:「審備則可以戰乎?」王曰:「巧.」大夫皋如進對曰:「審聲則可以戰乎?」王曰:「可矣.」王乃命有司大令於國曰:「苟任戎者, 皆造於國門之外.」王乃命於國曰:「國人欲諸來告, 告孤不審, 將爲戮不利, 及吾日必審之, 過吾日, 道將不行.」王乃入命夫人. 王背屏而立, 夫人向屏. 王曰:「自今日以後, 內政無出, 外政無入. 內有辱, 是子也; 外有辱, 是我也. 吾見子於此止矣.」王遂出, 夫人送王, 不出屏, 乃闔左闔, 塡地以土, 去笄側席以坐, 不掃. 王背檐而立, 大夫向檐. 王命大夫曰:「食土不均, 地之不修, 内有辱於國, 是子也; 軍士不死, 外有辱, 是我也. 自今日以後, 内政無出, 外政無入, 吾見子於此止矣.」王遂出, 大夫送王, 不出檐, 乃閤左闔, 填之以土, 側席而坐, 不掃. 王乃之壇列, 鼓而行之, 至於軍, 斬有罪者以徇, 曰:「莫如此以環瑱通相問也.」明日徙舍, 斬有罪者以徇, 曰:「莫如此不從其伍之令.」明日徙舍, 斬有罪者以徇, 曰:「莫如此不用王命.」明日徙舍, 至於禦兒, 斬有罪者以徇, 曰:「莫如此淫逸不可禁也.」王乃明有司大徇於軍, 曰:「有父母耆老而無昆弟者, 以告.」王親命之曰:「我有大事, 子有父母耆老, 而子爲我死, 子之父母將轉於溝壑, 子爲我禮已重矣. 子歸, 歿而父母之世. 後若有事, 吾與子圖之.」明日徇於軍, 曰:「有兄弟四五人皆在此者, 以告.」王親命之曰:「我有大事, 子有昆弟四五人皆在此, 事若不捷, 則是盡也. 擇子之所欲歸者一人.」明日徇於軍, 曰:「有眩瞀之病者, 以告.」王親命之曰:「我有大事. 子有眩瞀之病, 其歸若已. 後若有事, 吾與子圖之.」明日徇於軍, 曰:「筋力不足以勝甲兵, 志行不足以聽命者歸, 莫告.」明日, 遷軍接龢, 斬有罪者以徇, 曰:「莫如此志行不果.」於是人有致死之心. 王乃命有司大徇於軍, 曰:「謂二三子歸而不歸, 處而不處, 進而不進, 退而不退, 左而不左, 右而不右, 身斬, 妻子鬻.」於是吳王起師. 軍至江北, 越王軍於江南. 越王乃中分其師以爲左右軍, 以其私卒君子六千人爲中軍, 明日將舟戰於江, 及昏, 乃令左軍衘枚泝江五里以須, 亦令右軍衘枚踰江五里以須. 夜中, 乃命左軍, 右軍涉江鳴鼓中以須. 吳師聞之, 大駭, 曰:「越人分爲二師, 將以夾攻我師.」乃不待旦, 亦中分其師, 將以禦越. 越王乃令其中軍衘枚潛涉, 不鼓不譟以襲攻之, 吳師大北. 越之左軍, 右軍乃遂涉而從之, 又大敗之於沒, 又郊敗之, 三戰三北, 乃至於吳. 越師遂入吳國, 圍王臺. 吳王懼, 使人行成, 曰:「昔不穀先委制於越君, 君告孤請成, 男女服從. 孤無奈越之先君何, 畏天之祥, 不敢絶祀, 許君成, 以至於今. 今孤不道, 得罪於君王, 君以親辱於敝邑. 孤敢請成, 男女服爲臣御.」越王曰:「昔天以越賜吳, 而吳不受. 今天以吳賜越, 孤敢不聽天之命, 而聽君之令乎?」乃不許成. 因使人告於吳王曰:「天以吳賜越, 孤不敢不受. 以民生之不長, 王其無死! 民生於地上, 寓也. 其與幾何? 寡人其達王於甬句東. 夫婦三百, 唯王所安, 以沒王年.」夫差辭曰:「天既降禍於吳國, 不在前後, 當孤之身, 寔失宗廟社稷. 凡吳土地人民, 越既有之矣, 孤何以視於天下!」夫差將死, 使人說於子胥曰:「使死者無知, 則已矣. 若其有知, 吾何面目以見員也!」遂自殺. 越滅吳, 上征上國, 宋, 鄭, 魯, 衛, 陳, 蔡執玉之君皆入朝. 夫唯能下其羣臣, 以集其謀故也.

103(5-27)
길 가의 참외

부차夫差 23년(B.C.473) 10월, 월왕이 다시 오나라를 쳐들어왔다.

오나라는 곤핍하여 싸울 수조차 없었고 사졸은 뿔뿔이 흩어졌으며 성문은 지키지도 못하여 드디어 오나라를 도륙하고 말았다.

오왕은 신하들을 거느리고 도망쳐 달아나면서 낮에는 뛰고 밤에는 달리고 하여 사흘 밤낮에 걸쳐 진여항산秦餘杭山에 이르렀다.

가슴속에는 걱정근심에 쌓인 채 눈은 망망하였고 걸음은 창광猖狂하였으며 배는 고프고 입은 주려 돌아보다가 생쌀을 얻자 이를 먹었으며 땅에 엎드려 물을 마시고는 좌우를 돌아보며 물었다.

"이 풀은 이름이 무엇인가?"

신하들이 대답하였다.

"이는 날 벼입니다."

오왕이 말하였다.

"이것이 공손성公孫聖이 말한 '익힌 음식을 먹지 못하리라'라 한 것과 '도망치느라 장황偉偟하게 될 것'이라 한 것이었구나."

왕손락王孫駱이 말하였다.

"그나마 실컷 드시고 떠납시다. 앞에 서산胥山이 있으니 서쪽 언덕에 가히 숨어 멈출 만한 곳이 있습니다."

왕이 다시 떠나 잠시 싱싱한 참외가 이미 익어 있음을 발견하고 오왕은 이를 따서 먹었다.

그리고 좌우에게 물었다.

"어찌 겨울철에 싱싱한 참외가 있는가? 길 가에 나 있는데 사람들이 어찌 따먹지 않았느냐?"

좌우가 말하였다.

"이는 분종지물糞種之物이라 하여 사람들이 먹지 않습니다."

오왕이 물었다.

"무엇을 일러 분종이라 하는가?"

좌우가 말하였다.

"한 여름에 사람들이 싱싱한 참외를 먹고 길가에서 볼일을 보게 되면 섞여 나온 씨앗이 다시 자라지만 가을 서리를 겪은 것이라 사람들이 싫어하지요. 그 때문에 먹지 않는 것입니다."

오왕은 탄식하여 말하였다.

"자서子胥가 말한 '아침밥을 먹는다'라는 것이 이것이었구나."

그리고 태재太宰 백비白嚭에게 말하였다.

"내 공손성公孫聖을 죽여 서산 꼭대기에 던져버렸지. 나는 천하의 책망하는 부끄러움이 두려워 내 발이 앞으로 나아가지 못하고 마음도 앞으로 나아갈 수 없구나."

태재 백비가 말하였다.

"죽음과 삶, 실패와 성공은 진실로 능히 피할 수 있겠지요!"

오왕이 말하였다.

"그렇구나! 어찌 이를 몰랐을까? 그대는 앞으로 나서며 그를 불러보아라. 공손성이 있다면 즉시 응답이 있을 것이다."

오왕은 진여항산에 멈추어 소리쳐 불렀다.

"공손성!"

세 번을 소리치자 공손성이 산 속에서 응답하였다.

"공손성!"

세 번 부를 때마다 세 번을 메아리가 응답해 오자 오왕은 하늘을 우러러 이렇게 부르짖었다.

"과인은 다시 돌아갈 수 있겠는가? 그렇게만 된다면 과인은 대대로 공손성을 모실 텐데."

二十三年, 十月, 越王復伐吳.

吳國困不戰, 士卒分散, 城門不守, 遂屠吳.

吳王率群臣遁去, 晝馳夜走, 三日三夕, 達於秦餘杭山.

胸中愁憂, 目視茫茫, 行步猖狂, 腹餒口饑, 顧得生稻而食之, 伏地而飲水, 雇左右曰:「此何名也?」

對曰:「是生稻也.」

吳王曰:「是公孫聖所言『不得火食』, 『走偉徨』也.」

王孫駱曰:「飽食而去, 前有胥山, 西坂中可以匿止.」

王行, 有頃, 因得自生瓜, 已熟, 吳王掇而食之.

謂左右曰:「何冬而生瓜? 近道人不食, 何也?」

左右曰:「謂糞種之物, 人不食也.」

吳王曰:「何謂糞種?」

左右曰:「盛夏之時, 人食生瓜, 起居道傍, 子復生, 秋霜惡之, 故不食.」

吳王歎曰:「子胥所謂『旦食』者也.」

謂太宰嚭曰:「吾戮公孫聖, 投胥山之巔. 吾以畏責天下之慚, 吾足不能進, 心不能往.」

太宰嚭曰:「死與生, 敗與成, 故有避乎!」

王曰:「然! 曾無所知乎? 子試前呼之, 聖在, 當卽有應.」

吳王止秦餘杭山, 呼曰:「公孫聖!」

三反呼, 聖從山中應曰:「公孫聖!」

三呼三應, 吳王仰天呼曰:「寡人豈可返乎? 寡人世世得聖也.」

【秦餘杭山】 蒸丘, 蒸山. 지금의 江蘇 吳縣 서북쪽에 있는 산 이름. 徐天祜는 "一名蒸山, 又名陽山, 在吳縣西北三十里"라 함. 지금의 蘇州 西北에 있는 南陽山, 속칭 陽山, 萬安山, 秦餘杭山 등으로도 불림. 《吳郡志》(8)에 "秦餘杭山, 卽今陽山"이라 하였고, 같은 곳(39)에는 "吳王夫差墓在陽山. ……《史記》正義: 「夫差棲於姑蘇山, 轉戰西北, 敗於干遂. 在蘇州西北四十李萬安山有遂山.」"이라 함. 한편 《史記》春申君列傳〈正義〉에는 "干遂, 吳地名也, 出萬安山, 西南一里太湖, 卽吳王夫差自刭處, 在蘇州西北四十里"라 하였고 《越絶書》外傳記吳地傳에는 "秦餘杭山者, 越王棲吳夫差山也. 去縣五十里, 山有湖水, 近太湖"라 함.

【猖狂】 미친 듯이 허둥대거나 비틀거리는 모습. 疊韻連綿語.

【生稻】 밥으로 짓지 않은 생쌀. 《荀子》禮論 "飯以生稻"의 注에 "生稻, 米也"라 함. 《太平御覽》에는 "故得生稻而取食之"라 함. 《越絶書》에는 '籠稻'로 되어 있음.

【公孫聖】 人名. 公孫은 復姓. 越公에게 점술을 배워 해몽에 뛰어났던 인물. 그가 오왕의 꿈을 바르게 해몽해주었다가 억울하게 죽임을 당한 것은 086, 087을 참조할 것.

【偉偟】 '章皇'으로도 표기하며 놀라고 두려워함. 당황함. 역시 疊韻連綿語. "不得火食, 走偉偟"의 표현은 公孫聖의 꿈 해몽에서 했던 말임. 087을 참조할 것.

【胥山】 徐天祜는 "在吳縣西四十里.〈子胥傳〉云: 「吳王取子胥尸, 浮之江中, 吳人憐之, 爲立祠於江上, 因名曰胥山.」《寰宇記》亦同"이라 하였으나 이는 지금의 蘇州 서남쪽 太湖 東岸 胥口津 동남쪽의 胥山을 가리킴. 《吳郡志》(48)에도 "胥山在太湖口, 上有伍子胥廟, 舟行自此入太湖, 故名胥口. 今自吳故城至胥山四十里"라 함. 그러나 본문에서의 胥山은 伍子胥와 관련이 없는 곳으로 보이며 秦餘杭山과 혼동한 것이 아닌가 함.

【糞種之物】 대변에 섞여 나온 씨앗에서 싹이 나서 자란 것.

【起居】 원래 일상생활을 가리키는 말인데 여기서는 구체적으로 대변을 봄을 뜻함.

【子復生】 씨가 떨어져 다시 싹이 남. '子'는 '種'과 같으며 씨앗을 가리킴.

【秋霜, 惡之】 가을 서리가 이를 잔폐시킴. '惡'는 '잔폐시키다'의 뜻. 《荀子》富國扁 "或美或惡"의 注에 "惡謂刑戮"이라 함. 그러나 "가을 서리에 제대로 익지도 않을뿐더러 인분에서 나서 자란 것이므로 사람들이 싫어하다"의 뜻으로 보는 것이 맞을 듯함.

【旦食】 아침 식사. 伍子胥가 이러한 말을 한 것은 나타나지 않음.

【三呼三應】 세 번 그 이름을 부르자 세 번 메아리가 울려옴.

【固有避乎】《古書虛字集解》에 "故, 通固; 有猶能"이라 하여 "固能避乎"가 되어 "진실로 능히 피할 수 있을 것"이라는 期待와 肯定으로 본 것.

【曾無所知乎】'曾'은 '何'와 같음.

【世世得聖也】'得'은 '侍'의 오기. 혹은 '得'자 다음에 '事자'가 있어야 함.《越絶書》에는 "誠世世相事"라 함.

참고 및 관련 자료

1.《越絶書》(10)

王孫駱爲左校司馬, 太宰嚭爲右校司馬, 王從騎三千, 旌旗羽蓋, 自處中軍. 伐齊, 大剋. 師兵三月不去, 過伐晉. 晉知其兵革之罷倦, 糧食盡索, 興師擊之, 大敗吳師. 涉江, 流血浮尸者, 不可勝數. 吳王不忍, 率其餘兵, 相將至秦餘杭之山. 饑餓, 族行乏糧, 視瞻不明. 據地飲水, 持籠稻而湌之. 顧謂左右曰:「此何名?」群臣對曰:「是籠稻也」吳王曰:「悲哉! 此公孫聖所言: 王且不得火食」太宰嚭曰:「秦餘杭山西坂開燕, 可以休息, 大王丞湌而去, 尙有十數里耳.」吳王曰:「吾嘗戮公孫聖於斯山, 子試爲寡人前呼之, 卽尙在耶, 當有聲響」太宰嚭卽上山三呼, 聖三應. 吳王大怖, 足行屬腐, 面如死灰色, 曰:「公孫聖, 令寡人得邦, 誠世世相事.」

2.《太平御覽》(839)

越王勾踐, 復興師伐吳, 吳王敗, 晝夜馳走, 三日, 飢顧見生稻而取食之.

3.《太平御覽》(978)

吳夫差爲越所敗, 遁而去, 得自生之瓜, 實已熟, 掇而食之. 問左右曰:「是乃冬, 有瓜, 近道而人不食, 何也?」左右曰:「盛夏之時, 人食生瓜, 起居道傍, 瓜子復生, 故人惡食.」

4.《藝文類聚》(87)

吳王夫差, 爲越所敗, 遁而去, 得自生之瓜食之也.

104(5-28)
오왕 부차의 최후

잠시 뒤 월나라 군사가 와서 오왕을 세 겹으로 포위하였다.

대부 문종文種이 상배相拜를 하고 범려范蠡는 중군中軍에서 왼손으로는 북을 들고 오른손으로는 북채를 잡고 북을 울렸다.

오왕이 글을 써서 화살에 매어 문종과 범려의 군사에게 쏘았는데 그 내용은 이러하였다.

"내 듣기로 '교활한 토끼가 죽고 나면 좋은 사냥개는 삶기게 마련이요, 적국을 멸하고 나면 모신은 틀림없이 죽음을 당한다' 하였소. 지금 오나라는 병들어 지쳐 있는데 그대 대부들은 무엇을 염려해야 할 것인지를 알고 있소?"

대부 문종과 상국 범려가 급히 공격을 하면서 대부 문종이 이렇게 글을 써서 화살에 매어 쏘아보냈다.

"하늘이 창창하여 있는 듯 없는 듯하지만 월왕 구천께서 나 문종에게 감히 이렇게 알리도록 하였소. 지난 날 하늘이 월나라를 그대 오나라에게 주었더니 오나라는 받으려 하지 않았으니 이는 하늘의 뜻을 거스른 것이었소. 구천께서는 하늘을 공경하고 공을 이루어 이윽고 귀국할 수 있었소. 지금 하늘이 월나라가 이룬 공을 보답하니 공경히 이를 받을 것이며 감히 옛 일을 잊지 않을 것이오. 게다가 오나라는 여섯 가지 큰 과오를 저질러 이렇게 망하는 지경에 이르고 말았음을 왕께서는 알고 있소? 충신 오자서伍子胥는 충간忠諫을 다하였으나 그 몸이 죽고 말았으니 큰 과실 첫 번째요.

공손성公孫聖은 직언으로 가르쳐주었건만 아무런 공도 인정하지 않았으니 이것이 두 번째 큰 과실이오. 태재 백비白嚭는 어리석으면서 아첨하는 말에만 능하며 경솔하고 아부에 뛰어나며, 망녕된 말을 입으로 제멋대로 내뱉는데도 그의 말을 듣고 그의 의견을 썼으니 이것이 세 번째 큰 과실이오. 무릇 제齊나라와 진晉나라는 반역을 저지른 행위도 없고 참치僭侈한 과실도 없는데도 오나라는 이 두 나라를 쳐서 임금과 신하를 욕보이고 사직을 훼멸하였으니 이것이 네 번째의 큰 과실이며, 게다가 오나라와 월나라는 같은 말을 쓰고 음률을 쓰고 있으며 위로 성수星宿의 분야 배합이나 아래로 지리 환경이 같건만 오나라가 우리를 침범하였으니 이것이 다섯 번째 큰 과실이오. 지난날 월나라는 친히 나서서 오나라 선왕 합려를 찔러 그 죄가 막대하지만 다행히 오나라가 우리 월나라를 칠 때 하늘의 명을 따르지 않아 우리 월나라에 대한 원한을 포기하여 뒤에 도리어 큰 재앙을 입게 되었으니 이것이 여섯 번째 큰 과실이오. 월왕께서는 삼가 하늘의 뜻을 깊이 새길 일이지 감히 그 명령대로 하지 않을 수 있겠소?"

대부 문종은 월왕에게 말하였다.

"중동中冬에 기氣가 이미 확정되어 하늘이 장차 만물을 모두 죽일 것이니 하늘의 죽임을 실행하지 않으면 도리어 그 재앙을 입습니다."

월왕은 공경의 절을 하고 이렇게 말하였다.

"좋소. 지금 오왕을 죽이려면 어찌해야 하오?"

대부 문종이 말하였다.

"임금께서는 오승五勝의 옷을 입으시고 보광검步光劍을 차시고 굴로모屈盧矛를 짚고 눈을 부릅뜨시고 큰 소리로 집행하십시오."

월왕이 말하였다.

"좋소."

이에 대부 문종의 말대로 오왕에게 이렇게 말하였다.

"진실로 오늘 그대의 명령을 듣겠소."

말을 하고 잠시 뒤 오왕은 그래도 자결을 하지 않았다.

월왕은 다시 이렇게 말을 전하도록 하였다.

"어찌 왕께서는 치욕을 참고 수치에 낯이 두껍기가 이와 같소? 세상에는 만세晩歲를 누리는 임금이 있을 수 없으며, 죽고 사는 것은 하나라오. 지금 그대는 아직도 남은 영화가 있는데 어찌 하필 우리 군사들 무리로 하여금 그대에게 칼날을 대도록 하오?"

〈吳王夫差鑒〉(부분) 春秋,
河南 輝縣 출토

오왕은 여전히 자결을 하려 하지 않았다.

월왕 구천이 문종과 범려에게 말하였다.

"두 사람은 어찌하여 오왕을 베지 않고 있소?"

문종과 범려가 말하였다.

"저희는 신하의 지위이므로 감히 남의 군주에게 주벌을 가할 수 없습니다. 원컨대 임금께서 급히 서둘러 명령을 내려주십시오. '하늘의 죽음을 당장 행하라. 오래 지체할 수 없다'라고요."

월왕은 다시 눈을 부릅뜨고 노한 목소리로 말하였다.

"죽음이란 사람이라면 싫어하는 바이다. 죽음을 싫어하는 것은 하늘에 죄를 얻는 것도 아니요 사람에게 부담을 주는 것도 아니다. 지금 그대는 여섯 가지 과실의 죄를 껴안고 있으면서 부끄러움과 치욕도 모른 채 살겠다고 하니 어찌 비루한 것이 아니겠는가?"

오왕은 이에 크게 한숨을 쉬며 사방을 돌아보고 이렇게 말하였다.

"좋소!"

그러고는 칼을 끌어당겨 엎어져 죽었다.

월왕이 태재 백비에게 말하였다.

"그대는 신하로서 충성도 없고 믿음이 없어 나라를 망하게 하고 임금을 죽게 하였다."

그러고는 백비와 그 처자를 함께 죽였다.

한편 오왕은 칼에 엎어져 죽으려 하면서 좌우를 돌아보고 이렇게 말하였다.

"나는 살아서도 이미 부끄럽고 죽어서도 또한 부끄럽구나. 죽은 자에게도 앎이 있다면 나는 지하에 계신 선군께 부끄럽고 차마 충신 오자서와 공손성을 볼 수가 없구나. 만약 죽은 뒤에는 아는 것이 없다면 살았던 삶에 죄를 지었구나. 죽은 다음에는 반드시 벽조緊組를 연결하여 내 눈을 씌워주되 그것으로도 덮이지 않겠거든 원컨대 다시 겹겹의 비단 3폭으로 덮어 밝은 빛이 들어가지 못하게 해 다오. 그리하여 살아 있는 자는 나를 환히 볼 수 없도록 하고, 죽은 자도 내 형체를 볼 수 없도록 말이다. 내 스스로 어찌 나를 그렇게 싸맬 수 있겠는가!"

월왕은 이에 오왕을 예를 갖추어 진여항산秦餘杭山의 비유卑猶에 장례를 치러주었다.

월왕은 군사들로 하여금 이번 오왕 처단에 공을 세운 이들을 모이게 하여 사람마다 젖은 흙 한 줌씩을 날라 오왕의 무덤을 채우게 하였다.

태재 백비도 역시 비유의 곁에 묻어 장례를 치러 주었다.

須臾, 越兵至, 圍吳三重.

大夫文種相拜, 范蠡在中行, 左手提鼓, 右手操枹而鼓之.

吳王書其矢而射種, 蠡之軍, 辭曰:「吾聞:『狡兔以死, 良犬就烹; 敵國如滅, 謀臣必亡』今吳病矣, 大夫何慮乎?」

大夫種, 相國蠡急而攻.

大夫種書矢射之, 曰:「上天蒼蒼, 若存若亡. 越君句踐下臣種敢言之: 昔天以越賜吳, 吳不肯受, 是天所反. 句踐敬天而功, 旣得返國. 今上天報越之功, 敬而受之, 不敢忘也. 且吳有大過六, 以至於亡, 王知之乎? 有忠臣伍子胥忠諫而身死, 大過一也. 公孫聖直說而無功, 大過二也. 太宰嚭愚而佞言, 輕而讒諛, 妄語恣口, 聽而用之, 大過三也. 夫齊, 晉無返逆行, 無僭侈之過, 而吳伐二國, 辱君臣, 毀社稷, 大過四也. 且吳與越同音共律, 上合星宿,下共一理, 而吳侵伐, 大過五也. 昔越親戕吳之前王, 罪莫大焉, 而幸伐之, 不從天命而棄其讎, 後爲大患, 大過六也. 越王謹上刻青天, 敢不如命?」

大夫種謂越君曰:「中冬氣定, 天將殺戮. 不行天殺, 反受其殃.」

越王敬拜, 曰:「喏. 今圖吳王, 將爲何如?」

大夫種曰:「君被五勝之衣, 帶步光之劍, 仗屈盧之矛, 瞋目大言以執之.」

越王曰:「諾.」

乃如大夫種辭吳王曰:「誠以今日聞命.」

言有頃, 吳王不自殺.

越王復使謂曰:「何王之忍辱厚恥也! 世無萬歲之君, 死生一也. 今子尚有遺榮, 何必使吾師衆加刃於王?」

吳王仍未肯自殺.

句踐謂種, 蠡曰:「二子何不誅之?」

種, 蠡曰:「臣, 人臣之位, 不敢加誅於人主. 願主急而命之:『天誅當行, 不可久留.』」

越王復瞋目怒曰:「死者, 人之所惡. 惡者, 無罪於天, 不負於人. 今君抱六過之罪, 不知愧辱而欲求生, 豈不鄙哉?」

吳王乃太息, 四顧而望, 言曰:「諾!」

乃引劍而復之死.

越王謂太宰嚭曰:「子爲臣, 不忠無信, 亡國滅君.」

乃誅嚭幷妻子.

吳王臨欲伏劍, 顧謂左右曰:「吾生旣慚, 死亦愧矣. 使死者有知, 吾羞前君地下, 不忍睹忠臣伍子胥及公孫聖. 使其無知, 吾負於生. 死必連檠組以罩吾目, 恐其不蔽, 願復重羅繡三幅, 以爲掩明. 生不昭我, 死勿見我形. 吾何可哉!」

越王乃葬吳王以禮於秦餘杭山卑猶.

越王使軍士集於我戎之功, 人一隔土以葬之.

宰嚭亦葬卑猶之旁.

【圍吳三重, 大夫文種相拜】이 구절은 〈四部叢刊〉에는 "三圍吳" 3글자만 있으나 《太平御覽》(486)에 의해 보입함.

【種】大夫 文種. 자는 子禽, 혹 少禽, 會. 越나라 대부로 智謀가 있어 范蠡와 함께 句踐을 도와 吳나라에게 복수를 하고 句踐을 霸者로 만든 名臣. 그 뒤에 范蠡가 떠나고 句踐에게 죽임을 당함. 그러나 徐天祜 注에는 "大夫種, 姓文氏, 字會. 楚之鄒人"이라 함.

【蠡】范蠡. 越나라 大夫. 字는 少伯. 文種과 함께 越나라를 승리로 이끈 대신. 越나라가 吳나라에 패했을 때 3년을 臣僕으로 고생하다가 돌아와 句踐을 도와 吳나라를 멸하는데 큰 공을 세웠음. 그리고 즉시 句踐을 피해 이름을 鴟夷子皮로 바꾸고 몸을 숨겨 三江口를 거쳐 五湖로 나서 齊나라 陶 땅으로 옮겨가 陶朱公이라 칭하였으며 장사에 뛰어들어 큰 부자가 됨. 그의 많은 일화는 《國語》越語(下), 《左傳》, 《史記》越王句踐世家, 貨殖列傳, 《越絶書》등에 자세히 실려 있음. 徐天祜 注에 "范蠡, 楚三尸人也. 字少伯"이라 함.

【中行】中軍. 中行軍. 三軍 중 중앙에 포진한 군사들.

【枹】떡갈나무로 만든 북채. 〈四部叢刊〉에는 '袍'로 잘못 표기되어 있음.

【狡兔以死, 良犬就烹】'兎死狗烹'의 成語를 가리킴. 사냥감 토끼를 다 잡아 사냥개가 더 필요가 없게 되면 다음 차례는 개가 삶기게 됨. 句踐伐吳外傳에는

"狡兔以盡, 良犬就烹"이라 하였고 《史記》 越王句踐世家에는 "蜚鳥盡, 良弓藏; 狡兔死, 走狗烹"이라 하였고 〈淮陰侯列傳〉에는 "狡兔死, 良狗亨(烹); 高鳥盡, 良弓藏; 敵國破, 謀臣亡"이라 하였으며 《韓非子》 六微篇에도 "狡兔盡則良犬烹, 敵國滅則謀臣亡"이라 하여 당시 널리 쓰였던 성어임.

【句踐】 越王. '勾踐'으로도 표기함. 勾踐(句踐)은 越王 允常의 아들로 闔廬를 이어 越王이 됨. 麾下에 大夫 文種과 范蠡 등의 모신을 두고 吳王 夫差의 伯嚭(白嚭), 伍子胥와 대칭을 이루어 吳越鬪爭, 吳越同舟, 臥薪嘗膽 등의 많은 고사를 남김. 뒤에 결국 吳나라를 멸하고 南方 霸者가 되었다가 楚나라에게 망함. 한편 越나라는 《史記》 越世家에 "其先禹之苗裔而夏后帝少康之庶子也"라 함. 姒姓으로 지금의 浙江 紹興(옛 會稽)을 중심으로 句踐 때 크게 발전하였으며 일부 春秋五霸에서 宋 襄公 대신 句踐을 넣기도 함.

【僭侈】 본분을 넘어서거나 사치를 부림. 지나친 행동을 함.

【同音共律】 같은 言語와 비슷한 習俗을 뜻함. 지역이 인접하여 문화나 정서가 같음을 말함. 혹은 律曆을 같은 것을 씀. 혹은 律呂가 같음. 그러나 〈貴州本〉 注에는 五音六律로 보았음. 《後漢書》 桓譚傳 "因好音律"의 注에 "宮商角徵羽, 謂之五音. 聲成文謂之音. 律謂六律: 黃鍾, 太簇, 姑洗. 蕤賓, 無射, 夷則"이라 함.

【上合星宿】 하늘의 별자리가 같은 분야임. 李淳風의 《乙巳占》(3)에 "斗牛, 吳越之分野"라 함. 성수(星宿)는 별자리. 五星과 二十八宿. 《淮南子》 天文訓 注에 의하면 五星은 歲星(木星), 熒惑(火星), 鎭星(土星), 太白星(金星), 辰星(水星)을 가리키며, 二十八宿, 東方(角, 亢, 氐, 房, 心, 尾, 箕), 北方(斗, 牛, 女, 虛, 危, 室, 壁), 西方(奎, 婁, 胃, 昴, 畢, 觜, 參), 南方(井, 鬼, 柳, 星, 張, 翼, 軫) 등 동서남북 7개씩의 별을 가리킴. 한편 이들과 地上의 分野는 角亢은 鄭나라, 氐房心은 宋나라, 尾箕는 燕나라, 斗牛는 越나라, 須女는 吳나라에 해당한다고 하였음.

【下共一理】 자연 지리 환경 등이 한 가지로 같음. 山川, 氣候, 토질 등을 함께 共有함. 《周易》 繫辭(上) "俯以察於地理"의 疏에 "地有山川原隰, 各有條理, 故稱理也"라 함.

【越親戕吳之前王】 '戕'은 '찌르다'. 前王은 先王, 즉 闔廬를 가리킴. B.C.496년 越나라가 檇李에서 吳나라를 격파하고 吳王 闔廬를 다치게 하여 그로 인해 闔廬가 죽은 일. 《左傳》 定公 14년에 "吳伐越, 越子句踐禦之, 陳于檇李. 句踐患吳之整也, 使死士再禽焉, 不動. 使罪人三行, 屬劍於頸, 而辭曰:「二君有治, 臣奸旗鼓. 不敏於君之行前, 不敢逃刑, 敢歸死.」遂自剄也. 師屬之目, 越子因而伐之, 大敗之. 靈姑浮以戈擊闔廬, 闔廬傷將指, 取其一屨. 還, 卒於陘, 去檇李七里.

夫差使人立於庭, 苟出入, 必謂己曰:「夫差! 而忘越王之殺而父乎?」則對曰:
「唯. 不敢忘!」三年乃報越"이라 한 것을 말함. 한편《史記》吳太伯世家에도
"十九年夏, 吳伐越, 越王句踐迎擊之檇李. 越使死士挑戰, 三行造吳師, 呼, 自剄.
吳師觀之, 越因伐吳, 敗之姑蘇, 傷吳王闔廬指, 軍卻七里. 吳王病傷而死. 闔廬
使立太子夫差, 謂曰:「爾而忘句踐殺汝父乎?」對曰:「不敢!」三年, 乃報越"이라 함.

【不從天命而棄其讎】吳나라 입장에서 보면 越나라를 없앨 수 있었으나 하늘의
명을 따르지 않고 그 원수(越)를 포기하여 살려준 것을 말함.

【上刻靑天】위로 하늘의 뜻을 깊이 새김. 혹 해가 떠서 中天에 이름을 뜻하는
말로도 봄.

【不行天殺, 反受其殃】중국 俗言에 "當斷不斷, 反受其禍"라 함.

【中冬】仲冬과 같음. 음력 11월.

【五勝之衣】五行相克의 무늬를 넣은 옷. 五勝은 五行에서 水勝火, 火勝金,
金勝木, 木勝土, 土勝水를 뜻함.

【步光劍】명검 이름.《越絶書》吳王占夢篇에는 "越王撫步光之劍, 杖屈盧之弓,
瞋目謂范蠡曰:「子何不早圖之乎?」"라 함.

【屈盧矛】屈盧는 창을 잘 만들던 矛匠.《史記》商君列傳〈索隱〉에 "屈盧, 干將,
幷古良匠造矛戟者名"이라 함. 아주 훌륭한 창을 대신하여 일컫는 말. 혹 屈盧를
지명으로 보기도 함.

【今日聞命】오늘 명령을 들려달라는 뜻으로 스스로 자결할 것을 명한 것임.

【尙有遺榮】그나마 자결하면 남은 영예는 있게 됨을 뜻함.

【誅嚭幷妻子】이는《左傳》哀公 24년의 기록과 맞지 않음. 이에 대해 徐天祜는
"〈吳世家〉曰:「越王滅吳, 誅太宰嚭」〈越世家〉亦曰:「越王乃葬吳王而誅太宰嚭」
此書又云「幷誅其妻子」. 則吳王之自殺也, 嚭亦同時就誅矣. 愚按: 越滅吳之後
二年, 是爲哀公二十四年,「公如越, 將妻公而多與之地. 季孫懼, 使因太宰嚭而
納賂焉, 乃止.」然則吳之亡也, 嚭遂臣越, 夫固無恙也.《史》世家及此書所載, 何其
與左氏相戾也? 且嚭貪而佞, 至於亡國喪君, 死有餘戮, 越人旣生之, 又從而信
任之, 豈以其實嘗私越而不以其不忠爲罪耶?"라 하여 의문을 나타내고 있음.

【縈組】실로 짠 허리띠. 눈가리개로 눈앞을 가리는데 사용함.

【罩】덮어씌움. '冒'과 같음.

【羅繡】繡놓은 비단.

【秦餘杭山】蒸丘, 蒸山. 지금의 江蘇 吳縣 서북쪽에 있는 산 이름. 徐天祜는 "一名
蒸山, 又名陽山, 在吳縣西北三十里"라 함. 지금의 蘇州 西北에 있는 南陽山,

속칭 陽山, 萬安山, 秦餘杭山 등으로도 불림.《吳郡志》(8)에 "秦餘杭山, 卽今陽山"
이라 하였고, 같은 곳(39)에는 "吳王夫差墓在陽山. ……《史記》正義: 「夫差棲於
姑蘇山, 轉戰西北, 敗於干遂. 在蘇州西北四十李萬安山有遂山.」"이라 함. 한편
《史記》春申君列傳〈正義〉에는 "干遂, 吳地名也, 出萬安山, 西南一里太湖,
卽吳王夫差自剄處, 在蘇州西北四十里"라 하였고《越絶書》外傳記吳地傳에는
"秦餘杭山者, 越王棲吳夫差山也. 去縣五十里, 山有湖水, 近太湖"라 함.

【卑猶】지명이며 산 이름. 秦餘杭山의 지맥. 吳縣 서쪽 17리에 있으며 太湖에
　가까움. 徐天祜는 "《越絶》曰: 「夫差冡在猶亭西卑猶位, 近太湖, 去縣十七里.」
　〈索隱〉曰: 「猶亭, 亭名. 卑猶位, 三字共爲地名.《吳地記》曰: 「徐(餘)杭山, 一名
　卑猶山」 是也"라 함.

【我戎之功】'我'는 '殺'의 古字.《書經》泰誓篇》"我伐用張"의 朱熹 注에 "武王
　威武奮揚, 侵彼紂之疆界, 取其殘賊, 殺伐之功, 因以長大"라 하였고, 이를 인용한
　《孟子》滕文公(下)에는 "殺伐用張"이라 하였음. 따라서 '我戎'은 '殺戎'과 같으며
　吳王 夫差를 處斷하는 데에 공을 세운 이들을 가리킴.

【隰土以葬之】隰土는 낮은 습지의 흙. 이를 날라 오왕 무덤 조성에 사용함. 저습한
　땅의 흙으로 한 것은 오왕을 卑下한 것이라 함.

【宰嚭亦葬卑猶之旁】이에 대해서도 徐天祜는 "宰嚭得保首領以沒, 蓋幸而免,
　前旣備論之矣. 此書謂'亦葬卑猶之旁', 豈其後嚭死於越而返葬於吳耶? 然吳時
　諸冡葬如巫臣, 要離, 干將之類, 皆具載《圖志》, 獨不及宰嚭冡, 何也?"라 하여
　吳나라 인물의 墓를 언급한《圖志》에 유독 太宰 白嚭의 무덤만 없는 것을 의문
　으로 여겼음.

> 참고 및 관련 자료

1.《韓非子》六微篇
越王攻吳王, 吳王謝而告服, 越王欲許之. 范蠡, 大夫種曰: 「不可. 昔天以越
與吳, 吳不受, 今天反夫差, 亦天禍也. 以吳予越, 再拜受之, 不可許也」太宰嚭
遺大夫種書曰: 「狡免盡則良犬烹, 敵國滅則謀臣亡. 大夫何不釋吳而患越乎?」
大夫種受書讀之, 太息而歎曰: 「殺之, 越與吳同命.」

2.《越絶書》(10)
言未畢, 越王追至. 兵三圍吳, 大夫種處中, 范蠡數吳王曰: 「王有過者五, 寧知

之乎? 殺忠臣伍子胥, 公孫聖. 胥爲人先知, 忠臣, 中斷之入江; 聖正言直諫, 身死無功. 此非大過者二乎? 夫齊無罪, 空復伐之, 使鬼神不血食, 社稷廢蕪, 父子離散, 兄弟離居. 此非大過者三乎? 夫越王句踐, 雖東僻, 亦得擊於天皇之位, 無罪, 而王恆其芻莖秩馬, 比於奴虜. 此非大過者四乎? 太宰嚭讒諛佞諂, 斷絶王世, 聽而用之. 此非大過者五乎?」吳王曰:「今日聞命矣.」越王撫步光之劍, 杖屈盧祉弓, 瞋目謂范蠡曰:「子何不早圖之乎?」范蠡曰:「臣不敢殺主. 臣存主若亡, 今日遜敬, 天報微功.」越王謂吳王曰:「世無千歲之人, 死一耳.」范蠡左手持鼓, 右手操枹而鼓之, 曰:「上天蒼蒼, 若存若亡, 何須軍士, 斷子之頸, 挫子之骸, 不亦繆乎?」吳王曰:「聞命矣! 以三寸之帛, 冥吾兩目, 使死者有知, 吾慙見伍子胥, 公孫聖, 以爲無知, 吾恥生.」越王則解綬以冥其目, 遂伏劍而死. 越王殺太宰嚭, 戮其妻子. 以其不忠信, 斷絶吳之世.

3.《太平御覽》(486)

越伐吳, 吳王率其賢良, 投於胥山. 越兵大至, 圍吳三重, 大夫文種相拜范蠡, 左手提鼓, 右手操枹, 而鼓之. 於是吳王書其弓矢, 而射種, 蠡之軍, 其辭曰:「臣聞狡兔已死, 良犬烹; 敵國已滅, 謀臣亡. 今吳已病也. 子大夫何不虞之?」

임동석(茁浦 林東錫)

慶北 榮州 上茁에서 출생. 忠北 丹陽 德尙골에서 성장. 丹陽初中 졸업. 京東高 서울
教大 國際大 建國大 대학원 졸업. 雨田 辛鎬烈 선생에게 漢學 배움. 臺灣 國立臺灣師範
大學 國文研究所(大學院) 博士班 졸업. 中華民國 國家文學博士(1983). 建國大學校
教授. 文科大學長 역임. 成均館大 延世大 高麗大 外國語大 서울대 등 大學院 강의.
韓國中國言語學會 中國語文學研究會 韓國中語中文學會 會長 역임. 저서에《朝鮮
譯學考》(中文)《中國學術概論》《中韓對比語文論》. 편역서에《수레를 밀기 위해 내린
사람들》《栗谷先生詩文選》. 역서에《漢語音韻學講義》《廣開土王碑研究》《東北
民族源流》《龍鳳文化源流》《論語心得》〈漢語雙聲疊韻研究〉 등 학술 논문 50여 편.

임동석중국사상100

오월춘추 吳越春秋

趙曄 撰 / 林東錫 譯註
1판 1쇄 발행/2015년 1월 2일
발행인 고정일
발행처 동서문화사
창업 1956. 12. 12. 등록 16-3799
서울강남구도산대로163(신사동,1층) ☎546-0331~6 (FAX)545-0331
www.dongsuhbook.com
잘못 만들어진 책은 바꾸어 드립니다.

*

*

사업자등록번호 211-87-75330
ISBN 978-89-497-0897-3 04080
ISBN 978-89-497-0542-2 (세트)